梅县年鉴

2023

（总第30卷）

梅县区年鉴编纂委员会
梅 县 区 年 鉴 编 辑 部　编

方志出版社
Publishing House of Local Records

图书在版编目（CIP）数据

梅县年鉴. 2023 / 梅县区年鉴编纂委员会，梅县区年鉴编辑部编. —北京 ：方志出版社，2023.11
ISBN 978-7-5144-5865-7

Ⅰ. ①梅… Ⅱ. ①梅… ②梅… Ⅲ. ①梅县－2023－年鉴 Ⅳ. ①Z526.54

中国国家版本馆CIP数据核字(2023)第218247号

责任编辑：刘方圆
责任校对：张玉霞
责任印制：梅中英
出 版 者：方志出版社
地　　址：北京市朝阳区潘家园东里9号（国家方志馆4层）
邮　　编：100021
网　　址：http://www.zgfzcb.cn
发　　行：方志出版社图书营销中心（010-67110500）
印　　刷：梅州程江彩色印刷厂有限公司
开　　本：889毫米×1194毫米　1/16
印　　张：16.75
字　　数：569千字
版　　次：2023年11月第1版
印　　次：2023年11月第1次印刷
定　　价：230.00元

梅县区年鉴编纂委员会

主　　任：王　锋（区委副书记、区长）

副 主 任：赖宇坚（区委常委、区委办公室主任）

陈春妮（区政府副区长）

委　　员：（按姓氏笔画为序）

王庆润　刘森江　李文杰　李志兴　李晓斌　李家亮

邹其森　陈永征　陈纪珠　吴增贤　洪　明　章广润

温育泉　温铁皇　廖秀丽

梅县区年鉴编辑部

主　　编：邹其森

副 主 编：杨东梅

编　　辑：黄　森　黎志康　卢　清　邓慧聪　陈福君　李　波

温小婷

图　　片：区新闻办及有关单位提供

编辑说明

一、《梅县年鉴》以马克思列宁主义、毛泽东思想、邓小平理论、“三个代表”重要思想、科学发展观、习近平新时代中国特色社会主义思想为指导，坚持辩证唯物主义和历史唯物主义的立场、观点和方法，继承和发扬我国优秀文化传统，客观翔实地记述梅县区在经济建设、政治建设、文化建设、社会建设、生态文明建设方面的发展状况，力求达到思想性、资料性、科学性的统一。

二、《梅县年鉴》是梅县区人民政府主办、梅县区人民政府地方志办公室承办的地方综合年鉴。本卷年鉴是系统记述梅县区行政区域政治、经济、文化、社会、生态等方面情况的年度资料性文献，为机关、企事业单位等组织及外来投资者和社会各界人士了解梅县、研究梅县、建设梅县提供丰富翔实的地情资料。

三、《梅县年鉴》以出版年号为卷次名称，自 1994 年首次出版以来，每年出版一卷，本卷年鉴是总第 30 卷，记录 2022 年梅县区经济社会发展情况和大事要事。

四、《梅县年鉴（2023）》采取分类编辑法，按篇目、类目、分目、条目的结构组成内容体系。图文结合，以文为主。全书以不同字体、字号区别不同层次。条目标题均用黑体加【 】表示。全书设大事记、梅县区概况、政治、经济、科教文旅体、社会生活、乡镇建设、国民经济主要指标、内设机构、名录、文献辑存等，约 570 千字。

五、《梅县年鉴（2023）》资料主要来源于梅县区辖区内各单位提供的资料及内部情况通报、调查材料、网络、报纸、杂志等。各单位提供的资料均经供稿单位领导审阅，供稿人署名标在文后。图片未署姓名的均由区新闻办及有关单位提供。所用的统计数字由各单位和区统计局提供，单位提供数字与统计局提供数字不一致的，以梅县区统计局编制的《国民经济主要指标》统计数字为准。

六、《梅县年鉴（2023）》中数字用法、标点符号用法分别采用国家标准《出版物上数字用法》（GB/T 15835—2011）、《标点符号用法》（GB/T 15834—2011），计量单位采用国家技术监督局 1993 年 12 月发布的《量和单位》系列国家标准。

七、为方便读者检索，《梅县年鉴（2023）》正文前设置中文目录；正文后设置主题词索引，主题词索引标目按汉语拼音声母音序分类排列。

梅县区行政区划图

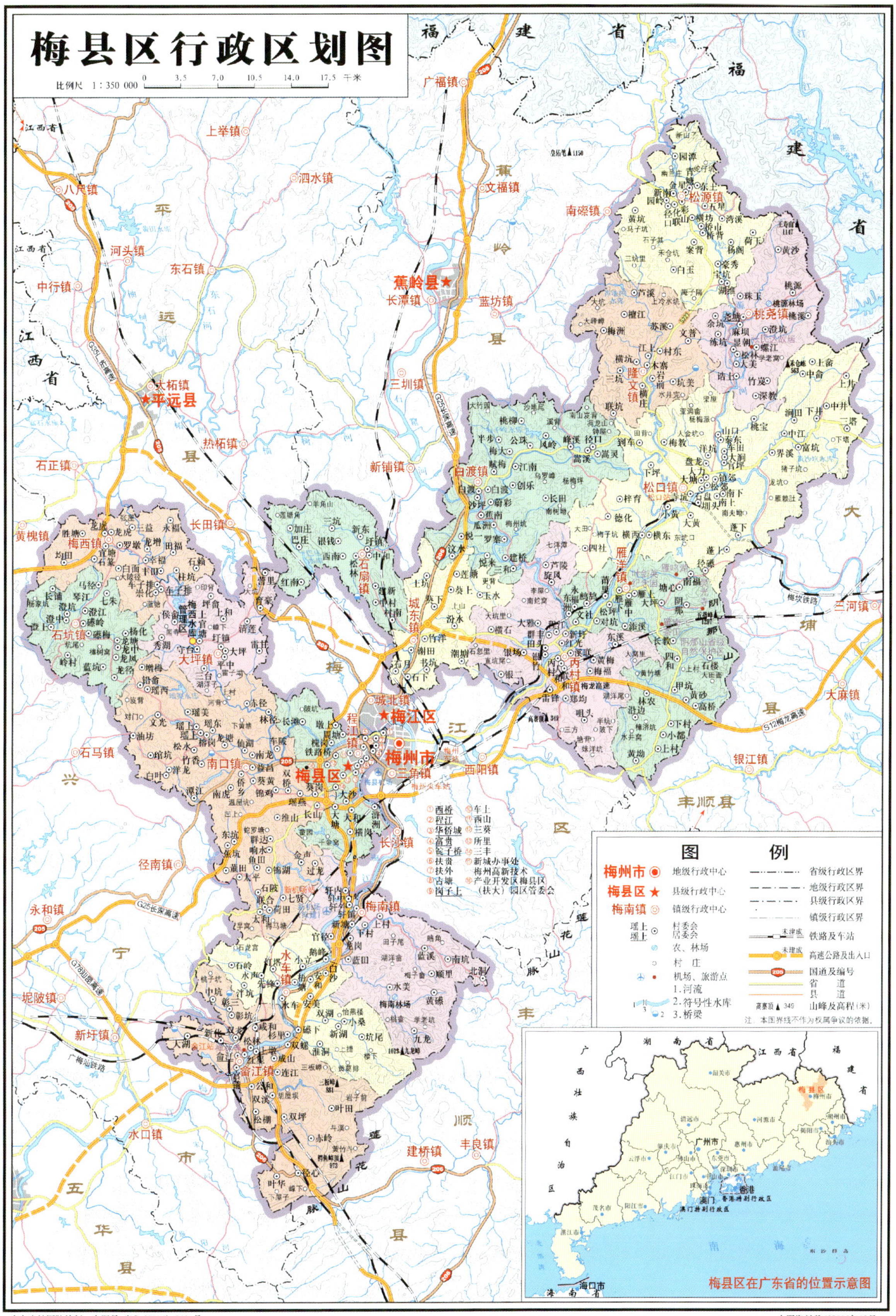

广东省地图院编制 审图号：粤S（2016）069 号

本图资料截至2015年12月

2022年1月19日，中国共产党梅州市梅县区第二届委员会第二次全体会议

2022年1月27日，梅县区召开党史学习教育总结会议

大事要闻

2022年3月8日，梅州市梅县区第二届人民代表大会第二次会议在梅县区文化中心礼堂召开

2022年3月8日，中国人民政治协商会议第二届梅州市梅县区委员会第二次会议在梅县区文化中心礼堂召开

2022年4月22日，梅县区在区图书馆举行“阅读新时代、奋进新征程”全民阅读主题活动启动仪式

2022年4月27日，相约梅县——梅县区群众文艺汇演在梅县区文化中心礼堂举行

大事要闻

2022年6月8日，梅县区召开促进实体经济高质量发展大会

2022年6月8日，梅县区举行招商引资项目签约仪式，与国家能源集团广东电力有限公司签订九龙嶂抽水蓄能电站项目投资意向书，项目计划投资110亿元

2022年6月8日，嘉元时代年产10万吨高性能电解铜箔项目动工活动仪式在梅县区城东镇举行

2022年7月5日，梅县区召开2022年梅州市梅县区精神文明建设委员会全体会议暨创建全国文明城市工作推进会

大事要闻

2022年7月12日，梅县区召开区委农村工作会议暨全区实施乡村振兴战略工作推进会

2022年9月9日，梅县区在区文化中心礼堂召开2022年教师节庆祝大会

2022年9月11日，梅县区在雁洋镇召开丙雁乡村振兴示范带创建工作推进会

2022年，梅县区东部快线第五标段雁洋环镇路

美丽乡镇

2022年，丙村圩镇全貌

2022年，石扇圩镇全貌

2022年，雁洋圩镇全貌

2022年，丙村镇红光村入选2022年中国美丽休闲乡村

2022年，长教村美丽乡村

美丽庭院

2022年，梅县区雁洋镇太坪村钟奇华庭院

2022年，白渡镇建侨村谢龙文庭院

2022年，梅县区南口镇车陂村南源世第庭院

2022年，梅县区松口镇圳头村仁寿庄庭院

目 录

大事记

梅县区概况

政 治

经　济

科教文旅体

社会生活

乡镇建设

国民经济主要指标

内设机构

名　录

文献辑存

索　引

大 事 记

1 月

1 日　梅州市梅县区畲江教育发展基金会成立大会在畲江公园举行。

7 日　梅州市公安局梅县区分局举行第二届中国人民警察节庆祝活动暨表彰大会。

12 日　梅县区行政服务中心办税大厅开出首张国有土地使用权出让收入中央非税收入统一票据。国有土地使用权出让收入等非税收入征收职能划转工作在梅县区顺利落地。

是日　由梅县区委全面依法治区办组织举办的乡镇综合行政执法专业培训班在区委党校开班。

是日　广东省委台办、广东省旅游控股集团一行到梅县区松口镇就乡村振兴驻镇帮镇扶村工作进行调研。

13 日　梅县区在宝嘉丽湾小区开展新冠肺炎疫情防控生活物资保障应急处置演练。

是日　梅州市保密教育示范基地挂牌揭幕仪式在梅县区大坪镇卢伟良故居举行。

19 日　中国共产党梅州市梅县区第二届委员会第二次全体会议在区政府九楼会议室召开。

25 日　梅县区新冠肺炎疫情防控指挥部发布《关于梅县区分批次开展区域核酸检测实战演练的通告》。

27 日　梅县区召开党史学习教育总结会议。

2 月

9 日　梅县区在叶剑英纪念园举办企业青年应征入伍宣传发动会。

17 日　梅县区与太平洋建设集团举行工作座谈会。

21 日　梅县区组织收听收看广东省疫情防控工作电视电话会议。

22 日　梅县区委常委会召开扩大会议，深入学习贯彻习近平总书记在中共中央政治局会议上的重要讲话精神以及省委、市委常委会会议有关精神。

23 日　广东省安委会考核巡查组到梅县区巡查安全生产和消防工作。

是日　梅县区召开嘉元科技、宁德时代年产 10 万吨高端锂电铜箔项目建设工作推进会议。

是日　梅县区举办新冠肺炎流调溯源技术培训班。

3 月

2 日　梅县区召开梅州综保区建设运营工作推进会议。

7 日　梅县区举行庆祝“三八”国际妇女节 112 周年会议，对市、区妇女工作先进集体和个人代表进行表彰。

8 日　政协第二届梅州市梅县区委员会第二次会议在梅县区文化中心礼堂召开。

是日　梅县区第二届人民代表大会第二次会议在梅县区文化中心礼堂召开。

10 日　梅县区退役军人事务局等相关部门到城东镇石月村，为荣立二等功的现役军人何凌坚家属送去立功喜报和慰问金。

是日　梅县区组织区领导班子成员、部分区直机关干部、青年志愿者、畲江镇干部、畲江中学部分师生共 100 多人，开展义务植树活动。

14 日　梅县区召开校园疫情防控工作专题会议。

15 日　梅县区组织收听收看全省政协传达贯彻习近平总书记重要讲话精神暨全国两会精神报告会。

是日　梅县区总工会召开一届七次全委（扩大）会议。

17 日　梅县区举行 2022 年度上半年役前教育训练总结暨入伍新兵欢送大会。

18 日　梅县区委常委会召开会议，认真学习贯彻习近平总书记重要讲话精神，传达贯彻全国两会精神及省委、市委常委会会议精神，研究部署梅县区贯彻落实意见。

28 日　梅州综合保税区封关运行仪式以视频连线方式在梅州综保区举行。

是日　财政部经济建设司、住房和城乡建设部村镇建设司联合发布《2022 年传统村落集中连片保护利用示范县（市、区）名单公示》，梅县区为广东省唯一入选的县（市、区）。

31 日　广东嘉元科技股份有限公司在梅县区白渡镇生产基地一期 1.5 万吨高性能铜箔项目二号车间投产。

4 月

6 日　梅县区召开乡村振兴和美丽圩镇规划评审会。

12 日　广东省农业农村厅组织专家团队到梅县区开展 2022 年茶叶省级现代农业产业园实地核查工作。

14 日　共青团梅州市梅县区第二届委员会第二次全体（扩大）会议召开。

是日　广东省交通运输厅一行到梅县区调研交通运输疫情防控、重点项目建设等工作。

18 日　梅州劲越头盔有限公司成功办理一般纳税人资格试点企业申请，成为梅州综合保税区首家试点企业。

20 日　梅县区举行北大培文与梅县区富力足球学校合作办学签约仪式。

22 日　梅县区在区图书馆举行“阅读新时代、奋进新征程”全民阅读主题活动启动仪式。

24 日　梅县区组织收听收看省、市交通运输领域疫情防控、保畅保通和安全生产工作电视电话会议。

25 日　梅县区人大常委会组织部分市、区人大代表对梅县区“十个一批”城建民生事项进行专题视察。

27 日　梅县区 2022 年群众文艺会演在梅县区文化中心礼堂举行。

28 日　梅县区召开粮食安全生产暨推进撂荒耕地复耕复种工作会。

是日　梅县区召开新冠肺炎疫情防控工作会议。

29 日　梅州市梅县区妇女第二次代表大会在梅县区文化中心礼堂举行。

5 月

6 日　粤东医院疼痛睡眠中心正式挂牌成立。

12 日　梅县区举行“5・12”国际护士节纪念及表彰活动。

是日　梅县区人民检察院召开“发挥 1＋N 职能优化营商环境”座谈会。

13 日　梅县区档案馆新馆正式揭牌启用。

15 日　梅县区组织收看收听全省、全市疫情防控工作电视电话会议。

17 日　广东省山水修复项目专家组一行到梅县区开展重点示范项目遴选工作。

是日　嘉应学院实践教学基地在梅县区融媒体中心挂牌成立。

是日　梅县区召开防止返贫监测帮扶集中排查工作业务培训会。

20 日　中山大学附属第三医院粤东医院广梅开发区医院举行外科开科揭牌仪式。

23 日　梅县区召开实施乡村振兴战略工作推进会。

24 日　梅州市第三届中小学青年教师能力大赛表彰大会暨第四届大赛启动仪式在广外附设梅州实验学校举行。

26 日　梅州市公安局梅县区分局在华侨城广场举行“梅安 2022”专项行动成果展暨赃物发还仪式。

30日　2022年梅县区“喜迎二十大，争做好队员”少先队入队仪式在叶剑英红军小学举行。

31日　梅县区召开全区干部大会，学习贯彻落实广东省第十三次党代会精神。

6月

8日　梅县区举行招商引资项目签约、金融授信活动，签约项目总投资118亿元，现场授信约121亿元。

是日　嘉元时代年产10万吨高性能电解铜箔项目动工仪式在梅县区城东镇举行。

是日　梅县区召开促进实体经济高质量发展大会。

是日　梅县区举行招商引资项目签约仪式，与国家能源集团广东电力有限公司签订九龙嶂抽水蓄能电站项目投资意向书，项目计划投资110亿元。

11日　梅县区在梅县区图书馆举行“文化和自然遗产日”展示展演活动。

13日　梅县区召开西部旅游快线项目建设推进会。

15日　梅县区举行新冠肺炎本地疫情应急处置联合演练，进一步完善梅县区新冠肺炎疫情应急指挥工作机制，提升监测预警、应急响应与处置能力。

是日　梅县区畲江镇人民政府与广东祥成农创帮扶科技开发有限公司举行蓝莓现代产业示范基地投资合作框架协议签订仪式。

23日　2022年市级农贸市场和进口冷链食品疫情防控暨（梅县区）疫情防控应急演练在梅县区举行。

29日　梅县区举行2022年广东扶贫济困日暨全社会助力乡村振兴活动启动仪式。

7月

5日　梅县区召开“2022年梅县区精神文明建设委员会全体会议暨创建全国文明城市工作推进会”。

6日　“粤台姐妹同心·助力乡村融合”送爱心暨产业对接活动在梅县区松口镇举行。

是日　广东省退役军人事务厅调研组一行到梅县区就退役军人就业创业和优待证申领工作进行调研。

是日　广州市荔湾区·梅县区乡村振兴驻镇帮镇扶村党政联席会议在梅县区召开。

11日　梅县区组织收看收听全国、全市安全生产电视电话会议。

是日　梅县区召开疫情防控指挥部会议，依法科学全面做好疫情防控工作。

12日　梅县区召开“2022年区委农村工作会议暨全区实施乡村振兴战略工作推进会”。

15日　梅县区赋能乡村振兴“复耕一亩地”主题活动在白渡镇悦来村举行。

20日　广东省工业和信息化厅调研组一行到梅县区调研企业生产经营和重点项目建设情况。

是日　梅县区“消防志愿服务站”揭牌仪式在梅县区消防救援大队举行。

23日　广东省人民政府公布第十批广东省文物保护单位名单，梅县区的爱春楼、萧向荣故居、同怀别墅、作庐4处榜上有名。

27日　梅县区退役军人和其他优抚对象优待证首发仪式在梅县区退役军人服务中心举行。

28日　梅县区召开乡村振兴工作推进会。

是日　八一建军节来临之际，梅县区到梅州市军分区、驻梅部队开展慰问活动，看望慰问驻梅部队官兵。

是日　广东省生态环境厅一行到梅县，就深入学习贯彻省第十三次党代会精神，推动深入打好污染防治攻坚战、中央生态环境保护督察整改等工作进行调研。

8月

1日　梅县区组织收看收听省、市疫情防控工作电视电话会议。

4日　梅县区应急管理工作专题培训班开班。

5日　省道223线松源至雁洋段（出省通道）项目第一标段开工仪式在松源镇新南村举行。

是日　梅县区新城办事处3个片区老旧小区改造工程正式启动。改造项目总投资1.69亿元，涉及新城办事处富贵花园、西桥市场、华侨城3个片区，共37个小区、681栋楼，建筑面积约108万平方米，涉及居民 10423 户。

8 日　由梅县区体育局主办的 2022 年梅县区全民健身日启动仪式在梅县区文体中心举行。

15 日　梅州劲越头盔有限公司成功办理出口退税相关流程，实现梅州综合保税区的第一笔出口退税。

16 日　梅县区召开自建房安全暨城区违法建设整治工作会。

19 日　在第五个中国医师节，梅县区对 43 名“梅县区好医生”、10 名“梅县区好村医”获得者和 31 名从医 30 周年医师进行表彰。

22 日　梅州市梅县区青年企业家协会抗疫爱心物资捐赠仪式在程江镇人民政府举行。向坚守在抗疫一线的工作人员捐赠矿泉水、凉茶、方便面等价值 2.5 万元的物资。

24 日　梅县区丙村镇红光村入选“2022 年中国美丽休闲乡村名单”。

28 日　梅县西桥市场完成升级改造后重新开业。

9 月

1 日　广东嘉元科技股份有限公司获“第七届广东省政府质量奖”。

是日　省道 223 线松源至雁洋段（出省通道）项目第二标段开工仪式在松口镇松郊村举行。

2 日　梅县区在高铁梅州西站举行欢迎退役军人返乡仪式。

5 日　梅县区在智慧梅县举行 2022 梅州市梅县区网络安全宣传周启动仪式暨网络安全讲座系列活动。

6 日　位于白渡镇的嘉元科技园年产 1.6 万吨高性能铜箔项目正式开机投产。

9 日　梅县区在区文化中心礼堂举行 2022 年教师节庆祝大会。

11 日　梅县区在雁洋镇召开丙雁乡村振兴示范带创建工作推进会。

13 日　梅县区召开新型基础设施“智慧城市”项目分析会。

15 日　驻地部队向梅县区南口镇瑶美村捐赠占地面积约 3500 平方米的蔬果大棚。

16 日　中山大学附属第三医院粤东医院获批中国康复医学会科普教育基地。

是日　梅县区在新城办事处状元楼小区开展新冠肺炎疫情防控生活物资保障应急处置演练。

20 日　梅县区适龄女生 HPV（人乳头瘤病毒）疫苗免费接种工作正式启动，辖区内 3615 名就读初中一年级女生首针 HPV 疫苗开始接种。

21 日　梅县区举办消毒与病媒生物防制职业技能竞赛。

22 日　梅县区人大常委会组织部分市、区人大代表对梅县区检察院未成年人检察工作情况进行视察。

23 日　梅县区举办“家和万事兴——说说家庭故事”演讲比赛。

是日　广东省雁洋公益基金会叶剑英基金奖教金颁发仪式在梅县区教育局举行。

27 日　国家能源集团广东电力有限公司在梅州昌盛豪生酒店召开梅县抽水蓄能电站初步分析报告评审会。

29 日　梅县区石扇镇松林村举行石扇咸菜新厂投产仪式。

10 月

3 日　梅县区召开森林防灭火工作视频会议。

10 日　广州市海露控股集团有限公司一行来梅县区考察调研，并与梅县区人民政府签署战略合作框架协议，双方就围绕涉农产品销售、涉农产业升级、涉农企业扶持等领域展开全面战略合作。

13 日　广东省委台办、广东省旅游控股集团有限公司一行到梅县区松口镇就乡村振兴工作进行调研。

16 日　中国共产党第二十次全国代表大会在北京隆重开幕，梅县区各级各部门的党员干部及广大群众以各种方式收听收看大会直播。

24 日　梅县区组织收看收听全省、全市新冠肺炎疫情防控工作电视电话会议。

25 日　“中国柚子看梅州”金柚推广活动在梅县区雁洋镇南福金柚公园举行。梅州柚 · 梅县金柚正式开摘上市。

27 日　广东省农业农村厅核查组一行到梅县区核查梅县区丝苗米省级现代农业产业园建设情况。

31日　梅县区召开传达贯彻中共二十大精神大会。

11月

1日　梅县区农业农村局开展2022年梅县区“十佳金柚园”评比活动。

3日　广东嘉元科技股份有限公司向丰顺县慈善会捐赠人民币100万元用于抗击疫情。

7日　梅县区召开学习贯彻中共二十大精神宣讲动员会。

8日　梅县区畲江镇在社会核酸检测筛查中发现初筛异常情况，梅县区新型冠状病毒肺炎疫情防控指挥部发出通告（2022年第4号），决定8—10日在全区范围内开展三轮区域核酸检测。

10日　农业农村部办公厅印发《关于公布2022年中国美丽休闲乡村名单等通知》，梅县区丙村镇红光村入选。

11日　梅县区工商联、新的社会阶层人士联谊会抗击疫情捐赠仪式在广东振声科技股份有限公司举行，善款、物资金额合计约100万元。

14日　梅县区组织收看收听省、市疫情防控工作电视电话会议，并召开全区疫情防控工作会议，贯彻落实国务院进一步优化疫情防控工作“二十条”要求。

17日　梅县区一块位于扶大高管会铁炉桥村的国有建设用地在网上进行公开拍卖，最终由广东恒兆房地产开发股份有限公司竞得，成交总额1.9亿元。

22日　梅汕高速公路梅县区程江至畲江段改扩建工程动工建设。

25日　梅县区组织收看收听省、市疫情防控工作电视电话会议。

12月

2日　南方电网调峰调频（广东）储能科技有限公司、南方电网电力科技股份有限公司一行到梅县区考察。

是日　“畲穗农业”电商平台运营启动仪式暨径义甘薯助农直播活动在梅县区畲江镇举行。

6日　梅县区广大党员、干部、群众收看收听江泽民同志追悼大会现场直播。

7日　梅县区总工会慰问支援丰顺县抗疫一线人员。

15日　梅州市润龙汽车配件加工制造生产基地奠基仪式在梅县区城东镇葵下村举行。

20日　由广东省路桥建设发展有限公司路达分公司主办，梅县区应急管理局、消防救援大队、120指挥中心等部门参演的2022年危化品车辆交通事故应急处置联合演练在汕梅高速雷公岽隧道举行。

是日　梅县区在扶大高管会所里村曾宪梓故居举行“梅县区侨情侨史教育基地”揭牌暨《梅县侨港澳台名人名居》首发仪式。

是日　梅县区中医医院正式开设“新冠中医门诊”。

21日　梅县区在城东镇竹洋村举行2022年森林防灭火应急实战演练。

27日　梅州市梅县区林业局挂牌成立。

29日　召开广州市增城区·梅县区党政联席会议，共同研讨对口帮扶相关工作。

是日　梅县区举行高铁梅州西站站前派出所、区交警大队城东中队挂牌仪式。

梅县区概况

【基本概况】 梅县区位于广东省东北部，韩江上游，梅州市中部。全区总面积2482.86平方千米。2022年，梅县区辖19个镇（办事处、高管会）、355个行政村、34个社区。2022年末，梅县区常住人口55.51万人，梅县区户籍人口61.67万人，人口出生率为6.39‰，死亡率为6.60‰，自然增长率为-0.21‰。矿产资源以大理石、煤、铁、锰、钨、锌、铜、石灰石等为大宗，其中大理石储量40多亿吨、煤近4亿吨、铁1318万吨、锰700万吨。旅游景区景点有国家AAAAA级旅游景区雁南飞茶田度假村，国家AAAA级旅游景区叶剑英纪念园、雁山湖国际花园度假区、千年古刹灵光寺，国家AAA级旅游景区南寿峰健康产业园和大观天下文化旅游产业园，省级文物保护单位元魁塔，最具代表性的中国五大特色建筑客家民居围龙屋南华又庐、丙村温公祠，国家级文化产业园南口麓湖山庄，国家级古村落水车茶山村、南口侨乡村，广东省十大最美古村落雁洋桥溪村、国家历史文化名镇松口、中国历史文化名街松口古街区、世界最大圆形建筑——梅县文体中心，主要地方名胜阴那山、王寿山、九龙嶂等。

梅县区先后荣获中国金柚之乡、全国水果百强县、中国旅游强县、全国文化先进县、中国民间艺术之乡（山歌艺术之乡）、全国绿化模范县、全国绿色小康县、全国文明县城、国家卫生城市等称号，并被确认为中央苏区县、中国长寿之乡。是传统的文化之乡、足球之乡、华侨之乡。2019年，梅县区获评全国森林康养基地试点建设区、全省首批全域旅游示范区，入选国家、省级现代农业（金柚）产业园创建名单，于2021年11月获评中国民间文化艺术之乡，梅州综合保税区于2021年12月通过国家正式验收。客家文化源远流长，客家话方言以梅县客家话为代表，文化底蕴深厚，孕育出不少杰出人物。著名的有清代诗人宋湘、黄遵宪，辛亥革命烈士陆军上将邓仲元，中华人民共和国十大开国元帅之一叶剑英，现代画家林风眠，全国政协副主席叶选平，全国人大常委会委员、香港金利来集团有限公司董事局主席曾宪梓，两院院士古德生、张楚汉等。

【经济发展】 2022年，梅县区地区生产总值238.26亿元，同比增长0.1%。其中，第一产业增加值为59.96亿元，同比增长4.3%，对地区生产总值增长的贡献率为17.5%；第二产业增加值为78.62亿元，同比下降4.7%，对地区生产总值增长的贡献率为-26.1%；第三产业增加值为99.68亿元，同比增长1.4%,对地区生产总值增长的贡献率为9.5%。三产结构比为25.2∶33.0∶41.8。人均地区生产总值42844元，同比增长0.4%。

【工业】 2022年，梅县区坚持壮大实体、扩量提质，经济发展企稳向好。落实一揽子稳增长政策和加快实体经济振兴发展若干措施，全力稳住经济基本盘。致力打造“2+1”产业集群，梅县区产业集

2022 年 9 月，嘉元科技铜箔生产车间

聚地成功创建省级新一代电子信息技术（电子专用材料）特色产业园。成功举办促进实体经济高质量发展大会暨“五个一批”活动，投资 81 亿元的嘉元时代年产 10 万吨高性能电解铜箔项目成为梅州市历史上单体投资最大工业项目。嘉元科技年产 3.1 万吨高性能铜箔技改项目全部投产，盛富金属三期、福德金属二厂等一批项目投产，超华科技 600 万张芯板、润龙汽车、庆达科技二期等项目有序推进。以铜箔为主的电子信息产业实现产值 61.59 亿元，同比增长 12.9%，打造百亿产业迈出坚实步伐。完成工业投资 24.68 亿元，同比增长 18.19%，其中技改投资 14.74 亿元。新增规上工业企业 15 家、总数 105 家，实现规上工业总产值 190.46 亿元、规上工业增加值 53.1 亿元。

【农业】 2022 年，梅县区以创建国家农业现代化示范区为目标，以国家、省级现代农业产业园为平台，聚焦特色产业，大力发展现代农业，做大做强金柚、水稻、茶叶和特色水产等优势产业，做优做精小龙虾、肉鸽、食用菌、葡萄、奈李等特色产业，打造建设一批现代特色农业产业基地，形成“一村一品、一镇一业”的特色农业与旅游业相结合格局，不断拓展农业功能形态，促进一、二、三产业融合发展。2022 年，梅县区农林牧渔业现价总产值 94.97 亿元，按可比价比增 4.5%。其中，农业产值 73.2 亿元、林业产值 1.03 亿元、牧业产值 14.17 亿元、渔业产值 4.88 亿元。2022 年，梅县区获评省级休闲农业与乡村旅游重点县，入选茶叶省级现代农业产业园建设名单，国家现代农业产业园通过农业农村部考核认定。

【营商环境】 2022 年，梅县区获评广东省制造业发展较好区，宝丽华、嘉元科技、超华科技入选“2022 广东企业 500 强”，嘉元科技入选“国家知识产权示范企业”，获“第七届广东省政府质量奖”。梅州综保区一期封关运行、二期动工建设，引进项目 19 个，进出口总值 8.15 亿元，国际无水港基本建成。有效发挥企业创新主体作用，认定国家科技型中小企业 32 家、高新技术企业 8 家，新增专精特新企业 11 家、省工程技术研究中心 1 家。着力促消费稳外贸，完成社会消费品零售总额 145.05 亿元，进出口总额 26.2 亿元。

【旅游】 2022 年，梅县区以文化和旅游深度融合为主线，以创意人文构建城市品牌体系，以社区引领驱动供给改革，以活动导向塑造文旅品牌、以创意赋能树立城市标签，彰显文旅的大产业、大民生、大展示功能，促进文化和旅游产业高质量建设，提升梅县区在全国的文化旅游影响力。培育具有引领性的城市公共文化品牌，主客共享的全域旅游服务体系不断完善；产品供给体系实现新一轮迭代升级，一批以精品度假为核心的集聚区初步形成，旅游跨界融合频繁。“十四五”时期，在社区导向型旅游发展、人文导向型城乡发展理念引导下，提出打造生态型休闲度假旅游高地、红色旅游融合发展示范区、客家精神家园展示区、公共文化服务标杆四大具体目标。“叶帅故里·大美梅县”品牌深入人心。依托客家文化生态保护区、三宜城乡风貌建设基础，在梅州市率先建设成为人文艺术引领型、精品度假驱动型、景观城市发展型的全国全域旅游示范区建设标杆、客家文化精神高地。2022年，梅县区巩固提升国家全域旅游示范区创建成果，旅游接待107.42万人次、旅游收入8.34亿元。

【交通基础设施建设】 2022年，梅县区公路硬化通车总里程3560千米，公路密度达每百平方千米143.43千米。其中，高速公路7条（段）共136.5千米、国道2条（国道205、国道206）84.18千米、省道11条共465.488千米（包括307.337千米新升省道）、农村公路2873.835千米。全区通镇公路达到三级路以上，镇通村公路全部实现路面硬化，通100人（20户）以上自然村道路基本实现路面硬化。全区已开通城乡公交线路82条，途经全区新能源电动公交车1361辆，全区355个建制村开通公交。

【城乡建设】 2022年3月，梅县区成功申报2022年传统村落集中连片保护利用示范县（市、区），是广东省唯一入选的县，区住建部门组织编制《梅县区传统村落集中连片保护利用规划》，推进投资4500万元的梅县区传统村落集中连片保护利用示范项目建设工作，通过一同谋划、一体规划、一同建设，借鉴先进经验，不断细化工作方案，确保传统村落集中连片保护利用示范建设项目快速推进。2022年，梅县区推动重点工程及市政基础设施建设，推进“十个一批”等民生实事。抓好续建项目建设。对续建的梅县新城地下管廊等市政基础设施工程、梅县新城棚户区改造工程、程江河段棚户区改造工程、梅县区人民南路断头路市政道路工程、梅县区西片区储备地三条市政道路工程、梅县区公园北路梅花城侧道路工程、梅县区扶大变电站侧垃圾压缩中转站配套建设公厕工程、客都大桥至高铁梅州西站段沥青路面改造工程二期建设项目进行项目监管和协调推进，同时做好部分完工项目的收尾结算工作。做好新建项目调研。对新建的梅县区电力管沟项目、大新城新满街与新富街步行砖路面改造工程、梅花山公园环山路升级改造工程做好前期调研、协调等工作。全力推进广梅中路金锭花园人行天桥工程、扶外路市政道路改造工程。2022年底，完成计划投资约2000万元。

【生态环境】 2022年，梅县区环境质量保持良好，未发生重大污染事故。梅县区新城环境空气质量优良率为99.4%，各项污染物平均浓度符合国家环境空气质量二级标准；6个地表水考核断面（1个省考断面，5个市考断面），平均水质均达到或优于Ⅲ类，平均水质优良率100%，平均水质达标率83.3%（松源河铜盘桥断面平均水质未达标）；受污染耕地安全利用措施到位率100%，受污染耕地安全利用率达到90%以上；全区城镇生活垃圾无害化处理率100%；工业危险废物安全处置率100%，医疗废物安全处置率100%。城区环境噪声基本符合城市噪声质量标准。

【自然资源】 2022年，梅县区耕地面积1.12万公顷，园地2.67万公顷，林地18.15万公顷，草地1428.86公顷，城镇村及工矿用地1.43万公顷，交通运输用地3113.63公顷，水域及水利设施用地7619.23公顷，其他土地1746.6公顷，湿地42.63公顷。共有27家矿山企业（12家建筑石场、1家矿泉水企业、3家铁矿、1家铜矿、8家石灰石、1家银锑矿、1家大理石）。

【科学技术】 2022年，梅县区有国家高新技术企业34家；国家企业技术中心1家；国家“星创天地”1家、省“星创天地”2家；省创新型企业2家、省创新型试点企业1家；省企业重点实验室1家；省工程技术研究中心11家、市工程技术研究中心34家；省部产学研示范基地3家、省科技特派员工作站7个；省部产学研合作重点实验室培育单位1家；省产业技术创新联盟1个；省技术创新专业镇8家、市技术创新专业镇2家；省众创空间试点单位2家；省科技企业孵化器1家；省青少年科技教育基地4家。

【教育】 2022年，梅县区有各级各类学校61所（其中，完全中学8所，初级中学11所，九年一贯制学校6所，中心小学和直属小学28

所；民办中小学4所即富力足球学校、同仁北实新世纪学校、梅州市外语实验学校、华业外国语学校；中等职业学校2所即第一职业学校和梅州英才外语学校，特殊教育学校、青少年宫各1所）。幼儿园133所（其中，公办幼儿园36所、民办幼儿园97所）。另有在建民办学校1所即梅州市东山培英高级中学。

【文化艺术】 2022年，梅县区文化馆在全区范围内征集一批优秀群众文艺作品，共收到各门类作品16件，其中戏剧曲艺作品6件、音乐作品9件、舞蹈作品1件。主要创作艺术作品有大型山歌剧《血蝴蝶》（原名《九龙烽火》）、木偶剧《哪吒闹海》、开场舞《伟大旗帜》、音诗舞《我们的绿水青山》、舞蹈《绿水青山》《中国书法》、歌伴舞《祖国万岁》《领航》《以人民的名义》《江山》《人民至上》、快板表演《民法典记心中》《赞清风》、音乐表演《林嫂直播间》《转妹家》、山歌对唱《叶帅故里 法润梅县》《阅读新时代 奋进新征程》《山歌唱响新时代》《文明城市惠人民》《非遗文化系民情》《南粤家政好工程》《乡村振兴惠人民》《一村一村歌》《闽粤赣边一家亲》《客家文化客家情》、儿童音乐剧《你好 茅洲河》、儿童剧《金宝的奇幻冒险》、青少年法治教育舞台剧《平行西游之超能护“未”队》等。2022年11月18日，梅县区畲江镇抗疫MV《光里畲江》发布；2022年11月19日，梅县区畲江镇抗疫歌曲《有梦就会站起来》发布；2022年11月30日，由梅县区文化广电旅游局出品、梅县区融媒体中心制作的原创战疫MV《风雨同舟》发布。

【社会民生】 2022年，梅县区坚持建管并举、统筹兼顾，城乡发展持续提升。滚动实施城建“十个一批”重点民生项目，程江、大沙安置区竣工验收，三丰安置区、宪梓公园基本完工，梅汕高铁安置区建设有序推进，梅花山脚地块征拆工作全面完成，天虹购物中心、48个老旧小区改造等项目稳步推进。新改建城区20.9千米污水管网，改造完成10个老旧小区供水管网。深化创文巩卫，大力开展六大专项整治行动，市容市貌不断提升，入选中国最美县域和全国传统村落集中连片保护利用示范区。深入实施美丽圩镇建设攻坚行动，高质完成城乡17家农贸市场升级改造，17个圩镇达到宜居圩镇标准，畲江、雁洋成为示范圩镇。畲江镇域乡村振兴规划获全省一等奖。围绕“三色同辉、三产融合、三线同美”，创建丙雁乡村振兴示范带，引领美丽乡村“1+N”建设。丙村镇红光村获评中国美丽休闲乡村。制定农房风貌改造提升、老屋拯救行动等奖补政策，完成民房改造1520座，打造“四小园”5852个，建成美丽庭院5957户。完成农村问题户厕无害化卫生改造322户、自然村内干路硬底化16.3千米，建成镇级污水处理设施23座、村级污水处理设施218座。梅县区金柚种植面积1.81万公顷，产量56万吨，产值43.5亿元，人均金柚收入9600元。茶叶省级现代农业产业园获批。打造43个“一村一品”专业村、2个乡村产业社区，石坑奈李、石扇咸菜、大坪小龙虾等特色农业产业持续发展。梅县区农民人均可支配收入25468元，高于全省、全国平均水平，76%的村集体年收入达到10万元。完成撂荒地复耕复种3693.33公顷，建成高标准农田100公顷，新增垦造水田56.67公顷，种植粮食2.38万公顷，完成上级下达任务。驻镇帮镇扶村各组团单位筹集资金1000多万元支持乡村振兴。

政　治

梅县区领导机关

中共梅州市梅县区委员会

【发展概况】　2022年，中共梅州市梅县区委员会以迎接、宣传、贯彻中共二十大为主线，认真落实“疫情要防住、经济要稳住、发展要安全”的重要要求，狠抓发展第一要务，全面激发内生动力，统筹疫情防控和经济社会发展，统筹发展和安全，各项事业稳中有进、稳中向好。2022年，实现地区生产总值238.26亿元。入选国家农业现代化示范区、全国传统村落集中连片保护利用示范区创建名单，获评2022中国最美县域、全国基层中医药工作先进单位、省制造业发展较好县、省级休闲农业与乡村旅游重点县。

【党的建设】　2022年，中共梅州市梅县区委员会面对全面从严治党的时代课题，对标对表、抓实党建，营造比学赶超浓厚氛围。始终把党的政治建设摆在首位，严格执行省委坚决落实“两个维护”十项制度机制，持续巩固深化肃清李嘉、万庆良恶劣影响成果。严格落实第一议题制度，扎实开展学习宣传贯彻中共二十大精神系列活动，学懂弄通习近平总书记重要讲话和重要指示批示精神，忠诚拥护“两个确立”、坚决做到“两个维护”。坚持党管宣传、党管媒体、党管意识形态、凝聚团结奋进、共促发展的强大合力。深入实施加强党的基层组织建设三年行动计划，出台村级党组织书记抓党建促乡村振兴绩效考核办法，强力整顿软弱涣散村党组织，打造71个党建工作典型示范点。持续完善街道“大工委”、社区“大党委”工作机制，新建小区党支部29个、网格党支部38个、两新组织党支部11个，基层党建体系更加健全。创新开展“奋进新征程·建功新时代”比学赶超活动，各级各部门比实干、比发展、比贡献，你追我赶、竞标争先、奋发有为，126个“自选项目”相继落地见效。深入推进党风廉政建设，坚定不移深化政治巡察，严查违规违纪问题，持之以恒纠治“四风”，完成7个镇、16个区直单位、153个村巡察，查处违反中央八项规定精神案件82件、党纪政务处分82人，政治生态持续净化优化。

【科学防疫】　2022年，中共梅州市梅县区委员会面对疫情防控的严峻形势，因时因势、科学施策，全力守护人民群众生命健康。始终坚持人民至上、生命至上，准确把握疫情防控形势，因时因势调整应对举措。快速高效处置“8·18”“11·8”和“11·20”输入疫情。严格落实国家二十条、新十条优化措施，制定具体落实举措，健全应急指挥体系，优化核酸检测、调整隔离方式、加快疫苗接种、强化个人防护、保障医疗资源，精准开展分级分类救治，以科学有效的手段最大程度守护人民群众生命安全和身体健康，实现平稳转段，最大限度减少疫情对经济社会发展的影响。

【建设发展】　2022年，中共梅州市梅县区委员会面对经济爬坡过坎的发展重任，大抓工业、延链补链，实体经济稳中有进。坚持制造业当家，走实走好工业强区、产业兴区发展道路，大力实施延链补链强链工程，一手抓招商引资、一手抓增资扩产，铜箔、装备制造、智能家电“2+1”现代产业成为经济增长的主要动力。工业投资完成总量、增速稳居梅州市前列，宝新能源、

2022 年，超华科技总部

嘉元科技、超华科技上榜“2022 广东民营企业 500 强”。铜箔产业发展一枝独秀，梅州市历史上单体投资最大的工业项目——投资 81 亿元的嘉元时代年产 10 万吨高性能电解铜箔项目动工建设，嘉元科技年产 3.1 万吨锂电铜箔项目全部投产，超华科技年产 600 万张高端芯板、年产 1 万吨锂电铜箔项目顺利开工。2022 年，铜箔实际产能达到 9.6 万吨、约占全国产能的 10.6%，在建产能 11 万吨，成为全国重要铜箔生产基地。坚定实施创新驱动发展战略，广东高性能电解铜箔区域创新中心加快建设，9 家企业通过高新技术企业专家评审，32 家企业通过国家科技型中小企业认定，11 家企业上榜全省“专精特新”企业，梅县区产业核心竞争力、企业自主创新力明显提高。

2022 年，中共梅州市梅县区委员会面对改革发展的叠加机遇，积极争取、主动把握，发展势能后劲不断积蓄。积极参与赣闽粤原中央苏区对接融入粤港澳大湾区振兴发展先行区建设，全力争取广东省“1+N”政策支持，主动对接广东省发改委、广东省旅游控股集团、国家开发银行广东分行对口支援和广州增城对口帮扶，梅县高铁新城、九龙嶂抽水蓄能电站等重点基础设施、重点产业项目纳入“梅州方案”。清单式推进重点改革，共青团综合改革国家试点全面完成，畲江城乡融合发展省级试点稳步推进，国企改革成效初显，三宜集团实现良性运营。健全完善先进制造业招商引资政策措施，对重大招商项目实行“一企一策”“一事一议”，积极兑现 1.3 亿元奖补资金，激发企业内生动力，增强企业发展信心。深入实施领导挂点服务企业制度，深化“放管服”改革，优化政务服务“一网通办”，行政审批事项 100%网上受理、100%网上办结。大力推广“容缺受理+并联审批+以函代证”机制，最大限度压减项目审批时限，嘉元时代年产 10 万吨铜箔项目从签约到动工仅用半年时间，刷新“梅县速度”，创造“梅州纪录”。52 项重点项目完成投资 58.74 亿元，超额完成年度投资计划。梅县区产业集聚地完成工业产值 65.82 亿元，位居梅州市前列，成功创建省级新一代电子信息技术（电子专用材料）特色产业园。梅州综合保税区首期实现封关运营，二期正式动工建设，进出口总额突破 8 亿元。梅州国际无水港如期建成。梅龙高铁、瑞梅铁路、东西部快线建设提速，汕梅高速改扩建项目正式动工，国省道路面年度改造任务全面完成，“内畅外联”现代交通体系加快构建。

【乡村振兴】 2022 年，中共梅州市梅县区委员会面对乡村振兴的使命任务，突出特色、强农兴农，乡村质态业态持续提升。坚持“三级书记”抓乡村振兴，努力推动农业全面升级、农村全面进步、农民全面发展。落实“长牙齿”措施，大力推进撂荒耕地复耕复种，全面完成省、市下达目标任务。持续培育壮大金柚、茶叶等优势产业，国内首条柚苷生产线建成投产，高标准高质量建成国家金柚现代农业产业园，入选省级茶叶现代农业产业园建设名单。加快建设松口大黄、南口侨乡产业社区试点，示范引领打造一批经济强村，全区 76%的行政村集体经济收入达到 10 万元以上。制定农房风貌改造提升、老屋拯救行动等奖补政策，扎实推进美丽乡村示范“1+N”工程建设，加快打造“三色同辉、三产融合、三线同美”的“叶帅故里·大美梅县”丙雁乡村振兴示范带。坚持“一河一路一树一花一景”理念，持续推进（三江四线）生态景观廊道建设，2022 年造林抚育 3000 公顷、建设水源林 1600 公顷，省道 223 线、梅畲快线沿线林分改造成为全市示范项目。深入打好蓝天碧水净土保卫战，实施 3 宗水生态清洁小流域治理工程，完成 34 个自然村农村生活污水治理任务，6 个地表水考核断面平均水质优良率 100%，城区空气质量优良率 99.4%，水土保持目标责任考核获梅州市唯一优秀等次。

【民生实事】 2022年，中共梅州市梅县区委员会面对人民群众美好生活的目标追求，量力而行、尽力而为，稳步增进民生福祉。聚焦群众所需、所盼、所想，用心用情用功办好民生实事。深入推进“粤菜师傅”“广东技工”“南粤家政”工程，发放困难企业援企稳岗补贴2.1亿元，新增城镇就业2662人。落实“双减”政策，实现义务教育课后服务全覆盖。新增中小学学位800个、普惠性学前学位900个。粤东医院高水平医院建设扎实推进，医联体建设成果显著，基层医疗服务能力明显提升。积极创建全国文明城市，大力推进交通、市场、管线、铁皮瓦、背街小巷、门前三包“六大专项整治”，有序实施“十个一批”城建民生项目，48个老旧小区、17家农贸市场完成改造提升，传承“梅县记忆”的档案馆落成启用，宪梓公园基本建成，人民公园启动规划建设。全力加快文旅名城建设，松口古镇开始“亮灯”，松口爱春楼、畲江作庐入选第十批省文物保护单位。

【社会治理】 2022年，中共梅州市梅县区委员会面对完善社会治理体系的创新要求，坚守底线、筑牢防线，保持社会大局安全稳定。以“时时放心不下”的责任感，统筹发展和安全。抓好“喜迎二十大·忠诚保平安”五大专项行动，常态化开展扫黑除恶专项斗争，稳妥化解海晟集团非法集资风险，有效防范政治、意识形态等十大风险隐患。扎实推进市域社会治理现代化工作，成功打造新城办全科网格市级试点。深入排查整治危化品、非煤矿山、自建房、地质灾害等安全隐患，做好防汛防台风防灭火等工作，切实保障人民群众生命财产安全。

2022年底中共梅州市梅县区委办公室

主　任：赖宇坚

组织工作

【基层党组织建设】 2022年，梅县区共有基层党组织1201个，其中党委73个（乡镇党委19个、区直系统党委11个、区直单位党委22个、非公企业党委8个、村级党委13个），党总支部53个，党支部1075个。行政村355个，社区34个。梅县区始终坚持以习近平新时代中国特色社会主义思想为指导，紧扣迎接和学习宣传贯彻中共二十大精神这条主线，扎实开展中共二十大精神学习宣传贯彻活动，认真组织实施新一轮加强基层党建三年行动计划。

2022年，中共梅州市梅县区委组织部抓好中共二十大精神学习宣传贯彻，促凝心聚魂。印发4万多本党章和二十大精神学习小手册给全体党员，组织梅县区基层党组织和广大党员认真学习宣传贯彻。结合党史学习教育常态化长效化，推动习近平新时代中国特色社会主义思想和中共二十大精神宣讲“进机关、进农村、进社区、进网站、进企业、进校园”，带动各级党组织开展宣讲活动380多场次，受众4万多人次。

2022年，中共梅州市梅县区委组织部抓强农村党建工作，促乡村振兴。强化村党组织对农村各类组织和各项工作的全面领导，村党组织书记“三个一肩挑”比例达100%。党建引领乡村振兴。全力推进党旗红、产业兴、农民富的“叶帅故里·大美梅县”丙雁乡村振兴示范带建设；开展镇村两级党组织书记乡村振兴“打擂台”，派出108名干部、63名第一书记助推乡村振兴；完成撂荒耕地复耕复种约3173.33公顷；强力整顿9个软弱涣散村党组织，全力推进水美、雁上、金星3个中组部红色村试点建设。强化基层保障。安排1230万元党建工作专项经费，用于夯实基层党建基础。实施发展壮大村级集体经济三年攻坚行动，超额完成梅县区70%以上的村集体经济收入超过10万元的任务。

2022年，中共梅州市梅县区委组织部抓实各领域党建，促基层治理效能提升。全面推进支部进小区和“全科网格”市级试点工作，做实梅县区3个乡镇9个社区38个网格建设工作，实现38个网格党支部全覆盖；积极开展“聚焦发展·活力两新”活动，全年新建29个小区党支部、11个两新组织党支部。成立11个区直系统党委党员突击队、125个区直单位党员志愿服务队和389个村（社区）党群志愿者服务队，抽调8000多名党员干部支援抗疫和参与防汛救灾等工作。

【党员队伍建设】 2022年，梅县区有党员34623人，其中，女党员11066人。职业分布情况：公有制单位8092人，非公企业和社会组织1791人，农牧渔民18653人，离退休人员5919人，其他人员168人。年龄分布情况：35岁以下6401人，36岁至50岁9586人，51岁至60岁6320人，61岁以上12316人。学历分布情况：大学本科及以上7417人，大学专科7734人，高中、中专、中技11525人，初中及以下7947人。2022年发展党员410人。

【干部选拔任用】 2022年，梅县区坚持事业为上选人用人导向，注重在实体经济、乡村振兴、疫情防控、征地拆迁、园区建设、创文等重点工作、吃劲岗位中发现、培养、选拔干部，统筹做好优秀年轻干部、女干部、党外干部的培养选拔工作，2022年梅县区委常委会讨论区管干部职务任免219人次，其中讨论提拔（重用）56人次，职级晋升33人次，同级交流转任61人次，兼任职务4人次，挂职5人次，免职10人次，试用期满转正13人次。

【干部监督管理】 2022年，中共梅州市梅县区委组织部认真做好干部监督管理工作。从严落实廉政意见“双签字”制度，严格征求纪检、政法、卫健等执纪执法部门意见，全面铺开领导干部档案信息核查工作，对影响提拔的疑点没有消除、问题没有搞清的，停止选拔任用程序，不安排上会讨论，严防“带病提拔”。严格执行《责任追究办法》，紧盯干部“带病提拔”、干部选拔程序不规范、违规破格提拔、超职数配备干部、选人用人“裙带关系”等突出问题，结合二届区委第一、第二轮巡察，安排人员对23个被巡察单位同步开展选人用人专项检查。

【档案管理】 2022年，中共梅州市梅县区委组织部管理在职干部档案1877卷，退休干部档案4514卷。2022年，办理查阅档案1450人次，借阅档案273人次，接收干部档案158卷，转出档案59卷。严格执行干部档案任前审核制度，2022年，审核各类提拔、调动、职级晋升及干部管理权限发生变化干部人事档案687卷。

【党员干部培训】 2022年，中共梅州市梅县区委组织部围绕新时代基层干部主题培训计划，通过“线上+线下”的方式，突出实体经济和乡村振兴两大主题，开展基层党建、社会治理、乡村振兴等专题培训。2022年，共举办区、镇两级各类培训班540多班次，培训党员干部42800多人次。

【党员远程教育】 2022年，中共梅州市梅县区委组织部全力做好大型会议直播工作，全年共保障各类会议和培训14场次。2022年，认真选题，精心策划，精心制作，共摄制《“三重唱”奏响振兴“最强音”》《乡村振兴的大黄样板》2部专题片，摄制《九月来信明航向，拨开迷雾谱新篇》《红色记忆 苏区传承》2部党课课件，配合市星级镇街党校分教点评审会精心制作侨乡村分教点和大黄村分教点2部推介视频，编印党员教育教材5套。2022年，《九月来信明航向，拨开迷雾谱新章》《心中存信仰实名显担当——刀尖舞者卢伟良》《一片红土地，万千孤勇者》3部党课获评优秀党课，有两人获评市级优秀党课讲师，南口镇委党校侨乡村分教点和松口镇委党校大黄村分教点被评为市首批十个星级镇街党校分教点。

【公务员管理】 2022年，中共梅州市梅县区委组织部认真做好公务员管理工作。注重在第一线和急难险重岗位考察识别干部，对脱贫攻坚、乡村振兴、疫情防控等重点工作中表现优秀的公务员，优先考虑晋升职级，在梅县区公务员队伍中进一步营造“敢于负责、勇于担当、善于作为”的良好干事氛围。2022年度梅县区共晋升561人次。严格规范开展行政执法类公务员岗位和职级设置以及人员转任工作，确保人员队伍稳定、职责明确、有效运行。梅县区设置行政执法类职位的单位共25个，共设行政执法类职位519名。2022年梅县区共新招录91名公务员，其中59名是具有一定法律知识的乡镇行政执法类新公务员。扎实开展争当“人民满意的公务员”、争创“人民满意的公务员集体”活动，顺利推荐梅县区1名个人参评省“人民满意的公务员”，为梅县区连续三年年度考核评为优秀的9名公务员记三等功，激励梅县区广大公务员学典型、树标杆、当先进。

【直属机关工作】 2022年，中共梅州市梅县区委组织部扎实开展直属机关工作。机关党组织规范化制度建设。抓好对区级机关（党群口、政府口）、事业单位绩效考核工作。按照区直机关绩效考核工作要求，会同区纪委监委、区委宣传部对列入区级机关考核的48个单位，7个事业单位进行考核。优化调整机关党组织设置。严格落实《中国共产党党和国家机关基层组织工作条例》，2022年分别指导粤东医院、区公安分局升格党委，供销社撤销党委，使机关党组织设置更加规范，更好地发挥战斗堡垒作用。继续抓好机关党建阵地建设和党员先锋模范作用发挥。2022年，指导区直机关打造升级党建文化展示厅和党员活动室多个。制定《关于建立基层党组织应对疫情防控“平战转换”工作机制的若干措施（试行）》，成立党员突击队和志愿服务队，引导区直各单位在疫情防控之时迅速响应、主动作为。举办专题培训班。2022年5月25日至5月28日，举办为期4天的梅县区党员发展对象培训班。区直机关和“两新”组织118名党员发展对象参加集中培训。抓好模范机关创建工作。2022年，制定《区直机关“奋进新征程建功新时代以模范机关创建实际成效迎接中共二十大胜利召开”主题活动工作方案》，组织动员区直机关各级党组织和广大党员积极对照方案中的六大方面19项任务，结合部门职能，细化工作任务，引导党员干部立足岗位，实干为先、奋勇争先，在实体经济、乡村振兴等主战场当先锋、打头阵，推动机关党建高质量发展。

【老干部工作】 至2022年底，梅县区有60名离休干部、32名处级退休干部和7500多名退休干部。注重学习教育，持续抓好老干部思想政治建设。以学习贯彻中共二十大精神为主题，组织中共二十大精神教育宣讲活动，开展“建言二十大”和“我看中国特色社会主义新时代”专题调研，通过宣传宣讲、参观学习、主题党日、座谈交流等方式，强化中共二十大精神学习效果。同时，结合走访慰问，开展送学上门活动，引导梅县区广大离退休干部始终捍卫“两个确立”、坚决做到“两个维护”，确保老干部队伍政治坚定、思想常新。注重精准服务，持续提升老干部服务管理水平。坚持把“一人一策”精准服务与日常联系服务结合起来，加强沟通联系，实时解决问题。全面落实政治和生活保障，主动上门走访、订阅报纸杂志，2022年，慰问离退休干部241人次，关爱慰问资金43.8万元。充分发挥老干部服务中心“阵地”作用，办好老干部大学，为老干部老有所学、老有所乐搭建平台。

2022年底中共梅州市梅县区委组织部

部　长：骆小锐

宣传工作

【重大主题宣传教育】 2022年，中共梅州市梅县区委宣传部高度重视主题宣传教育。新思想学习宣传。持续深入宣传习近平新时代中国特色社会主义思想，重点开展中共十九届六中全会精神、中共二十大精神专题宣传报道，持续开展习近平总书记重要讲话精神、重要指示批示精神的宣传工作。开展中共二十大主题宣传。全面推进、全媒体发力，围绕中共二十大盛会，组织形式多样、内容丰富的新闻报道和宣传教育；组织举办中共二十大主题文艺系列活动，面向梅县区征集美术、书法、摄影等文艺作品。服务中心工作宣传。以梅县融媒中心微信公众号、梅县发布微信公众号、梅县发布APP、梅县融媒视频号、i梅县抖音号为宣传主矩阵，先后开设《新春走基层》《奋进新征程 建功新时代》《狠抓发展第一要务 加快苏区全面振兴》《绿水青山就是金山银山》《乡村振兴你我同行》等专栏，充分报道梅县区经济社会发展成就，全面展示梅县区人民群众安居乐业的美好景象。围绕聚焦“打造生态宜居美丽乡村示范区，争创广东乡村振兴新典型”主基调，开设“乡村振兴”专栏重点宣传；推动疫情防控和经济社会发展宣传“两手抓、两促进”，充分利用新时代文明实践中心（站、所）和融媒体中心，全力做好做实疫情防控、重点项目建设、梅州综保区一期正式封关运行及建设进度宣传报道，抓好乡村振兴、撂荒地复耕复种、美丽圩镇、防汛备汛、依法治区和宪法、民法典宣传教育、拥军优属、森林防火、生活垃圾分类、安全生产、生态环境综合治理和打好污染防治攻坚战及中央环保督察，加强平安建设、扫黑除恶等社会宣传。

【网络舆论宣传】 2022年，中共梅州市梅县区委宣传部抓好梅县区宣传网、“梅县发布”微信公众号、“南方+”客户端等网络新闻发布工作，发布新闻稿件1万多条，编印《梅县区网络舆情工作》12期。抓好风险隐患和舆情研判，及时准确地把握意识形态领域思想动态。

【对外宣传】 2022年，中共梅州市梅县区委宣传部持续巩固和拓展对外宣传工作，充分利用党报党刊、电视台、电台、网络、微信、微博、手机客户端等各种媒体宣传平台开展对外宣传工作。持续拓展利用《梅县宣传》《梅县侨声》《梅苑》等平台和外宣刊物，特别是借助印尼侨领熊德龙创办的《国际日报》这个载体，积极宣传梅县区乡情侨情、乡风民俗，做好梅县区侨联海外传播工作，讲好梅县故事，传递梅县声音。举行主题为“我心寄明月　乡音话乡情”的中秋话乡情诵读活动，以客家乡音朗诵《弟子规》《论语》《孟子》等国学经典及《月光光》等客家童谣，用乡音抒发乡愁，传播中华传统优秀文化。

【群众文化活动】　2022 年，中共梅州市梅县区委宣传部抗疫期间组织创作《光里畲江》《风雨同舟》《有梦就会站起来》3 首抗疫歌曲，联合电视台共同制作视频在各媒介展示播出。联合区客家山歌传承保护中心、区木偶传习所等单位开展“喜迎二十大　奋进新征程”广东省优秀木偶皮影剧（节）目展演；组织线上展播活动共 35 场次，服务约 19 万人次；线下活动共开展 8 场次，服务 2115 人次。组织开展社会道德模范展、梅县区非物质文化遗产项目展览、“礼赞新时代　奋进新征程”2022 年梅县区文化馆总分馆联动活动——图片展等项目共 32 场次，服务约 8945 人次。助力乡村振兴，加强农村精神文明建设，打造特色精品村，实现“一村一史馆”“一村一故事”“一村一村歌”“一村一村舞”“一村一运动”。

【电影放映】　2022 年，中共梅州市梅县区委宣传部实施惠民农村公益电影放映。结合森林防火、疫情防控等工作，开展农村电影宣传放映 4260 场次，观影约 17.5 万人次；开展社区广场电影，放映 144 场，观影 2 万多人次；开展迎接中共二十大优秀电影展映活动，采取进乡村、进社区、进校园、进企业进军营等方式放映优秀电影 26 场，观影 2500 多人次。

【文艺创作】　2022 年，中共梅州市梅县区委宣传部创排精品文艺剧（节）目——红色题材山歌剧《血蝴蝶》，争取参加 2023 年第十五届广东省艺术节。创作生产各类型文艺节目，主要有：快板表演《民法典记心中》《赞清风》《转妹家》、音乐表演《林嫂直播间》、小品《进门就是客》、山歌对唱《叶帅故里法润梅县》等。协助完成丙雁乡村振兴示范带创建区“一村一村歌”涉及 13 个村的村歌任务，完成雁洋镇长教村《长教村里景色靓》录像视频拍摄；山歌剧《春闹》获得广东省第十二届精神文明建设“五个一工程”奖。组织梅县区业余文艺作者参与创作，收集梅县区群文作品共 16 件。荣获群文作品奖项 4 件，其中小品《被偷走的时光》获省二等奖、曲艺《喜临门》获省三等奖、《江水无声》获市二等奖、《百年的故事》获市三等奖。为提升作者们的创作水平，梅县区文化馆派出业务骨干辅导群文作品《我的家乡》《离云很近　离家很远》《我爱柚花》《台湾船》《电信诈骗》等作品 10 多件。创排的小品《心花怒放》参加梅县区“喜迎二十大　奋进新征程”主题征集创建文明城市题材文艺创作荣获二等奖。

【文明创建】　2022 年，中共梅州市梅县区委宣传部积极组织文明创建活动。开展全国文明城市创建工作。组织召开 2022 年梅县区精神文明建设委员会第一次全体（扩大）会议暨全国文明城市创建推进大会，梅县区创建全国文明城市指挥部十二个工作部牵头责任单位联席会议、“六大”行动工作协调会等，提高创建管理水平；举办创文网上申报材料专题培训班、创文业务骨干培训班等，提升业务水平。加强城市“精细化”管理，统筹开展乱停乱放、缆线整治，农贸市场、老旧小区改造等“六大专项整治”行动。拓展新时代文明实践活动。打造一批各具特色的新时代文明实践中心（所、站）示范点和志愿服务驿站示范点；发挥覆盖区、镇、村（社区）的“1+35+389+N”文明实践体系（1 个中心、35 个实践所、389 个实践站，N 个实践点），按照“十个一”要求重点打造一批优秀示范点，利用梅县区志愿服务促进中心一平台，指导挂点网格单位落实党员干部、志愿者“双到”责任，将其纳入挂点单位考核指标。组织开展走访慰问困难学生志愿服务、“学雷锋”志愿服务、消防安全公益宣传以及“双到”志愿服务等各类惠民的志愿服务活动，梅县区实名注册志愿者人数 64105 人，各类志愿者团体近 467 个，累计发布志愿活动数 24884 场次，累计志愿服务时长 251 万多小时，人均志愿服务时长 39.23 小时。开展精神文明创建。统筹文明村镇、文明单位、文明家庭、文明校园与文明城市创建工作，努力解决人民群众急难愁盼问题，使文明创建成为利民惠民的民心工程。

2022 年，梅县区全国文明村镇 1 个，广东省文明村镇 1 个，梅州市文明村镇 46 个，县级文明村镇共有 259 个，文明村镇达标创建覆盖率 100%；开展“文明家庭”“最美家庭”“书香家庭”“孝老敬亲好媳妇”等评选表彰活动，举办梅县区“富美家园”建设行动启动仪式和梅县区“家和万事兴——说说家庭故事”主题演讲比赛，梅县区共有市级文明家庭 15 户，区级文明家庭 36 户，陈仕贤家庭获评全国最美家庭。文明校园创建工作扎实有序，建成县级校外未成年人心理健康辅导站 1 个，乡村“复兴少年宫”3 所；雁洋中学、松口镇松南中心小学等9所学校获评梅州市文明校园。高级中学、丽群小学等获得“2021—2023 年创建广东省文明校园先进学校”荣誉称号。至 2022 年底，全国文明校园 1 所，广东省文明校园 1 所，梅州市文明校园 46 所，梅县区文明校园 33 所。

【爱国主义教育】 2022 年，中共梅州市梅县区委宣传部扎实开展全民国防教育和爱国主义教育工作。充分发挥梅县区 9 个爱国主义教育基地的作用，组织开展梅县区 2022 年青少年爱国主义主题教育，弘扬和培养全社会的民族精神。认真组织系列主题教育，抓住国庆节这一重要时间节点，广泛开展“喜迎二十大”“强国复兴有我”“学习党史、新中国史、改革开放史、社会主义发展史”等系列主题宣传教育活动 23 场次覆盖 5000 多人；引导市民歌唱祖国、致敬祖国、祝福祖国。

【文化惠民工程】 2022 年，中共梅州市梅县区委宣传部举办 2022 年“强国复兴有我”主题文艺系列活动，共收集文艺作品 7 件，摄影、美术、书法等作品 503 幅，展出 105 幅摄影、美术、书法作品；开展“礼赞新时代 奋进新征程”喜迎中共二十大优秀舞台艺术剧目展播、梅县区“喜迎二十大 奋进新征程”主题文艺晚会，丰富人民精神文化生活，激发人民群众爱党爱国热情，营造良好的舆论宣传氛围。持续开展全民阅读活动和送书送戏下乡等活动，开展全民阅读“新时代乡村阅读季”“我的书屋·我的梦”农村少年儿童阅读实践活动，开展各式全民阅读活动共 108 场，参加活动 2.86 万多人次；组织 10 位书法家在文艺家之家创作春联 2000 多对，分别赠送到水车镇、丙村镇、程江镇、石扇镇等地百姓手中。

【文化遗产保护利用】 2022 年，梅县区松口镇爱春楼、石扇镇萧向荣故居、松源镇松源红四军军部旧址、畲江镇作庐入选第十批广东省文物保护单位；推进省级文物保护单位仪园和南华又庐的修缮工程，督导隆文镇政府推进蒲风故居修缮工程，督导梅南镇政府推进广东工农革命军东路第十团团部旧址和九龙嶂革命根据地旧址群的修缮工作。

【理论学习】 2022 年，中共梅州市梅县区委宣传部开展 14 场集中研讨学习，以“线上+线下”学习、研讨发言专家宣讲、集体学习+个人自学等形式深入学习习近平新时代中国特色社会主义思想、习近平总书记在省部级主要领导干部学习贯彻中共十九届六中全会精神专题研讨班开班式上的重要讲话精神、《习近平谈治国理政》第四卷以及中共二十大精神等。

2022 年，中共梅州市梅县区委宣传部指导各级各部门和基层党委（党组）理论学习中心组开展深入学习习近平总书记系列重要论述和重要指示精神、学习《中国共产党宣传工作简史》等 1800 场次，开展专题学习 940 多场次，邀请省委、市委、区委、基层宣讲团成员开展习近平新时代中国特色社会主义思想宣讲、学习中共十九届六中全会精神宣讲、学习贯彻省第十三次党代会精神宣讲等 380 场次，受众近 4 万人次。同时，开展常态化学习列席旁听活动，对 15 个基层党委（党组）理论学习中心组开展列席旁听工作。强化党的创新理论宣讲。组织召开工作推进会，引导各责任单位对标梅县区创建全国文明城市指挥部的工作部署和创建要求，结合本单位本部门工作职能扎实有序推进习近平新时代中国特色社会主义思想宣讲“进机关、进农村、进社区、进网站、进企业、进校园”活动。

【意识形态工作】 2022 年，中共梅州市梅县区委宣传部结合二届梅县区委第一轮、第二轮巡察工作，派出 9 人对梅县区 23 个党组织开展政治理论学习、宣传阵地建设、精神文明创建等工作的情况进行意识形态专项巡察；结合党建工作考核工作，对 56 个区直单位开展意识形态年度专项督查、网络意识形态年度专项督查等工作；结合年度镇级工作绩效考核工作，对 19 个镇（高管会、办事处）党委落实意识形态工作责任制情况进行考核。

2022 年，中共梅州市梅县区委宣传部落实《关于开展网络文化环境专项整治的通知》《关于开展梅县区“扫黄打非”工作专项行动的通知》文件，组织各镇各成员单位开展专项检查行动，梅县区出动执法车辆 36 车次，执法人员 2960 人次，检查出版物经营单位 132 家次，收缴违规出版物 234 本。按照《关于开展 2022 年“绿书签行动”系列宣传活动的通知》《开展梅县区打击网络侵权盗版“剑网 2022”专项行动的通知》，开展“护苗”行动、“剑网 2022”专项行动。

2022 年底梅州市梅县区委宣传部
部　长： 赖启忠

统战工作

【民主党派建设】　2022 年，中共梅州市梅县区委统战部落实政党协商制度，召开梅县区情况通报会、党外人士座谈会，加强与民主党派成员、无党派人士的沟通交流，收集反映社情民意，深化多党合作初心。支持区各民主党派加强思想政治、组织、履职能力、作风、制度建设。民盟广东梅县外国语学校支部和农工党梅州铁炉桥医院支部分别成立，进一步夯实基层组织。2022 年，区各民主党派不断夯实履职尽责的政治定力，扛起新时代赋予参政党的使命担当，集体和个人获中央省市 20 多项荣誉称号。

【参政议政】　2022 年，中共梅州市梅县区委统战部支持各民主党派、无党派人士参政履职、民主监督。梅县区各民主党派和无党派人士积极参加专题调研和协商议政，为梅县区社会经济发展和苏区振兴建言献策。7 个民主党派及其成员 2022 年提交提案和建议共 70 多件，其中被市、区政协评为优秀提案的有 5 件，市、区政协领导班子成员领衔督办重点提案 5 件，撰写有关调研文章 11 篇。同时，各民主党派和无党派人士积极履行民主监督职责，通过人大、政协专题视察、调研和特约“四员”开展民主监督，2022 年新增 2 位民主党派成员受聘为梅县区特约监察员。

【社会服务】　2022 年，中共梅州市梅县区委统战部引导各党派发挥特色优势，服务社会。民革、农工党、致公党和九三学社发挥党员（社员）中医药卫生工作者的优势，分别开展多场下乡义诊送医送药活动。民革梅县区委会梅州铁炉桥医院支部带头并广泛发动全院医护工作者举行义务献血活动，民盟开展关爱老人送温暖和慰问环卫工人送清凉及庆八一拥军慰问活动，致公党梅县区委会发动华侨捐资 120 万元用于扶贫济困，联合爱心企业开展“助乡村振兴”奥妙洗衣液爱心捐赠活动，为梅县区各乡镇捐赠洗衣液 660 箱。民建组织慰问农村困难家庭帮扶活动，民进则发挥其教育资源优势，组织教育帮扶活动，关爱留守儿童的健康成长。

【非公经济】　2022 年，中共梅州市梅县区委统战部推动“两个”健康发展。开展梅县区非公经济人士政策解读专题讲座。通过暖企行动、副主席（会长）轮值走访等方式，开展政策、形势宣讲和思想政治引领。2022 年，共走访调研企业 67 家次、商协会 12 家。聚焦发展第一要务，发挥工商联桥梁纽带作用。引导会员企业参与“万企兴万村”“复耕一亩地”活动，11 个基层商会与 11 个镇 206 个行政村签订帮扶协议，解决撂荒耕地面积约 200 公顷。加强工商联组织建设。2022 年，梅县区工商联获“全国‘五好’标杆县级工商联”称号。着力巩固非公有制经济统战阵地，推动南口商会、白渡商会顺利完成换届，推动成立梅县区石坑商会。

【新的社会阶层人士统战】　2022 年，中共梅州市梅县区委统战部为新阶联提供新的办公场所，助力更好发挥新阶联支部党建引领作用和凝聚“新”活力提供交流平台。凝聚“新”力量，与广州市荔湾区派驻梅县区驻镇帮镇扶村工作组举行乡村振兴战略合作签约仪式，开展赋能乡村振兴“复耕一亩地”主题活动、八一拥军慰问活动、“爱心护考　助力圆梦”服务高考志愿行活动，挂牌“新阶天地”城东古驿道徒步健身驿站，在增梅村设立首个“新阶天地”新时代文明乡村振兴实践站。

【港澳台统战】　2022 年，中共梅州市梅县区委统战部召开梅县区港澳台侨代表人士学习中共二十大精神暨迎新春座谈会，组织开展“庆香港回归 25 周年，赏农村建设新面貌”“欢度中秋佳节、共叙家国情怀”“嘉言懿行　书功竹帛”家书征集等活动，参与梅县区松口镇“粤台姐妹同心　助力乡村融合”送爱心暨产业对接活动。做好梅州香港“摘星计划”工作，资助贫困学生上大学。

【侨界统战】　2022 年，中共梅州市梅县区委统战部拓展新时代侨务工作新路径，梅县区关于新时代“侨”文章做法分别在国务院侨务办公室、省政府侨务办公室网站转载。深化新时代侨务工作“七个一”建设，率先打造一批侨情侨史教育基地。开展梅县外国语学校与印尼任华三语国民学校的“云课堂”线上教学，举办梅州昌盛豪生大酒店——澳洲维省客属崇正会跨国“云上客家美食课堂”，推进“粤菜师傅”海外交流基地建设，与印尼客属联谊总会联合举办“我心寄明月，乡音话乡情”线上诵读活动，进一步增进海内外侨胞对“根魂梦”的情感认同。助力侨乡兴实业。以中国侨商投资（广东）大会召开为契机，加强与“一带一路”共建国家和地区的交流合作。至2022年底，梅县区侨商投资项目7个，拟投资5.94亿元，意向投资项目2个，拟投资（贸易）总额53亿元。深挖客侨文化资源。雁洋镇乡贤廖安祥的故居（怀永庄）被梅州市人民政府公布为第七批梅州市文物保护单位；石扇镇将被誉为“革命教授”的越南归侨张明生的故居打造成为重要的红色文化传承基地、革命传统教育基地、践行社会主义核心价值观教育基地，成功申报广东省红色革命遗址。

【民族宗教】 2022年，中共梅州市梅县区委统战部坚持宗教中国化方向，广泛开展“四进”活动并丰富“四进”活动内涵，为梅县区118间登记开放宗教活动场所免费订阅《梅州日报》，每年免费提供每间场所3—4面国旗，印制《中华人民共和国宪法》《宗教事务条例》等内容进行宣传。用新时代党的宗教工作理论引领宗教健康传承，引导宗教发挥社会正能量。强化宗教场所安全知识宣传学习，制订常态化疫情防控督查方案和安全生产检查方案，联合公安、卫健、应急等部门，由各镇配合分组开展宗教活动场所（民间信仰）疫情防控、安全稳定等工作专项督导检查。

2022年底中共梅州市梅县区委统战部

部　长：李瑞金

党　校

【创新聚焦新时代为党育才工作】 2022年，梅县区委党校扎实推进年度培训任务。组织实施年度培训计划。2022年，举办9期主体班906人，12期专题班1882人，培训党员干部2788人次。设置培训课程。围绕当前中央、省、市、区重要会议精神、重大决策部署和相关文件要求等设置培训课程，开展课前培训需求调研，使培训课程紧密贴合干部的思想和工作实际。完善教学效果评估体系。开展学员评教，及时收集学员对课程、对培训项目的意见建议，为改进培训工作提供参考。

2022年，梅县区委党校突出抓好培训主业主课。抓好党的理论教育。把习近平新时代中国特色社会主义思想、习近平总书记重要讲话精神、中共十九大和十九届历次全会精神、中共二十大精神、《习近平谈治国理政》第四卷、党史学习教育等作为培训学习的中心内容。抓实党性教育。根据相关条例及党中央关于推动党史学习教育常态化、长效化的有关部署要求，充分利用市、区丰富的红色文化资源和现场教学点，组织学员在实地参观学习中感悟党史伟力，增强党性修养。

2022年，梅县区委党校锻造优秀党校教师队伍。强化师资培训。积极选派骨干教师到各类院校、各级党校进修培训，学习先进教学理念和教学方法，不断提高教学水平。提升科研和决策咨询能力。2022年，组织教师前往梅江区、兴宁市、大埔县、五华县等地进行基层治理、乡村振兴等专题调研；鼓励教师承担课题、发表文章，承担市社科联课题《如何持续推进乡村全面振兴——以梅县区为例》、参与市委党校2022年度校级立项课题《梅州乡村振兴的实现路径探析》《欠发达地区乡村振兴人才战略支撑体系建设研究》；参加习近平生态文明思想、实体经济高质量发展等主题的征文投稿。组织教师深入基层开展宣讲。2022年，梅县区委党校深入村（社区）、企业、单位宣讲中共十九届六中全会精神、广东省第十三次党代会精神、新时代人大代表如何提升履职能力等共46场，覆盖听众3000多人次，扎实推进中共二十大精神宣讲活动。

2022年，梅县区委党校推动教学方式改革创新。综合运用讲授式、案例式、模拟式、体验式等互动式教学方法，丰富教学体验，调动学员的学习积极性。在2022年梅县区中青年干部培训班中，与区纪委监委合办廉政知识竞赛，让学员在活动中更加主动学习党纪法规知识，真正做到入脑入心。打造党校精品课。根据上级有关文件要求，结合梅县区实际，开发“学习习近平总书记关于党的建设的重要思想”“树立正确党史观”“实施乡村振兴战略　共建美丽乡村”“强化党建引领，健全‘三治’融合的基层治理体系”“传承红色基因，铸牢忠诚警魂”等涵盖党史党建、乡村振兴、基层治理、地方特色等领域的精品专题课。增强课程吸引力。广泛运用“课堂＋基地”的现场教学方式，组织学员“走出去”到村（社区）、产业园、红色教育基地等学习参观。

2022年，梅县区委党校从严从实抓好教学管理。健全党建引领培训管理制度。在2022年梅县区中青年干部培训班中，设立临时党支部和班委，形成“支委”+“班委”的“两委”管理模式，提高学员培训的参与感和主体责任感。严格落实教学内部管理制度。规范党校教学意识形态工作、教师管理等工作，严格执行集体备课、新课试讲、课程审查、讲稿检查、外出授课报告等制度，做到“学术研究有禁区、讲坛论坛有纪律、公开言论守规矩”。狠抓培训管理。2022年，按照《广东省县级党校评估体系》要求，参照省委党校和市委党校教学管理制度，除认真贯彻《干部教育培训25条禁令》和《干部教育学员管理规定》外，重新修订教学管理制度。在举办培训班前，设置征求学员的培训需求，避免“信息不对称”，严密干部培训和教学管理的有效衔接，并严格把关学员资格条件；培训过程中严肃培训纪律，将制度编印到资料汇编中，管理制度突出政治纪律、组织纪律和学习纪律，确保从严施训。

2022年，梅县区委党校切实加强乡镇党校建设。运用各乡镇分教点开展好各类培训，利用好区镇两级师资库老师和红色讲解员讲好基层治理、乡村振兴等专题课；通过实地考察走访、座谈交流等方式了解各乡镇党校办学、经费使用等情况；根据区委“比学赶超”项目要求，结合梅县区实际，编写《梅县区乡镇党校简明教程（三）》作为乡镇党校培训教材，切实提高乡镇党校培训的针对性和实效性；督导乡镇党校教学实施完成情况，收集整理各镇现场教学点材料，积极向市委党校申请市级现场教学点。

【科学提升党校办学治校水平】 2022年，梅县区委党校建立健全制度。全面贯彻落实《中国共产党党校（行政学院）工作条例》和上级关于加强党校工作的系列重要指示精神，严格落实党中央关于党校办学治校的原则和要求，对标中央八项规定及其实施细则精神、意识形态工作责任制，对2020年6月编印的《中共梅州市梅县区委党校规章制度汇编》进行修订，督促切实履行职责，形成按制度管人管事的运行机制。

2022年，梅县区委党校拓展对外培训工作。充分发挥区资源优势，聚焦中心工作，加强交流合作，构建“新”的格局，有力提升党校发展科学化水平。紧扣省市区党代会精神，聚焦区委区政府乡村振兴和实体经济高质量发展的中心工作，重点结合区域，通过依托党校的教育阵地，构建“红色教育、乡村振兴、实体经济”三个主题新格局。在主体班和专题班的对外培训中，通过整合现有教学资源，穿点成线，开发新的现场教学路线，组织培训班学员到大埔县、蕉岭县、五华县、梅江区等地区进行异地教学，让干部在教室学理论、在现场悟思路、在实践中添回味，提高培训实效。根据开放办学的要求，充分利用本地红色资料和师资，承接异地培训，2022年，共接待周边市县（平远县、兴宁市、梅江区等）党员干部来梅县区培训班次5期，计300人次，讲好梅县故事，展示梅县区党委政府中心工作和各方面发展，进一步提升梅县区的整体形象和对外美誉度。

【学术研讨】 2022年，梅县区委党校教师围绕主业课开展学术研究。罗芳梅撰写文章《从“两个务必”到“三个务必”走好新征程的“赶考”之路》入选梅州市党校系统学习贯彻中国共产党第二十次全国代表大会精神理论研讨会论文。罗芳梅申报2022年梅州市委党校校级一般课题并合作撰写论文《欠发达地区乡村振兴战略人才支撑体系建设研究——以梅州市为例》。林锋撰写文章《以党的二十大精神为引领 打造客都文化名城》入选梅州市党校系统学习贯彻中国共产党第二十次全国代表大会精神理论研讨会论文。林锋申报2022年梅州市委党校校级重点课题并合作撰写论文《梅州乡村产业振兴的实现路径探析》。杨裕撰写文章《浅谈梅州振兴发展——学习领会党的二十大精神》入选梅州市党校系统学习贯彻中国共产党第二十次全国代表大会精神理论研讨会论文。

2022年底中共梅州市梅县区委党校

校　长：骆小锐

区人民代表大会

【概述】 2022年，梅州市梅县区人大常委会召开常委会会议7次、审议议题25项，听取审议专项工作报告15项，开展视察调研14项、执法检查2项，作出决议决定6项，为推动梅县苏区加快振兴、共同富裕提供有力的法治保障。

【区二届人大二次会议】 2022年3月8日至9日，梅县区第二届人民代表大会第二次会议在梅县区文化中心礼堂胜利召开。本次大会听取和审议梅县区人民政府工作报告、区人大常委会工作报告、区人民法院工作报告和区人民检察院工作报告，审查和批准梅县区2021年国民经济和社会发展计划执行情况与2022年计划草案报告、梅县区2021年预算执行情况和2022年预算草案报告，票决梅县区人民政府2022年民生实事项目，选举邹彤祥、黄秋辉为区人大常委会委员，表决通过区政府工作报告等6项决议。会议期间，来自梅县区各条战线的人大代表，认真履行《宪法》和法律赋予的职责，积极参政议政，提出许多宝贵的意见建议。本次大会共收到代表建议26件。

【监督工作】 2022年，梅州市梅县区人大常委会聚焦经济高质量发展开展监督。组织听取审议区政府全面推进乡村振兴工作情况、关于耕地保护工作情况并开展专题询问，督促政府坚决扛牢粮食安全政治责任，加快撂荒耕地复耕复种，牢牢守住耕地保护红线和粮食安全底线，全面推进乡村振兴。加强人大国有资产监督职能，听取审议区政府2021年度国有自然资源资产管理情况的专项报告，审议梅县区2021年度国有资产管理情况综合报告，推动政府进一步深化国资国企改革，健全国有资产管理机制，确保国有资产安全完整和保值增值。组织对梅县区产业发展平台建设情况开展监督，加快推进梅州综保区、产业园区建设，助推全区经济高质量发展。

2022年，梅州市梅县区人大常委会聚焦保障改善民生开展监督。围绕推动解决人民群众最关心最直接最现实的利益问题，切实加强民生领域的监督，听取和审议2022年区政府十项民生实事项目实施情况报告，并组织代表进行视察，组织对医疗保障工作、基层医疗卫生体系建设情况进行视察调研，推动政府加强公共卫生应急物资储备和保障，加快推进公共卫生体系建设，提高基层医疗卫生救治和服务水平。组织对教育、养老服务、就业创业、创文、数字政府建设、交通基础设施重点项目和镇村集中供水建设等工作开展监督，督促政府加快城乡基础设施建设，扩大基本公共服务的覆盖面，优化提升城乡发展环境，提升人民群众生活品质。

2022年4月22日，区人大常委会组织部分人大代表视察民生实事项目实施情况

2022年，梅州市梅县区人大常委会聚焦社会治理工作开展监督。检查《中华人民共和国体育法》《广东省全民健身条例》和《中华人民共和国消防法》等法律法规的实施情况，确保相关法律法规在梅县区全面贯彻实施。加强规范性文件备案审查工作，审议通过区人大常委会规范性文件备案审查工作程序规定的修正案，听取审议区人大法制委关于规范性文件备案审查工作情况的报告，2022年备案审查规范性文件4件。听取和审议区政府关于禁毒工作情况的报告，组织代表对区人民检察院未成年人检察工作、区人民法院基层法庭工作等开展视察，督促"一府一委两院"依法行政、公正司法。

【依法行使重大事项决定权和选举任免权】 2022年，梅州市梅县区人大常委会坚持党委决策与人大依法作出决定相统一，围绕经济社会发展，作出批准财政决算、预算调整、债务限额等决议决定，支持政府依法合规举债，提高使用绩效，管控债务风险。坚持党管干部原则和人大依法行使选举权任免权相统一，认真贯彻区委人事安排意图，严格实行任命人员任前法律考试、宪法宣誓和任后监督等制度，增强任命人员的宪法意识和国家观念。2022年，共依法选举和任免地方国家机关工作人员35人次，组织新任命人员进行宪法宣誓，增强国家工作人员的宪法意识。

【代表工作】 2022年，梅州市梅县区人大常委会通过邀请人大代表列席常委会会议，参加执法检查、专题调研、集中视察、建议督办等活动，推进代表参与常委会、专门委员会工作常态化，梅县区各级人大代表参与常委会工作280多人次，列席常委会会议60多人次。充分发挥基层立法联系点“民意直通车”作用，广泛征集群众的立法建议，2022年，参与省、市人大常委会拟出台、修改的法规（条例）草案征求意见稿16部，深入镇、村（社区）和有关单位开展征求意见建议座谈、立法调研活动5次。全面推进区镇两级民生实事人大代表票决制，持续丰富和拓展基层人民民主。

2022年，梅州市梅县区人大常委会不断拓宽社情民意表达渠道，组织对镇、村代表联络站建设和工作开展情况开展视察，进一步规范代表履职平台建设，梅县区规范建成19个镇（办事处、高管会）人大代表中心联络站、282个村（居）人大代表联络站，并将梅县区各级人大代表就近编入联络站开展活动。按照省人大的统一部署，扎实开展“更好发挥人大代表作用”主题活动，担任代表职务的区领导带头、四级代表920多人次参加代表小组活动，接待群众526人次，收集意见建议132条，形成代表建议18件，推动解决一批群众急难愁盼问题。

2022年，梅州市梅县区人大常委会不断提升代表建议办理质量。经各方面共同努力，区二届人大一次、二次会议期间代表提出的72件建议全部办理完毕，代表对答复的满意、基本满意率100%，推动解决一批群众关注的热点难点问题。

2022年底梅州市梅县区人大常委会

主　任：曾庆辉

区人民政府

【概述】　2022年，梅州市梅县区人民政府坚持以习近平新时代中国特色社会主义思想为指导，深入学习宣传贯彻中共二十大精神，全面落实“疫情要防住、经济要稳住、发展要安全”重要要求，认真落实省委主要领导到梅县区调研指示要求和省市工作部署，在梅县区委的领导下，在梅县区人大及其常委会和区政协的监督支持下，积极应对新冠疫情反复、经济下行压力加大的复杂形势，统筹疫情防控和经济社会发展，统筹发展和安全，推动梅县苏区加快振兴、共同富裕，各项工作取得积极成效，经济社会大局保持稳定。梅县区地区生产总值完成238.26亿元。

【社会和谐】　2022年，梅州市梅县区人民政府面对疫情防控的严峻形势，组织广大党员干部、公安干警、医务人员、基层工作者、志愿者等冲锋在前、勇毅坚守，稳妥快速打赢“8·18”“11·8”“11·20”疫情防控攻坚战。按照疫情防控新部署、新要求，更加突出保健康、防重症，以最实举措最全覆盖，做到有序转段，平稳度峰，守护人民群众健康安全。面对春夏之交的特大暴雨灾害，采取有力有效措施，短期内全面恢复城乡生产生活秩序。强化非法集资风险源头管控，稳妥处置“绿环生物”“海晟投资”等涉农、涉众金融案件。有效化解梅汕高铁安置区、扶大所里村供电矛盾等积案，圆满完成中共二十大等重大安保维稳任务。深化平安梅县、法治梅县建设，严厉打击电信网络诈骗等违法犯罪，打掉恶势力犯罪集团2个、团伙4个，群众安全感和公安工作满意度居广东省前列。扎实开展自建房、城镇燃气安全专项整治，安全生产、消防救援、森林防灭火、食品药品监督等工作扎实有效。

【经济发展】　2022年，梅州市梅县区人民政府落实一揽子稳增长政策和加快实体经济振兴发展若干措施，全力稳住经济基本盘。致力打造“2+1”产业集群，梅县区产业集聚地成功创建省级新一代电子信息技术（电子专用材料）特

2022年5月，盛富五金工厂

2022 年 6 月，中爱医疗公司生产车间

产业园。成功举办促进实体经济高质量发展大会暨“五个一批”活动，投资 81 亿元的嘉元时代年产 10 万吨高性能电解铜箔项目成为梅州市历史上单体投资最大工业项目。嘉元科技年产 3.1 万吨高性能铜箔技改项目全部投产，盛富金属三期、福德金属二厂等一批项目投产，超华科技 600 万张芯板、润龙汽车、庆达科技二期等项目有序推进，中爱医疗一期正式投产。以铜箔为主的电子信息产业实现产值 61.59 亿元，同比增长 12.9%，打造百亿产业迈出坚实步伐。完成工业投资 24.68 亿元，同比增长 18.19%，其中技改投资 14.74 亿元。新增规上工业企业 15 家、总数 105 家，实现规上工业总产值 190.46 亿元、规上工业增加值 53.1 亿元。获评广东省制造业发展较好区，宝丽华、嘉元科技、超华科技入选“2022 广东企业 500 强”，嘉元科技入选“国家知识产权示范企业”、获“第七届广东省政府质量奖”。梅州综保区一期封关运行、二期动工建设，引进项目 19 个，进出口总值 8.15 亿元，国际无水港基本建成。有效发挥企业创新主体作用，认定国家科技型中小企业 32 家、高新技术企业 8 家，新增专精特新企业 11 家、省工程技术研究中心 1 家。巩固提升国家全域旅游示范区创建成果，旅游接待 107.42 万人次、旅游收入 8.34 亿元。着力促消费稳外贸，完成社会消费品零售总额 145.05 亿元，进出口总额 26.2 亿元。

【重点建设】 2022 年，梅州市梅县区人民政府固定资产投资完成 92.57 亿元，同比增长 7.5%；重点项目投资完成年度计划 103.4%。获得债券资金 15.79 亿元、政策性开发性金融工具 3.5 亿元。梅龙高铁加快建设，瑞梅铁路、汕梅高速改扩建项目开工建设，东部快线雁洋镇环镇路建成通车，西部快线全面动工，国道 205 线、省道 224 线等路面改造年度任务全面完成。动工建设韬奋纪念大桥、蓬辣大桥等乡镇重点基础设施，完成 158 千米农村公路和 5 座危桥改造。入选全国第二批城乡交通运输一体化示范创建县。推进程江、南口等 6 宗碧道项目建设，实施大雅水、巴庄水等 3 宗水生态清洁小流域治理工程，完成汶水水库、磨板坑水库除险加固工程。加快实施山水林田湖草沙一体化治理，南口崩岗治理工程等示范项目扎实开展。建成粤东天然气主干管网揭阳—梅州支干线（梅县段）、梅州市天然气接收门站，完成 22 条 10 千伏线路馈线自动化改造提升，新增 5G 基站 376 座。

【民生项目】 2022 年，梅州市梅县区人民政府滚动实施城建“十个一批”重点民生项目，程江、大沙安置区竣工验收，三丰安置区、宪梓公园基本完工，梅汕高铁安置区建设有序推进，梅花山脚地块征拆工作全面完成，天虹购物中心、48 个老旧小区改造等项目稳步推进。新改建城区 20.9 千米污水管网，改造完成 10 个老旧小区供水管网。深化创文巩卫，大力开展六大专项整治行动，市容市貌不断提升，入选中国最美县域和全国传统村落集中连片保护利用示范区。深入实施美丽圩镇建设攻坚行动，高质量完成城乡 17 家农贸市场升级改造，17 个圩镇达到宜居圩镇标准，畲江、雁洋成为示范圩镇。畲江镇域乡村振兴规划获广东省一等奖。围绕“三色同辉、三产融合、三线同美”，创建丙雁乡村振兴示范带，引领美丽乡村“1+N”建设。丙村镇红光村获评中国美丽休闲乡村。制定农房风貌改造提升、老屋拯救行动等奖补政策，完成民房改造 1520 座，打造“四小园”5852 个，建成美丽庭院 5957 户。完成农村问题户厕无害化卫生改造 322 户、自然村内干路硬底化 16.3 千米，建成镇级污水处理设施 23 座、村级污水处理设施 218 座。梅县区金柚种植面积 18066.67 公顷，产量

56万吨，产值43.5亿元，人均金柚收入9600元。茶叶省级现代农业产业园获批。打造43个“一村一品”专业村、2个乡村产业社区，石坑奈李、石扇咸菜、大坪小龙虾等特色农业产业持续发展。梅县区农民人均可支配收入25468元，高于广东省、全国平均水平，76%的村集体年收入达到10万元。完成撂荒地复耕复种3693.33公顷，建成高标准农田100公顷，新增垦造水田56.67公顷，种植粮食23786.67公顷，完成上级下达任务。驻镇帮镇扶村各组团单位筹集资金1000多万元支持乡村振兴。

2022年，梅州市梅县区人民政府兜牢民生保障底线，十件民生实事全面完成，城乡低保、特困供养、残疾人等保障水平持续提标，军休所升级改造完成，光荣院、综合福利院改造有序推进。深入实施“粤菜师傅”“广东技工”“南粤家政”工程，新增城镇就业、失业人员再就业4253人。持续提升教育教学质量，高考高分尖子生数量、两线上线率实现较大突破。新增义务教育学位800个，普惠性学前学位900个。粤东医院感染性疾病救治中心大楼、中医医院综合大楼二期等项目扎实推进。新增石扇镇萧向荣故居等4个省级文物保护单位。承办2022赛季梅州赛区中超联赛。深入开展污染防治攻坚战，中央环保督察交办的群众信访举报案件全部办结，39个自然村生活污水治理任务全面完成，6个地表水考核断面水质优良率100%，城区空气质量优良率99.4%。完成交通干道沿线生态廊道提升工程169.2公顷、营造水源林906.67公顷、造林抚育3000公顷，森林覆盖率达75.54%。

【信访工作】 2022年，梅县区委、梅县区政府主要领导率先垂范履行领导干部信访工作“一岗双责”责任制，切实加强对信访工作的领导，定期听取信访工作汇报，亲自部署信访工作，亲自阅批群众来信来访、亲自研判重大信访事项，形成全面有效的领导体制。2022年，梅县区委、区政府主要领导先后21次主持召开区委（政府）常委（务）会，听取和研究部署信访工作，先后23次对信访工作作出指示批示。梅县区领导共包案化解94宗案件，办结率100%；共接待群众来访约访245批412人次，立案26宗，办结25宗。梅县区信访总量有所上升，但秩序好转，群众满意度进一步提升。2022年，梅县区区级信访总量（含来访、来信、网访）共1468件次，同比上升14.67%。网上信访715件，同比上升70.64%，占信访总量的48.71%，网上信访主渠道方式进一步巩固。2022年，群众到梅县区集体访39批，同比下降64.1%；到梅州市集体访5批，同比下降37.5%；到广东省上访10批，同比下降60%。2022年，涉及信访部门“国满件”（国家信访局“满意及评价”信访件）98件，满意率85.71%；涉及责任单位“国满件”100件，满意率82%，群众满意度率位居梅州市前列。至2022年底，中央和省交办梅县区的94宗重复信访专项治理积案第一批（63宗）、第二批（15宗）、“百日攻坚”（16宗）均已上报办结，汇报办结率100%，国家信访局和广东省信访局审核化解率100%，化解进度和治理质量居梅州市上游水平。

2022年底梅县区人民政府办公室
主　任：王庆润

区政协

【梅县区政协二届二次全会】 中国人民政治协商会议第二届梅州市梅县区委员会第二次会议，于2022年3月8日至9日在梅县区文化中心礼堂举行。2022年，中国人民政治协商会议梅州市梅县区委员会（简称区政协）坚持以习近平新时代中国特色社会主义思想为指导，全面贯彻中共十九大和十九届历次全会精神，深入学习贯彻习近平总书记系列重要讲话和重要指示批示精神，认真贯彻落实中央和省委、市委政协工作会议精神，围绕团结和民主两大主题，扎实履职尽责，在协商议政、民主监督、服务民生、凝聚共识和自身建设上取得新成效。会议指出，区政协工作的总体要求是：高举习近平新时代中国特色社会主义思想伟大旗帜，深入学习贯彻中共十九大和十九届历次全会精神，全面贯彻落实习近平总书记系列重要讲话尤其是对广东重要讲话和重要指示批示精神，紧紧围绕市委和区委全会的工作部署，在梅县区委的正确领导下，坚持发扬民主和增进团结相互贯通、建言资政和凝聚共识双向发力，为建设“叶帅故里·大美梅县”，努力构筑“三新三城”，奋力打造“绿水青山就是金山银山”广东样本，为梅县老区苏区高质量发展作出新的更大贡献，以优异成绩迎接中共二十大胜利召开。

【协商议政】 2022年，区政协组织区政协常委开展“加快东西部快线建设，打造粤东西北综合交通枢纽”“加快发展先进制造业推进实体经济高质量发展”“加强现代农业产业园建设，发展高效农业，力促乡村振兴”3个视察调研，同时组织各专委会开展“实施工业聚集地提质增效工程，推进城东、白渡工业园区建设”等8个专题调研，配合省、市政协调研课题开展同步调研4次，着力引导委员出实招、谋良策，有效促进区委、区政府科学民主决策。

【提案办理】 2021年11月区政协换届召开二届一次会议，2022年3月召开二届二次会议。两次大会共收到提案134件（二届一次收到52件、二届二次收到82件），其中各民主党派、各人民团体及委员联名提案34件，委员个人提案100件。经提案委员会审查，立案92件，立案率为68.7%。92件提案，按照归口办理的原则，在2022年3月30日由梅县区人民政府统一召开人大议案、政协提案交办会，统一交给30多个相关职能部门和单位办理。截至2022年9月底，立案的92件提案均已办复完毕。从反馈意见情况看，委员对提案办理的满意率100%。转意见建议的42件提案，也已转有关部门研究处理。

【民主监督】 2022年，区政协深入贯彻落实习近平总书记关于国家粮食安全的重要指示批示精神，结合梅县区“奋进新征程 建功新时代”比学赶超活动，区政协专门成立民主监督小组，由主要领导率队对“梅县区撂荒耕地复耕复种”工作开展专项民主监督，深入畲江镇上墩村，水车镇灯塔村，梅南镇龙岗村、蓝田村撂荒耕地复耕复种现场，对发现的问题及政协委员提出的意见建议，向区委区政府作专题报告，助推梅县区撂荒耕地复耕复种工作排名梅州市前列。同时，组织政协委员参加区检察院专题视察、区法院观摩庭审等活动，促进依法治区工作深入开展，努力把人民政协制度优势转化为社会治理效能。

2022年7月，区政协组织全体政协常委开展“加强现代农业产业园建设，发展高效农业，力促乡村振兴”专题视察

【联谊交流】 2022年，区政协积极搭建平台、创新形式、丰富内容，广交朋友，增进团结联谊。参加在蕉岭县举办的闽粤赣三省十县（区）政协第51次联系协作会议，交流借鉴红色苏区振兴发展经验做法；接待湛江市，肇庆市，河源市，汕头市龙湖区，金平区，清远市连山县，广州市荔湾区7批次全国其他市县政协梅县区学习交流，努力讲好梅县故事；编辑出版两期《梅县政协》，广泛传播政协声音，报道履职情况，展示委员风采。

积极服务招商引资。突出“全区一盘棋”，凝心聚力招大商招好商，助力加快建设赣闽粤原中央苏区对接融入粤港澳大湾区振兴发展先行区。按照区委工作安排，指派两名副主席分别担任梅州综保区招商队队长前往深圳、东莞、广州、佛山等地考察企业、拜访乡贤、走访委员、开展招商，介绍梅州综保区投资的好环境、好生态、好政策，动员广大企业和乡贤以商招商、以链招商、以情招商，向他们抛出回乡投资兴业的“橄榄枝”。坚持“用户思维”优化服务，深入基层一线、深入委员企业，积极开展“暖企行动”，帮助企业解决运营、生产发展中遇到的困难和问题，以“母亲式”服务当好企业“贴心人”。

【委员工作室活动】 2022年，区政协充分依托因地制宜设立的8个委员工作室。在完善以党组理论学习中心组学习为引领、覆盖当地全体委员的经常性学习制度体系基础上，制订《2022年梅县区政协“书香政协”委员读书活动方案》，组织开展“倡导委员读书、建设书香政协”为主题的读书活动和南口镇南源世第学习交流活动；并向8个委员工作室和委员赠送一批书籍，同时举行委员书屋揭幕仪式，引领广大政协委员不断从新思想、新论断、新要求、新知识中汲取力量，更好凝聚共识、提高履职能力。

【关注民生】 2022 年，区政协深入基层、深入群众，掌握真情实况，反映群众意见，倾力服务大局。按照区政府工作安排，指派一名副主席担任 2022 年区农村人居环境整治提升督查工作组组长，对程江、畲江、梅西等 6 个镇每月随机抽查 1 个行政村，实行一月一督查，深入查找“三清三拆三整治”存在问题，及时反馈并要求整改，推动农村人居环境稳步提升。落实挂点社区责任，2022 年共 89 人次积极参与社区疫情防控、垃圾分类、消防安全和“创文”等各项志愿服务活动，支持程江社区进行下水道清理、村道沥青铺设。

2022 年底中国人民政治协商会议梅州市梅县区委员会

主　席：罗时亮

区纪委监委

【召开二届区纪委二次全会】 2022 年 2 月 18 日，召开二届区纪委二次全会，会议由区委常委、区纪委书记、区监委主任曾万灵主持，区委副书记张小兰传达中共十九届中央纪委六次全会、十二届省纪委七次全会和八届市纪委二次全会精神，区委书记温助民出席会议并讲话。曾万灵代表区纪委常委会作题为《永葆自我革命精神，为推动梅县苏区加快振兴发展共同富裕提供坚强保障》的工作报告。

2022 年 2 月 18 日，中国共产党梅州市梅县区第二届纪律检查委员会第二次全体会议召开

【党风廉政建设】 2022 年，中共梅州市梅县区纪律检查委员会用党的创新理论凝心铸魂。落实区委“大学习、深调研、真落实”和“学习贯彻中共二十大精神探索全面建设社会主义现代化的梅县实践”专题调研工作，围绕“梅县区政治生态”和“持之以恒正风肃纪，坚定不移惩治腐败”等课题开展调研。把调研成果用于统一思想、完善思路、推动落实之中，提升工作质量和水平。聚焦“国之大者”强化政治监督。做到党中央重大决策部署到哪里、政治监督就跟进到哪里。聚焦统筹发展和安全以及习近平总书记关于“疫情要防住、经济要稳住、发展要安全”的要求，毫不松懈抓好疫情防控专项督查，发现问题 853 个，谈话提醒 12 人，批评教育 19 人。开展稳住经济一揽子政策措施落实、安全生产、乡村振兴等监督，推动政治监督具体化、精准化、常态化，为维护梅县区社会大局平安稳定提供坚强的保障。针对南口蕉坑村山体滑坡地质灾害事故履行领导责任不力、镇村干部工作落实不到位等失职失责问题，责成南口镇党委政府向区委区政府作深刻检讨，党纪政务处分 2 人。以实际行动体现对党忠诚。不断净化党内政治生态，坚持从政治纪律查起，查处违反政治纪律案件 1 件。规范回复党风廉政意见程序，审慎回复廉政意见 391 人次，其中暂缓使用 4 人次，不宜使用 4 人次，坚决防止“带病提拔”。

【作风建设】 2022 年，中共梅州市梅县区纪律检查委员会锲而不舍落实中央八项规定精神。严查违反中央八项规定精神问题，2022 年，开展明察暗访 46 次，涉及 422 个（次）单位，通报 4 期 12 起违反中央八项规定精神典型案例。开展违规公务用车、公务接待中“吃公函”问题等专项整治，坚决查处影响党中央重大决策部署贯彻落实，漠视侵害群众利益，不作为乱作为，加重基层负担的形式主义、官僚主义，查处违反中央八项规定精神问题 27 个，立案 82 件，党纪政务处分 82 人。推动营商环境不断优化。紧盯市场主体急难愁盼问题，重点整治违规审批、违法执法、漠视企业合理诉求、行政审批“两个 100%”推进中存在的突出问题等。加强行政效能监察监督，把文明服务、便民服务作为监督重点，针对区交警大队和部分派出所不满意工单较多的问题，召开政风行风约谈会，约谈相关人员 18 人。

【查处违纪违法案件】 2022 年，中共梅州市梅县区纪律检查委员会保持惩治腐败的强大力量。坚持无禁区、全覆盖、零容忍，坚持受贿行贿一起查；坚持重遏制、强高压、长震慑，对中共十八大后不收敛不收手，特别是中共十九大后仍不知止、胆大妄为的，发现一起查处一起。坚决惩治利用公权力及其影响力谋取私利的腐败问题和特权行为，查处区住建局原局长李某受贿犯罪案件等。2022 年，立案 182 件，党纪政务处分 181 人，采取留置措施 4 人，移送司法机关 3 人，挽回国家经济损失 379.49 万元。

【专项治理工作】 2022 年，中共梅州市梅县区纪律检查委员会整治违规领取惠民补贴突出问题。开展惠民利民补贴违规发放和领取专项整治，对违规发放残疾人特定补贴等问题进行调查核实，谈话提醒 1 人，批评教育 19 人，追缴违规发放资金 0.3 万元。运用区惠民信息平台大数据监督作用，对 17 项惠民补贴项目进行数据比对，发现 7 条涉嫌违规领取危房改造补贴问题线索，立案 1 人，追缴违纪资金 1.85 万元。坚决纠治民生领域损害群众利益行为。2022 年初，针对梅南镇、石坑镇全域自然村集中供水工程农民工工资发放问题，进行实地督查和跟踪回访，督促相关单位及时将农民工工资 23.33 万元发放到位。一盘棋推进五大民生领域重点整治工作，压实相关单位和部门主体责任，约谈 2 个单位主要负责人和分管领导，发出 1 份工作提示函，推动专项整治工作走深走实。持续纠治教育医疗、养老社保、生态环保、安全生产、食品药品安全等领域腐败和作风问题，共查处民生领域案件 3 件。常态化推进“打伞破网”，深挖细查黑恶案件背后腐败和“保护伞”，会同梅州市公安局梅县区分局召开协调例会，着力维护和促进社会公平正义。整治乡村振兴驻镇帮镇扶村中的突出问题。发挥“室组地”监督作用，不定期到镇村开展乡村振兴驻镇帮镇扶村突出问题监督，重点检查镇村供水安全保障、人居环境和驻镇帮镇扶村资金使用情况。入户抽查 84 户有劳动能力建档立卡贫困户，重点检查防返贫动态监测、扶贫产业项目后续帮扶等情况，发现 18 户存在返贫风险，要求相关镇村加强监测并结合实际为其提供产业帮扶。

【宣传教育】 2022 年，中共梅州市梅县区纪律检查委员会持续大力推进廉洁文化建设，深入挖掘梅县区廉洁文化资源，制作展播《清风有痕，传承客都廉韵》宣传片和《恪守自律底线，风清气正过“廉”节》微短片；在主流媒体刊稿 80 多篇次；在梅县区融媒体中心“纪检监察之窗”栏目播放工作动态 4 期；将廉洁文化元素融入梅县区“喜迎二十大 奋进新征程”主题系列活动，征集和评选美术、书法、摄影优秀作品 100 多份，营造处处宣廉、时时倡廉、人人促廉的浓厚氛围。联合梅县区委组织部、梅县区委党校，开展以“扬苏区精神·做清廉青年”为主题的廉政知识竞赛，通过以赛促学的形式教育引导年轻干部扣好廉洁从政的第一粒扣子。

【干部队伍建设】 2022 年，中共梅州市梅县区纪律检查委员会全面加强政治建设。加强区纪委常委会自身建设，严格执行民主集中制、“三重一大”事项集体决策制度，完善并执行区纪委常委会议事规则，2022 年，梅县区纪委常委会决定事项 17 项，均落实到位。充分发挥党员先锋模范作用，选派优秀干部奔赴抗疫前线和乡村振兴一线经风雨、长才干。建设高素质专业化干部队伍。贯彻新时代党的组织路线，坚持党管干部原则和好干部标准，共提拔纪检监察干部 6 人，职级晋升 9 人，轮岗交流 22 人。采取举办业务培训班、片区协作办案、案件交流等形式，提升干部业务水平，2022 年，开展干部培训 11 场共 623 人次。从严管理监督纪检监察干部，动态更新完善 179 名区镇两级纪检监察干部廉政档案；把日常谈话作为干部教育管理监督的常态，对新入职、新提拔、轮岗的纪检监察干部开展日常谈话 30 人次。

2022 年底中共梅州市梅县区纪律检查委员会

书　记：曾万灵

区委巡察

【概述】 2022 年，中共梅州市梅县区委巡察办公室在区委的坚强领导下，在巡察工作领导小组的正确领导和上级部门的指导督导下，认真贯彻落实中央和省委、市委巡视巡察工作部署，紧紧围绕“发现问题、形成震慑、推动改革、促进发展”巡察工作方针，扎实有效开展巡察工作。2022年，巡察工作坚持数量和质量并重、进度与效果兼顾，巡察质量显著提高，呈现出问题线索质量高、问题突出“关键少数”比例高、问题线索成案率高的态势，充分发挥巡察利剑震慑作用。

2022年，梅县区开展2轮常规巡察、3轮对村巡察、1轮交叉巡察和1轮县级专项巡察，完成对7个镇、16个区直单位和153个村（社区）的巡察工作，常规巡察和对村巡察覆盖率分别为28%和42.4%。

【主体责任落实】 2022年，梅县区委书记亲自部署巡察工作，审定每一轮巡察工作方案，听取每一轮巡察情况汇报，点人点事，在常委会上指导部署整改。制定《区委巡察反馈工作实施意见（试行）》，明确区委、区政府分管（挂点）领导、巡察工作领导小组成员和非领导小组成员的纪委副书记、组织部副部长参加巡察反馈会，逐一落实区分管领导责任。区委巡察工作领导小组制定《中共梅州市梅县区委巡察工作规划（2022—2026年）（试行）》，统筹安排“常规巡察”，深化“专项巡察”，强化“机动式”巡察，落实县级党委“交叉巡察”。巡察工作领导小组提供强有力的组织保障。巡察工作领导小组成员不定期下沉到巡察现场“面对面”指导，不定期参加组办会商。

【巡察工作重点】 2022年，巡察共发现问题2177个，线索73条。通过“点穴式”精准巡察监督，唤醒“沉睡”的扶贫资金，通过工程实地勘测、复盘、确认数据，追回多付的工程款，通过对标对表责任落实分工图、任务书，使弄虚作假、套取专项资金用于完成工作任务的庸懒散村官现出原形。巡察发现部分退休干部在某社团组织中兼职并违规领取报酬，与中央八项规定精神相违背。通过巡察推动，责成该社团组织所在行业主管部门严格扛起“两个责任”，将个人违规领取的报酬共28.91万元予以收回，并对相关分管领导给以问责处理。对巡察移交并已查处的部分典型违纪案件，于重大时间节点、重要警示活动期间在梅县区范围内进行通报，起到“抓一点警示一片，查一批警示梅县区”的作用，让巡察形成的震慑有反响、有效果。

【共性问题公开】 2022年，为实现对梅县区干部的严管厚爱，提升各单位政治建设、行政能力和执法水平，中共梅州市梅县区委巡察办公室围绕“三个聚焦”“一个加强”，对二届区委以来巡察发现的问题进行分析汇总，共梳理出4个方面12个共性问题，向梅县区印发《关于推动巡察发现共性问题未巡先改的通知》，要求梅县区各单位对标对表、举一反三认真开展自查自纠整改，推动“未巡先改”，巡必从严，抓早抓小，防微杜渐。

【监督工作合力】 2022年，中共梅州市梅县区委巡察办公室整合监督力量、共享监督资源和监督成果，促进巡察监督与纪律监督、监察监督、派驻监督、组织监督的有效衔接，与组织、宣传、审计、财政、信访、统计等监督协调协作，不断增强监督合力。健全梅县区委巡察机构向上级巡察机构报告、报备的制度机制，主动衔接，积极配合上下联动任务，加强联动组织实施，强化沟通协调。建立巡前由纪检、组织、政法、审计、信访等职能部门向区委巡察机构通报机制，组织、宣传部门参与选人用人、意识形态巡察专项检查制度。制定《区纪委监委、区委组织部、区委宣传部、区委巡察机构落实〈关于加强巡察整改和成果运用的意见〉任务清单》，进一步明确区纪委监委、区委组织部、区委宣传部和区委巡察机构在巡察整改阶段的工作责任，让巡察反馈的问题真改实改，监督整改。把派驻纪检监察组纳入巡察范围，对派驻组长履职情况进行巡察评价，促进派驻监督工作的提升。构建完善的监督机制，区委制定《关于加强区委巡察整改督查工作的实施意见（试行）》，整改率低于90%、80%和70%的，分别对单位责任人员进行发函、约谈、追责；推动巡察整改工作与年终绩效考核挂钩，使巡察整改工作有章可循。

【干部队伍建设】 改革巡察抽人机制。制定出台《关于选派优秀干部参加二届区委巡察工作的实施意见》，压实选派责任，加大各单位支持配合力度；预判选派时间，把参加巡察名额提前规划至各单位，确保按时选派人员；灵活选派方式，从“人才库”中选人变成“党员库”中选优；严格审核把关，确保选派人员综合素质高、实干能力强。在实战中打磨成长。在每一轮巡察工作中，从副组长中挑选一位担任“机动组”组长，在“对村巡察”中着力培育新的巡察梯队；将巡察组的联络员安排到区委巡察办参与规章制度制定、撰写材料等工作，补齐办文办会能力短板；把新进区委巡察办的年轻干部下沉到组参与巡察，双向互动，增强合力。以党建促模范机关创建。巡察机关党支部认真落实好“三会一课”要求，以上主题党课、观看警示片、“红色革命传统”主题党日活动等多种形式丰富组织生活。

2022 年底中共梅州市梅县区委巡察办公室

主　任：刘　洪

民 主 党 派

民　革

【概述】　2022 年，中国国民党革命委员会梅州市梅县区委员会（简称民革梅县区委员会）在民革梅州市委员会及梅县区委的坚强领导下，团结广大民革党员，踔厉奋发、勇毅前行，在做好本职工作的基础上积极参政议政，为梅县苏区加快振兴，共同富裕作出积极贡献。至 2022 年底，民革梅县区委员会共有 5 个支部，党员 66 人。其中，市政协委员 3 人、政协副主席 2 人（梅县区 1 人，兴宁市 1 人）、区人大代表 2 人（常委 1 人）、区政协委员 9 人（常委 1 人）。

【参政议政】　在梅县区政协二届二次全会上，曾彩霞代表区委会作题为《持续发展壮大柚果精深加工产业　精准发力助推乡村振兴》的大会发言，对梅县区柚果精深加工产业的现状及存在问题作出比较全面的阐述，对如何着力发展柚果精深加工产业提出一些切实可行的建议。会上，民革梅县区委员会提出的《加快推进发展特色现代农业，推动我区乡村全面振兴》被评为优秀提案。此次会议民革梅县区委员会提出 5 份集体提案，7 份个人建议、提案。在梅州市政协八届一次会议上，民革梅县区委员会提出 1 份集体提案，3 份个人建议、提案，其中钟李峰提出的《扎实推进“双百工程”，做好民生保障工作》（撰稿人赵严君、钟梅君）被定为 2022 年度市政协领导班子成员（马志元）领衔督办重点提案。

【社会服务】　2022 年，民革梅县区委员会组织多场次的社会服务活动：2022 年 6 月 24 日，铁炉桥医院支部开展无偿献血社会服务活动。2022 年 7 月 31 日，民革梅县区委员会组织第三支部和铁炉桥医院支部党员到松口镇德化村慰问抗战老兵张庆生，送去慰问金、慰问品，同时为其进行健康检查；2022 年 11 月，由各支部主委分别带队慰问 11 名抗战老兵，为他们送去慰问品和民革广东省委会 1000 元（100 岁以上的 2000 元）慰问金。

【工作荣誉】　2022 年，民革梅县区委员会充分发挥人才智力优势，努力做好促进梅县区经济社会发展工作。钟李峰的《益气活血通窍方治疗脑梗后遗症的疗效及对 TLR4 表达的影响》在 2022 年 5 月 19 日获得“叶剑英基金科学技术进步奖三等奖”，2022 年初当选梅州市工商业联合会（总商会）第八届副会长；曾彩霞被梅州市医学会乳腺分会选为第二届常务委员；梁淑芳在梅州市百佳优秀护士评选中获选“双十佳护理管理者”，当选为广东省护理学会围术期感染控制护理管理专业委员会委员；陈莲环当选为广东省医院协会第五届医学影像中心管理专业委员会委员；黄国雄获评“梅县好医生”；肖伟雄获区 2022 年优秀教师荣誉称号；刘志宗的《剖宫产术行罗哌卡因+右美托咪定腰硬联合麻醉的镇痛效果与寒战发生情况观察》在 2022 年 6 月 15 日被医学卫生刊编辑部录用并发表；李明的《“双减”背景下小学数学作业设计的策略研究》《小学数学课堂中德育教育的有效渗透路径探究》发表于《教师周刊》2022 年 24 期。

2022 年底中国国民党革命委员会梅州市梅县区委员会

民　盟

【概述】　2022 年，民盟梅县区委员会不断加强自身建设，认真履行参政党职能，紧紧围绕区委、区政府中心工作开展调研，积极履行参政议政、民主监督，扎实开展社会服务，为促进梅县区高质量发展作出积极贡献。至 2022 年底，民盟梅县区委会共有 8 个支部，盟员 182 人。其中，省人大代表 1 人、市人大代表 1 人、区人大常委会副主任 1 人、区政协委员 11 人（其中常委 1 人）。

【参政议政】　2022 年，民盟梅县区委员会积极参政议政。在广东省第十三届人民代表大会第五次会议上，夏丹丹提交《关于加大对基层文艺院团支持力度的建议》。在梅州市第八届人民代表大会第一次会议上，李玉珍提交《关于推动梅州客家山歌发展的若干建议》，并获得市委主要领导批示。在政协梅县区二届二次会议上，刘谦隆代表作《加快发展农村物流，推动乡村产业振兴》的发言，会议期间提交集体提案3件：加快发展农村物流，推动乡村产业振兴；关于加强梅县区儿童青少年近视防控工作建议；加强体育公园建设，提升全民健身公共服务水平。个人提案9件：擦亮梅县区红色文化品牌，用文艺精品力作讲好党史故事的建议（谢翠梅）；优化教师体检工作，做好教育保驾护航（刘伟兴）；关于在新规划片区以及人民广场增设儿童娱乐设施的建议（涂妍）；关于加快推进梅县区新能源汽车充电基础设施建设的建议（陈立菲、温升永）；加强乡镇消防队伍建设，落实专职消防人员保障待遇的建议（钟宇）；关于综合治理缓解梅县区学校上下学交通道路拥堵的建议（杨笑梅）；关于合理布局学区，实现就近入学的建议（李琪）；精细管理，保障梅县区燃气安全"最后一米"的建议（童大东）；关于"双减"政策下的城乡教育水平均等化的建议（吴亦辉），内容涉及教育文化、医疗卫生、交通建设、乡村振兴、社会民生等。

【社会服务】 2022年1月26日，民盟广东梅县外国语学校支部将第一笔盟费用作社会服务支出，为雁洋镇39位环卫工人送去防疫和生活物资。2022年，李玉珍、赖瑜明等文艺支部盟员始终以文化惠民为抓手，积极开展非遗传承、送戏下乡演出活动。盟员围绕助力疫情防控工作主动作为，以实际行动彰显民盟作为，16位盟员获得民盟梅州市委"抗疫先进个人"称号。

【工作荣誉】 2022年，民盟梅县区委员会获评民盟广东省委"庆祝广东民盟组织成立80周年先进集体"，叶柳华获评广东省体育局"十三五"时期群众体育工作先进个人。丘力勤获得"2021—2022年度梅州市教育工作先进个人"和"梅县区三八红旗手"称号。

2022年底民盟梅县区委员会

主　委：叶柳华

（供稿：钟　宇）

民　建

【工作成绩】 2022年，民建梅县区总支部在做好本职工作的同时，围绕区委实体经济高质量发展、乡村振兴等中心工作，深调研、献实策，积极开展专题调研、参政议政及社情民意工作。由会员曾文彬执笔的《激活文旅资源、浅谈古镇开发》及会员李剑锋执笔的《发展光伏电站、助力乡村振兴》2篇年度调研报告入选市委会年度调研课题。2022年市、区政协会议上，各支部积极撰写政协提案，共提交6篇集体提案及3篇个人提案。2022年，民建梅县区总支部获评民建广东省委会先进基层组织；总支部主委曾文彬获评民建广东省委会优秀会员；侨中支部潘柏奎荣获第37届广东省青少年科技创新大赛《青少年科技创新成果竞赛项目》三等奖。

【社会服务】 2022年，民建梅县区总支部全体会员坚决贯彻党中央和省、市、区党委关于疫情防控工作的决策部署，坚决服务服从大局，积极参加疫情防控工作。松口支部通过结合会员所在的区政协专委会和志愿者协会组织，进行下乡送温暖活动，自愿出钱出力、送医送药帮助困难群众。松口支部副主委李剑锋在2022年春节前夕接到梅县区疫情防控部署的要求，带领协会志愿者在核酸检测采样点协助开展信息登记、体温测量、人员分流、秩序维持、防疫宣传等工作。"8·18"疫情突发而来，积极组织协会志愿者参加疫情防控工作，带领志愿者前往梅县区扶贵村寺背、锭子桥车站两个核酸检测点，协助社区和医务人员进行核酸检测等工作，为梅县区筑牢疫情防控坚固防线贡献志愿力量。华侨中学支部通过争取市委会的帮扶助学金和社会捐赠资金，给困难学生送去温暖帮助其完成学业，对刚迈入大学的大学生给予资助。

2022年底民建梅县区总支部

主　委：曾文彬

民　进

【概述】 2022年，民进梅县区总支部第七届委员会下设华侨中学支部、高级中学支部、区直机关支部、宪梓中学支部、广益中学支部、丙村中学支部6个支部，会员人数103人。

【参政议政】 2022年，民进梅县区总支部服务发展积极建言献策，共提交提案25件。总支《关于加大力度保障梅县新城区小学学位供给的建议》等在政协会议上作大会发言。组织前往江西省赣州综合保税区专题调研综合保税区贸易、物流等各方面经验做法，形成专题调研报告《借鉴内陆双向开放试验区先进经验，加快推进梅州综保区建设发展》。前往广州市、河源市专题调研“双减”政策下教育高质量发展的途径。

【社会服务】 2022 年 11 月 14 日，民进梅县区总支部面对疫情倡议各位会员踊跃捐款捐物，并于 2022 年 11 月 16 日将款项全额转交梅县区红十字会，专项用于梅县区“11·8”同心抗疫。梅县区“8·18”疫情期间，医卫界会员奋战抗疫一线，守卫群众健康。民进华侨中学支部组织会员节假日期间走进社区，开展志愿服务，带领中学生开展“运动快乐·健康成长”体育锻炼活动。

2022 年底民进梅县区总支部

主 委：周志贤

农 工 党

【参政议政】 2022 年，农工党梅县区委员会聚焦实体经济高质量发展、乡村振兴、人口老龄化等中心工作，深调研、建诤言、献实策。参与政治协商。农工党梅县区委员会班子成员积极参加区委、区政府、人大、政协召开的各种情况通报会、民主协商会、座谈会，就梅县区的一些重大决策、工作部署、政府工作报告和工作安排等方面发表意见和建议，为区委区政府及有关部门决策科学化、民主化提供重要参考。在梅县区政协二届二次会议、梅县区人大二届二次会议期间，提交集体提案 1 件：《关于推动本土专业社工人才队伍建设的建议》。个人提案 5 件：关于加快梅县区新能源汽车充电设施建设的建议（钟素芬）；关于加快粤东医院感染性疾病救治中心项目建设的建议（林百润、李干文）；关于加强丙村中学路口交通秩序管理的建议（廖晖）；关于全面推进社区居家养老服务的建议（罗琼瑶）；关于推动电动车集中充电设施铺设的建议（曾筱雯）。

【工作荣誉】 2022 年，农工党梅县区委员会广大党员立足本职，奋发作为，在本职岗位上取得新成绩。陈广建在国家级刊物《智慧健康》发表论文《内镜下球囊扩张术治疗贲门失弛缓症的近期与远期疗效观察》；宋宏中被评为第六届“南粤好医生”，严远平被评为 2022 年度梅州好医生。

2022 年底农工党梅县区委员会

主 委：谢 正

致 公 党

【概述】 2022 年，致公党梅县区委员会有城区一、二支部，丙村和松口四个支部，有党员 93 名。梅县区致公党员中有市人大代表 2 人、市政协委员 1 人；区人大代表 1 人（常委）、区政协委员 8 人，其中副主席 1 人，常委 1 人。2022 年，发展新党员 5 名。

【参政议政】 2022 年 3 月 8 日至 9 日，梅县区召开政协第二届梅州市梅县区委员会第二次会议和梅县区第二届人民代表大会第二次会议，致公党梅县区委员会有 8 位区政协委员和 1 位人大代表出席会议，为梅县区的发展建言献策。会议期间，致公党梅县区委员会向政协提交集体提案 2 篇，个人或联名提案 6 篇，作题为《关于进一步推进梅县区现代农业产业园建设 助力农业农村现代化的建议》的大会发言。1 篇提案评为区优秀提案。同时通过市委会和省委会平台参政议政，向市委会提交的意见（建议）9 件，向省委会提交的意见（建议）3 件，多项建议被市委会、省委会采纳，通过调研，形成《高质量招商引资 推动实体经济高质量发展》《加快梅县区美丽圩镇建设》《妥善处理厨余垃圾，促进垃圾分类》等课题。

【社会服务】 2022 年，致公党梅县区委会与企业合作向梅县区相对困难家庭捐赠洗衣液共 660 箱价值 20 多万元；发动党员参加致公党中央消费帮扶活动在“西好货”平台购物；组织党员参与省委会开展的“致公育蕾”梦想书屋捐书助学行动，捐赠 200 多本书。

【港澳台胞和侨胞联系】 2022 年，致公党梅县区委会鼓励党员以乡情亲情为纽带，广泛与“三胞”的侨胞的接触，拜访在梅县的华侨，向其介绍梅州家乡的发展情况和招商引资政策，了解海外侨胞学习中共二十大精神的情况，共同铸牢海内外统一战线共同思想政治基础。鼓励党员们在接待“三胞”和侨胞捐资桑梓福利事业和投资兴办实业，发动华侨捐款 120 万元用于梅县区扶贫济困。围绕梅县区委提出的做好梅县区新时代“侨”文章的要求，充分发扬致公党“侨海报国”精神，广泛联系海外侨胞，把侨心、侨智、侨力凝聚为推动梅县区老区苏区全面振兴的资源优势、人才优势和智力优势；积极融入松口古镇开发，发掘松口古镇“侨”的资源。

2022年底致公党梅县区委员会
主　委：徐婉玲

九三学社

【概述】 2022年是中共二十大召开之年，也是九三学社中央和省级组织换届之年。九三学社梅州市梅县区支社开展“矢志不渝跟党走、携手奋进新时代”政治交接主题教育，不断加强自身建设，认真履行参政党职能，紧紧围绕梅县区委、区政府中心工作开展调研，积极建言献策，团结带领梅县区社员为推进梅县老区苏区加快振兴发展贡献智慧和力量。至2022年底，九三学社梅州市梅县区支社共有社员19人。其中，硕士生1人，研究生1人，本科学历11人，大专学历6人；高级职称6人，中级职称7人，律师1人；区政协委员5人（常委3人）。

【参政议政】 2022年，九三学社梅州市梅县区支社在中国人民政治协商会议第二届梅县区委员会第二次会议上，副主委肖秋兰撰写大会发言，并代表九三学社梅州市梅县区支社作大会发言，题目是：《持续解决“三农”问题，聚力乡村全面振兴》；提交统战调研一篇《发挥统战工作优势助力乡村振兴的路径探索》；提案4件分别是《关于加强梅县区医疗共同体信息化建设，全面推进健康梅县建设》《关于加快推进自然村内干路路面全面硬底化的建议》《关于加强共享单车管理的建议》《关于缓解停车难的建议》。其中，《关于加强梅县区医疗共同体信息化建设，全面推进健康梅县建设》获得区政协重点提案督办，并获评“优秀提案”。

【社会服务】 2022年，九三学社梅州市梅县区支社各位社员都能在各自的岗位上发挥作用，并积极参加各项社会活动。2022年11月8日，畲江镇发现新冠肺炎确诊病例后，九三学社梅州市梅县区支社迅速发动社员捐款捐物，凝聚万众一心抗击疫情助力畲江疫情防控。“疫情就是命令，防控就是责任”，在基层一线的社员陈静支援丰顺抗疫任务结束隔离后，马上又到畲江支援一线疫情防控。同时，肖秋兰、宋越、陈双强积极投身一线抗疫工作，为疫情防控阻击战贡献九三学社力量。

2022年底九三学社梅州市梅县区支社
主　委：吴东超

群 众 团 体

总 工 会

【概述】 2022年，梅县区总工会下辖11个区直系统工委会、19个乡镇（办事处、高管会）工委会、19个乡镇（办事处、高管会）工会联合会，另外在畲江现代创业孵化园设有工会联合会1个；有社会化工会工作者25人。全区有基层工会294家，其中机关事业单位工会200家，企业工会85家；共发展会员33242人，其中农民、工人会员9253人。

【基层工会】 2022年，梅县区有92家机关事业单位（首次申领1家、换届58家、补选更名33家）和42家非公企业（首次申领27家、换届10家、补选更名5家）办理工会法人资格证书。分批举办工会会员实名制管理暨“粤工惠”APP推广培训会，新增35家企业注册登录“粤工惠”APP，新增会员5315名。“新业态”行业新成立工会4家，新发展“新业态”会员1530人。

【争先创优】 2022年，梅县区总工会通过推荐在全区经济社会发展和中心工作中取得突出贡献的个人和集体参与到劳模评选中来，凝聚正能量，营造劳动光荣的良好氛围。2022年，广东嘉元科技股份有限公司化工助理工程师钟孟捷被授予“全国五一劳动奖章”，广东嘉元科技股份有限公司被授予“广东省五一劳动奖状”。

【职工服务】 2022年，梅县区总工会筹资146.24万多元，开展各类帮扶活动，其中15.8万元开展金秋助学活动，资助困难职工和困难农民工子女23人次；筹资39.92万元，开展生活救助，救助困难职工99人次；筹资8.8万元，开展医疗救助，慰问患重病、癌症的困难职工11人次；筹资0.96万元，慰问困难职工家庭儿童16人次；筹资45.19万元，开展“两节”送温暖活动，慰问劳动模范、困难企业、困难职工和新就业形态劳动者2800多人次；筹资35.57万元，开展高温送清凉活动，慰问奋战在一线的户外工作者和环卫工人8000多人次。做好职工互助保障工作，年内有35104名职工参与职工互助保障活动，946 名职工在互助活动中得到经济帮助共 127 万多元，其中 14 名职工获得大病理赔共 34.5 万元。2022 年，组织 579 名区直机关女职工进行免费“两癌”筛查，为 5700 名基层工会会员赠送“二次医保”共 42.75 万元。

【职工维权】 2022 年，梅县区总工会以重点企业、行业建制带动协商工作开展，存续有效集体合同覆盖企业 288 家、职工 16044 人：其中区域性集体合同 16 份、覆盖企业 188 家、职工 6038 人；企业单独签订集体合同 50 份、覆盖企业 50 家、职工 9894 人；行业性集体合同 2 份、覆盖企业 50 家、职工 112 人，建制企业集体协商覆盖率 96.3%。

【职工活动】 2022 年 4 月，为迎接中共二十大和学习宣传贯彻中共二十大精神，团结引领广大干部职工永远跟党走、建功新时代，梅县区总工会开展“奋进新征程 建功新时代”职工书法比赛活动。5 月，为迎接中共二十大，展现全区各行业职工爱岗敬业的奉献精神，联合区创文办、区文明办、区教育局举办“中国梦·劳动美——喜迎二十大 建功新时代”梅州市梅县区职工线上亲子诵读活动，通过诵读活动的成果转化，加强产业工人队伍思想政治引领，为中共二十大胜利召开营造良好氛围。为庆祝五一国际劳动节，联合梅州爱尔眼科医院工会举办“关爱职工·眼健康”的公益活动，免费为职工提供眼健康检查和眼健康知识科普。7 月，为积极引导全区职工深刻认识《中华人民共和国工会法》修改的重要意义，学好、用好《中华人民共和国工会法》，不断提高运用法治思维和法治方式开展工作的能力和水平，通过开展《中华人民共和国工会法》线上有奖征文比赛活动，推动工会工作高质量发展，以优异成绩迎接党的二十大胜利召开。为丰富职工文化生活，进一步提高职工生活品质，梅县区总工会针对全区开展“情系职工”电影放映活动，活动共放映电影 10 场次，5000 多名职工参与。联合区妇联、团区委、区精神文明委办公室、区文联在雁南飞茶田景区联合举办“七彩缤纷·难忘今夕”单身青年交友嘉年华活动，引导青年职工树立正确的爱情观、婚恋观、家庭观，不断提升他们的归属感、幸福感。为丰富职工业余文化生活，进一步发挥工会在全民健身中的重要作用，推动职工文体活动深入开展，梅县区总工会签约 2 家健身俱乐部，为全区工会会员提供免费健身服务。

【经费收缴和管理】 2022 年，税务代收工会经费工作全年实现上缴上级工会 238 万元，实现工会经费稳步增长，为做好工会各项工作提供保障。

【工会管理监督】 2022 年，梅县区总工会重点对 30 家基层工会 2020—2021 年度的经费收支和资产管理等经济活动的真实性、合法性和效益实施进行审查，强化基层工会经费使用的规范性和合法性，提高工会经费的使用效益，维护工会资产安全。

2022 年底梅县区总工会

主　席：张炳荣

（供稿：张绚彬　黄　淦）

共青团

【概述】 2022 年，共青团梅县区委员会（简称团区委）始终坚持以习近平新时代中国特色社会主义思想为指导，全面学习贯彻中共二十大及十九届历次全会精神，认真贯彻落实区委、团市委的各项决策部署，以“凝聚青年、服务大局、当好桥梁、从严治团”为工作主线，把青少年思想政治引领作为“首选项”，把培养青年成长成才作为“原动力”，把服务中心大局作为“主题词”，把夯实团建基础作为“必修课”，着力提升团的组织力、引领力、服务力，提升对全区发展大局的贡献度，为建设“叶帅故里·大美梅县”贡献梅县青年的智慧和力量。至 2022 年底，梅县区有基层团组织数 1130 个，其中团支部数量 1055 个；团员 16935 名，团干 2529 名。

【志愿服务】 2022 年，团区委致力于优化提升梅县志愿服务品牌影响力，结合乡村振兴行动、创建文明城市、国家卫生城市复审、美丽乡村建设等中心任务，广泛开展“学雷锋志愿服务月”“两美行动”“争当河小青”“金晖行动”等主题志愿服务活动，持续推进广东高校毕业生志愿服务山区计划和“美丽中国”支教志愿服务项目。2022 年，招募 41 名乡村振兴志愿者投身基层一线，46 名支教教师到全区乡村学校开展支教。广泛动员青年志愿者参与抗疫防疫应急志愿服务，为大规模核酸检测和疫苗接种等方面提供有力支持。至 2022 年底，梅县区在“i 志愿”系统注册志愿者 64042 人，其中发布志愿活动 24810 个，志愿服务时长 250 万小时，各项指标均居梅州市前列。

【扶贫助学】 2022 年，团区委持续推进梅县区扶困助学工作开展，针对农村留守儿童、困难家庭子女等重点青少年群体，对接省希望工程助学项目，全年资助 30 名学生，资助金额 3 万元，并充分发挥社会组织、爱心企业和爱心人士等社会力量作用，完成全区义务教育阶段困难学子 207 人的资助，资助金额 20.7 万元，进一步为梅县区少年儿童成长提供更好的生活、发展条件。持续开展扶助特困学子上大学，2022 年，助星圆梦计划资助 28 名大学生，联合区总工会、区委统战部共筹集资金 20.8 万元，资助困难大学生 26 名。

【服务青年】 2022 年，团区委致力推动各级团组织牢固树立青年导向，主动适应时代发展、青年成长的新形势新要求，组织召开梅县区中长期青年发展规划联席会议，构建起“党委领导、政府主责、共青团协调、各方齐抓共管”的总体格局，稳步推进广东省中长期青年发展规划实施首批综合试点工作。坚持深入基层、走进青年，尊重青年主体地位，从青年学生、科技人才、新兴青年、新生代农民工等不同群体的需求出发，主动对接全区“十四五”规划，立足服务青年所需所急所盼，积极为广大青少年成长发展、实现梦想提供服务。深入开展“梅县会亲”“希望工程”“助星圆梦”“金秋助学”等品牌活动，积极对接爱心企业，开展“童梦成真”微心愿活动，更好服务青少年健康成长发展。推进“12355”青少年综合服务平台建设，切实维护好青少年权益，充分整合专业力量和社会资源，动员更多的社会力量参与到维护青少年合法权益的事业中来。

2022 年 10 月 13 日，共青团梅县区委员会建队日活动暨“讲红色故事·做新时代好少年”主题演讲比赛

2022 年底共青团梅县区委员会

书　记：古　彦

（供稿：陈　琳）

妇　联

【概述】 2022 年，梅县区妇女联合会（简称区妇联）立足服务基层妇女儿童，以思想政治引领、妇联改革创新、巾帼扬帆建功等为抓手，团结广大妇女在乡村振兴、创业创新、家庭文明建设等方面展风采、作贡献。至 2022 年底，区直机关事业单位建有妇女组织 47 个；全区共有乡镇妇联组织 19 个，专职妇联干部达到 19 名；村级妇联组织 389 个；同时为更好服务妇女群众，维护妇女权益，展示妇女风采，建立 395 个“妇女之家”。

【基层组织建设】 2022 年，区妇联认真贯彻落实上级部署要求，切

2022 年 4 月 29 日，梅州市梅县区妇女第二次代表大会召开

实加强新时代妇联组织建设,认真实施《梅县区深化妇联组织建设改革“破难行动”实施方案》。2022年4月,高质量完成区级妇联换届工作,选举产生梅县区妇联第二届执行委员会委员、常委、副主席(专兼挂)和主席,进一步增强妇女组织的活力,更有效服务群众,服务基层发展。

【精神文明建设】 2022年,区妇联持续抓实党史学习教育常态化长效化和“文明家庭”创建活动,充分发挥“巾帼大宣讲”宣讲队作用传播好声音,传递正能量,把社会主义核心价值观全面融入家庭建设。通过开展“最美家庭”“书香家庭”“自强不息好少年”“孝老敬亲好媳妇”等评选;开展亲子阅读、亲子实践、家庭助廉等教育活动,激发正能量、弘扬真善美,促进社会主义核心价值观在千家万户生根发芽。举办“七彩缤纷·难忘今夕”单身青年交友嘉年华活动,引导青年树立正确的爱情观、婚恋观、家庭观;举办梅县区“家和万事兴——说说家庭故事”主题演讲活动,弘扬传播家风家教;联合区文明办开展2022年梅州市梅县区寻找“最美家庭”活动,评选出“十大最美家庭”;2022年荣获梅州市“自强不息好少年”称号2人、“孝老敬亲好媳妇”称号2人;雁洋镇陈仕贤家庭获评全国“最美家庭”。

【促进城乡妇女事业发展】 2022年,“创业创新巾帼行动”持续深化,区妇联继续大力宣传和持续实施妇女小额担保贴息贷款项目,助力妇女创业发展。2022年,发放贷款285万元,帮助28名创业妇女发展生产,辐射带动全区380多名妇女就业。联合区直相关单位,组织开展2022年梅县区高校毕业生就业服务周活动现场招聘会,为妇女提供就业渠道;线上线下多形式举办农村妇女素质提升培训12班次,覆盖2430人次;组织巾帼家政服务企业(机构)培训400人次,帮助妇女就业128人。积极培育和树立先进典型,大力推进巾帼文明岗创建,2022年,2个集体获评省、市巾帼文明岗;1个集体和4名个人获评梅州市“我心中的三八红旗手(集体)”;6个集体和33名个人获评梅州市梅县区“我心中的三八红旗手(集体)”。

【关爱妇女儿童健康】 2022年,区妇联积极开展关爱服务,为全区2万名妇女赠送“她健康 粤幸福”健康保险;通过“贫困母亲关爱工程”,为11名困难患病妇女提供救助资金8.2万元。联合区妇保院、各镇妇联做好适龄女生HPV疫苗免费接种工作。关心保护困境儿童健康成长,营造全社会爱心助学良好氛围,开展各类巾帼志愿服务76场次。持续推进村(社区)家长学校建设,多维度多形式宣传《中华人民共和国家庭教育促进法》,不断提升家教指导服务水平。

【维护妇女儿童权益】 2022年,区妇联继续通过“12338”妇女维权热线和持续推进舒心驿站建设,为妇女群众提供家门口的心理健康咨询服务。与司法、检察、法院等部门强化联动,创新工作方法,推动执行婚姻家庭纠纷调解机制、家事调查员工作机制、反家暴联防联控机制等,年内接访案件19宗,化解率100%。深入实施“关爱女童 护苗成长”保护女童人身权益三年行动,举办“三八”维权周“美好生活·民法典相伴”普法宣传、“巾帼心向党 喜迎二十大——我为群众办实事”巾帼志愿宣传咨询服务活动,服务2000多人次。

【扶贫帮困】 2022年,区妇联深入开展“巾帼暖心关爱行动”,开展“爱心父母大联盟”“情暖母亲·爱润孩子”“关爱贫困母亲”“贫困母亲安居工程”等工作关心关爱特困单亲母亲和困难儿童。巾帼志愿者与留守困境儿童结对帮扶9011对;为全区2万名妇女赠送“她健康 粤幸福”健康保险;为11名困难患病妇女提供救助资金8.2万元。2022年,开展困难儿童、困境母亲和贫困家庭慰问约150人,发放各级慰问金17.61万元,配套1.5万元拨至程江、松源两镇开展“情暖母亲·爱润孩子”活动。暑期期间,依托妇女儿童之家等阵地开展形式丰富的儿童关爱服务活动23场次,惠及农村家长儿童700多人,助力儿童健康快乐成长。

【妇儿规划】 2022年,区妇联高质量完成《梅州市梅县区儿童发展规划(2021—2030年)》《梅州市梅县区妇女发展规划(2021—2030年)》编制工作,围绕妇女、儿童与健康、教育、家庭建设、环境、法律等领域提出策略措施,从源头全面保障妇女儿童身心健康,促进妇女儿童全面发展。坚持男女平等基本国策,保障妇女儿童合法权益,有效地推进两个规划的实施。

2022 年底梅县区妇女联合会
主　席：余红梅
（供稿：李彩诗）

科　协

【概述】　2022 年，梅县区科学技术协会（简称区科协）坚持以习近平新时代中国特色社会主义思想为指导，全面贯彻落实中共十九大和十九届历次全会精神，深入贯彻落实习近平总书记重要讲话、重要指示批示和在科学技术方面的重要论述，按照新时代党的建设总要求，认真落实党要管党、从严治党主体责任，紧紧围绕区委、区政府中心工作，牢牢把握科协工作职责，积极发挥科协职能，团结带领全区科技工作者为梅县老区苏区振兴发展作出积极贡献。

【开展科普系列活动】　2022 年，区科协充分发挥职能，坚持以创新的工作思路，提升基层科普公共服务能力，推进科普事业创新发展，满足新时代人民美好生活的科普需求。

2022 年，区科协持续开展全民科学素质提升志愿活动。组建科学普及志愿服务队伍，深入有效推动科普宣传活动，在传统节日、科技宣传周、全国科普日等特定时间节点开展一系列新时代文明实践中心科技志愿服务活动，联合区相关职能部门，通过应急安全演练、食品安全宣传、口腔及视力健康宣教及义诊、机器人展演、科学实验秀等寓教于乐的系列活动，将科普活动融入日常中心工作，向基层延伸覆盖，聚焦基层党员、社区群众和未成年人，传文明、传健康、传科学，在努力营造文明、和谐、欢乐的节日氛围的同时，引导群众树立文明、健康、科学的生活方式。2022 年举办各类科技志愿服务活动 12 场次，受众 8000 人次。

2022 年，区科协深化青少年科技教育工作。在梅县区新城中心小学启动开展 2022 年“走进科技，你我同行”科技活动周系列活动，以比赛、展示、体验和游园等形式举办科技艺术节，激发青少年的科技创新热情，增强动手实践能力，活跃梅县区校园文化生活。有效开展暑期公益课堂、人工智能编程进校园、科普大篷车进校园、青少年科技创新大赛、每月科学小实验等活动，2022 年举办各类青少年科技教育活动 13 场次，参加人员超过 5000 人次。坚持开展“科教名师工作室”进校园送教交流活动，依托梅县外国语学校的广东省青少年科技教育创新团队资源，通过科技名师与学校师生交流如何更好地开展青少年科技创新活动及创作出更多好的科教创新成果。

2022 年，区科协搭建平台服务企业和科技工作者。建立联系科技工作者制度，积极支持广东嘉元科技股份有限公司申报“广东省院士专家工作站”，对接企业发展创新及科技志愿服务资源社会需求，引领专家智力资源为服务高新技术企业创新发展搭平台、献良策。开展以“致敬科技工作者，弘扬创新精神”为主题的“全国科技工作者日”活动，在梅县区卫生、教育、新农村建设、企业创新等各工作领域征集先进科技工作者事迹并通过媒体进行报道。挖掘推荐梅县区优秀科技工作者参与省、市“最美科技工作者”评选，梅县区广东嘉元科技股份有限公司王俊锋获得 2022 年梅州市首届“最美科技工作者”称号。

2022 年，区科协深入开展比学赶超活动。2022 年“奋进新征程，建功新时代”比学赶超项目 2 个：乡村振兴项目文化科技卫生“三下乡”活动和民生工程项目梅县区青少年编程大赛。组织科技志愿者队伍到山区镇中心小学开展为期四天的文化科技卫生“三下乡”科普志愿服务活动，活动内容有科普宣传资料发放、捐赠科普教材教具、科学实验表演、科技小实验课堂、科技展以及应急安全知识演练宣讲等。人工智能创新编程竞赛项目面向全区中小学师生，共有 2532 名学生参加此次线上编程培训活动，并经过初、决赛，30 名学生获得一至三等奖。

2022 年，区科协积极参与社区疫情防控。广泛利用科普平台发布防控新型冠状病毒的科普知识，让广大公众及时掌握科学、正确的疫情防控知识，增强科学防范意识。同时，在畲江、城区突发疫情时，科协党组织闻令而动，派出党员干部参与支援畲江、城区疫情防控阻击战，圆满完成各项工作任务。

2022 年底梅县区科学技术协会
主　席：黄　玉
（供稿：张科华　黄华新）

工 商 联

【概述】　2022 年，梅县区工商业联合会（简称区工商联）在区委区政府的正确领导下，以习近平新时代中国特色社会主义思想为指导，认真学习贯彻中共二十大精神、全国工商联十三次会议精神和省第十三次党代会、市第八次党代会、区第二次党代会精神，坚持围绕中心、服务大局，团结凝聚广大非公有制经济人士，以改革创新精神加强自身建设，努力达到促进“两个健康”的职责要求，不断提升梅县区工商联影响力。2022 年，被全国工商联认定为全国“五好”标杆县级工商联。副主席广东李金柚农业科技有限公司总经理李永生获得 2021 年第四季度“梅州好人”“诚实守信好人”称号。

【联络交流与宣传】 2022 年，区工商联充分发挥桥梁、纽带作用，深入了解非公有制经济人士的意愿和要求，向区委和区政府提出相关意见和建议，把区党委政府的方针政策不折不扣地贯彻下去，进一步密切区委、区政府与企业的联系沟通。深入走访慰问。通过开展领导挂点企业、工商联暖企行动、副主席（会长）轮值走访等方式，走访会员企业、深入企业开展政策宣传，面对面解答企业问题，为企业发展排忧解难，破解瓶颈制约。2022 年共走访调研企业 67 家次，商协会 12 家，认真听取非公有制经济人士意见和建议，提高服务企业的针对性。组织对受困企业和老工商界人士慰问，送去组织的关心，增加非公经济人士把企业做大做强的信心和决心。加强政企对接。通过开展主席会长交流会议，邀请区党委区政府领导参与，以建设赣闽粤原中央苏区对接融入粤港澳大湾区振兴发展先行区为契机，引导企业抢抓机遇，整合创新资源，主动融入粤港澳大湾区建设，发挥统一战线工作优势，积极促进粤港澳地区企业家的资源整合、优势互补。此外，分别与梅江区工商联、大埔县工商联开展交流互促活动，围绕经济发展、营商环境、产业状况、企业服务等多方面展开交流互动，实现优势互补。通过出版《梅县商会》会刊，向广大非公经济人士宣传国家政策方针，通过正面引导，传递党的声音，搭建合作平台，帮助会员展示品牌，开设专栏采写宣传报道企业家创新创业故事，弘扬企业家精神。

【参政议政】 2022 年，区工商联充分发挥非公经济人士参政议政、民主监督的职能，当好参谋助手，积极建言献策，提交《关于解决扶大工业走廊企业用水问题的建议》等建议，区政协立案提案 6 件，提出《关于建设梅西镇与周边县（市）区镇的综合交通体系的建议》等 10 条人大议案。此外，通过开展“万家民营企业评营商环境”问卷调查、民营企业运行调查、促进实体经济高质量发展调查问卷等活动，积极反馈企业难点，提出合理性的意见和建议，为梅县区民营经济的高质量发展献计献策。

【企业项目建设】 2022 年，区工商联按照区委区政府致力打造“2+1”（铜箔、装备制造、智能家电）产业集群部署，积极引导民营企业在推动发展、促进创新、增加就业、改善民生和扩大开放等方面发挥重要作用。投资 81 亿元的嘉元时代年产 10 万吨高性能电解铜箔项目落地建设，是梅州市历史上单体投资最大的工业项目；嘉元科技年产 1.6 万吨锂电铜箔项目全面投产，新增就业岗位 600 个，上缴税费约 5000 万元；BPW（梅州）车轴有限公司投入 5.4 亿元的 8 期车轴扩产和转型升级项目正式投产，将增加年产值 4 亿元以上，增加年税收约 5000 万元；翔龙科技在雁洋镇投资 9000 万元建设的先进生产线进入试产阶段，待正式投产后可推动公司年产值突破亿元大关；广东李金柚农业科技有限公司在城东镇建设的年产值 2.5 亿元“梅州柚深加工项目”正式投产，可带动 5000 户以上农户增收致富；广东客都旭泰能源股份有限公司成功调入新三板创新层，并与客都股份进行资产重组，借助资本市场力量壮大公司实力；投资 2 亿元的盛富金属三期年产 6000 吨金属制品日用品和家具技术改造项目、福德金属二厂、伟友耐磨 2 期、中爱医疗一期等一批项目建成投产；超华科技年产 600 万张高端芯板、荷树园电厂四期、润龙汽车配件加工制造生产基地、科华设备、天虹购物中心等项目有序推进。

【服务非公企业】 2022 年，区工商联坚持“服务立会”的宗旨，聚焦梅县区投资发展、营商环境宣传，为企业搭建平台，护航“两个健康”发展。搭建银企互利共赢平台，联合客商、广发、中信等银行，举办中小微企业金融对接会，为会员企业提供金融咨询服务和低成本贷款对接，解决梅县区中小企业融资授信问题，授信融资金额超 20 亿元。推动构建“亲清”新型政商关系，通过举办“法律宣传月”“法治民企”大讲堂，邀请专职律师专题授课，开展“税企”交流座谈，与梅州市中级人民法院、梅县区法院联合开展优化法治化营商环境行动。此外还与梅县区人民检察院、区科工商务局、区税务局联合召开“发挥‘1+N’职能优化营商环境”座谈会，组织企业家代表参加“检察护航民企发展”活动，零距离接触检察工作，全面推动构建亲而有度、清而有为的“亲清”新型政商关系，进一步优化营商环境，服务民营企业高质量发展。

【履行社会职责】 2022年，区工商联充分发挥牵引带动作用，激励非公经济人士围绕梅县区发展大局，积极履行社会责任，为全区各项事业发展添砖加瓦。参与乡村振兴。引导民营企业积极投身乡村振兴大潮。7月15日，在白渡镇悦来村发起赋能乡村振兴“复耕一亩地”认耕农村撂荒地主题活动，引导非公经济人士积极响应号召，因地制宜推进“荒地”变“良田”，以实际行动当好粮食安全的“拥护者”“守护者”“引领者”。各商协会积极发挥平台作用，引导会员企业参与开垦荒地，至2022年底，基层商会会员解决当地撂荒耕地面积200多公顷；引导企业参与“万企兴万村”活动，动员民营企业参与镇村企结对帮扶，通过产业、就业、科技帮扶带动农民增收。11个基层商会与11个镇206个行政村签订帮扶协议。参与社会公益活动。主席黄志平发挥引领带头作用，为梅西镇42名优秀大学生、186名中小学师生发放爱心助学金近20万元。石扇商会募集2021年度、2022年度奖教奖学金共41.7万元，白渡商会筹集37.5万元发放奖教奖学金，各商会共发放奖教奖学金近94.6万元。此外，丙村商会捐资32万元为丙村卫生院购买救护车，江国民出资25.6万元为丙村卫生院安装电梯；水车商会为水车镇12位困难学生每年发放助学金7.2万元，为困难家庭捐资11.5万元医疗费；梅南商会为3岁患孩筹集近7万元医疗费；大坪商会每月出资2000元为家庭经济困难学生制作免费爱心午餐，筹集11.3万元用于学校的基础设施建设。城东商会房金伦捐赠80万元彩超机给当地卫生院。至2022年底，各商协会企业家公益捐赠达854.1万元，在2022年梅州市举行的“广东扶贫济困日”活动中，梅南商会名誉会长古苑钦获得银奖，梅州市松源商会、梅县区丙村商会、梅县区梅西商会等获得铜奖。助力疫情防控。针对2022年本地疫情，区工商联坚决按照区委区政府部署，把疫情防控当作当前首要任务，迅速成立疫情防控党员突击队，派出党员干部到疫情一线参与核酸采集、社区封控工作。同时广泛动员民营企业、商协会等非公经济领域党组织参与全区疫情防控工作，齐心协力打赢这场疫情防控硬仗。全区商协会和会员企业先后为丰顺县、畲江镇等遭受疫情地区捐款，筹集抗疫物资。

2022年底梅县区工商业联合会

书　记：钟加练

（供稿：罗永红）

文　联

【概述】 2022年，梅县区文学艺术界联合会（简称区文联）在区委、区政府和区委宣传部的正确领导下，在市文联具体指导下，以习近平新时代中国特色社会主义思想为指导，认真学习贯彻中共十九大和历届全会精神，深刻领会习近平总书记关于党史的重要论述和批示精神，扎实推进党史学习教育成功巩固，发挥文联作为党和政府联系广大文艺工作者的桥梁和纽带作用，团结引领全区广大文艺工作者，围绕中心、服务大局、培育新人、创作精品，努力推动全区文艺事业繁荣发展。

【制度建设】 2022年12月22日，区文联为进一步推进梅州市梅县区文艺繁荣发展，建立文艺精英人才和精品创作激励机制，鼓励多出精品、多出人才，制定《梅州市梅县区文艺“精英人才、精品创作”奖励制度》。同时，区文联为进一步加强对各文艺家协会的指导和管理，使协会活动逐步走向规范化、制度化、科学化的轨道，切实发挥协会的职能作用，创新年度考评机制，制定《梅州市梅县区文学艺术界联合会文艺家协会管理制度》。

【文艺惠民活动与志愿活动】 2022年1月，区文联为做好疫情防控工作，组织10位书法家写好春联2000对，分别赠送给水车镇白沙村、水车镇水车村、丙村镇银竹村、程江镇墩上村、石扇镇中和圩人民群众。

2022年3月8日，区文联组织文艺志愿者到丙村镇联和村开展“学雷锋文艺志愿服务”活动和举办“好家庭、好家教、好家风”家庭教育知识讲座。

2022年5月1日，区文联联合区总工会、团区委、区妇联开展以

“奋进新征程 建功新时代”为主题的全区职工毛笔、硬笔书法比赛，丰富全区干部职工的业余文化生活。

2022 年 5 月 28 日，区文联在梅县区文联书画创作室举行“我们的节日·端午”文艺活动暨书法培训，让广大文艺工作者提高对民俗文化的认识，提高书法艺术创作水平。

2022 年 6 月 28 日，在雁洋镇石楼村召开区文联一届八次全委会，举行“礼赞新时代 奋进新征程”喜迎中共二十大为主题的文艺演出，举办“我们的节日·端午节”书法笔会，丰富人民群众精神文化生活，引导广大群众在积极参与中体验节日习俗，增强对中华优秀传统文化认知认同，展现中国精神，增强文化自信。

2022 年 7 月，区文联联合桃尧镇人民政府共同出版梅苑《桃尧专刊》，为宣传桃尧镇风土人情，推进桃尧镇乡村振兴充分贡献文艺力量。

2022 年 9 月 28 日，区文联召开工作推进会，贯彻落实市文联第八次代表大会精神，总结 2022 年上半年文联工作，部署下半年重点工作。

2022 年 9 月 30 月，在中共二十大召开之际，联合区委宣传部、区纪委、区精神文明办、区文广旅局、区融媒体中心举办强国复兴有我——梅县区“喜迎二十大 奋进新征程”主题文艺系列活动。共收集摄影、美术、书法和征文作品 503 幅，展出 105 幅摄影、美术、书法作品，丰富人民精神文化生活，激发人民群众爱党爱国热情。

2022 年 10 月至 11 月，区文联为配合区委、区政府防范新冠疫情工作，分批选派干部下沉基层参与防疫任务。

2022 年 11 月 8 日，区文联机关工会进行工会主席换届，推选刘玉芬为新一届文联机关工会主席。

【文艺报刊出版】 2022 年，区文联编辑出版《梅苑》杂志专刊，展现乡村振兴、文艺发展、人文风貌、经济建设、社会建设等方面取得的成果。

【对外文化交流和人才培养】 2022 年 4 月 28 日，区文联组织区硬笔书法协会邀请中国书法家协会会员、梅州市书法家协会会长廖炳训举办“喜迎二十大 建功新时代”书法创作提高班。

2022 年 6 月 25 日，区文联在梅县区博物馆开展书艺公益讲座。

2022 年 7 月 24 日，区文联、区书协、曦林书画院联合举办中小学师生书法爱好者行书班免费公益训练营，邀请名家授课。

2022 年底梅县区文学艺术界联合会

主　席：刘火云

（供稿：吴睿峰）

残　联

【概述】 2022 年，梅县区残疾人事业在省、市残联和区委、区政府的正确领导下，各级各部门的密切配合和社会各界的鼎力支助下蓬勃发展。根据第二次全国残疾人抽样调查统计，梅县区残疾人有 3.4 万多人，持证残疾人 16036 人（视力残疾 1635 人、听力残疾 1027 人、言语残疾 467 人、肢体残疾 6768 人、智力残疾 2102 人、精神残疾 3261 人、多重残疾 776 人），其中重度残疾人 10246 人。

【民生工程】 2022 年，梅县区残疾人联合会（简称区残联）为 139708 人次发放重度护理补贴，约 3520 万元；为 54973 人次发放残疾人生活津贴，约 1000 万元。为 6666 名重度、精神和智力残疾人购买城乡居民养老保险，约 80 万元，养老保险覆盖面不断扩大，做到“应保尽保”。为符合条件的 6046 名残疾人批量缴交 2023 年城乡居民医疗保险，共 211.61 万元，对新办证的重度残疾人，提供自行购买医保的凭证，将其缴费返还，实现医疗保险全覆盖。为 85 人发放 260 元/人的机动轮椅车燃油补贴，共 2.21 万元。对 70 户贫困残疾人按平均 6000 元/户的标准实施家庭无障碍改造，共 42 万元。

【残疾人康复】 2022 年，区残联突出“精准”两字，残疾人康复服务量增质升。在全力做好疫情防控工作的同时，全面提升康复机构服务水平。全区建立残疾人精准康复定点服务机构 23 个，定点评估机构 4 个，残疾儿童康复机构 4 个。为 238 人次残疾人提供辅助器具适配，辅具适配服务率 82.35%；为 528 人次提供精准康复服务，服务覆盖率 88.74%，精准康复经费 26.4 万元。为 295 名 0—6 周岁孤独症及脑瘫儿童提供抢救性免费康复服务，并为他们购买儿童意外险，康复救助经费 434.96 万元。为 136 名符合手术条件的白内障患者实施免费复明手术，共 26 万元。为 196 名重度精神和智力残疾人提供托养服务，托养经费 117.6 万元，着力解决残疾人残有所养的问题，真正做到为政府分忧，为百姓解难。

2022 年，区残联在全面完成全国创建残疾预防综合试验区任务指标的基础上，继续做好重点干预项目和残疾预防宣传工作。落实做好《梅州市人民政府办公室关于印发梅州市残疾预防行动方案（2022—2025 年）的通知》（梅市府办函〔2022〕144 号）文件精神，完成孕产妇产前筛查并诊断 25 例，补助 1.25 万元；0~6 岁儿童筛查并诊断 17 例，补助 0.51 万元；残疾评定 1704 人，补助 13.63 万元，有效地减少、控制残疾的发生。

【扶残助学工程】 2022 年，区残联积极实施“南粤扶残助学”工程，对当年考取全日制专科、本科的 6 名困难残疾学生和残疾人家庭分别给予 1 万元、1.5 万元资助；在香港力行植林慈善基金会大力支持下，为 119 名困难残疾人家庭子女发放 32.2 万元助学金，在全社会营造良好的扶残助学风尚。

【扶残助残活动】 2022 年，全区各级党委、政府关心关爱残疾人，重视发展残疾人事业，把残疾人事业发展纳入经济发展的大局。每逢春节、“助残日”、“国际残疾人日”等节日和重要节点，各级党政领导亲自走访慰问残疾人，关心了解残疾人的生产生活状况，丰富残疾人的精神文化生活。2022 年，通过政府关心支持、社会各界（深圳商会等）扶残助残，用于解决困难残疾人临时救助、慰问等约 30 万元。

【残疾人就业】 2022 年，全区有 219 个用人单位按比例安排残疾人就业 418 人。全区就业年龄段残疾人 3119 人，已就业 1686 人。全区有 20 个残疾人社区康园中心分布在各镇，为 332 人次残疾人提供日间照料、辅助性就业等服务，出勤率每月 12 天及以上，每人每天补助 10 元，并为会员购买意外险，共 109.37 万元，提高残疾人参与社会生活的适应能力，实现残疾人劳动就业的权利。安排专项资金 31.25 万元，共扶持 173 名残疾人自主创业。

【信访工作】 2022 年，区残联认真落实《中华人民共和国残疾人保障法》，高度重视涉残维权信访案件的处理，开设政府行风热线、“12345”、办公电话、公共邮箱等申诉、投诉、举报渠道。2022 年，接待残疾人来信来访 15 人次，均按政策进行妥善处理，帮助有特殊困难的残疾人解决生产、生活和工作中的问题，做到事事有回音，件件有落实。

2022 年底梅县区残疾人联合会

书　记：谢建业

（供稿：王艾平）

侨　联

【概述】 2022 年，梅县区归国华侨联合会（简称区侨联），坚持以习近平新时代中国特色社会主义思想为指导，认真贯彻落实中共十九大、十九届历次全会精神和中共二十大精神，以及习近平总书记重要讲话重要指示批示精神及关于群团、侨务工作的重要论述，紧紧围绕区委、区政府工作大局和中心任务，统筹推进常态化疫情防控和侨联各项工作，为推动梅县区社会经济发展作出贡献。2022 年，区侨联加强基层组织建设，打造为侨服务平台。坚持“党建带侨建”，完善“五有”（有组织、有队伍、有经费、有阵地、有活动）镇级侨联组织，积极打造村级“侨胞之家”，延伸基层侨联工作手臂，全区建有市级“侨胞之家”3 个，区级“侨胞之家”2 个。

【对外联谊】 2022 年，区侨联积极拓展海外联谊，不断扩大侨联“朋友圈”。持续做好重点侨团、重点人物等基础数据收集整理，完善梅县区侨情数据库，夯实侨务工作基础。深化与海外华人华侨社团联谊工作，对社团换届及就职等活动，适时发出贺信贺电表示祝贺；维系好与海外荣誉、名誉主席的密切联系，加强与他们的日常联络，互通信息，共克时艰，增进感情。特别是疫情发生以来，区侨联创新工作方式，依托“微信公众号”、“交流群”、云端视频等方式，与海外保持密切联系。比如：春节期间，区侨联用短视频的方式向海外侨胞、归侨侨眷拜年；中秋节期间与澳洲维省客属崇正会联合开展梅澳中秋联欢会暨跨国“云上客家美食课堂”，以云端美食向澳洲华侨华人致以节日问候等。

【为侨服务】 2022 年，区侨联积

极培育侨界文化交流基地。在进一步发挥松口镇中国（梅州）移民纪念广场“中国华侨国际文化交流基地”的显著作用，充分展示客侨文化古镇的人文精髓，更好地促进海内外文化交流的基础上，继续申报推荐侨力资源丰富的南口镇侨乡村为“中国华侨国际文化交流基地”。

2022年，区侨联积极打造侨情侨史教育基地。全区建有张榕轩纪念馆等6个侨情侨史教育基地，展示侨乡文化，讲好侨的故事，启迪后人。服务梅县区经济社会建设。积极做好中国侨商投资（广东）大会梅县区筹备工作，协调好区各成员单位围绕梅州市下达任务，在规定的时间内完成梅州市下达重点招商项目25个，侨商投资意向项目金额50亿元目标任务，并按要求上报相关数据材料，与此同时，区侨联发挥桥梁纽带作用，以侨商大会为契机，借力侨商大会平台，认真宣传介绍梅县区，广泛推介梅县区生态优势和营商环境、重点招商项目，更好地动员和吸引侨商侨企资源融入梅县区，推动梅县区实现更高水平的对外开放，助力梅县区厚植实体经济发展的优渥土壤。挖掘客侨文化资源，在保护的基础上活化客家古建筑，发展文化旅游，助力当地乡村振兴。积极参与社会建设。做好侨法宣传和依法维护侨益工作，加大对《中华人民共和国民法典》和侨法的宣传力度，印发宣传资料向广大群众发放，在全区“侨胞之家”设立侨法宣传栏，引导侨界群众尊法、守法、学法、用法；与区人民法院合作，积极探索涉侨纠纷多元化解工作机制试点工作，为梅州市推行该项工作积累经验；认真做好涉侨来信来访处理工作，2022年，共处理归侨、侨眷来信3件，来访20人次，信访结案率100%，未出现侨界群众集体上访现象。做好华侨事业经费使用工作，按照专项资金使用管理规定，规范有序推进华侨事业经费的发放工作，确保资金使用公平、公正、公开，帮助有需要的困难归侨、侨眷。2022年，发放补助资金93.6万元，受惠群众204人。扎实开展侨界各项公益行动，积极争取侨界基金会和侨界热心人士支持梅县区的教育、文化、体育、防汛救灾、抗疫等事业。比如：省侨界仁爱基金会拨给经费1万元，用于因“龙舟水”受灾比较严重部分乡镇防汛救灾和灾后复产工作；省侨心慈善基金会捐赠120件棉衣发放到有需要的群众手中；市侨界仁爱基金会拨款2万元，加拿大侨胞王文康、澳洲侨胞陈裕华、美国侨胞管竹林、泰国侨胞李菊芳等捐赠一批药品和物资支持梅县区抗疫。此外，马来西亚侨贤李有权每年为相对困难老年人、残疾人、单亲家庭等发放御寒物资和慰问品。

【联谊交流】 2022年，区侨联认真做好毛里求斯、加拿大、美国、马来西亚、印尼、泰国等回乡侨胞的接待服务工作，共叙乡情，共谋发展。

2022年，区侨联与梅州市留学人员发展联合会会长黄宇等进行座谈交流，调研梅县区出国留学人员情况，双方就如何把握机遇，激发留联会活力，团结鼓舞会员，积极传播社会正能量，增强凝聚力和向心力，为梅州经济社会发展贡献才智、发挥作用等方面进行深入交流。

2022年，区侨联积极传播优秀中华文化。梅县外国语学校选派2名优秀教师，通过“云课堂”为印尼任华三语国民学校学生进行线上华文教学，这是梅州首次开展海外“云”课堂。中秋节期间，与印尼客属联谊总会联合在海外华侨华人中举办“我心寄明月 乡音话乡情——中秋话乡情诵读活动”，朗读内容为国学经典和客家童谣。

2022年，“海上丝绸之路与梅州客家华侨”学术研讨论会在梅州召开，全体参会人员到松口镇参观考察。

【侨联宣传】 2022年，区侨联强化侨界思想政治引领，开展“庆国庆 喜迎二十大 侨心永向党”主题活动，在梅县的侨胞代表，东南亚归侨联谊会归侨代表，侨眷代表，区侨联全体党员干部，南口镇党委、政府主要负责人及镇侨联干部等20多人参加活动。

2022年，区侨联加强对外宣传工作，讲好梅县故事。区侨联协办好《梅县侨声》刊物，充分利用《梅县侨声》，积极宣传全区乡情侨情、乡风民俗；借助印尼侨领创办的《国际日报》《印华日报》等平台做好梅县乡情侨情海外传播工作；以“侨刊、侨微”平台为基础拓展侨界媒体宣传阵地，在《南方日报》、《梅州日报》、梅县区融媒体中心等主流媒体上广泛宣传侨界在参与“一带一路”和家乡建设等方面事迹，积极传播中国好声音，讲好中国故事、广东故事、梅县故事，讲好侨的故事，广泛凝聚侨界正能量。2022年，在省、市侨联网站、侨刊等分别发布信息20多条。

2022 年底梅县区归国华侨联合会
主　席：朱晓云

（供稿：梁彦斐）

军　事

【概述】　2022 年，梅县区人民武装部（简称区人武部）在上级军事机关和区委、区政府的正确领导下，坚持以习近平新时代中国特色社会主义思想和习近平强军思想为指导，深入学习贯彻中共二十大精神，按照“举旗铸魂固根本、瞄准一流创先进、聚焦备战强主业、立规严矩正风气、凝聚兵心谋发展”的思路，围绕争创一流人武部，攻坚克难、团结奋斗，全面建设局面焕然一新。军事训练、征兵工作、“四个秩序”规范化建设和新闻宣传等工作均走在梅州军分区的前列。

【军事训练】　2022 年，区人武部坚持以战斗力标准统领全局，特别是把战斗力标准贯穿到备战打仗各领域全过程，在备战备勤、应急应战、援建援战等多项任务中实现“零”的突破。着力强化战备意识，组织全体干部职工观看战备形势系列教育片，引导大家认清形势任务、强化忧患意识。合理安排军事职业教育、军事体能、指挥技能等训练课目，不断提升机关业务水平和组织指挥能力。采取基础合练、专攻精练、任务锤炼、差异补练等方式构建训练新模式，分职能分阶段组织 12 期民兵训练、5 次练兵比武，民兵队伍军事技能水平和遂行任务能力大幅提升。以“三拓三打造”为抓手，拓宽编兵渠道打造“专业队”，拓展保障渠道打造“战斗队”，拓宽使用方式打造“先锋队”，先后派出 2000 多人次民兵参加抗洪抢险、森林灭火、抗疫防疫、创文巩卫等活动，广大官兵自觉向战聚能、向战发力。轻舟分队在梅州军分区集训技能考核中夺冠，应急分队出色完成梅县镇松口和驰援清远英德市抗洪抢险任务。高标准承办梅州军分区民兵战斗力水平考核示范观摩会，任务分队在梅州军分区考核中取得第二名。

【征兵工作】　2022 年，区人武部坚持把兵员征集作为年度重要任务，以“五率”考评为工作指向，注重统筹资源、统筹力量、统筹推进。突出军地合力，研究出台征兵工作奖惩措施，强势推进征兵工作。按照“发动基层创新手段、突出重点持续跟进”的思路做好征兵宣传，首次将征兵工作会议开到区镇村三级，承办梅州军分区企业青年宣传发动会，对大学毕业生逐人登门发动，逐步探索出征兵宣传有效路子。突出关键环节，两次组织工作人员进行体检、政考业务培训，把好入伍体检第一关；严格标准条件，在执行政策标准上坚决不打折扣、不搞变通、不打招呼、不递条子。年内顺利完成兵役征集任务，实现零投诉、零违纪、零退兵的“三零”目标。

【后勤保障】　2022 年，区人武部紧紧围绕核心军事能力建设，加强财力资源统筹调控，严把经费投向投量，坚持优先向军事训练、基础设施建设和重大任务保障倾斜，聚焦重点、精准保障，科学管理、讲求效益。高标准完成民兵组织整顿中的军民通用装备预征预储、经费保障等后装工作和民兵训练、部队演训等大项活动任务的服务保障工作。深入开展后勤重点行业领域整肃治理“回头看”活动，对经费管理、物资采购、社会化保障等领域，开展自查自纠，深入整肃治理，积极推进财务正规化、资产可视化、守护戎装等工作，对物业社会化保障、工程建设等项目进行公开招投标，进一步规范后勤秩序，提升后勤管理水平。开展营院环境卫生整治、“灭四害”、供水管道改造、线路整治等工作。改建勤务分队饭堂、强军书吧、心灵驿站、体能训练室等，进一步优化完善营区功能。

【双拥工作】　2022 年，区人武部坚持“军地一盘棋”，以解决官兵实际问题为导向，不断推动双拥工作向纵深发展。积极协调驻军部队随军家属就业、子女入学入托和退役军人安置工作。开展“爱心献功臣”主题活动，认真落实优抚安置政策，切实解决好后顾之忧。积极为立功受奖现役军人家属送喜报，完成 2021—2022 年度一次性特别抚恤申报工作，进一步提升群众爱国拥军参军热情，营造“军爱民，民拥军，军民鱼水一家亲”的浓厚氛围。持续推进乡村振兴，主动作为，积极联系挂钩帮扶点，寻求对策措施，筹措资金 10 万元，用于帮扶村道路照明设施改造。

2022 年底梅县区人民武装部
部　长：葛建明

（供稿：殷彦彬）

法　治

政法委

【概述】 2022年，梅县区政法委员会（简称区委政法委）在区委区政府的正确领导和上级政法部门的具体指导下，坚持以中共二十大维稳安保为主线，以市域社会治理现代化试点建设为抓手，全力抓好维护国家政治安全和社会稳定、扫黑除恶、全科网格建设等，群众安全感和平安建设工作满意度梅州市排名并列第二。2022年6月19日至20日，中央政法委书记郭声琨率队深入梅县区乡镇综治中心、派出所、法庭、司法所和检察院等基层政法单位现场考察，对梅县区做好中共二十大维稳安保工作、创新基层社会治理体系建设等工作成效给予充分肯定、作出殷切嘱托。9月21日，广东省委常委、政法委书记袁古洁到梅县区调研，并对梅县区政法综治工作给予充分肯定。

【平安梅县建设】 2022年，区委政法委压实平安建设工作责任。深入学习贯彻《广东省平安建设条例》，及时调整区委平安梅县建设领导小组及其办公室组成人员。工作中充分发挥区委平安建设领导机制牵头抓总、统筹协调职能，切实压紧压实各镇党（工）委和平安建设成员单位的主体责任，采取有效措施推进平安建设，不断增强人民群众安全感。深入推进市域社会治理现代化试点工作。把发挥自治强基、智治支撑作用作为创新“新时代枫桥经验”和市域社会治理重要手段，以被市列为全科网格试点建设试点县为契机，打造新城办事处“党建+网络+治理”、大新城社区“党建带社建”、龙子岗“党建+自治”等工作模式，着力引领全区基层治理水平和能力有效提升。协调抓好校园周边环境整治。积极牵头组织区教育局、区公安分局、区住建局、区市场监管局等相关单位开展集中整治行动，通过联合整治行动，校园周边环境得到有效改善，为梅县区未成年人健康成长营造良好的社会环境。做实精神障碍患者救助管理工作。全面加强三级以上重症精神病人的动态管理，投入专项资金为精神障碍患者监护人发放补助及购买责任保险，2022年，梅县区未出现精神障碍患者肇事肇祸事件。

【扫黑除恶斗争】 2022年，区委政法委以常态化推进扫黑除恶斗争为牵引，深入推进打击治理电信网络诈骗、打击整治养老诈骗专项行动。扎实做好举报线索清理办结、存量涉黑涉恶案件财产集中处置、五大行业领域专项整治等重点工作，年内打掉恶势力犯罪集团2个、恶势力团伙4个，破获涉恶九类案件35宗，刑拘80人，逮捕44人；破获涉养老诈骗案13宗，冻结涉案资金1340多万元；侦破涉电信网络诈骗案件55宗，抓获嫌疑人624人。

【维护社会稳定】 2022年，区委政法委认真落实全市全区“一盘棋”应急响应机制要求，牵头协调各镇（高管会、办事处）和各成员单位切实履行主体责任，紧紧围绕区委区政府部署的中心工作，主动谋划服务措施，提供法律服务，简化审批程序，提高办事效率，减少社会对抗，从源头上消除社会不稳定因素，努力营造更加安全稳定和谐的社会环境。抓好重大决策社会稳定风险评估。对重大项目建设、重大活动举行、重大行动开展等，要求各相关工作部门切实提高风险意识，做好社会稳定风险评估，完善预警机制和突发事件应急预案。完成省道242线扶大中学至程江大沙段重大工程建设项目社会稳定风险评估工作。抓好社会矛盾

2022年8月，广东省法学会调研组到丙村镇庐陵村调研法治工作

2022 年 5 月 18 日，梅县区打击整治养老诈骗专项行动部署会召开

问题八个专项治理行动。深入开展以“喜迎二十大·忠诚保平安”为主题，扎实开展“大排查、大化解、大整治、大防范、大服务”五大专项行动，确保全年 16 个重大活动及重要节点平稳度过，顺利完成中共二十大维稳安保任务。

【防范打击邪教】 2022 年，区委政法委统筹协调防范打击邪教活动，牵头相关单位切实大排查、稳控工作力度，落实制订梅县区防范打击邪教破坏专项行动工作方案，严防严打邪教反宣窃密渗透活动。深入开展打击“精神控制”类有害培训，抓获“全能神”违法人员 14 名，为历年来打击整治“全能神”邪教最大战果。对邪教人员散发反宣品、悬挂条幅等现行反宣煽动活动，依法严厉打击。持续抓好反邪教宣传警示教育工作，推动反邪教宣传教育进机关、进课堂、进企业、进社区、进乡村、进宗教活动场所，夯实基层反邪基础，大大提高防邪反邪知识的知晓率，在全社会形成自觉反邪防邪的良好氛围。2022 年梅县区未发生邪教组织借机聚集、滋扰、破坏等情形。

【普法宣传和执法监督】 2022 年，区委政法委充分发挥法学会的职能作用。区法学会联合司法局、依法治区办等部门继续推行法律宣传服务“六进”工作，充分发挥“法律顾问室”和“信访工作律师团”的优势，逐步完善“一村一法律顾问”制度，构建公共法律服务体系，为推进“法治梅县”工作打造基础、创造环境、营造氛围。加强涉法涉诉信访排查化解工作。按照“案结事了，事要解决”的工作目标，协调区政法各单位认真开展横向到边，纵向到底的排查，对排查出来的涉法涉诉信访矛盾及时甄别并制定相关措施。同时，进一步加强政法机关与相关部门协调配合、加强政法各单位内部信访处理工作的衔接、加强职能监督和督导检查，有效预防执法瑕疵，确保在每一个涉法涉诉信访事项处理中，让人民群众切身感受到公平正义。深化法治宣传教育。大力推进法制宣传教育进机关、进乡村、进社区、进学校、进企业、进单位活动。充分运用线上线下宣传方式，广泛宣传《中华人民共和国宪法》《中华人民共和国民法典》《中华人民共和国反有组织犯罪法》等法律法规，开展青年普法志愿者法治文化基层行活动和法律咨询服务 500 多场次、百名法学家百场报告会暨南粤法治报告会 8 场次，制作播出《以案说法》电视专题节目 52 期，积极传递正能量，提高全民法治意识。

2022 年底梅县区政法委员会

书　记：张小兰

（供稿：陈伟岳）

公　安

【概述】 2022 年，梅州市公安局梅县区分局在市公安局和区委、区政府的正确领导下，紧紧围绕市局“1263”、分局“1+5”思路举措，紧扣“中共二十大安保维稳”主题主线，扎实推进夏季治安打击整治“百日行动”“五大要素”摸排管控专项行动，“安全+满意”创建、“一队两品”创建、警务改革等重点工作，坚决捍卫国家政治安全，有效防范化解各类风险挑战，有效保障梅县区社会和谐稳定，取得“一全破二上升三下降”（“一全破”：八类严重暴力犯罪全破；“二上升”：破案率、盗窃案件破案数分别同比上升 5.3%、17.2%；“三下降”：刑事立案数、“两抢”案件数、电信诈骗案件数分别同比下降 12.32%、37.5%、23.05%）及“全年 63 天无刑事警情”的成效。

【队伍建设】 2022 年，梅州市公安局梅县分局巩固公安队伍教育整顿工作成效，全面加强公安队伍思想、作风建设和制度建设。全区公安机关有 1 个单位荣立集体二等

2022 年 12 月 29 日，梅县区举行区交警大队城东中队挂牌仪式

功、3 个单位荣立集体三等功、5 个单位受到集体嘉奖、1 名民警获评全国优秀人民警察、1 名民警获评全国政治工作突出个人。

【维护社会稳定】 2022 年，梅州市公安局梅县区分局强化维稳机制建设，深入推进专项行动，注重关口前移，注重风险防控，围绕中共二十大安保维稳等重要节点大力提升预警防范能力，侦破一批邪教案件，及时化解处置一批涉楼盘等不稳定因素。

【刑事案件侦查】 2022 年，梅州市公安局梅县区分局共立各类刑事案件 1516 宗，比上年同期 1729 宗下降 12.32%；破案 607 宗，比上年同期 600 宗上升 1.17%；抓获犯罪嫌疑人 536 人，比上年同期 667 人下降 19.64%；刑拘 248 人，比上年同期 438 人下降 43.38%；逮捕 139 人，比上年同期 301 人下降 53.82%；移送起诉 439 人，比上年同期 477 人下降 8.0%。

【经济犯罪案件侦查】 2022 年，梅州市公安局梅县区分局共立案 27 宗，破案 25 起，刑拘 20 人，逮捕 5 人，取保候审 17 人，移送起诉 45 人，抓获网上在逃人员 3 人。

【道路安全】 2022 年，梅州市公安局梅县区分局查处各类交通违法行为 7.62 万宗，查扣违法车辆 3514 辆，查处酒驾醉驾 778 宗，处理交通事故 823 起；发生一般以上道路交通事故 203 起，死亡 29 人，受伤 220 人，经济损失 17.26 万元，分别同比下降 23.5%、39.3%、27.5%、20.6%，未发生较大及 3 人以上道路交通事故。

【禁毒工作】 2022 年，梅州市公安局梅县区分局全年侦破刑事案件 4 宗，刑事拘留 5 人，逮捕 4 人，查处吸毒人员 6 人，查处易制毒化学品案件 2 宗、罚款 2 万元，查处非法种植罂粟案件 1 宗、行政处罚 1 人。

【出入境往来与港澳台管理】 2022 年，梅州市公安局梅县区分局按照“外防输入、内防反弹”的要求，劝阻各类非必要出境申请 2500 多人次，严格审核确有出境需求人员申请材料，受理护照 16 份、往来港澳通行证 956 份、往来台湾地区通行证 13 份，台胞证 11 份、回乡证 12 份。破偷越边境案 1 宗，移送起诉 1 人，办理行政案件 3 起，查处“三非”外国人 34 人，遣送“三非”外国人 3 人。

【户政管理】 2022 年梅州市公安局梅县区分局全年审核、审批签发符合户政管理规定的市外户口迁入 1126 人，迁出市外 2430 人，审核登记各类出生入户 2148 人，死亡注销户口 3021 人，市内（含所内）移居 829 人，恢复户口登记 33 人，人口信息项目变更、更正 3.12 万人次，补打证件（含户口簿）5867 人次。办理居民身份证 2.66 万张，临时身份证 2166 张。

【治安管理】 2022 年，梅州市公安局梅县区分局全年查处涉赌行政案件 15 宗、刑事案件 14 宗，行政罚款 164 人、行政拘留 68 人、刑拘 68 人、逮捕 24 人；查处办理涉黄行政案件 6 宗、刑事案件 4 宗，行政罚款 11 人、行政拘留 16 人，刑拘 19 人，逮捕 23 人，接报涉“黄赌”警情同比下降 13.4%。

【警务监督】 2022 年，梅州市公安局梅县区分局组织现场督察 271 批次，出动督察警力 550 人次，督察基层单位 289 家次，检查社会单位 48 家次，开展基层民警酒精测试抽查 65 人次；发现查纠问题 182 个次；发出督察通报 94 份。

【“110”报警服务】 2022 年，

梅州市公安局梅县区分局接报各类警情8.46万起，核查警情2万条；回访各类警情9502起，总体满意率93.75%；开展实地“110”警情测试98次，未发生因人为工作失误而导致警情迟处置、漏处置、错处置的情况。持续加强社会面治安巡防管控“四个一”体系建设，健全完善“1、3、5分钟”快速响应机制，建成最小应急单元371个。固化完善重大节日和大型活动安保维稳工作机制，掌握不稳定因素苗头104起。

2022年底梅州市公安局梅县区分局

局　长：陈海晗

（供稿：陈联明　吴陈婧）

检　察

【概述】　2022年，梅州市梅县区人民检察院（简称区检察院）在区委和上级检察机关的正确领导下，紧紧围绕区委工作部署，以“质量建设年”为载体，以高质量检察履职服务保障梅县区经济社会高质量发展。2022年受理审查逮捕各类刑事犯罪案件148件238人，批捕117人；受理移送审查起诉243件517人，起诉384人。办理民事检察监督案件16件、行政检察监督案件47件、公益诉讼案件95件。共4个集体、18名干警受到上级表彰奖励。1件案件入选广东省公益诉讼典型案例，1件案件入选全国检察机关“千案展示”案例。

【社会管理与服务】　2022年，区检察院抓好社会管理与服务工作。“检察+”服务保障民营经济健康发展。起诉破坏社会主义市场经济秩序犯罪61人，起诉侵害民营企业、民营企业家合法权益犯罪7人。依法审慎办理民营企业家涉罪案件，不起诉6人。组建知识产权检察办公室，起诉涉知识产权犯罪4人。加强与区工商联、工业园管委会的联系，联合相关部门建立服务保障民营经济健康发展协作配合机制、加强知识产权司法保护协作配合机制，牵头召开“发挥‘1+N’职能 优化营商环境”座谈会、保护知识产权联席会。在工业园管委会和城东镇设立检察服务点，通过上门走访、送法进企等，为企业提供精准服务。助力乡村振兴建设。巩固拓展脱贫攻坚成果，向14名贫困受害人发放司法救助金26.5万元。积极参与根治欠薪专项活动，通过支持起诉为农民工追回欠薪8.09万元。致力服务美丽梅县建设。改善人居环境，依法严厉打击破坏环境资源保护犯罪，起诉3人。办理生态环境领域公益诉讼案件16件，持续落实“林长+检察长”工作机制，到辖区17个镇开展保护水库水质“回头看”。针对农药包装废弃物污染环境问题，组织召开诉前磋商圆桌会议，督促依法行政。筑牢安全生产防线。开展燃气安全专项公益诉讼监督，结合对2家天然气公司和辖区各乡镇液化石油气经营场所的调查核实情况，组织7个职能部门和各镇政府（高管会、办事处）召开诉前磋商座谈会，着力解决安全生产监督问题。开展“三小”场所消防安全，“公益诉讼保障高层建筑消防安全”专项监督活动，督促整改消防安全隐患。

2022年4月1日，梅县区人民检察院组织召开“落实最高检‘八号检察建议’强化燃气安全监管”座谈会

【社会治理】　2022年，区检察院抓好社会治理工作。维护国家政治安全和社会稳定。批捕各类刑事犯罪117人，起诉384人。贯彻总体国家安全观，起诉邪教组织犯罪26人。常态化开展扫黑除恶，办理涉黑恶案件4件17人。积极参与社会治安防控体系建设，起诉黄赌毒犯罪49人，盗抢骗犯罪53人，电信网络犯罪96人，养老诈骗犯罪12人。加强与监察委的沟通协调，提前介入监委案件4件，起诉职务犯罪6人。守护未成年人健康成长成才。认真贯彻新修订的“两法”，对侵害未成年人犯罪零容忍，

批捕26人，起诉14人。对涉嫌轻微犯罪的未成年人依法从宽处理，不批捕9人，不起诉2人，附条件不起诉6人。认真做好涉案未成年人的教育挽救工作，发出《督促监护令》14份，开展家庭教育46次，引导监护人履行监护职责。组建“阳光”法治宣传队，开展“情暖童心——法治进乡村”巡讲活动14场次。推进社会综合治理。受理群众信访172件，检察长接访9人次，院领导包案办理4件。落实“一三四”刑事和解工作模式，办理刑事和解16件，召开听证会12场。落实落细“七号检察建议”，走访调研辖区部分快递企业和寄递网点，协调交通、邮政等部门完善寄递监管制度。

【法律监督】 2022年，区检察院抓好法律监督工作。推进刑事检察。贯彻落实少捕慎诉慎押刑事司法政策，依法不批捕125人、不起诉62人。设立侦查监督与协作配合办公室，持续加强“两项监督”工作，立案监督4件，监督撤案2件。加强审判监督，发出审判活动违法书面纠正意见4份。加强“两法衔接”，建议行政执法单位向公安机关移送案件1件。开展看守所常规巡回检察和社区矫正巡回检察，针对刑事执行活动提出监督意见14件。聘任5位行政单位专业人员为首批特邀检察官助理，协助办理涉林业、税务、知识产权等案件4件，提升办案质效。推进民事检察。办理民事检察监督案件16件，其中民事执行监督案件5件；审判程序违法监督案件1件；生效裁判监督案件5件，均作出不支持监督申请决定，积极引导服判息诉；支持起诉案件5件。推进行政检察。开展“深化行政检察监督 依法护航民生民利”专项活动，办理行政检察监督案件47件。其中办理森林资源保护专项的行政检察监督案件46件，发出类案检察建议13件。办理行政争议实质性化解案件1件，促使行政诉讼案件原告撤回起诉。推进公益诉讼检察。立案公益诉讼案件95件。开展“散装食品规范经营”专项监督，督促300余家经营者完成整改。开展“消”字号抗（抑）菌制剂非法添加问题专项监督，联合梅州市检察院开展房地产行业个人信息保护公益诉讼专项监督活动。开展文物和文化遗产专项活动，督促行政机关对30个定级文物保护单位、9座历史建筑、1个传统村落依法履行保护职责。办理的“督促整治医疗机构规范处置废水废物行政公益诉讼案例”入选全国检察机关“千案展示”案例。

2022年底梅县区人民检察院
检察长：李培军

（供稿：刘燕花）

法　院

【概述】 2022年，梅州市梅县区人民法院（简称区法院）紧紧围绕党的建设、一站式诉讼服务建设、队伍建设，坚持服务大局、司法为民、公正司法，各项工作实现新发展。2022年共受理各类案件7098件，结案6956件，结案率98%，结收案比108.60%，居梅州市法院第一，法官人均结案278件，居梅州市法院第二。2篇案例入选最高人民法院年度案例，1个集体和3名个人分别荣获市级以上表彰。

【刑事审判】 2022年，区法院审结刑事案件246件，判处罪犯300人。其中，审结涉黑恶案件2件，推进扫黑除恶专项斗争常态化。审结涉养老诈骗案件2件，开展打击整治养老诈骗专项行动。审结故意伤害、“两抢一盗”等犯罪案件101件，着力提升群众安全感。审结危害食品药品安全、破坏环境等犯罪案件103件，维护群众身体健康。审结贪污贿赂等犯罪案件4件，助推反腐败斗争。审结非法吸收公众存款案等涉众型经济犯罪案件24件，切实保障群众财产安全。贯彻宽严相济刑事政策，对267名认罪认罚被告人从宽处罚，对178名轻微犯罪被告人适用非监禁刑或免予刑事处罚。与区检察、公安、司法共同建立轻微刑事案件赔偿保证金提存制度，最大限度保护刑事被害人合法权益。

【民事审判】 2022年，区法院审结民商事案件3898件。其中，审结婚姻家庭、继承案件435件，发出首份人身安全保护令，为民事受害人撑起法律“保护伞”。审结医疗、劳动争议等涉民生案件864件，依法保障民生权益。审结涉金融纠纷案件878件，有效防范化解金融风险。审结涉房屋买卖、租赁合同纠纷等案件135件，促进房地产市场健康发展。审结消费者权益纠纷案件2件，规范经营者行为，维护消费者合法权益。5月1日起，梅县区人民法院集中管辖梅州市第一审普通知识产权民事、行政案件，在畲江人民法庭加挂“梅县区人民法院知识产权法庭”，受理知识产权案件115件，审结115件，结案率100%。

【案件执行】 2022年，区法院执结案件2812件，执行到位金额2.5亿余元，实际执行率和执行完毕率在梅州市法院排名第二。开展打黑断财专项执行活动，执行涉黑恶案件财产刑1300万余元；开展“护薪”执行，执结涉劳动工资拖欠案件235件，执行到位金额353.9万元。开展集中处置不良贷款专项执行行动，执结金融借贷案件166件，执行到位金额2641.17万余元。加强网络司法拍卖工作，成交标的物151件，成交金额1.06亿余元。保持强制执行高压态势，将1643名被执行人纳入失信名单，限制被执行人高消费2676人次，对5名被执行人实施司法拘留。

【体制改革】 2022年，区法院全面贯彻实施修改后的民事诉讼法，适用普通程序独任制审理民事案件311件。推行案件繁简分流，建立速裁审判团队、“执行长+执行员”执行团队办案机制，适用简易程序审理民商事案件3363件，适用率81.96%，速裁程序审结案件1267件。

【便民服务】 2022年，区法院完善“庭、站、点”三位融合共治体系，在特色村或产业集中地新增诉讼服务点9个，法官到诉讼服务站、服务点开展法律服务151次，参与调处矛盾纠纷121件。全面升级诉讼服务中心功能，建成互联网法庭2个、互联网调解中心1个，加建科技法庭4个、调解接待室4个，实现立案、调解、速裁一站式办理，减少当事人讼累。提高诉讼服务效率，开展网上立案3396件，网上缴费3252笔，在线调解496件，网上开庭458件。常态化开展“送法上门”活动，创建“无讼村居”6个。参与创文、交通执勤等志愿活动96场次，发放普法宣传资料2000多份。播出法治专题、新闻29条，在报纸、新媒体刊登新闻稿件90篇，营造浓厚的法治氛围。

2022年底梅县区人民法院

院　长：毛嘉鹏

（供稿：李　露）

2022年5月30日，梅县区人民法院干警到梅县区华侨中学组织开展校园普法宣传活动

司　法

【概述】 2022年，梅州市梅县区司法局（简称区司法局）按照区委、区政府及市司法局各项工作部署，以抓好中共二十大安保维稳工作为主线，围绕中心，服务大局，攻坚克难，发挥职能，队伍政治素质、能力水平不断提升，各项重点工作平稳有序推进，营造公平正义的法治环境，维护辖区和谐稳定。

【法治工作】 2022年，区司法局统筹推进依法治区工作，落实完成中央依法治国办法治政府建设实地督察反馈意见的整改工作66项，开展党政主要负责人履行推进法治建设第一责任人职责述职述法工作，深入推进法治政府建设。提请召开区委全面依法治区工作会议，提请印发《法治梅县建设规划（2021—2025）》《梅县区法治社会建设实施纲要（2021—2025）》《梅县区法治政府建设实施纲要》，构筑起法治梅县建设“一规划两纲要”蓝图。

【法制工作】 2022年，区司法局着力为政府科学决策提供法治保障。高度重视政府重大行政决策合法性审核工作，推动落实政府法律顾问制度和公职律师制度，不断完善政府重大行政决策合法性审核工作，规范决策程序。2022年，对提交区政府常务会议研究讨论的150个议题、60件合同（合作协议）及其他法律事务、区政府作出的2个重大行政决策事项和6个规范性文件出具了合法性审查意见，对54份区政府规范性文件和区政府部门规范性文件开展全面清理。2022年共收到行政复议案件41件，其中受理28件，经调解当事人自愿撤回行政复议申请6件；收到以区政府为被告的一审诉讼案件6件，其中经复议后诉讼的案件5件，至2022年底，一审已结案6件，认真落实行政机关负责出庭应诉工作，出庭应诉率100%。组织开展全区执法人员专题培训和行政执法信息平台操作培训3场次。推进行政执法“两平台”应用，完成区、镇两级所有行政执法主体2021年度行政执法数据公开工作。规范行政执法证件管理，做好全国统一行政执法证件换发和行政执法人员综合法律知识网上考试等工作，至2022年底，全区持证总数1005张，其中区直555张、乡镇450张。

【人民调解】 2022年，区司法局发扬新时代“枫桥经验”，充分整合基层人民调解组织力量，在梅县区范围开展“基层矛盾纠纷大排查大化解专项行动”，对矛盾纠纷线索及时收集、上报。同时，认真做好市第二届人民监督员选任、梅县区人民调解员等级评定及人民陪审员考核工作，积极配合区人民法院在梅县区未设立人民法庭的镇（街）司法所设立诉讼服务站，进一步推进一站式多元解纷和诉讼服务体系建设。梅县区各级人民调解组织共开展矛盾纠纷排查288次，成功预防纠纷116宗，受理各类矛盾纠纷2581宗，调解成功2542件，调处成功率98.4%，其中疑难复杂案件57宗，调解协议涉及金额2739.6万元，无因调解不当或不及时而引发矛盾激化、群体性事件。

2022年5月12日，梅州市人大代表到梅县区视察法律援助工作

【社区矫正】 2022年，区司法局夯实社区矫正精准化管理基础，加强社区矫正工作组织建设。1月12日，召开区社区矫正委员会第一次会议，形成工作合力，在刑事执行衔接、监督管理、支持引导社会力量参与、社区矫正对象入学复学、职业技能培训等方面建立常态化协作机制。严格执行社区矫正管教措施。全区接收社区矫正对象216人，期满解除矫正163人，在册240人。以“刚性监管，温情感化”为着力点，依托社区矫正信息化管理系统，不断强化社区矫正对象的日常监管和教育矫治工作，严格执行处罚措施，对在社区矫正期间违反监管规定的10名社区矫正对象进行训诫教育，确保社区矫正对象不脱管、不漏管。发挥延伸管教警察参与社区矫正执法工作，开展视频会见便民惠民工作，开展视频会见171宗，会见家属334人次。投入100多万元，初步完成司法部部署的“智慧矫正中心”建设试点工作。

【安置帮教】 2022年，区司法局积极与监狱对接，会同村（社区）做好安置帮教人员“必接必送”“无缝对接”“一人一档”等工作。2022年衔接安置帮教人员426人，至年底，全区在册安置帮教人员1493人，衔接率、建档率均100%。

【法律援助】 2022年，区司法局深化法援民生工程，开通法律援助申请“市域通办”，畅通农民工等群体绿色维权通道，简化法律援助申请、受理、审查和指派程序，切实维护人民群众合法权益。2022年办理各类法律援助案件461宗（其中刑事案件105宗、民事案件42宗、签署《认罪认罚具结书》314宗），超额完成梅县区法律援助民生实事100宗的目标任务。

【律师事务】 2022年，区司法局以完善公共法律服务平台建设为抓手，建成示范性区级公共法律服务中心1个、镇级公共法律服务工作站13个、村级公共法律服务工作室76个，以“网络平台解答咨询+热线平台承办任务工单+实体平台一站式、综合性服务”模式，拓宽群众解决法律服务需求的途径。2022年三级公共法律服务实体平台累计接待各类法律服务咨询1667人次，同比增长4.5%。强化一村（社区）一法律顾问日常管理机制，根据相关考核办法严格实施细化量化考核机制，及时对考核不及格驻村律师进行更换，对2021—2022年度工作成绩突出的10名优秀村（社区）法律顾问进行表彰，有效提高驻村律师工作积极性。2022年，村（社区）法律顾问共出具法律专业意见38条，法律咨询4622次，法治宣传1656场次，调解纠纷74宗，提供法律援助1件，其他54件。首次召开2021年通过法律职业资格考试人员和公职律师联络会，通过座谈为梅县区取得法律职业资格考试的人员提供双向交流平台。梅县区区辖律师所新增执业律师11人，实习律师2人；党政机关、人民团体新增公职律师8人（含司法局新增3人），按要求全面完成年度工作任务。并组织律师队伍开展“法治体检”专项活动3场，组织全市商务法律服务月活动1场。

【司法公正】 2022年，区司法局深化公证体制机制改革新举措，推进公证减证便民，推出“节假日预约办证”“为特困群众上门办证”等一系列便民利民措施，落实司法部、省司法厅公证体制改革关于“对80岁以上老年人首次办理遗嘱公证，免收遗嘱公证服务费用”的要求，争取让群众“最多跑一次”，有效提升公证服务的社会满意度。2022年共办理各类公证1843宗，同比增长12%。

【法治宣传】 2022年，区司法局聚焦普法和依法治理，进一步加大全民普法力度，助推法治社会建设。拍摄“以案说法”普法专题栏目1期，积极开展“乡村振兴 法治同行”等法治宣传活动48场次，深入扶大高管会、程江镇大沙村、大坪镇开展专题普法宣传讲座3场次，共发放宣传资料2万多份，受众1万多人次。实施公民法治素养提升行动，启动“法律明白人”培养工程，至2022年底，培养“法律明白人”623名，印制“法律明白人”证书、徽章600多份，相关宣传资料3000多份。组织旁听法院庭审教育活动2场，组织全区174个单位共1.36万名国家工作人员参加2022年度学法考试，参考率100%，优秀率99.89%，居全市第一。2022年，对区农业农村局、区水务局、区发展改革局、区残联、梅南镇人民政府、水车镇人民政府共6个单位开展“谁执法谁普法”履职评议活动，通过实地考查，网上评议，评议等级均达到“良好”以上。水车镇坑尾村和扶大高管会三丰村成功获评广东省“民主法治示范村”。2022年，梅县区成功创建全国民主法治示范村（社区）2个、省级民主法治示范村（社区）18个。

2022年底梅县区司法局
局　长：徐婉玲

（供稿：张　妮）

行政管理事务

编制管理

【概述】 2022年，中共梅州市梅县区委机构编制委员会办公室（简称区委编办）坚持以习近平新时代中国特色社会主义思想为指导，深入学习贯彻中共二十大精神，以加强党的全面领导体制机制、完善机构职能体系、深化乡镇体制改革、推进事业单位改革为重点，围绕大局，服务中心，为梅县区经济社会发展提供良好的体制机制保障。

【行政管理体制改革】 2022年，区委编办调整区直部门职能体系。按照省、市部署，推进区公安机关机构编制管理改革工作，设立反恐怖中队，调整优化森林警察大队内设机构、职责配置和领导职数。在区文化广电旅游局加挂区文物局牌子，并与区体育局的职责整合，设立区文化广电旅游体育局。将区委农村工作办公室更名为区委农村工作领导小组办公室。将区林业局由在区农业农村局挂牌调整为单独设置，由市自然资源局梅县分局统一领导和管理。在区卫生健康局加挂区疾病预防控制局牌子。做好国防动员体制改革有关工作，在区发改局加挂区国防动员办公室牌子，暂时保留区人民防空办公室，在区国防动员办公室挂牌。制定印发区财政局和团区委、妇联、文联、侨联、科协、残联6个群团机关机构编制方案。推进乡镇街道体制改革。加快构建权责清晰、运行顺畅、精简高效的基层治理体系，进一步激发乡镇经济社会发展活力。不断完善乡镇党委统一指挥协调五大平台的运行机制，统筹协调基层综合治理、公共服务、综合行政执法、应急管理、规划建设等重点工作。除新城、扶大外，17个自然资源所和12个市场监管所全面下放乡镇实行属地管理。印发《加强乡镇执法能力建设工作方案》，乡镇综合行政执法队设置 2—4 个中队（其中一中队加挂××镇市场监督管理所牌子）以及 1 个法制审查室。

【机构编制管理】 2022 年，区委编办坚持把机构编制作为重要政治资源、执政资源，严格执行机构限额、领导职数和总量等规定，坚决做到不在限额外设置机构、不突破总量增加编制。严格编制管理。在全区机关事业单位实行机构编制审核和编制卡管理，凡梅县区机关事业单位的人员调动、招录和外县工作人员调入梅县区的，用编单位都必须进行编制审核。坚持调动和招录在编内进行，招录实行“凡进必考”，严把入口关。保障人才编制。深入贯彻落实省委、省政府实施人才强省战略部署，制定《梅州市梅县区区直急需紧缺人才专项事业编制保障管理办法（试行）》，建立区直“急需紧缺人才用编周转池”，主要用于保障区直科技、卫生、农技等领域事业单位人才引进工作，为梅县区经济社会发展引进人才提供编制保障。完成问题整改。2022 年，通过自然减员、人员分流、调剂增加编制等措施加大力度对因历史遗留的违规超编和因政策性原因超编问题进行整改。至 2022 年底，70 个违规超编问题全部完成整改，44 个因机构改革等政策性原因造成的超编问题完成整改 41 个，剩余 3 个，剩余问题将继续按相关政策要求逐步消化。

【事业单位改革】 2022 年，区委编办推进区事业单位改革。完成承担行政职能事业单位问题整改工作。制订《梅县区事业单位问题整改工作方案》，对梅县区 8 个承担行政职能事业单位进行改革，其中，撤销 7 个完全承担行政职能的事业单位（区水政监察大队、区妇女儿童工作委员会办公室、区献血办公室、区爱国卫生运动委员会办公室、区政府采购管理办公室、区城市管理监察大队、区人民政府山林纠纷调处办公室）；1 个事业单位行政职能剥离后工作任务仍饱满的进行更名（区财务总监办公室）；开展公益二类事业单位改革前期工作，完成梅县区公益二类事业单位调研摸底工作，草拟公益二类单位改革方案。优化配置编制资源。在事业单位改革中加强事业编制统筹调剂，将编制资源聚焦重点领域，保障教育、公共卫生、社保医保等公共服务。优化配置教育编制资源，调配 38 名事业编制，建立梅县区乡镇公办幼儿园教职员专项编制池，专用于乡镇中心幼儿园；减编控编，设置编制控制基数。在事业单位改革过程中，根据事业单位职能，对于人员冗余的事业单位，设置编制控制基数，实行“退一收一，减到控制基数为止”的模式，落实编制存量集约化科学管理，切实提高编制使用效益。至 2022 年底，对 23 个事业单位设置编制控制基数。

【事业单位登记管理】 2022 年，区委编办事业单位登记管理稳步推进，对新设立的梅州市梅县区隆文镇专职消防队、梅州市梅县区城东镇专职消防队、梅州市梅县区石扇镇专职消防队、梅州市梅县区大坪镇专职消防队、梅州市梅县区新时代精神文明建设服务中心 5 个事业单位进行登记发证。年内办理 162 个变更登记事项，因机构改革注销 10 个事业单位法人登记。在线正常登记事业单位共 325 个，全部按时提交年度报告书并公示，接收社会监督。承担机关群团统一社会信用代码赋码工作，为 14 个机关群团办理事项变更，至 2022 年底，共发出 269 张统一社会信用代码证书。

【政务和公益机构中文域名注册管理】 2022 年，区委编办电子政务中心以域名续费为重点，对到期域名进行统一续费；同时积极与财政部门进行衔接沟通，做好财政预算，以确保梅县区政务和公益机构中文域名的正常运行。至 2022 年底，为 160 家党政机关和事业单位进行域名续费处理。在做好域名续费工作的同时，开展对域名新注册和变更工作。对接行编事编等部门，形成联动机制，并对照事业单位登记管理网的相关信息，对调整的机构进行整理；收集新设立或合并机构的信息，对需要做出调整的中文域名重新进行申请或信息变更；对无效或因合并而失效中文域名进行清理删除。有效保障网上名称注册管理系统、事业单位登记管理系统数源准确。积极配合由区委宣传部牵头主办的网络安全宣传周活动，通过政务和公益机构域名注册管理中心平台的信息，印制宣传材料 500 份，普及党政机关网络安全管理知识。

【档案管理工作】 2022 年，区委编办共完成机构编制纸质档案整理 2282 件，著录条目 2282 条，扫描档案 5802 页（文书档案 1409 件，其他专业档案 42 件，编卡 831 件）。机构编制档案数字化以来，大大提高机构编制工作效率和方便梅县区各单位的查找利用。

2022 年底梅县区委机构编制委员会办公室

主　任：李敏均

（供稿：邓　峰　张惠清）

政务服务数据管理

【概述】　2022 年，梅州市梅县区政务服务数据管理局（简称区政数局）在区委、区政府领导下，认真贯彻落实国务院和省、市政府对政务服务工作的部署要求，深化"放管服""数字政府"改革，提高审批服务便民化程度，提升服务群众、服务企业、服务高质量发展的能力和水平。梅县区受理行政审批及服务事项 23.71 万件，办结 23.71 万件，办结率 100%；镇级受理 1.98 万件，办结 1.98 万件，办结率 100%。

【实体中心规范化建设】　2022 年，区政数局设立就业和人才服务、公安交警大队分厅。为贯彻落实国家、省、市相关要求，按照事项性质设立政务服务中心分厅，将公安、人社等因场地限制等因素暂不能进驻政务服务中心的事项纳入分厅管理对外开展服务，设立就业和人才服务、公安交警大队分厅，全力保障政务服务事项"应进必进"，实现"大厅之外无审批"。实现"二手房网签+不动产过户+水电气过户"一窗通办。完成与省不动产登记"一窗登记"系统、水电气业务系统对接；实现二手房网签系统、不动产过户系统、税务系统等多个系统需要多人操作的工作流程变为一人操作多个系统，以工作人员的辛苦指数有效减少群众跑动次数，在梅州市率先实现"二手房网签+不动产过户+水电气过户"一窗通办，群众办事申请材料由 5 份减为 1 份，跑动次数由 5 次减到 1 次，甚至"零跑动"，减少比例 80%。设置 24 小时自助服务区。在政务服务中心一楼设置 24 小时自助服务区，配备有个人惠民信息查询、纳税信息查询、社保信息查询、养老资格认证、港澳通行证办理、交通违法事项办理和 1083 项行政审批事项的自助服务，解决周末及法定节假日群众办事不方便的问题。设立企业开办专区。安排刻章企业进驻，为新办企业现场提供免费刻制 2 枚印章服务。同时，新办企业还可以通过绿色通道一次办理和领取营业执照、公章、普通发票，实现"照、章、税""一窗通取"和"最多跑一次"的目标。抓好梅州综合保税区政务服务工作。筹建综保区政务服务分厅，赋予区级政务服务中心审批权限，为入驻综保区的外贸进出口、跨境电商、物流等企业提供优质高效政务服务。

【审批服务流程优化】　2022 年，区政数局推进"行政审批事项 100%网上受理、100%网上办结"工作。基本实现政务服务事项"应进尽进"。挂牌成立梅县区政务服务中心交警大队、就业和人才等 2 个政务服务中心分厅，将 63 项政务服务事项纳入分厅管理，同时推动 1561 项政务服务事项授权进驻区政务服务大厅，进驻率 98.12%。基本实现政务服务事项"应上尽上"。梅县区有事项 1632 项，可网上办理的事项 1632 项，占比 100%。可全流程网办事项 1625 项，全流程网办率 99.57%。积极引导网上办。在区政务服务中心和各镇（党群服务中心）办事大厅设置网上办事服务区，由专门的政务服务人员帮助不会操作的群众进行线上办理，在尊重群众线下办事习惯的基础上，积极引导群众线上申请，网上办理，提高网上办事率。设立税务服务区。在政务服务中心四楼设立税务服务区，积极引导群众网上办事，为群众提供纸质资料预审、自助办税辅导、涉税（费）业务的咨询、提供电子税务局、广东税务 APP、个人所得税 APP、粤税通、V-tax 远程可视化办税系统等线上办税渠道的业务流程操作辅导。推进"一件事"主题集成服务改革。印发《梅县区"一件事"主题集成服务改革实施方案》，明

2022 年 11 月，梅县区政务服务中心大厅

2022 年 7 月 21 日，梅县区推进提升一体化政务服务能力工作第二次调度会暨智慧城市建设项目培训会

确改革目标和责任分工，梳理出 99 项（其中证照联办 59 项）“一件事”主题集成服务主题涉及事项名称、涉及部门。完成“一件事”事项办理标准的统一及配合市级做好“一件事”审批平台建设。建立“跨省通办”“省内通办”“市内通办”。构建跨区域协作机制，优化调整通办事项业务规则，政务服务大厅设置跨域办专窗。跨省通办事项 80 项，省内通办事项 109 项。全市通办事项 1671 项（异地代收代办事项 100 项，“粤省事”“粤商通”小程序办理的事项 1435 项，“粤智助”终端机办理的事项 136 项）。

【“12345”政府服务热线】 2022 年，区政数局开展不满意工单“清零”行动，坚持做到“始于群众诉求，终于群众满意”。通过“清零”行动，一大批热点、难点诉求得到妥善解决。开展办件分析，把握社情民意，当好参谋助手。认真做好工单的整理、分析和归档工作，定期对市民投诉热点和办理情况进行综合分析，及时向局领导回馈社情、舆情和民生诉求。2022 年梅县区共接收工单 1.72 万单，满意率 99.87%，工单总数和回访满意率均排全市前列。

【行政审批改革创新】 2022 年，区政数局推进智慧梅县平台二期升级改造。优化“应急指挥、辅助决策、大数据分析和应用”等相关功能，构建更全面更准确更完善的综合信息平台，打通各部门之间的数据壁垒，逐步解决实现各部门系统之间的互联互通、数据共享和业务协同问题。抢抓“新”机遇，牵头推进新基建项目工作。为共建共享智慧城市生活，增强人民群众获得感、幸福感和安全感，推进实现城乡健康发展，区政数局作为牵头单位，积极谋划梅县区新型基础设施“智慧城市”建设项目。经汇总区教育局、区农业农村局等 15 家区直单位申报的项目，项目估算总投资 11.54 亿元。主要建设内容为梅县区信息化基础设施建设，区、镇级综合指挥中心、全区统一视频监控平台，全区电子公文系统，城区管理综合平台、智慧路灯杆、城区基础信息设备提升、智慧警务智能执法中心、平安梅县升级、数字乡村、电商、智慧水利、智慧人社、国土地图、气象防灾，全区法人库、智慧市场改建等相关软硬件设备，共分包为县、镇通用基础设施、智慧城市综合管理平台等 8 个子项目。

2022 年底梅县区政务服务数据管理局

局　长：冯丽锋

（供稿：江岸婷）

责任编辑：卢　清

经　济

经济管理

发展与改革

【概述】 2022年，梅州市梅县区发展和改革局（简称区发改局）围绕区委、区政府重点任务安排，聚焦苏区融湾振兴，以“大谋项目、谋大项目，推动大发展”为导向，切实发挥统筹协调作用，凝心聚力、担当作为，扎实推进经济社会发展各项重点工作，推动发展改革工作再上新台阶。

【规划编制】 2022年，区发改局编制《梅县区2021年国民经济和社会发展计划执行情况和2022年计划草案的报告》并提交人大审议通过。牵头组织全区每月经济形势分析会及相关专题会，形成经济形势分析报告，为区委、区政府提供决策参考。贯彻落实国务院和省、市扎实稳住经济一揽子政策措施，协助制定《梅县区开展重点企业服务活动工作方案》，建立重点企业服务工作机制，推动企业生产经营提质增效，全力助企纾困，为稳住经济大盘提供有力支撑。积极推进对接融入粤港澳大湾区加快振兴发展工作，梳理各项重大政策、重大事项、重大项目和重大平台，争取纳入省、市融湾方案。扎实推动老区苏区振兴发展、城乡融合发展、广梅对口合作等工作。

【重点项目建设】 2022年，区发改局坚持把项目建设作为扩大有效投资的重要载体，牵头成立重大项目并联审批工作专班，坚持审批围绕项目办，统筹解决项目用林、用地、用能等要素制约，积极争取地方政府专项债券13.79亿元、政策性开发性金融工具3.5亿元用于重大项目建设，有效解决资金短缺问题，有力推动全区重点项目建设。梅县区52项正式项目完成投资58.74亿元，占年度投资计划的103.37%。其中，25项市重点项目完成投资47.05亿元，占年度计划105.16%，在全市各县（市、区）中完成总量第一、完成率第三；5项省重点项目完成投资26.58亿元，占年度投资计划的139.89%，超额完成年度投资计划，拉动梅县区全年完成固投92亿元，固投增长7.6%，梅州市排名第二。

【行政审批管理】 2022年，区发改局落实行政审批体制改革，动态完善行政审批事项清单，压缩审批时限，实现“一码通行、一网通办”，进一步提升行政审批效能，全面实施市场准入负面清单制度。2022年窗口受理并办结项目555宗，合计投资396.57亿元，其中审批、核准项目150宗，投资196.22亿元；备案405宗，投资200.35亿元。

【信用建设】 2022年，区发改局扎实开展“双公示”工作，全区录入2.18多万条数据，其中行政许可1.65万条，行政处罚5300多条。全面建立信用承诺制度，全区上报信用承诺数据108条。推进深化“放管服”改革优化营商环境重点工作，成立全面优化营商环境领导小组，加强部门联动，压缩审批时限，提高审批效率。

【能源管理】 2022年，区发改局推进天然气主干管道“县县通工程”建设，推进梅州—五华—兴宁项目建设和梅州—蕉岭—平远项目前期工作，加快梅州末站接收门站及配套进城3.5千米管道建设，让苏区人民群众早日用上质优价廉的天然气。做好加油站的日常管理，完成全区57家加油站的成品油零售经营许可证年检及区“十四五”时期新建加油站布点规划工作，保障成品油市场的有效供给。落实安全生产三年行动专项整治方案和重点安全隐患挂牌督办制度，落实汛期安全防患工作，落实企业主体责任和行业监管责任，开展现场安全执法检查工作，2022年开展10次检查工作，出动38人次，确保油气长输管道、充电桩、电力供应设施和能源在建项目工程安全。积极推广充电桩建设，年内备案充电桩12座，建成7座共21个桩。编制《梅县区工业园区屋顶分布式光伏发电规划建设方案》，大力推进太阳能光伏发电项目，抓好投资主体遴选和项目备案审批，指导企业、居民依法依规建设光伏电站，至2022年底，梅县区光伏发电项目备案354宗，总并网消纳约204.1兆瓦。

【节能管理】 2022年，区发改局科学有序推进碳达峰碳中和，开展用能预算管理，对“十四五”新增用能空间进行测算，统筹能耗双控和合理用能需求，优先保障优质项目的用能需求。强化新上项目源头把关，坚决遏制“两高”项目盲目发展，谨慎控制新上能耗强度高的项目。抓好重点领域、重点单位的监督管理工作，强化节能监察，制订《2022年节能监察工作计划》，2022年开展节能监察21家。引导公共机构能源资源节约，全力推进节约型机关创建，至2022年底，37个单位创建成功。

【粮食管理】 2022年，区发改局做好储备粮油和有关物资管理工作，扎实开展2022年1.44万吨储备粮轮换工作，按时完成新增食用植物油90吨、新增成品大米971吨储备任务。设立城乡居民粮油供需平衡固定调查，做好全年统计调查。落实常态化疫情防控要求，密切跟踪粮油肉蛋菜等重要民生商品、重要工业品市场供应和价格变化情况，全力做好重要商品保供稳价工作。开展“节能宣传周和低碳日”“粮食科技周”和“世界粮食日和全国粮食安全宣传周”活动，组织动员社会各界积极参与，引导群众形成绿色低碳、节约粮食、文明健康的生活方式。

【价格管理】 2022年，区发改局加强价格调控管理，制定梅县区农业用水价格政策，加快推进农业水价综合改革。做好价格管理与法律法规宣传，开展涉企违规收费专项整治行动、会同相关部门开展水电气领域涉企收费检查，受理答复群众反映价费问题61宗。认真做好各类价格服务，开展全区民办学校学费和住宿费成本调查，完成梅州华润毅嘉燃气有限公司和梅州市产业转移工业园畲江自来水有限公司成本监审工作。2022年完成价格认定99宗。

2022年底梅县区发展和改革局
局　长：钟匡仁

（供稿：办公室）

市场监督管理

【概述】 2022年，梅州市梅县区市场监督管理局（简称区市场监管局）紧紧围绕区委区政府的中心工作和省、市市场监管局决策部署，主动担当作为，攻坚克难，筑牢市场监管领域安全底线，提升市场监管效能，从严从实抓好各项工作落实。至2022年底，全区各类商事主体5.5万户，同比增长22.77%，其中企业1.45万户、个体户3.96万户、农民专业合作社873户。

【登记注册管理】 2022年，区市场监管局全区市场监管系统全面落实创建企业开办“一窗通办”、“一窗通取”、“无费市”、“互联网+政务服务”全程电子化登记、企业商事主体登记100%网上受理、100%网上办结、“证照联办”、深化“证照分离”改革等一系列便民措施，服务效能再提升，为区域经济发展注入新动力。

【食品安全监管】 2022年，区市场监管局扎实推进食品安全“两个责任”工作。推进“建立健全分层分级精准防控，末端发力、终端见效工作机制，推动食品安全属地管理责任落实落地”工作，至2022年底，完成区、镇、村包保主体信息台账、责任清单和承诺书的签订。以食品安全领域“守底线、查隐患、保安全”专项行动为契机，持续开展以校园周边、商场超市、农贸市场、城乡结合部、农村地区为重点的监管。同时，利用“互联网+明厨亮灶”系统加强学校食堂监管，积极推进食品销售风险分级管理。加强食品抽查检测，全面完成区十大民生实事工作。完成食品抽检2797批次，食用农产品快检4.64万批次，对不合格产品全部依法核查处置。

【药品安全监管】 2022年，区市场监管局加强疫苗、麻醉药品、精神药品、血液制品、中药饮片、无菌和植入类、体外诊断试剂类等重点品种的监管，开展药品安全、化妆品“线上净网线下清源”、规范装饰性彩色隐形眼镜经营行为等专项检查，加强药械化不良反应/事件监测。检查药械化生产经营企业909家次，使用单位269家次，限期整改388家次，约谈企业18家次。抽检药械化58批次。

【特种设备安全监管】 2022年，区市场监管局开展特种设备超期未检。电梯质量安全提升、“黑气瓶”整治巩固、电梯鼓式制动器、锅炉、压力容器、杂物电梯安全隐患排查治理、城镇燃气安全整治“百日行动”联合检查等，共检查特种设备使用单位162家次，燃气充装单位17家次。发现一般隐患125处，发出《特种设备安全监察指令书》25份。抽检在用电梯300台，快开门式压力容器20台。

【网络市场监管】 2022年，区市场监管局做好网络监测线索核查，加大对电子商务企业的监管力度，通过“双随机、一公开”抽查的方式对辖区8家电商平台企业开展“线上+线下”检查，有效打击网络交易违法行为，规范企业的经营行为。

【企业监督管理】 2022年，区市场监管局全面推行部门联合“双随机、一公开”监管工作，共组织开展双随机抽查299次，抽查各类企业1471户，检查结果录入并公示1437户，公示率98%，其中双随机部门联合检查29次，检查企业100家，对抽查中发现的问题及时指导企业整改。市场主体年报工作扎实推进，梅县区公示企业9641户，公示率97%。

【市场监管执法检查】 2022年，区市场监管局纵深推进民生领域案件查办“铁拳”行动、食品安全领域“守底线、查隐患、保安全”专项行动、校园食品安全整治、面向未成年人“无底线营销”食品、“网剑”行动、产品质量安全“护农”行动、医疗美容行业突出问题专项治理等一系列专项行动，2022年查处各类违法违规案件607宗，罚没金额172万元。

2022年7月7日，梅县区市场监督管理局在梅县区君悦世家小区开展2022年“安全生产月”“安全生产梅县行”暨电梯安全应急救援演练活动

【质量和知识产权发展】 2022年，区市场监管局指导提高知识产权创造质量。正在培育“畲坑菊花糕”“松口下店杨桃”两件地理标志证明商标，新增商标申请件数1813件、注册件数1146件、专利授权件数646件，挂牌梅州市梅县区知识产权维权援助工作站，新增1家“国家知识产权示范企业”、2家企业通过贯标认证，1家企业发明专利获得粤港澳大湾区高价值专利培育布局大赛“双百强”称号，夯实梅县区知识产权强区建设基础。知识产权运用成果更加丰硕。推动银行开展知识产权质押融资业务，全区专利、商标质押融资授信5.45亿元，纾解企业资金困难。“梅县金柚”产值达到32亿元，地理标志证明商标形成规模效应。宣传引导企业参与政府质量奖评选活动，引领企业创品牌、增品质，树立企业标杆。指导广东嘉元科技股份有限公司申报并获得“第七届广东省政府质量奖”，是梅州市唯一获奖的企业。指导梅县茶叶协会制定《梅县绿茶》团体标准并公示。

【广告管理】 2022年，区市场监管局加强广告导向监管，清理整治宣传低俗庸俗媚俗内容广告，加大对药品、保健食品、教育培训等重点领域广告监管执法力度，规范移动端互联网广告，全年监测互联网、微信公众号等媒体广告856条。

【消费者权益保护】 2022年，区市场监管局推进放心消费创建活动，创建“广东省放心消费承诺单位”66家，“无理由退货承诺单位”8家，成立“消费维权服务站”81家，及时受理群众各类消费投诉举报。2022年受理群众举报332宗、投诉265宗。

2022年底梅县区市场监督管理局
局　长：李文海

（供稿：郑文敏）

自然资源

【概述】 2022年，梅州市自然资源局梅县分局紧紧围绕区委区政府中心工作，全面履行自然资源管理职责，扎实推进全区自然资源重点工作，奋力推动建设“叶帅故里·大美梅县”，为打造“绿水青山就是金山银山”广东样本提供坚实有力的自然资源保障，推动梅县老区苏区全面振兴发展步步高。梅县区2022年度耕地面积1.12万公顷，园地2.67万公顷，林地18.15万公顷，草地1428.86公顷，城镇村及工矿用地1.43万公顷，交通运输用地3113.63公顷，水域及水利设施用地7619.23公顷，其他土地1746.6公顷，湿地42.63公顷。共有27家矿山企业（12家建筑石场、1家矿泉水企业、3家铁矿、1家铜矿、8家石灰石、1家银锑矿、1家大理石）。

【保障用地计划指标】 2022年，梅州市自然资源局梅县分局切实用好上级政策，主动作为。做好省、市、区重点项目用地报批保障工作。主要为综保区二期、铜箔产业、教育、民生以及铁路、公路重点项目。具体为：2022年获取批次用地批复11个批次（为综合保税区二期、城东上坑10万吨铜箔项目、梅州坑5万吨铜箔项目、城东冷链物流、东山学校等项目），批准用地共179.07公顷，如期按承诺在11月底前取得综保区二期93.33公顷用地批文；完成组卷上报市自然资源局审核待批准共6个批次（为城东嘉兴物流、雁洋超华、白渡特变电气等），面积27.87公顷；完成上报市自然资源局审核单独选址用地1个（为S242西部旅游快线），面积126.4公顷；完成上报省自然厅审核单独选址用地1个（为二次雷达项目），面积1.73公顷；完成瑞梅铁路、梅汕高速扩建两个项目用地预审。

【规划修改与耕地占补】 2022年，梅州市自然资源局梅县分局为保障重点项目用地，调整土地利用总体规划17宗，总面积78.38公顷。通过调整土地利用总体规划解决企业用地问题。对项目建设不符合土地利用总体规划但不突破城市（镇）总体规划强制性内容的，按规定通过规划修改、有条件建设区使用、规模置换和预留规模落实等方式，对建设用地边界进行调整，保证企业项目顺利落地建设，促进实体经济发展。引导优化新增用地选址，告知项目用地可能涉及的限制性要求，避免出现占用永久基本农田、生态保护红线、高标准农田项目区等情况，确保项目具备落地条件。2022年经省批准8个城镇批次用地占用耕地11.43公顷（其中水田8.96公顷），通过先补后占方式，落实耕地占补平衡。

【土地征收储备及土地融资】 2022年，梅州市自然资源局梅县分局协助做好西部旅游快线约126.66公顷、东部快线约106.66公顷、嘉兴物流项目和冷链物流项目、城东镇铜箔基地建设项目约54.66公顷、莲塘弃土场约6.66公顷、畲江工业园、城东白渡工业园及其他各镇的土地征收工作。不断加强土地储备和土地调控，规范土地市场运行，提高建设用地保障能力。

【整合和盘活土地资源】 2022年，梅州市自然资源局梅县分局大力盘活土地资源，加大“三旧”改造、批而未供和闲置土地处置力度。根据市局下达给梅县区“三旧”改造任务数为：新增实施改造任务11.33公顷，完成改造任务8公顷。完成上报新增任务2公顷，上报完成改造任务5.33公顷。省厅下达梅县区批而未供土地任务为：完成供应2009年至2018年批而未供土地面积134公顷。至2022年底，全区已处置68.8公顷，其中供应土地30.6公顷，撤销批文38.2公顷，完成率51.34%。梅县区下达闲置土地处置任务5宗，面积共4.13公顷，处置率100%，其中4宗闲置用地已实现动工，并上传系统，处置率53.22%。至2022年底，供应土地32宗，面积102.95公顷，土地价款4.06亿元，其中，已挂牌出让的新增国有建设用地使用权7宗，面积72.06公顷，出让金额3.98亿元；协议出让的新增国有建设用地使用权2宗（均为“三旧”改造用地），面积1.67公顷，出让金额143.51万元；划拨国有建设用地使用权23宗，面积29.21公顷，划拨地价580.6万元。

【耕地保护责任制落实】 2022

年，梅县区牢牢守住耕地红线，加强永久基本农田保护和管理，压实耕地目标管理、属地管理责任，以国土空间规划为引领，实施耕地数量、质量、生态“三位一体”综合保护。2022年市下达梅县区新一轮耕地保有量任务为1.03万公顷，根据土地变更调查“一上”成果，梅县区耕地面积为1.15万公顷，大于市下达梅县区新一轮1.03万公顷耕地保有量指标；永久基本农田任务为0.99万公顷，实际划定0.99万公顷。

【基本农田保护】 2022年，梅州市自然资源局梅县分局完成新一轮永久基本农田划定工作。按照国家省市部署，完成“三区三线”新一轮永久基本农田划定，结合城镇开发边界、生态保护红线等，按照市下达永久基本农田保护任务指标，重新划定永久基本农田0.99万公顷，已通过自然资源部审批。做好基本农田保护工作，梅县区自2013年制定并印发《印发梅县基本农田保护经济补偿制度实施办法的通知》（梅府〔2013〕14号），每年按照该实施办法要求，以每公顷5元的标准下发给永久基本农田保护单位，配合省级每公顷30元的补助资金，用于梅县区基本农田后续管护、修缮农田水利设施等，同时各镇按照基本农田经济补偿面积与各村签订《基本农田经济补偿协议书》。

【矿产资源管理】 2022年，梅州市自然资源局梅县分局对27家矿业权人开采信息进行公示，并加强日常监管。积极推动绿色矿山建设，至2022年底，全区建设13家省级绿色矿山、2家国家级绿色矿山。加强对探矿权人管理，重点是检查硐探、槽探有无“以采代探”及超工作量硐探等，未发现有违法行为。

【执法监管】 2022年，梅州市自然资源局梅县分局始终保持对违法违规用地的高压管控和整治力度。卫片执法审计指出2020年未整改到位的存量违法用地共164宗，面积39.89公顷（耕地1.67公顷）。要求2022年完成违法用地50%以上的整治任务。2022年整改违法用地面积20.82公顷（耕地2.8公顷），整改率104.35%。2021年新增建设用地违法行为196宗，违法占地面积50.23公顷（耕地10.43公顷），整改到位面积38.29公顷（耕地8.3公顷），违法用地占用耕地比例为3.86%。2022年，土地卫片中新增非农化违法用地总面积131.57公顷（耕地8.94公顷），整改违法用地10.72公顷（耕地2.2公顷）。2020年7月3日至2022年7月底，梅县区认定属于新增乱占耕地建房问题及市下发高度疑似新增乱占耕地建房问题图斑共11宗，经认真组织核查、整改，整改完成5宗。

【不动产登记】 2022年，梅州市自然资源局梅县分局不动产登记便民服务。梅县区发放不动产权登记证书2.39万本、证明1.67万本，林权不动产权证33本、不动产证明57本，服务查询档案17.59万份。积极开展“不动产登记+民生服务”，实现不动产登记与水、电、气过户一并申请的“集中办”模式；联合市登记中心推出同城跨区域办理转移登记业务；实现二手房转移登记的网签、税务和登记一窗受理；全力做好化解历史遗留问题工作；不断优化营商环境，推行告知承诺制和容缺受理。梅县区“房地一体”农村不动产登记工作共有19个乡镇（含新城街道办、扶大高新区、梅南林场），367个行政村；全覆盖调查临时性建筑物4.98万宗（除简易房、棚房、农具房、圈舍、厕所、国有土地等），完成应调范围内建筑物100%，权属调查完成率100%，房地测量完成率100%，权籍调查成果公示完成村为367个行政村，占总任务量（村）的100%，权籍调查成果公示完成量为20.21万宗，占总任务量（宗）的100%，按上级要求，通过市级验收、省级地图院验收、省技术中心验收。“房地一体”应登记发证数为3.51万宗，至2022年底，其中历史上纯宅基地仅发证数1.34万宗，其中“房地一体”发证数1255宗，占42.84%。

【信访和土地权属纠纷调处】 2022年，梅州市自然资源局梅县分局受理各类信访件125宗，其中反映农村三乱7宗、不动产方面94宗、土地利用方面8宗、矿产资源方面5宗、土地规划方面11宗，受理信访件已按规定期限全部办结，办结率100%。做好政务信息公开工作，全年回复依申请公开事项18宗。对各类信访件，均做到件件有落实，帖帖有回复，宗宗有反馈。做好群众向省厅和市、县信访办反映的有关土地权属纠纷问题处理、复核和答复工作。

2022 年 6 月 17 日，梅州市自然资源局梅县分局分 6 个工作组 72 人次到各镇督查落实 116 处地质灾害隐患点巡查排查工作，处置有安全隐患的地质灾害隐患点 11 处

【地质灾害防治】 2022 年，市自然资源局梅县分局在 2022 年“龙舟水”强降雨期间，分 6 个工作组 72 人次到各镇督查落实 116 处地质灾害隐患点巡查排查工作，处置有安全隐患的地质灾害隐患点 11 处，动员相关人员撤离。督促镇、村三级群测群防员出动巡查 4288 人次，巡查排查地质灾害隐患点 275 处，发放明白卡 453 份，动员转移人数 244 人。地质灾害治理。做好 1 处大型地质灾害隐患点治理工作，即松口镇蓬下村俄公组滑坡地质灾害隐患点详细勘查工作。积极推进省厅部署 2022 年 55 处中小型地质灾害隐患点整治任务。完成 54 处，还有 1 处在协调综合治理。梅县区 2022 年省下达资金 77 万元，支付 77 万元，支付率 100%。

【地价评估及土地使用权交易】 地价评估：2022 年完成梅县区 2021 年城镇国有建设用地标定地价更新项目工作，经请示梅州市梅县区人民政府批准后于 2022 年 7 月 8 日公布施行。梅县区集体农用地基准地价制定项目成果经请示梅州市梅县区人民政府批准后于 2022 年 4 月 22 日公布施行。组织土地使用权价格评估工作 23 宗，面积 86.92 公顷，土地资产 4.8 亿元。个人补办出让评估 31 宗，收取的出让金 246.69 万元。土地使用权交易：2022 年通过梅州市公共资源交易中心成功拍卖土地 9 宗，总面积 72.88 公顷，总金额 4.14 亿元，流拍 4 宗。

【土地变更调查与遥感监测】 2022 年，梅州市自然资源局梅县分局完成 2021 年土地变更调查与遥感监测下发 2 批数据共 2930 个图斑 848.9 公顷核查上报工作。并按时保质保量做好土地利用现状核对和上报工作。同时完成 2022 年各个批次建设用地报批所需地类面积数据核算、相关图件制作和资料报送；矿场企业年审、卫片检查、规划修编等工作所需地类面积和图件制作等工作。完成全区各乡镇设施农用地审批、用地预审、用地规划调整等所需土地利用现状图 280 宗，面积 303 公顷。

【测绘管理】 2022 年，梅州市自然资源局梅县分局完成土地测绘业务 17 宗，面积约 0.3 平方千米；放线 8 宗；完成 8 批次启动公告业务，共 12 宗，用地面积约 1 平方千米；完成 6 批次报批业务，共 6 宗，用地面积约 1 平方千米；完成用地报批、违法用地查处、设施农用地审批及不动产登记等制图业务 545 多宗。

【档案管理服务】 2022 年，梅州市自然资源局梅县分局各类档案归档 1.79 万卷。其中，划拨国有使用权补办出让审批表〔2021〕49 卷、党建资料〔2020〕归档 85 卷，文书档案〔2020〕802 卷，不动产类 1.7 万卷。认真做好档案的借阅登记工作，严格执行档案借阅制度，提供利用服务 18.19 万多次，定期开展档案安全和涉密检查，做到专机专用。

【地理信息管理】 2022 年，梅州市自然资源局梅县分局积极配合各单位各部门工作任务，提供数字梅县数据链接服务，为各项管理工作提供参考。更新完善政府网站涉及自然资源数据，做到发布真实、及时。至 2022 年底，共发布信息 453 条，其中向区人民政府门户网站报送自然资源的工作动态 33 条；部门文件 457 条。切实做好政府政务网站内容要求的保障工作，发布重点领域信息公开 62 条、住宅用地信息公开 5 条、部门预决算与三公经费预决算 2 条。

2022 年底梅州市自然资源局梅县分局

局　长：李志兴

（供稿：刘钦炜）

统　计

【经济运行形势监测】　2022 年，梅州市梅县区统计局（简称区统计局）深入贯彻落实中共二十大精神，认真落实“疫情要防住、经济要稳住、发展要安全”的重要要求，按照党中央、国务院决策部署和省市工作安排，踔厉奋发担使命，比学赶超促发展，实现疫情防控大战全胜、经济发展后劲增强。根据梅州市地区生产总值统一核算结果，2022 年全区实现地区生产总值 238.26 亿元，同比增长 0.1%。其中，第一产业增加值 59.96 亿元，同比增长 4.3%；第二产业增加值 78.62 亿元，同比下降 4.7%；第三产业增加值 99.68 亿元，同比增长 1.4%。三次产业结构比为：25.2∶33.0∶41.8。公共财政一般预算收入完成 13.23 亿元，同比下降 19.2%。一般公共预算支出完成 63.94 亿元，同比增长 13.8%。居民消费价格比上年上涨 1.8%，商品零售价格指数比上年上涨 3.4%。城镇新增就业 2606 人；失业人员再就业人数 1647 人；就业困难人员实现就业人数 173 人，城镇登记失业率 2.57%。7 家民办养老院拥有备案床位 722 张，服务对象人数 147 人。20 家敬老院拥有床位 583 张，入院人数 312 人。城镇、农村低保标准分别由 800 元、551 元提高到 828 元、580 元；城镇、农村低保补差水平分别从每月 632 元、312 元提高到 664 元、334 元；城镇、农村特困供养标准分别从每人每月 1280 元、882 元提高到每人每月 1325 元、950 元；孤儿基本生活最低养育标准分散供养水平从每人每月 1227 元提高到 1313 元。困难残疾人生活补贴、重度残疾人护理补贴标准，分别从每人每月 181 元、243 元提高到 188 元、252 元。通过专项治理，共清退 226 户 500 人、新增低保 176 户 333 人。至 2022 年底，共有低保户 5739 户 1.07 万人。

【联网直报】　2022 年，区统计局全区统计联网直报企业总数为 352 家，与上年同期相比增加 14 家，同比增长 4.1%。其中，规模以上工业企业 100 家，增加 4 家，同比增长 4.2%；限额以上批发零售业企业 66 家，增加 5 家，同比增长 8.2%；限额以上住宿餐饮业企业 11 家，减少 2 家，同比下降 15.4%；规模以上服务业企业 25 家，增加 3 家，同比增加 13.6%；资质等级建筑业企业 60 家，增加 5 家，同比增长 9%；房地产开发企业 90 家，减少 1 家，同比下降 1.1%。

【基层建设】　2022 年，区统计局持续抓好统计基层基础建设。按照《广东省统计局加强基层统计“7 个一”规范化建设方案》要求，制定印发《梅州市梅县区统计局关于印发“7 个一”规范化建设责任分工的通知》，坚持主要领导亲自抓，分管领导全程抓，各股室负责人具体抓的工作机制，对照规范化建设验收标准，围绕重点，查找不足、落实措施、有序推进，着力解决基层统计工作中存在的薄弱环节和突出问题，加快构建现代化统计调查体系，2022 年完成创建县级统计局统计规范化建设达标单位、2 个镇级统计规范化建设先进单位以及 1 个达标单位。全区一盘棋统筹开展统计大培训。加强对企业统计人员的培训和业务指导，举办农业、工业、服务业、能源、投资、建筑业、房地产业等专业基层统计人员业务培训，不断提高基层报表单位统计人员的业务素质。统计业务培训实现统计部门、区相关职能部门、乡镇、调查单位全覆盖，2022 年培训 800 多人次。

【统计服务】　2022 年，区统计局以强化服务意识为抓手，持续提升统计服务能力。“比学赶超”项目进展。强化经济运行监测预警，做到经济运行一月一研判，抓好名录库建设，及时更新维护基本单位名录库，培育联网直报企业工业 5 家、贸易 2 家及 2 个乡镇为统计“双基”建设示范单位。同时，针对重点指标如农林牧渔业总产值、规模以上工业增加值、社会消费品零售总额、房地产销售面积、建筑业总产值、服务业营业收入、工资总额、固定资产投资等重要指标，开展季度及月份动态监测预警工作，在监测分析中注重深度、占比、趋势及运行质量。坚持落实各股室专业人员每月深入 3—5 家企业开展调研，了解情况，发现问题，分析原因，作出研判和预测，帮助基层和企业解决问题。发挥参谋作用。紧紧围绕区委、区政府的中心工作，密切关注梅县区经济运行中的热点难点问题，全年撰写统计分析 26 篇，按时编印和发送《统计监测月报》，及时主动为区领导提供主要经济数据分析报告。

统计信息公开。每月公开发布全区经济主要指标运行情况，发布年度统计公报，编印统计年鉴，认真做好本单位公开信息资料的采集，及时更新、维护梅县区政府网站责任栏目内容，及时为社会各界提供统计信息资料。

【专项调查统计】 2022年，区统计局稳步推进城乡一体化住户调查统计工作，准确反映全区居民收支水平、结构、增长速度，收入分配格局以及政策对民居生活状况的影响。同时严格按照上级统计调查部门的要求，从2022年下半年开始着手城乡一体化住户调查大样本轮换工作，并于12月1日前，全面完成新一轮的住户调查工作样本轮换工作。高质量完成人口变动情况抽样调查和劳动力抽样调查、规模以下工业企业抽样调查、工业企业成本费用抽样调查、农作物遥感测量和对地调查样方调查、主要畜禽监测调查、早晚水稻实割实测调查、规下服务业抽样调查、限下贸易业抽样调查等国家、省、市、区布置的常规统计调查和各项专项调查。

【统计法治】 2022年，区统计局以强化统计宣传执法为抓手，持续提升法治能力。推进中央《关于更加有效发挥统计监督职能作用的意见》的学习和贯彻落实工作，聚焦纠治“数字上的腐败”，实现统计监督与其他监督贯通协调，全面提升统计监督效能，更加有效发挥统计监督职能作用。统计执法监督工作。认真组织开展“双随机、一公开”统计执法检查、联网直报企业数据专项检查、一套表调查单位专项检查等，2022年执法检查“四上”企业40家，营造坚决防惩统计造假弄虚作假的良好氛围。组织全体干部职工学习《法治政府建设实施纲要》《广东省法治政府建设实施纲要》两个“纲要”，通过学法考试平台学习并参加法律法规考试；编印《统计法律法规规章汇编》下发区直单位、乡镇及统计调查对象，加强统计法制宣传，认真做好统计“七五”普法工作，积极参加区委区政府组织的“12·4”国家宪法日大型咨询活动，为广大市民、群众释疑解惑。

2022年底梅县区统计局
局　长：李文杰

（供稿：黄伟雄）

审　计

【概述】 2022年，梅州市梅县区审计局（简称区审计局）在区委区政府的坚强领导和上级审计机关指导下，紧紧围绕党中央、国务院重大决策部署和梅县区中心工作，全区审计工作有新的提高。2022年区本级审计共查出问题268个，查出违规金额6371.62万元，管理不规范金额14.26亿元，节约财政资金和减少损失浪费1549万元，促补缴各类税款金743.68万元，审计移送2件，出具《审计专报》2份，出具《审计决定》2份，审计建议39条。

【财政管理审计】 2022年，区审计局根据上级审计机关安排对梅县区2021年度财政资金审批制度建立健全和执行、预算管理和决算草案编制、支出预算执行和相关政策落实及预算绩效、风险防范等情况审计，并同时开展基层“三保”审计、专项债券资金审计2个专题审计。区级财政审计共查出问题32个，查出违规金额6300多万元，管理不规范金额13.12亿元。重点指出了国库存款余额低于存量资金规模、使用盘活收回存量资金不合规或未及时清理盘活、部分支出年初预算编制不科学、部分专项资金拨付不及时或扩大支出范围、部分专项资金绩效不达标、债券资金使用效率不高等问题，并向区委、区政府报送审计发现其他问题及政府债券资金使用情况专报，分析原因，有针对性提出债券资金管理使用意见。

【部门预算审计全覆盖】 2022年，区审计局组织对全区76个一级预算单位2021度部门预算执行情况进行全覆盖审计。部门预算审计全覆盖共查出问题50个，管理不规范金额1699余万元；提出审计建议5条。审计发现区级部门单位在预算编制执行和资金管理方面仍存在部分项目预算编制不够准确或执行率低、无预算或超预算支出部分经费、违规发放津补贴、非税收入未严格执行“收支两条线”制度等问题。

【民生项目审计】 2022年，区审计局组织对梅县区2019年困难群众基本生活保障政策落实情况进行审计，审计结果表明，相关部门能落实困难群众基本生活保障政策，努力保障低保户、特困人员、孤儿等群体，较好保障困难群众基本生活和减轻群众负担。通过审计指出民政等相关部门未牵头制定具体临时救助对象认定办法和流浪乞讨人员救助资金发放管理实施细则、11个事实无人抚养儿童和1名艾滋病病毒感染儿童未及时纳入保障范围、向17名已死亡人员发放补助、12名事实无人抚养儿童和低保人员困难群众救助资金未足额发放等问题。组织对梅县区疫苗流通和预防接种安全情况进行专项审计调查，重点关注疫苗流通和预防接种总体政策保障情况、疫苗流通和保存管理情况、疫苗预防接种管理情况等，指出非免疫规划疫苗储存运输收费收入未上缴同级国库、报废疫苗仍未销毁等问题。

【经济责任审计】 2022年，区审计局组织对水车镇原党委书记和原镇长任期履行经济责任情况离任审计及自然资源资产离任审计、区融媒体中心主任任期履行经济责任情况审计、石扇镇党委政府主要负责人经济责任异地交叉审计等。重点关注审计“三公”经费使用、工程项目招投标及建设程序、专项资金使用、乡村振兴等方面，审计指出套取公务车车牌号违规使用加油卡、施工单位投标时提供虚假承诺、项目未批先建、多计工程价款或税费、自然资源保护不到位等问题。

【重点项目跟踪审计调查】 2022年，区审计局按照区领导部署，经区政府授权，迅速跟进东部快线和西部旅游快线审计调查工作，重点审计项目立项、征地拆迁、工程管理等方面可能存在的问题，该项审计项目仍在有序推进中。

【国有资源资产审计调查】 2022年，区审计局联合市审计组对梅县区矿产、水资源、森林资源进行审计，指出区水务部门未严格执行取水许可证审批、超限额取水、无取水证但有取水行为、未充分利用可采砂资源等问题。

【专项审计工作】 2022年，区审计局积极参与配合审计署、省审计厅、市审计局交办开展的审计工作，持续对社会影响大、群众关注度高的重大项目进行专项或跟踪专项审计工作，包括开展全区疫苗流通和预防接种安全情况专项审计；开展中央直达资金政策落实情况跟踪审计；组织开展重点建设项目审计；对蕉岭县三圳镇党委政府主要负责人的异地交叉审计工作；支持市场主体应对疫情纾困发展政策落实情况专项审计；省重点项目推进情况审计；梅州市2021年困难群众救助补助资金专项审计等。

【抓好审计整改工作】 2022年，区审计局重点做好省审计厅对梅县区农村人居环境整治审计和整改工作。《广东省2021年农村人居环境整治相关政策和资金审计报告》指出梅县区在农村改厕、农村生活垃圾治理、农村生活污水处理、畜禽粪污治理、其他农村人居环境整治项目、资金管理使用六大方面存在的22个问题，至2022年底，完成整改15个。同时，上一审计年度，区审计机关已督促完成整改问题147项，整改到位率85.47%，被审计单位上缴财政资金5679.71万元，归还原渠道资金1181.19万元，促进资金拨付5.12亿元，调账处理金额5082.43万元，推动建章立制6项。

2022年底梅县区审计局
局　长：李晓斌

（供稿：办公室）

工　业

科工商务

【概述】 2022年，梅州市梅县区科工商务局（简称区科工商务局）紧紧围绕中央经济工作会议和省、市经济工作部署，全区经济社会实现稳健发展。至2022年底，全区规模以上工业企业实现工业总产值190.46亿元，同比下降1.5%（可比价）；实现规模以上工业增加值53.09亿元，同比下降5.4%；2022年完成工业投资24.68亿元，同比增长18.1%，其中技改投资14.74亿元，同比增长29.2%；全区实现社会消费品零售总额145.05亿元，同比下降2.9%；全区电商线上交易额83.76亿元，同比增长23.9%；完成进出口总额26.19亿元，同比减少19.6%。

【支柱产业】 2022年，梅县区规上工业按行业划分为六大支柱产业：电力生产业、电子信息新材料、装备制造、建材、医药及医疗设备制造、电力供应业。2022年，六大行业实现产值164.88亿元，占全区规模以上工业总产值的86.57%。电力生产业：实现工业总产值40.15亿元，同比下降21.5%，占规上工业总产值的21.08%。全区电力生产企业有2家，其中1家火力发电企业，1家水力发电企业。亿元以上企业有广东宝丽华电力有限公司。电子信息新材料产业：2022年实现工业总产值61.59亿元，同比增长 12.9%，占规上工业总产值的 32.34%。全区电子信息新材料产业规模以上企业有12家。亿元以上企业有广东超华科技股份有限公司、广东嘉元科技有限公司、梅州超华电子绝缘材料有限公司、梅州市量能新能源科技有限公司。装备制造产业：实现工业总产值 30.98 亿元，同比下降 23.1%，占规上工业总产值的 16.27%。全区装备制造产业规模以上企业有 21 家。亿元以上企业是 BPW（梅州）车轴有限公司、梅州市盛富金属制品有限公司、卡莱（梅州）橡胶制品有限公司、梅州宏原汽车配件有限公司、广东安闻汽车零部件有限公司。建材产业：实现工业总产值 11.99 亿元，同比下降 38.1%，占规上工业总产值的 6.3%。全区建材产业规模以上企业有 23 家。亿元以上企业只有梅州市梅县区嘉鼎水泥有限公司。医药及医疗设备制造业：实现工业总产值 3.61 亿元，同比下降 19.9%，占规上工业总产值的 1.9%。全区医药及医疗设备制造业规模以上企业有 3 家。亿元以上企业有广东科伦药业有限公司、梅州康立高科技有限公司。电力供应业：新列入支柱产业，2022 年，实现工业产值 16.55 亿元，占规上工业总产值的 8.69%。全区电力供应业规模以上企业只有 1 家。亿元以上企业是广东宝新能源电力销售有限公司。

【中小企业发展】 2022 年，梅县区“小升规”培育库企业有 26 家，区属上规企业 13 家（未含园区 2 家）：华鑫环保科技、华润毅嘉、庆达科技、振声乳胶制品、国锋建筑材料、明宇新材料、丰瑞建材、安益建材、欣桐科技、凯曼科技、玉塑管道、新艺工艺、丙村水电，超额完成市下达的 11 家任务。有专精特新企业 3 家（嘉元科技、翔龙科技、特变电气），全年推荐申报省专精特新中小企业 12 家，认定省专精特新中小企业 11 家（超华科技、盛富金属、康立高科技、自远环保、雄辉实业、福德金属、航鑫科技、鸿荣重工、绿园环保、伟友耐磨、科华环境）。

【工业建设】 2022 年，梅县区（含梅州高新区）已备案入笼工业投资（含技改投资）项目共 80 项，1—12 月新增工业投资项目（含技改投资）17 项，结转 2021 年工业投资（含技改投资）项目共 50 项（含技改投资项目 21 项），项目投资额都偏小，部分项目完工周期较长，因供地等各种因素，部分结转项目进度偏慢、畲江园区工业投资、技改投资乏力等因素将影响技改投资的增速。

【信息化建设】 2022 年，区科工商务局围绕省、市工信部门工作部署，抢抓新基建政策机遇，加快推动 5G 网络建设。2022 年全区新增 5G 基站 376 座，5G 基站数累计达到 820 座。梅县移动投资 1.5 亿元建设的《梅州移动第三通信机楼项目》，项目建成后，主要承担业务为通信数据调度、为企事业单位提供 IDC 机架服务。至 2022 年底，项目完成主体结构、土建装修等施工，完成规划核实，消防验收，住建局竣工验收，大楼主体验收。完成外电施工。签订机电施工合同，机电项目进场施工完成 50%，跟进机架设计、招标等事宜。

【技术改造升级】 2022 年，梅县区实施技术改造规上工业企业 17 家，共备案技改项目 18 个，项目总投资 3.27 亿元，固定资产投资 2.72 亿元。2022 年获得财政资金情况：根据市工信局《关于组织申报梅州市 2023 年先进制造业发展专项资金（普惠性制造业投资奖励）测算项目的通知》梅工信技术〔2022〕14 号文件精神，组织申报“广东嘉元科技股份有限公司年产 9000 吨高性能铜箔技术改造项目”和“嘉元科技园新增年产 1.6 万吨高性能铜箔技术改造项目”2 个项目。从 2021 年 7 月 1 日至 12 月 31 日，共计纳入统计新增固定资产投资额 1.96 亿元。按照《广东省工业和信息化厅关于组织实施 2023 年先进制造业发展专项资金（普惠性制造业投资奖励）的函》（粤工信技改函〔2022〕4 号）文件精神，获得省工信厅对地级以上市政府予以事后奖励资金 391.6 万元。做好 2023 年省级普惠性制造业投资奖励支持项目入库工作。按省相关文件要求，梅县区以设备事后奖励方式组织广东嘉元科技股份有限公司《新型高强极薄锂电铜箔研发及其他关键技术研发项目》申报梅州市 2023 年省级先进制造业发展专项资金（普惠性制造业投资奖励）支持项目入库，该项目通过验收，获得省级普惠性制造业投资奖励资金 391.6 万元。根据（梅工信技术〔2022〕19 号）《关于组织梅州市 2023 年省级先进制造业发展专项资金（企业技术改造）项目入选项目库的通知》和（粤工信技改函〔2022〕5 号）《广东省工业和信息化厅关于组织 2023 年广东省先进制造业发展

2022 年 11 月，BPW（梅州）车轴生产厂房
车轴公司产品

专项资金（企业技术改造）项目入选项目库的通知》文件精神，区科工商务局组织 BPW（梅州）车轴公司等 7 家企业的项目申报 2023 年省级先进制造业发展专项资金（企业技术改造）项目入选项目库，7 个项目通过完工评价验收，有 5 个项目获得省级财政资金共 3642.22 万元。

【招商引资】 2022 年，区科工商务局推进重大项目、重点项目的落实。为加快融入广东“双十”战略性产业集群和“强芯工程”，落实市第八次党代会提出培育百亿级龙头企业、打造千亿级产业集群、建设高端印制电路板生产基地和铜箔新材料产业园的工作部署，打造梅县区全国领先的铜箔制造基地。嘉元时代年产 10 万吨高性能电解铜箔项目。积极推进广东嘉元时代新能源材料有限公司投资 81 亿元、年产 10 万吨高性能电解铜箔项目落地建设。成立“梅县区推进年产 10 万吨高端锂电铜箔项目建设工作小组”，由区委、区政府主要领导挂帅，下设办公室，设立四个小组，实行“挂图作战”，项目用地 54.4 公顷，于 2022 年 5 月下旬动工建设。超华科技年产 600 万张高端芯板技术升级改造项目。积极推进广东超华科技股份有限公司投资 4.5 亿元、年产 600 万张高端芯板项目，于 2022 年 2 月上旬动工建设（采取以函代证方式），项目用地 9.87 公顷。签约项目的落地。梅县区一手抓引进项目，一手抓增资扩产，在外出招商因疫情影响的情况下，重点抓好签约项目的落地和现有企业的增资扩产。梅州市盛富金属制品有限公司南口金属家具产业园四期冲压拉丝、梅州市梅县区嘉涛电子有限公司电子、广东昊龙汽车制造有限公司润龙汽车配件、广东欣桐科技股份有限公司产业园二期智能小家电等一批项目，有序推进。项目洽谈与引进。努力克服疫情影响，在做好抗疫工作的同时，积极做好项目洽谈、企业服务等工作。加快推动国家能源集团储能、俊诚新能源汽车城、南网科技公司等项目对接，争取尽快签约落地。

【招商情况】 2022 年，梅县区引进项目 11 个，计划总投资 90.33 亿元，其中，纳入市考核范围项目 7 个，计划总投资 89.84 亿元，超额完成全年 70 亿元的招商任务；2022 年实际投入资金 16 亿元，超额完成实际投入 14 亿元的任务目标。

【安全生产】 2022 年，区科工商务局做好广东省四〇一厂有限公司、梅州市兆安民爆专卖有限公司梅县分公司等民爆生产销售企业的日常监管。2022 年 9 月 6 日，联合梅县区应急管理局、梅州市梅县区公安分局、梅州市自然资源局梅县分局、梅州市消防支队梅县区大队、交通运输局、气象局，城东镇人民政府在广东省四〇一厂有限公司开展 2022 年度民爆生产销售行业安全隐患联合执法行动。9 月 22 日，联合梅县区应急管理局、梅州市梅县区公安分局、梅州市自然资源局梅县分局、梅州市消防支队梅县区大队、区交通运输局、区气象局、城东镇人民政府在梅州市兆安民爆专卖有限公司梅县分公司开展 2022 年度民爆生产销售行业安全隐患联合执法行动。做好 2022 年“安全生产月”和“119”消防安全宣传月活动，大力普及安全生产法律法规和消防安全知识；督促指导各相关企业专门以开设专题、设置专栏、张贴挂图等形式开展安全生产宣传教育活动。督促民爆生产销售企业进行应急演练及贯彻落实“一线三排”工作机制，深化安全隐患排查治理，坚决遏制重特大事故发生。

【工业节能】 2022 年，区科工商务局积极推动工业领域碳达峰和碳中和工作。指导、督促列入梅州市 2022 年计划实施清洁生产审核企业名单的有关企业严格按照国家和省规定的审核程序和有关要求开展清洁生产。全区有广东宝丽华电力有限公司梅县荷树园电厂、梅州市梅县区泰山建材有限公司、梅州市梅县区金辉建材有限公司三家企业通过清洁生产审核验收工作。宣传引导及培训。广泛宣传国家关于节能减排的法规政策，组织重点用能企业围绕节能宣传周及低碳日活动的主题，通过悬挂节能宣传横幅，利用黑板报、宣传栏等形式多样的宣传工具认真开展节能宣传活动。组织节能诊断服务机构相关人员、重点耗能企业能源管理人员参加省工信厅 2022 年开展的“节能服务进企业”高效节能电机推广应用线上培训；组织有关企业，会同园区办发动企业参加节能诊断工作，做好节能诊断服务与清洁生产宣传和审核，节能服务进企业、节能技术装备推广、工业节能监察、能效贯标对标、能效领跑者遴选、绿色工厂创建等工作协同配合重点帮助企业发掘节能潜力，促进企业实施节能改造，促进降本增效，鼓励节能诊断服务机构给企业提供精准有效的节能诊断服务。配合发改部门对 11 家水泥企业开展水泥高耗能行业能耗限额专项监察。

【商流贸易】 2022 年，区科工商务局认真贯彻落实中央和省统筹推进疫情防控和经济社会发展的工作部署，积极应对新冠肺炎疫情影响，着力稳定居民消费，加大力度推进促消费工作。促进传统消费。发放消费券。市政府筹措财政资金 1000 万元，以发放消费券的形式，刺激零售、餐饮、文旅三大板块消费，其中，梅州市喜多多超市有限公司系统优惠券使用金额 249 万元，带动销售 1355.6 万元，占比 37.2%，进一步激发市场消费活力。扩大汽车消费。组织奥迪、宝马、丰田等汽车流通企业参加“2022 年梅州端午惠民补贴购车节”，充分让利于民，提振消费信心，激发消费活力，促进汽车消费市场加快复苏。激活餐饮消费。鼓励和支持客家菜企业跨地区开设直营连锁店、加盟连锁店、逐步培育跨区域、全国性的客家菜连锁示范企业。提升商圈消费。发挥老字号老品牌企业在稳增长、促消费、惠民生中的积极作用，不断提升老字号的文化特产、产品质量、品牌信誉和竞争能力，努力把老字号企业打造成推动梅县区经济高质量发展的“金字招牌”。全区成功申报老字号企业 2 家（广东莲泉酒业有限公司、梅县区白渡镇生利德盛老牌牛肉干脯厂）。积极开创客家预制菜发展“新局面”，加快推动梅县区客家预制菜产业发展，到梅州市客迁预制菜加工厂调研，详细了解预制菜的生产和研发过程。鼓励喜多多超市推进城市一刻钟便民生活圈建设，不断扩大镇村电商服务站点覆盖面，为百姓消费提供快捷与便利的服务。至 2022 年底，喜多多在全市设立门店 26 家、“绿山鲜果园”2 家、“乐享便利店”36 家。拓展农村消费。完善农村商业体系。积极开展国家县域商业建设行动申报工作，加快农村商业体系建设。组织梅县区供销联社、梅县区邮政局、梅州市喜多多连锁超市有限公司申报“广东供销梅州梅县放心农产品区域配送中心、邮政县级快递物流共配中心、邮政乡镇快递物流共配中心及升级改造喜多多超市华侨城广场店”项目。推动农贸市场升级改造。配合相关职能部门改造升级 17 家农贸市场，促进农村消费稳定增长。壮大市场主体。建立企业培育对象库，发展壮大限上商贸企业队伍，扶持商贸流通企业做大做强，加强重点企业供需对接和保通保畅。围绕 2022 年全区社会消费品零售总额增长 7%以上的目标，结合梅县区实际，区科工商务局会同区统计局实地走访了解近限企业情况，摸清近限企业底数，建立限上企业培养对象库，确保做到应统尽统。营造良好消费环境。加强宣传促销。开展促消费活动。5 月，开展 2022 年广东促消费“家 520”暨梅州购物节之为爱置家活动。9 月 1 日，开展 2022 梅州市促消费·稳经济秋季购物节暨《梅州广电家装季》活动；9 月 6 日至 12 日，开展以“拉动客都消费·喜迎双节惠民”为主题的“家电消费季”活动，采取线上宣传和线下引流的形式，刺激家电、数码消费市场。10 月，全面推进家电以旧换新工作，按照上级文件要求，积极组织符合条件的企业参加家电“以旧换新”活动。加大宣传力度。加强对促进消费工作的舆论引导工作，通过区级媒体、微信公众号、广播电视等方式，加大宣传工作力度，提升影响力和宣传覆盖面。营造放心消费环境。2022 年广东促消费“家 520”暨梅州购物节之为爱置家活动现场举办“商家诚信经营签名”活动，动员全社会共同维护良好的市场经营秩序，共有 60 多家企业签名承诺“不销售假冒伪劣、失效变质等不合格商品”，营造诚信、公平、安全、放心的消费环境。紧紧围绕“让群众满意”这一办理宗旨，结合工作实际，狠抓办理实效，对市民政府热线“12345”反映的问题，2022年处理美容、汽车等消费者维权共75宗。开展好餐饮行业可燃气体浓度报警装置安装工作。全区使用可燃气体的1421家餐饮服务场所，其中，使用液化气1278家，使用天然气143家，安装报警装置有1365家，使用天然气餐饮服务场所需整改安装报警装置23家（其中，1家安装不规范，11家装置与用途不匹配，11家未安装报警装置），安装率为98.38%。

【对外经济贸易】 2022年，梅县区批准外商投资项目4个，合同外资金额766.71万美元，实际利用外资168万美元。完成进出口总额4.05亿美元，同比减少20%。其中，出口总额2.53亿美元，同比减少4%，进口总额1.52亿美元，同比减少37%。搭建平台，积极推动企业“走出去”。组织20多家外贸企业参加网上（下）广交会、德国等境内外展览会。

【电子商务】 2022年，区科工商务局积极培育电商产业，依托区一镇一村为架构的梅县区电子商务产业布局，助力农村电子商务进一步发展，不断推进跨境电商业务。至2022年底，全区电商线上交易额86亿元，同比增长约3%。做好农电商企业经营、物流、冷链等有关情况调研。推荐企业参与有关平台活动，推荐7家企业申报入库商务部“中华品牌行”。做好疫情防控，协助部分企业参与享受商务部纾困政策。做好商务部主导的“2022全国网上年货节”（主要报名企业成交额达875.87万元，同比增长85%）、跨境“出海网”及各类海内外、线上线下展览会，助力企业快速融入新业态新经济。如“粤贸全球”、CCEE全球跨境电商跨境展览会、第二届广东跨境电商综试区发展高峰论坛暨ICBE国际跨境电商交易博览会、“粤贸全国”、2022粤港澳大湾区服务贸易大会、2022中国国际服务贸易大会、第八届武汉国际电子商务暨“互联网+”产业博览会、第五届中国国际进口博览会等系列相关展会。受疫情影响，企业参展率40%左右。推动电商新业态发展直播经济。2022年开展直播超过1600多场，其中跨境直播超过500场。做好电商板块企业中央服务业发展项目验收、申报工作。协同市商务局对2020年电商板块农商互联完善农产品供应链2个项目进行验收并顺利通过：广东天草实业有限公司的天草实业发展生鲜农产品冷链物流设施项目、梅州市梅县区梅松柚果专业合作社的松源镇柚果“田间地头”商品化处理中心建设项目。

2022年底梅县区科工商务局
局　长：陈天新

（供稿：李晓莹）

产业转移工业园

【概述】 2022年，广州增城区（梅县区）产业转移工业园管理委员会（简称区产业转移工业园管委会）在区委、区政府的正确领导下及区相关单位的支持关心下，紧跟省、市、区党代会目标任务和发展实体经济部署要求，以更加务实举措筑平台、攻项目、强服务，推动梅县工业园提质增效步伐加快，较好完成上级下达的各项年度任务。2022年园区完成工业总产值80.43亿元，同比增长9.12%；固定资产投资29.58亿元（其中工业固投19.2亿元，比上年增长82.64%）；规上工业增加值21.36亿元，比上年增长3.7%；实现税收（全口径）5.39亿元，比上年增长21.4%。

【基础设施建设】 2022年，区产业转移工业园管委会积极申报获得地方政府专项债券、对口帮扶资金等5.35亿元，用于推动园区市政道路、管网、供电、供水、环保等基础设施日趋完备。白渡园区沙坪污水处理站建成投入使用，园区配套的自来水厂、瓜洲110千伏变电站以及上坑110千伏接入系统工程和污水管网等工程加快推进，园区承载力、吸引力有效提升。积极抢抓省、市推动园区高质量发展契机，以城东白渡园区为主阵地，集中力量、全速申报创建省级铜箔特色产业园和省产业园“双园”，并成功申报省新一代电子信息（电子专用材料制造）特色产业园。推动成立城东白渡园区用地收储工作小组，在完成梅州坑、沙坪等133.33公顷土地开发建设的基础上，加快推进城东葵下、上坑等约100公顷土地收储。坚持“亩均效益”导向，积极鼓励嘉元科技沙坪厂区1.5万吨扩产至3.1万吨、超华科技高端芯板项目从600万张增加到1000万张等。

【招商引资】 2022年，区产业转移工业园管委会坚持“政策惠企”，积极贯彻产业集聚地招商优惠办

2022 年，白渡园区概貌

法、平整土地费用补贴办法等系列扶持政策，落实企业奖补资金约 1200 万元。同时，借力区领导挂点联系、并联审批专班等，牵头制定并推动出台集聚地工业项目“带方案出让、摘地即开工”多部门联动工作方案，助力工业项目落地建设实现“加速跑”。此外，还成立园区产业服务工作小组和“1+1+N”项目服务工作专班，从企业注册登记、土地交付、工程施工到生产经营，全力保障嘉元时代 10 万吨铜箔、超华科技年产 600 万张高端芯板、润龙汽车半挂车生产基地等项目建设，BPW（梅州）车轴八期、嘉元科技沙坪 3.1 万吨高性能铜箔、福德金属二期、盛富金属三期等 10 个项目顺利投产。至 2022 年底，梅县集聚地入园企业有 86 家。其中，投产企业 69 家中，规模以上工业企业 29 家。

【推动“区港联动”】 2022 年，区产业转移工业园管委会根据区委、区政府工作要求，在推动梅州综合保税区一期验收的基础上，积极对接区有关职能部门，协助将二区配套基础设施和厂房建设项目纳入发改重大项目库，编制可行性研究报告申报债券资金，为启动综保区二区建设奠定一定基础。积极争取高新区支持，推进综保区污水处理厂建设工作，进一步完善综保区运营条件。同步推进国际无水港建设，主动沟通协调推进兴宁范围用地征拆、管线迁改、进港道路建设等工作，国际无水港于 2022 年底建成，有力助推综合保税区和国际无水港“区港联动”发展。

2022 年底广州增城市（梅县区）产业转移工业园管理委员会
主　任：曾　辉

（供稿：杨文宇）

梅州综合保税区

【概述】 梅州综合保税区管理委员会于 2020 年 6 月 28 日获国务院批复设立，是广东省首个内陆型综保区、北部生态发展区首个综保区、梅州市首个国家级平台，位于梅兴华丰产业集聚带核心区——梅州高新技术产业园区，批复面积 2.53 平方千米，其中一期建设面积 1.46 平方千米（封关围网面积 1.29 平方千米），二期规划 1.07 平方千米。一期投资约 21 亿元，于 2021 年 5 月底完成建设，2021 年 12 月 2 日梅州综保区（一期）通过国家正式验收。2022 年 3 月 28 日，梅州综保区首单货物顺利通关，正式封关运行。

【招商引资】 2022 年，市区合力招商，加快引进项目。组建 4 支梅州综保区专业招商队，面向粤港澳大湾区积极对接加工贸易、跨境电商、国际贸易等类型企业，通过综保区招商队定期外出大湾区招商，积极加强与各商协会的沟通联系，“走出去”宣传推介，“引进来”考察投资。2022 年，对接大湾区企业 150 多家，推动引进适合入区项目，共引进麦威科技、润荣贸易、启隆跨境电商等新项目 10 个。加强与 6 支市级招商队沟通协作，形成市、区招商合力，积极宣传最新的综保区优惠政策，对接由梅州市招商队引荐的湾区企业代表考察团、深圳市电子商务商会及一批企业到综保区考察洽谈。同时会同梅州市商务局研究起草 2023 年梅州综保区招商工作方案，将综保区招商任务列入市级招商队招商引资工作任务，着力谋划 2023 年全年招商工作。主动考察交流，积极争取支持。为争取多方支持，拓宽招商引资项目资源，梅州综保区管委会积极加强与省商务厅、省贸促会等省级相关部门沟通联系，积极申报省级加工贸易产业转移园，主动对接广东保税区域协会、广东省网商协会、广东黄埔报关协会等行业协会，积极参与“迪拜世博会中国馆‘广东活动周’全球新兴市场跨境电商交流会”等，大力推介梅州综保区，争取相关部门及行业协会组织一批企业到综保区考察；到广州南沙综保区、东莞虎门港综保区、深圳坪山综保区、赣州综保区、赣州国际陆港、深圳盐田港国际码头等进行学习交流先进经验，主动对接中国中材集团等央企。用心用情服务，推动项目落户。为推动项目尽早落地投产，成立梅州综保区招商引资项目评审工作领导小组，制定招商引资项目评审机制方案、招商流程及项目准入办法，对招商项目在产业类别、业态创新、投资规模等经济效益和社会效益进行评估，在申请生产许可、完善生产条件等方面予以细致指导，以“母亲式”服务为企业发展、项目建设保驾护航。至2022年底，区内已落户项目19个，投资总额约5.8亿元，已投产运营项目13个，正在洽谈项目10个。推行“一企一方案”，全力服务通关。重点围绕梅州市外向型经济企业40强，引导本市外贸企业及上游供应链企业到梅州综保区开展进出口业务。利用第131届广交会梅州分团筹备会宣讲梅州综保区优惠政策，结合企业进出口产品类型、业务模式等深入分析，推行“一企一方案”，为企业提供细致指导和服务，确保企业到家门口的“口岸”开展进出口业务通关顺畅、高效，促进“区内区外”联动发展。至2022年底，共推动嘉元科技、卡莱橡胶、万宝电器、东电化广晟、平远达仕通等6家本地企业到综保区开展业务，进出口额1.32亿元。据海关统计，2022年，梅州综保区实现外贸进出口额8.19亿元。

【营商环境】 2022年，梅州综合保税区成功获批增值税一般纳税人资格试点政策。为进一步帮助区内企业更好地享受政策红利，梅州综保区管委会与税务、海关等部门形成协同推进工作机制、联席会议制度和联合监管与信息共享机制，积极争取并推动梅州综保区于3月成功获批增值税一般纳税人资格试点，为企业更好统筹利用国际国内“两个市场、两种资源”提供政策便利，共有劲越头盔、博捷酒业、嘉元供应链和欧亿国际贸易4家区内企业成功获得增值税一般纳税人资格试点资格。完成优惠政策修订。根据市政府修订全市产业政策工作部署，完成综合保税区优惠政策修订，8月，梅州市政府出台加快实体经济振兴发展若干措施，涉及综合保税区政策有“十一条”，使政策更加符合综保区发展实际，奖补方向更加精准。开展保税维修新业态。为支持区内企业开展高技术、高附加值、符合环保要求的保税维修业务，10月，梅州综保区管委会、市生态环境局、市商务局、梅州海关四部门联合印发《梅州综合保税区内企业开展维修业务监管方案》。

【基础设施建设】 2022年，梅州综合保税区优化调整综保区控制性详细规划。将原控规部分区域规划以保税加工为主调整为保税加工、保税物流并重，并优化局部道路交通组织及巡场路布局，使规划更加科学有效、切合实际。一期项目建设。投资1亿元，新建约2.2万平方米的2栋保税仓库项目，于8月动工，12月底室外排水管网全部完成，道路工程完成80%，基础工程完成90%，主体工程完成60%。推进二期建设。在全力推进一期高效封关运营的同时，加快推进二期建设各项工作。二期用地入选梅县区2022年土地成片开发方案并于11月取得省政府批复，其中二期64.67公顷林地、93.33公顷土地均取得批复。项目完成地方政府专项债券资金国家重大项目入库申报工作，增补列入2022年第三批专项债券资金需求项目，获得政策性开发性金融工具3.5亿元基金支持，并于11月30日动工建设。同步推进无水港建设。投资5.3亿元的梅州国际无水港（松棚铁路物流基地）项目于10月底进场施工以来，桥梁、路基、轨道、房建等工程全力加快推进，至12月底完成建设，交付运营后将与梅州综保区“区港联动”、协同发展。

2022年底梅州综合保税区管理委员会

书　记：温助民

（供稿：办公室）

电　力

【概述】 2022年，广东电网有限责任公司梅州梅县供电局（简称梅县供电局）在区委、区政府和梅州供电局党委的坚强领导下，坚决贯彻落实上级重大决策部署，坚定不移推进高质量发展，不断深化优质服务，全力构建新型电力系统。2022年完成供电量22.4亿千瓦时；中压客户平均停电时间6.03小时/户；农村居民端电压合格率100%；设备消缺率100%；线损率2.6%；连续2年政府公共服务满意度梅县区排名第一，第三方满意度87分。

【电力建设】 2022年，梅县供电局落实国家“十四五”电力发展规划重点项目建设，发挥属地供电局作用，确保重点项目 500 千伏闽粤互联和220千伏嘉雁线第二回工程提前投产送电。完成 500 千伏大埔电厂二期（梅县段）送出工程和 220 千伏城东输变电工程等6个前期工程选址选线，完成梅州 500 千伏五华站配套 220 千伏线路工程（畬江段）属地化塔基交付施工。贯彻梅州局党委和区委区政府要求，彻底解决困扰所里逛售村多年的独立供电区体制改革问题，实现区域规范用电秩序、电力可靠性提升和村民用上南网“放心电”。助力梅县区“叶帅故里·大美梅县”丙雁乡村振兴示范带建设电网改造工作，完成13个乡村12千米残旧低压线路更换，消除“三线搭挂”等隐患3672 处。实现巩固拓展脱贫攻坚成果同乡村振兴有效衔接，投资 28 万元建成程江镇大塘村 67.5 千瓦光伏发电站，年内发电量 7.12 万千瓦时，创造收益 3.33 万元，进一步壮大村集体收入。牢牢把握“双碳”背景下中国能源电力转型发展方向，2022 年低压光伏并网 46.45 兆瓦，中压光伏并网 31.42 兆瓦，清洁能源实现 100%消纳。增供扩销攻坚落到实处，新增中压业扩 153 单 23.68 万千伏安、低压工单 8026 单 10.09 万千瓦，切实保障高铁、东西部快线、梅畬高速扩建和广大群众用电快装快接。精准布局做优全区新能源车充电网络，完成 35 个充电桩建设项目，充分利用政策争取政府 26 万补贴资金。率先实施“暖企行动”，为 53 户中小微企业客户减免 2.1 万元滞纳金。全面实现“存量清零，不增加新拖欠”的民企账款清理目标，实现无分歧款项“动态清零”。按时完成悦一站新出 10 千伏悦嘉丙、丁线等项目建设，为梅县铜箔、装备智造等产业共建发展、做强做大注入强劲动能。加快推进网架完善项目建设，完成梅县城区 21 回线路改造，新增“2 供 1 备”馈线组 5 组，“2-1 单环网”馈线组 3 组，有效提高供电可靠性。提升科技减负成效，满足配电自动化有效覆盖线路共 147 回，覆盖率 85.47%，同比升幅 98.76%。大力推动五类改造，残旧绝缘子整改率由 50%提升至 91%。配合政府助推梅州国际无水港、东西部干线等重大项目建设，完成 39.06 千米线路路径迁改。完善中压区域网架，通过与蕉岭、城区局工作联动，实现梅县与蕉岭、梅江区跨区域电网联络，提高线路可转供能力。以样板示范强化质量意识，“松口所新建 10 千伏蓬径线 945 半径村 2#公变工程”获广东电网 2022 年度“安全、优质、文明”样板工程称号。

【安全生产】 2022 年，梅县供电局全力保障电力可靠供应，高效统筹疫情防控和经济社会发展，在确保做好自身防疫工作的前提下，采取措施支撑企业有序复工复产。面对紧张电力供应形势，结合年度生产计划与月度生产任务，科学高效开展带电作业 305 次。规范性加强需求侧管理，有效发动全区 23 家企业用户需求响应 4.6 万千瓦，牢牢守住“决不允许拉闸限电”底线。全力保障全区方舱医院建设用电。组织开展防风防汛“双盲”应急演练，不断提升应急队伍的综合素质、应急处置能力和现场作业的安全性。未接管小区供电设施故障协调模式获得梅州局推广，高质量完成专变合同重签工作，有效规避法律风险。确保社会生产复工用电无忧，优化接入方式，提前完成嘉元科技二期两条生产线接入，月用电量 2300 万千瓦时，为梅县区建设铜箔特色产业集群、打造“铜箔之都”提供强有力的电力支撑。统筹发展和安全，着力防范化解重大安全风险，未发生五级及以上电力生产安全事件，连续 6 年未发生电力人身事故。压实安全责任，强化安全过程考核，严格执行“十五条硬措施”“从严治安 20 条”，抓好人身安全风险防范，持续推进“1+4”作业风险管控机制运转。推进政企联动防山火治理，排查火灾隐患 816 处。成功抵御多轮大范围强降雨、冰冻等恶劣天气，圆满完成中共二十大、冬奥会、全国两会、中超足球等 33 项保供电工作任务。

【供电服务】 2022 年，梅县供电局密切跟踪经营变化，全力以赴稳增长，售电量、营业收入创历史新高。持续推广“三零”“三省”服务落地，约时送电协议履约率 100%。“五分”线损管控效果显著，治理轻载台区 43 台，实现零的突破，消灭线损率大于 5%台区 146 台，综合线损率降至 2.607%，有损线损率 2.86%，线损异常率 7.33%，均优于考核值。查处违约窃电 69 宗，追补电量、电费 25.4 万千瓦时、89.58 万元。进一步强化科技减负，完成窄带改造 8.74 万户，费控表改 1.25 万户。试点实施预付费、费控表、划小结算周期，全年电费回收率连续四年 100%。完成 4 个规模以上项目，可量化电能替代电量 925 万千瓦时。组织走访村（居）委 263 个、专变客户 165 户，开展用电宣传活动 20 多场，走深做实客户工作，促进供需互动，2022 年未发生“95598”“12398”

有责投诉。提高依法维权能力，实现自主代理案件零的突破，办结法律案件 9 宗，避免及挽回经济损失 290 万元。新增投入自愈功能馈线 68 回，配网自愈覆盖率 81.39%，同比升幅 59.59%。率先完成配网单线图校核、数据专项整治和低压沿布图绘制，为电网规划运维、低电压治理、节能降损夯实基础。扎实推进供电所标准化、规范化、现代化建设工作，新增四星供电所 1 个，四星班组配网综合班 1 个，三星供电所 4 个，三星供电所覆盖率 83.3%。

2022 年底广东电网有限责任公司梅州梅县供电局

局　长：杨毅斌

（供稿：黄楚强）

责任编辑：卢　清

农　业

种 植 业

【概述】　2022 年，梅县区以创建国家农业现代化示范区为目标，以国家、省级现代农业产业园为平台，聚焦特色产业，大力发展现代农业，做大做强金柚、水稻、茶叶和特色水产等优势产业，做优做精小龙虾、肉鸽、食用菌、葡萄、奈李等特色产业，打造建设一批现代特色农业产业基地，形成“一村一品、一镇一业”的特色农业与旅游业相结合格局，不断拓展农业功能形态，促进一、二、三产业融合发展。2022 年，全区获评省级休闲农业与乡村旅游重点县，入选茶叶省级现代农业产业园建设名单，国家现代农业产业园通过农业农村部考核认定。

2022 年 10 月 25 日，2022 年梅州农民丰收节暨梅州柚·梅县金柚开采活动现场　（张云花　摄）

【粮食生产】　2022 年，梅县区坚决扛起耕地保护重大政治责任，落实粮食安全和耕地保护党政同责，全力抓好粮食安全生产，加快高标准农田建设，加强农田管理，推进撂荒耕地复耕复种，坚决遏制耕地“非农化”“非粮化”，切实保障粮食安全。完成 2022 年粮食种植任务 23786.67 公顷，其中种植水稻 20833.33 公顷。根据市下发图斑，全区有撂荒耕地 3226.67 公顷，其中连片 0.2 公顷以上 2840 公顷。全区完成各类图斑撂荒耕地复耕复种面积 31733.33 多公顷，其中 0.2 公顷以上已复耕 2846.67 多公顷，按时完成市下达撂荒耕地复耕复种任务。成立以区委书记为组长的梅县区粮食安全生产领导小组、由分管副区长任队长的梅县区耕地撂荒整改工作行动突击队，统筹推进全区粮食安全生产和撂荒耕地复耕复种工作。牵头制定撂荒耕地复耕复种整改工作方案、攻坚行动工作方案，出台《梅县区撂荒耕地复耕复种稳定粮食生产奖补工作方案（2022 — 2025 年）》，明确各镇（高管会）粮食生产任务，加强政策奖补，统筹推进全区粮食安全生产和撂荒耕地复耕复种工作。联合区纪委监委、区“两办”组建 4 个督查组常态化开展撂荒耕地复耕复种督导工作，每周进行排名通报。指导镇、村全面开展撂荒耕地情况核查，摸清底数，建档造册，采取强力措施，因村施策制定复耕复种技术指导方案，加强分类指导，限期复耕复种，按时按质完成复耕复种任务。

2022 年，梅县区主要粮食生产企业、合作社有 20 家，包括梅州市稻丰实业有限公司、梅州市正佳农业发展有限公司、梅州市丰禾源实业有限公司、梅州市梅县区嘉园农业发展有限公司、梅州市金稻实业有限公司、梅州市惠兴米业有限公司、广东桦粤农业发展有限公司、广东山粮生态农业发展有限公司等。培育形成的主要特色品牌有“金良稻丰”“君惠”“酥穗”“嘉园”“嘉州梅花”“桦福米”“社夏米”等。

【金柚生产】 2022年，梅县区是著名的“中国金柚之乡”，金柚种植已有百年历史，是全国最大金柚商品基地、集散中心。梅县金柚以独特美观的外形、优良的品质、响亮的品牌获得广大消费者的高度评价，先后获评“中华名果”“岭南十大佳果”“广东十件宝”等荣誉称号，是广东人民最喜爱的土特产，并获得地理标志商标认证登记。大力实施梅县金柚提质工程，推进国家现代农业产业园、广东金柚优势产业集群建设，延长金柚产业链条。2022年，全区金柚面积18066.67公顷、柚果产量56万吨、总产值43.5亿元，农民人均柚果年收入9600元。金柚深加工企业有12家。

【金柚基地与品牌建设】 2022年，梅县区从事柚类产业农业龙头企业115家、农民专业合作社780家、深加工基地12家，年销售量500吨以上的金柚销售大户89家。柚类产品“三品”认证企业87家，绿色食品柚园913.33公顷，有机柚园960公顷。2022年，区农科所在南口镇南龙村建成有1.73公顷梅县金柚无病毒种苗繁育中心，1.33公顷柚类品种圃，收集全国约151种柚类品种。大力实施企业品牌、区域品牌、长寿品牌三位一体的农业品牌工程，培育扶强一批现代农业经营主体树品牌，至2022年底，梅县区注册的金柚品牌有100多个，其中被认定为广东省名牌产品10个，省十大名果2个，“木子”金柚获得GAP认证。梅县金柚被评为全国名特优新农产品；梅县区桃尧镇被评为全国一村一品示范镇；桃尧镇、石扇镇被评为省级金柚专业镇。梅县金柚品牌评估价值113.27亿元，位居广东全省第一，品牌影响力指数66.378；获得农业农村部农产品地理标志认证。

【经济作物】 2022年，梅县区茶叶种植面积3693.33公顷，年产量约2770.4吨，综合产值14.6亿元。主要种植品种有金萱、金牡丹、金观音、龙井43、梅占、白叶单丛、本地小叶种等，种植茶区分东部、南部、西部3个茶区。全区以茶叶生产为主要经营的各类经济主体80家，其中省级农业龙头企业4家，省级茶叶示范社1家，市级农业龙头企业7家，区级农业龙头企业8家，带动2000多户农户种茶。先后培育梅州市华银茶业有限公司，梅县区雁南飞茶田有限公司，梅县区振声茶业等茶叶龙头企业和专业合作社，主要培育发展的品牌有阴那山、雁南飞、梅凤、健神、南龙嶂、茅窝山、骏珲、家家发、礤梅等20个商标品牌，其中“健神”“阴那山”“雁南飞”茶叶商标被认定为广东省名牌产品、著名商标。

2022年，梅县区花生种植面积2373.33公顷，产量0.8万吨。大豆种植面积873.33公顷，产量0.24万吨。

【蔬菜基地建设】 2022年，梅县区有省级“菜篮子”认定基地5家，分别是广东省“菜篮子”工程梅县兴缘水果基地、广东省“菜篮子”工程梅县安裕水果基地、广东省“菜篮子”工程梅县木子金柚水果基地、广东省“菜篮子”工程梅县丰都家禽基地、广东省“菜篮子”工程梅县粤佳水果基地。

2022年，梅县区有粤港澳大湾区“菜篮子”认定基地4家，分别是广东李金柚农业科技有限公司、广东十记果业有限公司、梅县客家乡下农产品有限公司、广东兴缘农业发展有限公司。

【种子管理】 2022年，梅县区完成省下达的农作物冬春、夏秋季种子监督抽查检测任务，受梅州、潮州等市委托共完成59个种子样品，

2022年8月，广东李金柚农业科技有限公司生产厂房

通过对样品四个指标的检测，检测指标全部合格，合格率为100%。

2022年，梅县区组织梅州市嘉田农业科技有限公司与农科所在南口镇侨乡村进行水稻品种纯度鉴定和新品种试验示范展示，共有青香优19香、留香优兆香丝苗、留香优908、A两优336、隆晶优570等6个品种，种植面积0.67多公顷，收到很好的展示引导作用，为农户在品种选择和创粮食生产高产、稳产奠定坚实基础。

2022年，梅县区在第三次全国农作物种质资源普查完成提供22个农作物样品的基础上，在省农科院的指导带领下，完成2021—2023年梅县区种质资源系统性普查和收集工作，收集稻、桑、花、果、豆、菜、粟等农作物品种共141个，并由省农科院负责保护和遴选。

2022年，梅县区积极响应春夏季防汛救灾应急计划，联系省、市种子管理部门紧急调拨800公斤水稻种子（深优9708）直接调运到松口镇免费发放给受灾农户。

【农业科技推广】 2022年，“水稻重大病虫绿色防控技术研究与示范推广”项目获得省农业技术推广奖一等奖，“梅州柚病虫害绿色综合防控技术集成示范与推广”获得省农业技术推广奖二等奖。

2022年，梅县区推广应用化肥减量增效技术，全区化肥使用量4.11万吨（折纯），同比减少1.1%，化肥利用率41.5%。

2022年，梅县区推广应用耕地保护与质量提升技术。双季稻轮作试点增施有机肥和种植紫云英673.33公顷。

2022年，梅县区推广应用金柚水肥一体化技术，全区推广应用面积3666.67公顷。

2022年，梅县区推广应用秸秆还田技术，秸秆还田率90%、综合利用率93%。

2022年，梅县区建成广东省区级农技推广服务驿站，加强信息化建设。

【病虫害预测与防治】 2022年，梅县区积极做好草地贪夜蛾的监测普查和防控工作。2022年，在梅南和南口镇设立草地贪夜蛾监测点3个，虫情监测数据对上汇报46次，防治面积约205.67公顷。

2022年，梅县区严格落实属地管理责任，狠抓技术攻关，强化监测防控，积极推进红火蚁阻截防控工作。年内，投入项目资金82万元，指导乡镇开展春、秋两季红火蚁统防统治，建设红火蚁防控示范点31个，下拨乡镇应急防治药物18吨，累计防控面积5566.67公顷。

2022年，梅县区积极推广农作物绿色防控技术。2022年，投入10万元，建立2个金柚病虫害绿色防控示范点，通过提供技术指导、现场观摩，以点带面，全面辐射核心区开展绿色防控工作。通过项目实施，有针对性向周边种植大户及群众示范推广应用物理防治、生物防治、科学用药等绿色防控技术，减少化学农药使用量，提升绿色防控覆盖面和质量效益。全区主要农作物病虫害绿色防控覆盖面积27666.67公顷，水稻绿色防控覆盖率48.57%，水稻统防统治率48.2%，金柚绿色防控覆盖率98.11%。农药减量方面2022年实际使用量为324.9吨，较上年使用量349.5吨，减少7.1%。

2022年，梅县区积极做好省农业厅下达的2022年省级专项资金水稻病虫害统防统治项目资金使用和2022年省级涉农资金项目使用工作，项目都严格按照省里要求在12月底完成项目实施及验收工作。

【农产品认证与质量监管】 2022年，梅县区通过农产品无公害、绿色、有机认证、地理标志的产品152个，其中无公害51个、绿色食品33个，有机农产品66个，地理标志农产品2个。

2022年，梅县区不断完善和探索创新农产品质量安全监管机制，大力推进镇级农产品质量安全网格化监管，加强农产品质量安全监管监测，实现全区农产品风险监管全覆盖。2022年，开展省级蔬菜、茶叶、水果、水产品、畜禽等农产品的风险、专项、监督抽检85个，合格83个，合格率97.6%；市级农产品质量安全监督抽查抽样共327个（种植业产品例行监测共50个、畜禽产品例行监测157个、种植业产品专项监测66个、水产品例行监测1个、畜禽产品专项监测3个、种植业产品监督抽查20个、水产品监督抽查10个、畜禽产品监督抽查20个），合格327个，合格率100%；完成区级种植业产品、畜禽产品、水产品等农产品质量安全例行监测、专项抽查和监督抽检工作，全年对蔬菜、茶叶、水果、水产品、畜禽等农产品的风险、专项、监督总共抽取样品6795个，合格6790个，合格率99.93%。

【农业执法检查】 2022年，梅县区农业行政执法范围涉及农业、林业（陆生野生动物保护）、畜牧、水产（水生野生动物保护）等方面，涵盖从种子到初级农产品上中下游全产业链。农业行政综合执法队核定行政执法编制 10 人，在编在岗 2 人，调用辅助执法人员 3 人，执法专项零经费。梅县区人民政府 2021 年下放 83 项涉农行政执法（检查）事项到乡镇（街道），其中有 7 项涉农行政许可事项于 2022 年收回。依法行政逐步走上正轨，与农业综合改革的要求仍存在较大差距，在人员、装备等方面仍需加强，在日常行政监管、行政许可事项等方面与行业部门仍存在推诿扯皮现象。

2022 年，梅县区按“双随机、一公开”监督检查制度要求结合专项整治，对全区重点加强农资市场的种子、肥料、农药、兽药等和涉及农产品质量安全的蔬菜基地、水产养殖大户及禽畜养殖大户的投入品等方面的执法检查，加强电鱼、炸鱼、毒鱼等违法行为的执法巡查。按照安全生产三年专项行动实施方案的要求，加强农业行业各企业的安全生产执法检查。年内出动农业执法人员 2493 人次、执法车辆 139 次、执法快艇 12 次，执法检查企业门店 968 间次、农产品种植基地 48 场次、兽药经营门店 118 间次，抽样送检农资、农产品样品 78 个，抽样送检样品经检测全部合格。2022 年，立案查处违法案件 3 宗，依法罚缴财政 4000 元。加大林业行政执法检查力度，指导配合乡镇对 2013—2021 年 410 宗森林违法图斑进行清理查处，通过开展行政执法工作，有效整顿和规范全区农业市场秩序，假劣农资坑农害农案件率显著下降，维护农民的合法权益，确保农业生产安全和农产品质量安全，保护森林资源，维护“绿水青山”。

【惠农补贴】 2022 年，梅县区积极落实惠农政策，全区登记耕地地力保护补贴面积 10026.67 公顷、8.08 万户、补贴金额 1293.62 万元。

2022 年，梅县区农机购置补贴下拨资金 57.56 万元，补贴农机具 279 台，其中农机报废 5 台，补贴报废资金 6.9 万元；农民购置各类补贴农机具 274 台，补贴购置资金 50.66 万元。包括微耕机 160 台、收割机 10 台、田园管理机 40 台、拖拉机 3 台、果树修剪机 50 台、旋耕机 8 台、插秧机 1 台，茶叶杀青机 2 台等其他农机具。受益农户 241 户，受益企业 10 家。

2022 年，梅县区及时、准确、足额发放生态公益林补偿资金，全区拨付一般区域损失性补偿金额 4355.85 万元，特殊区域损失性补偿金额 377.18 万元，合计 4733.03 万元，涉及 10 万多户。

2022 年，梅县区落实惠渔政策，核发 2021 年度禁渔期渔民生产生活补助 79.86 万元，涉及渔民 363 户。

【高标准农田建设与项目扶持】 2022 年，梅县区全面完成 2021 年度梅州市梅县区南口镇高标准农田建设项目市级竣工验收工作，项目验收结论为良好。

2022 年，梅县区组织实施 2022 年度梅州市梅县区石坑镇等 2 个镇高标准农田建设项目建设规模 100 公顷，总投资 337.5 万元，建设地点位于石坑镇澄江、澄上、蓝坑、龙径、七朱、澄坑、礤岭、扬化村和南口镇荷田、金声、七贤、群达、维山村。项目于 2022 年 10 月 10 日开工建设，通过加强对工程建设的检查和监管，狠抓施工进度，严管安全施工，严把工程质量，严控设计变更，于 12 月 31 日完成工程施工建设。新建成灌排水渠 4926.1 米、生产道路 1706 米等农业基础设施。加快开展 2022 年度梅州市梅县区大坪镇等 2 个镇高标准农田建设项目（补建），该项目建设规模为 64 公顷，总投资 192 万元，工程建设地点为大坪镇大坪村和石坑镇龙塘村等 19 个村，项目完成工程招投标工作。

【农业产业化建设】 2022 年，梅县区培育壮大新型农业经营主体，2022 年新认定省级龙头企业 1 家、市级 5 家、区级 10 家；市级农民合作示范社 2 家、区级 6 家；省级示范家庭农场 2 家、区级 10 家。至年底，全区区级以上重点农业龙头企业 180 家，其中省级 24 家、市级 40 家、区级 116 家；农民合作社 873 家，其中国家级示范社 6 家、省级 21 家、市级 27 家、区级 83 家；家庭农场 2486 家，其中省级示范家庭农场 12 家、区级 92 家。通过公司（合作社）+基地+农户（贫困户）的模式，强化联农带农作用，带动农民增收致富。

【农业社会化服务体系建设】 2022 年，梅县区建立区、镇、村三级协办体系，建成区级托管中心 1 个、镇级托管服务站 16 个，村级托管员 353 人，培育生产托管社会化服务组织 7 家，建立社会化服务组织名录库 1 个。

2022 年，梅县区农机社会化服务组织 30 个，其中 18 个农机专业合作社，社员 408 人。全区农业机械总动力 18.41 万千瓦，其中耕整机械 8094 多台，机动植保机械 426 多台，修剪机械 1530 多台，联合收割机 423 台，水稻插秧机 104 多台，拖拉机 761 台，烘干机 109 台，农用无人机13架。农机户利用自身机械在满足自身生产需求基础上加强开展农机社会化服务，主要开展社会化服务范围有耕整、收割、修剪、采收、植保、烘干等社会化服务。农机社会化服务组织根据市场需求成立水稻耕种收机械化服务队，茶园修剪、采收、加工服务队，果树修剪、病虫防治、采收、清洗打蜡包装机械化服务队，服务范围涵盖全区三大主导产业，服务农户1万多户，作业服务面积5333.33多公顷。遴选2家社会化服务主体，完成金柚公园品质提升项目，促进金柚产业高质量发展。

【农业经济组织管理】 2022年，梅县区实施21个扶持壮大集体经济试点村项目，每村补助50万元。出台了《梅县区2022—2023年扶持壮大村级集体经济项目财政奖补实施方案》，统筹财政资金2000多万元，对2021年集体经济年收10万元以下，通过发展光伏等产业项目至2022年底实现年收入10万元以上的村进行奖补，积极探索发展村级集体经济路径，拓宽增收渠道，通过发展物业经济、资本化运营、光伏产业、实施驻镇帮镇扶村等措施，促进全区农村集体经济发展壮大，至2022年底，全区村集体经济年收入5万—10万元的村有81个，占比22.4%；10万元以上的村有280个，占比77.6%，其中10万—50万元的村255个，占比70.6%；50万—100万元的村17个，占比4.71%；100万元以上的村8个，占比2.2%。

【农业信息化建设】 2022年，梅县区推进国家"互联网+"农产品出村进城工程建设，"互联网+"农产品出村进城工程试点合作参与企业广东十记果业有限公司在雁洋、南口、松口、石坑、白渡等镇新建26个村级"互联网+"农产品出村进城工程服务站点。同时，融合益农信息社和电商企业服务网点，进一步加强基层网络服务站点建设，全区益农信息社申报认定建设通过验收281家，其中建成A类益农信息社示范社199家，B类益农信息社示范社81家，区（县）级运营益农信息社1家，严格按省厅益农信息社建设规范统一进行门头、标牌、标识建设和配备多媒体触控屏设备和益农通，并开展运营。各益农信息社和电商服务站点积极发挥在基层群众中联农带农职能，为广大群众提供信息、技术、物流等方面的服务。

2022年，梅县区建成金柚智慧科技展厅，打造一个基础数据资源库，搭建一个大数据综合服务平台，建设五个应用系统，包括物联网管理系统、种植管理系统、农资管理系统、区块链溯源系统和柚服务系统。汇总、统计、分析基础数据，为产业链各环节提供服务。

【农业可再生能源开发与利用】 2022年，梅县区农村发展可再生能源空间很大，尤其是农村畜禽粪便以及农作物秸秆的开发和利用。至2022年底，全区建档沼气池有2464个。秸秆是宝贵的纤维素资源，全区秸秆还田率90%，综合利用率93%。

【农村土地承包与经营权流转】 2022年，梅县区按照推进土地流转及复耕复种工作方案要求，通过制订政策、宣传发动、产业帮扶、资金奖补等有力措施，实施土地流转面积7435.6公顷，占全区耕地面积的39%。

林　业

【概述】 2022年，梅县区积极践行"绿水青山就是金山银山"的发展理念，深入打好污染防治攻坚战，大力实施"绿满梅县"大行动，努力创建县级国家森林城市，强化森林资源培育保护，提升绿色发展水平。至2022年底，全区林地面积18.17万公顷（含梅南林场），森林覆盖率75.54%，森林蓄积1184.93万立方米。先后建成1个省级、4个市级（含梅南林场1个）、6个县级共11个自然保护区；1个国家级、1个市级、12个县级、26个镇级共40个森林公园；1个湿地公园；1个省级风景名胜区。

【植树造林与森林抚育】 2022年，梅县区认真实施林业重点生态工程建设，完成高质量水源林造林446.47公顷，新造林抚育1166.4公顷，培育大径材333.33公顷，实施称子岌森林景观提升工程43.13公顷。

【生态公益林建设】 2022年，梅县区有省级以上生态公益林98796.02公顷，占林地面积的54.39%，其中，按事权等级分，国家级生态公益林18686.75公顷，占公益林总面积的18.91%，省级生态公益林80109.27公顷，占生态林总面积的81.09%；按森林类别分，重点公益林34303.48公顷，占公益林总面积的34.72%，一般公益林64492.54公顷，占生态公益林总面积的65.28%。

【自然保护区建设】 2022年，梅县区对自然保护地进行整合优化，整合优化后，全区自然保护地总面积为28671.57公顷，自然保护地数量整合为22个，其中保护区7个，自然公园15个（含森林公园14个，湿地公园1个）。整合优化预案中保留7个自然保护区，面积为17715.86公顷。自然公园15个，面积为10955.71公顷。至2022年底，自然保护地整合优化预案通过省政府审批，正报国家林草局审核。

【城乡美化绿化】 2022年，梅县区积极创建县级国家森林城市，开展“绿满梅县”大行动，全面实施城乡绿化美化工程，推进丙村镇称子岌景观提升、城东镇潮塘千年古梅保护与景观提升、乡村绿化美化、松口镇南下村长山坝绿美古树乡村、松源镇金星村和梅南镇新塘村绿美红色乡村、三江四线节点绿化、森林进城等工程建设，开展送大苗下乡1.2万株，做好1500公顷中央财政森林抚育。全面完成市、县两级2个义务植树点24.41公顷造林备耕和种植工作。

【森林抚育】 2022年，梅县区育苗面积12.53公顷，包含红椎3.13公顷，木荷1.87公顷，黎蒴1公顷，枫香0.93公顷等。含红椎163万株，木荷106万株，黎蒴30万株，枫香64万株等。

【林业基地建设】 2022年，梅县区培育2家国家级林业龙头企业、1家国家级林下经济示范基地、8家省级林业龙头企业、5家省级林下经济示范基地、1家省林业专业合作社示范社、2家特色经济林。

【森林资源保护】 2022年，梅县区全面推行林长制。定期召开专题工作会议，推进梅县区林长制工作方案实施，确认区级林长20人，镇级林长157人，村级林长710人，监管员355人，聘用护林员712人，实现林长责任区域全覆盖。区、镇两级成立林长制办公室，配备专（兼）职工作人员，构建以村级林长、基层监管员、专职护林员为主体的“一长两员”森林资源源头管护架构，制定完善相关制度和考核办法，建立“林长+检察长”工作机制。在全区竖立376块三级林长公示牌，建立智慧林长制信息平台，实现“山有人管、树有人护、责有人担”。

2022年，梅县区切实加强森林防火工作。高度重视森林防火工作，加强基础设施建设。2022年，投资370万元建设生物防火林带15千米，防火隔离带120千米，进一步筑牢森林防火“隔离墙”；投入宣传资金近70万元，持续加强森林防火宣传，营造浓厚氛围，切实提高了全民森林防火意识。

2022年，梅县区有效强化森林资源管理保护。做好林业行政案件查处工作，对2013—2021年森林督查410个违法图斑查处整改工作，加强对乡镇林业违法案件的指导协助，查处整改率93%。严把行政审批关。2022年，办理征占用林地手续42宗，面积318.93公顷，征收森林植补费6739.61万元。为全区重点项目建设提供用地保障。严格规范执行采伐限额管理，合理分配年度采伐计划。“十四五”期间，省下发全区林木采伐限额指标11.81万立方米。2022年，全区办理采伐证222份，使用采伐限额5.93万立方米。

2022年，梅县区加强森林病虫害防治。2022年，投入1550万元，采用绩效承包、专业化治理的方式，将工程承包给具有防治资质的公司进行防治，并聘请具有监理资质的公司对工程进行全程监理，森防站不定期进行检查，实施综合防控面积15333.33公顷，全面超额完成省下达任务，防治作业安全无事故，取得良好的防治效果。

2022年，梅县区加快推进全区自然保护地优化整合和勘界立标工作。在自然保护地面积不减少、保护地性质不改变和保护强度不降低的基础上更高水平地做好自然保护地管理工作，切实保护全区生态环境。

畜牧·水产

【概述】 2022年，梅县区以发展生态、环保、健康养殖为中心，建立健全绿色畜禽生产体系，加快畜牧业转型升级，有效促进全区畜牧业生态绿色健康发展。2022年，全区生猪饲养量51.23万头，其中存栏20.28万头，出栏30.95万头；三鸟饲养量1048.96万只，肉鸡出栏565.52万只；牛饲养量1.074万头，羊饲养量4.68万头，肉类总产3.78万吨，牧业总产值14.17亿元，同比增长10%。同时，以成功创建广东省首批国家级水产健康养殖和生态养殖示范区为契机加快全区现代渔业产业结构转型升级，着力构建现代渔业生产体系、经营体系和产业体系，推进全区渔业绿色高质量发展。渔业养殖面积3040公顷，水产品产量3.11万吨，产值4.88亿元。

【畜牧】 2022年，梅县区多举措

稳定生猪产能。加强技术指导和宣传引导，引导有条件的散养专业户发展适度规模养殖向标准化、集约化方向发展。发挥大型农牧企业龙头作用，通过引进、合作等方式，利用大型农牧企业资金和技术优势，带动全区生猪产业向规模化、集约化、现代化转型。正大康地种猪核心育种（梅州）有限公司自2021年投产以来，出栏种猪、仔猪、商品猪2万头，为全区生猪稳产保供、“打好种业翻身仗”贡献积极力量；江西双胞胎饲料有限公司入股的梅州生原现代农业发展有限公司，存栏能繁母猪有3600头，年出栏仔猪7万多头；梅州猗顿白渡畜牧有限公司2022年出栏生猪近4万头，为全区生猪稳产稳增提供有力保障，全区也将成为粤港澳大湾区猪肉供应基地。积极创建畜禽养殖标准化示范场和生猪产能调控基地。2022年，全区创建有1个国家级和3个省级标准化示范场；有1个国家级和3个省级生猪产能调控基地。

2022年，梅县区发展特色养殖丰富市民“菜篮子”。大力发展生态健康养殖，加快培育优势主导产业，引导特色养殖，如广顺海食品有限公司存栏肉牛1400多头，其中澳大利亚安格斯牛1100多头，是梅州地区规模最大的安格斯牛养殖基地，安格斯牛从2022年底陆续上市供应；梅县区丰都综合养禽场肉鸡年出栏100多万只；梅州市鸽天下农业科技发展有限公司肉鸽年出栏70多万羽。通过发展特色养殖，辐射带动全区肉牛肉禽规模化养殖水平，实现养殖结构多元化，优化肉类供给，丰富梅州市民的“菜篮子”工程。

2022年，梅县区继续抓好畜禽粪污资源化利用工作。全区畜禽规模养殖场有49家，采取“一场一策”，建设有配套粪污处理设施装备。2022年，备案考核的畜禽规模养殖场粪污处理设施装备配套率为95.12%，全区规模养殖场粪污资源化利用率为90.1%，规模以下粪污资源化利用率为83.75%，总资源化利用率为85.1%。

2022年，梅县区积极做好第三次全国畜禽遗传资源普查工作。为确保完成第三次全国畜禽遗传资源普查工作任务，按照中央、省《关于开展农业种质资源普查工作的通知》，对全区下辖乡镇390个行政村（社区）（含梅西水库）开展畜禽遗传资源普查，圆满完成本次畜禽遗传资源普查登记工作。通过普查，全区发现陆丰黄牛和五华三黄鸡特色地方品种。梅州市广顺海食品有限公司引进饲养的陆丰黄牛通过省级专家组审核，于2022年11月正式成为陆丰黄牛保种场。

2022年，梅县区持续抓好动物疫病防控。扎实做好生猪非洲猪瘟无疫小区创建工作，持续推进非洲猪瘟各项关键防控措施。正大康地核心种猪育种（梅州）有限公司成为我市首个通过农业农村部非洲猪瘟无疫小区审核的养殖场。对全区的生猪养殖情况进行登记造册，实行动态管理，按属地管理原则，落实网格化防控责任。全面落实生猪调运各项措施，强化运输车辆备案管理，已备案有144辆生猪运输车辆、112个运输主体，实现信息化管理。严把生猪进场和屠宰检疫关，落实屠宰环节“两项制度”即非洲猪瘟自检制度和官方兽医派驻制度。2022年，共屠宰生猪18.06万头、屠宰牛0.38万头。持续开展防疫“大清洗、大消毒”行动，全区共发放消毒药品5.3吨，消毒生猪养殖场9254场次，屠宰场248场次，交易市场859场次。圆满完成春秋季重大动物疫病集中免疫工作，切实提高高致病性禽流感、口蹄疫、小反刍兽疫等重大动物疫病的防控水平，免疫密度95%以上，免疫合格率均90%以上，全区未发生重大动物疫情。加强畜禽无害化处理管理工作，全区率先在梅州市建立病死猪无害化处理与保险联动工作机制，提高病死畜禽的无害化处理率。2022年，无害化处理厂收集处理病死猪4.38万头。积极推进全区规模养殖场重大动物疫病强制免疫财政直补试点工作，在原有20家规模养殖场实行“先打后补”试点的基础上，扩大试点规模，新增10家规模养殖场纳入“先打后补”工作，进一步落实畜禽养殖场动物防疫主体责任，促进免疫责任明晰化。

【水产】 2022年，梅县区加快推进渔业高质量发展。2022年，全区获得1000万元的水产健康养殖和生态养殖示范区示范创建工程项目，在创建工程项目基础上，推广20多公顷池塘标准化改造及尾水治理；转型升级66.67公顷山塘水库生态健康养殖；加快推广工厂化循环水养殖技术，新建10多万平方米工厂化养殖基地；推广澳洲淡水龙虾、金钱龟、黄喉拟水龟、赤眼鳟等特色水产品，推广面积333.33多公顷；推广“稻鱼、稻虾、稻鳖”等综合种养生态循环农业发展新模式，示范推动面积133.33多公顷。全区形成水产苗种生产、龟类养殖、澳洲淡水龙虾养殖基地等八大特色养殖基地。

2022年，梅县区大力倡导健康

养殖。实施健康养殖“五大行动”，开展水产养殖污染防治行动，加大生态健康养殖技术推广和培训力度，加强水产养殖尾水排放监测，推动质量兴渔。全区创建农业农村部水产健康养殖示范场10家，无公害水产品产地认定15家和产品认证13家，有机水产品认证1家，2022年，有3家水产企业成功创建省水产健康养殖与生态养殖示范区，有效示范带动全区水产健康养殖发展。

2022年，梅县区完善渔业基础设施建设。加大财政投入，加快推进梅县区松口渔港升级改造、水产健康养殖和生态养殖示范区示范创建工程项目等建设，有效完善全区渔业基础设施、生产条件、健康养殖技术等水平。

乡村振兴

【概述】 2022年，梅县区始终坚持以习近平新时代中国特色社会主义思想为指导，认真贯彻落实中共二十大精神，深入贯彻习近平总书记关于“三农”工作的重要论述精神，坚持党对“三农”工作的全面领导，牢牢守住保障粮食安全和不发生规模性返贫“两条底线”，突出抓好农业发展、农村建设、乡村治理“三项重点”，深入实施乡村振兴“五大行动”，全力创建国家农业现代化示范区，加快农业农村现代化，奋力打造“绿水青山就是金山银山”广东样本，推动梅县苏区加快振兴、共同富裕。

【巩固拓展脱贫攻坚成果同乡村振兴有效衔接】 2022年，省市区18个驻镇帮扶工作队、全区18个工作队210名优秀年轻干部，紧紧围绕特色产业发展、人居环境整治等重点工作，全面推进乡村振兴各项工作。区级先后制订出台驻镇帮镇扶村工作方案、资金筹集使用监管实施细则等文件，各镇均完成镇域乡村振兴规划、驻镇帮镇扶村五年规划，并组建乡村振兴项目库，其中畲江镇镇域乡村振兴规划获得全省一等奖，松口镇、丙村镇乡村振兴调研报告获得全省三等奖。各组团单位积极发挥优势，自筹资金1457万元用于美丽乡村、产业发展、教育资助等项目。

2022年，梅县区完善监测帮扶机制，确保不发生规模性返贫。组织各镇（高管会）对全区脱贫人口进行全量动态监测，重点了解其收入支出状况、“两不愁三保障”及饮水安全巩固状况等，将符合条件的按程序识别为监测对象，并对通过帮扶后符合风险消除条件的监测对象按程序作风险消除。加强对监测对象的帮扶，对符合条件的，依规纳入低保、特困人员救助供养范围；对有劳动能力的，及时纳入产业帮扶、就业扶持范畴。2022年，全区有监测对象35户91人。

2022年，梅县区巩固脱贫攻坚成果，稳定现行帮扶政策体系。继续做好脱贫人口、返贫致贫人口稳岗就业工作，积极开发就地就近就业岗位，对就业特别困难的人员通过公益性岗位进行托底安置。巩固维护好已建农村供水工程成果。持续加大产业扶持力度，加强扶贫项目资产管理和监督。

【美丽乡村建设】 2022年，梅县区深入实施农村人居环境整治提升五年行动，全面巩固拓展农村环境整治成果，大力创建乡村振兴示范带，扎实推进农村厕所问题摸排整改，着力抓好农房风貌管控提升，打造生态宜居和美乡村，为乡村全面振兴提供有力支撑。梅县区获评2022年度全国村庄清洁行动先进县。强化基础整治。全面落实区、镇、村三级书记抓环境整治工作制度，整体谋划、全域统筹农村人居环境整治提升。出台《梅县区农村人居环境整治提升五年行动实施方案》《梅县区2022年农村人居环境整治提升督查工作方案》，建立“一月一督查”工作机制。结合村庄清洁行动系列活动、“两美”行动和美丽圩镇建设攻坚行动等工作，深入开展“三清三拆”人居环境整治攻坚工作，建立农村人居环境整治提升网格管理，优化完善“地票”凭证，制定“四小园”“拯救老屋行动”等奖补办法，进一步破解“三拆除”难题。1386个自然村达到干净整洁标准，其中966个自然村基本美丽宜居村，44个自然村建成特色精品村。传统村落保护利用取得新进展，被住房和城乡建设部、财政部确定为2022年传统村落集中连片保护利用示范县，获4500万元中央资金补助。

2022年，梅县区补齐民生短板，全面完善村庄保洁和农村厕所等长效管护机制，深入开展农村厕所问题摸排整改“回头看”工作，完成322户农村问题户厕无害化卫生改造，制订《梅县区关于建立农村公厕长效管护机制的实施方案》，建管一体提升农村公厕服务水平，得到农业农村部的肯定，先进经验在《农村人居环境整治简报（第27期）》宣传推广。推进全区自然村内干路建设，全面完成16.29千米自然村内干路硬底化任务。

2022年，梅县区打造示范亮

点，持续创建“1+N”生态宜居美丽乡村示范村，有序推进丙村“小白沙”美丽乡村精品示范项目。实施美丽圩镇建设攻坚行动，雁洋、畲江、梅南、梅西等“示范圩镇”试点成效明显。发挥红色、绿色、古色资源优势，“一二三产业”融合发展优势，天际线、山际线、水岸线风貌优势，全面推进丙雁乡村振兴示范带创建，组建13个工作组在“清、拆、建”上发力，清理拆除违章建筑、危旧泥砖房，实施沿线外立面改造，高标准完成农房风貌提升802栋，创建乡村“四小园”538个，完成22条10904米沥青路面铺筑提升，示范带带动效应明显，实现“三色同辉、三产融合、三线同美”。

2022年底梅县区农业农村局
局　长：陈永征
（供稿：巫达文　张清祥　卢晓燕）

水利水电

【概述】　2022年，梅县区水务局（简称区水务局）着重开展中小型灌区运行维护管理工作，继续推进农业水价综合改革工作，继续完成灌区灌溉水有效利用系数测算工作，为落实最严格水资源管理制度、建立节水型社会提供科学依据。

【水利工程建设与管理】　2022年，区水务局做好项目审批工作：完成梅县区松口镇石泉坝等10宗小型病险水库除险加固工程初步设计报告上报梅州市水务局审批工作；完成梅县区松源河（口缺峰至宝坑段）治理工程、松源河松源镇段支流治理工程、隆文河（下坪、小黄段）治理工程初步设计报告上报梅州市水务局审批工作；完成韩江治理工程（广东梅州段）梅县段初步设计报告上报广东省水利厅审批工作。

2022年，区水务局做好工程建设工作：做好2022年中央水利发展资金小型水库工程设施维修养护资金使用工作；做好2022年小型水库安全治理省级补助资金使用工作。

2022年，区水务局做好工程管理工作：按照广东省水利厅关于开展小型水库安全运行管理标准化工作的通知（粤水运管〔2019〕10号）要求，对全区129宗小型水库开展小型水库安全运行管理标准化工作。2022年底完成评估认定。完成梅县区白渡镇汶水水库除险加固工程水库下闸蓄水上报梅州市水务局验收工作。根据《水库大坝安全鉴定办法》等有关规定，水库大坝安全鉴定是及时准确掌握工程安全状况，科学设定管理措施的法定制度。2022年，完成23宗水库大坝安全鉴定工作。

【农田水利建设】　2022年，梅县区着重开展中小型灌区运行维护管理工作，继续推进农业水价综合改革工作。完成巴庄水库灌区1086.67公顷和引隆水利灌区1480公顷两宗中型灌区和白渡镇、城东镇、石扇镇3个镇25宗小型灌区共3066.67公顷农业水价综合改革，全面完成上级下达的年度改革任务。

2022年，区水务局继续完成大劲水库灌区（中型）和丙村镇人和潭廖队灌区（小型）灌溉水有效利用系数测算工作，测算结果中型灌区为0.5268，小型灌区为0.6021，为落实最严格水资源管理制度、建立节水型社会提供科学依据。

2022年，区水务局完成巴庄水库灌区、引隆水利灌区、石子岭灌区和大劲水库灌区4宗中型灌区“一张图”编制工作，通过省级审查和验收，进一步提升灌区现代化、信息化、信息化建设，不断提升灌区建设和管理能力。

2022年，巴庄水库灌区成功创建省级中型灌区管理标准化规范化灌区，不断提高管理能力和服务水平，确保工程安全，持续发挥工程效益。

【农村安全饮水工程建设】　2022年，梅县区深入贯彻落实中央和省、市决策部署和工作要求，始终把农村供水保障作为实施乡村振兴、助力脱贫攻坚的着力点，先后实施农村饮水解困、农村饮水安全工程、村村通自来水和全域自然村集中供水工程，强化农村供水保障。投入约8.56亿元先后实施村村通和全域自然村集中供水工程，共建成23个镇级水厂和274个小型集中供水站，实现全区18个乡镇355个行政村1386个自然村集中供水全覆盖。2022年，全年水质合格率94.18%，基本形成覆盖全区农村供水安全保障体系。

2022年，梅县区计划投入4.9亿元，实施梅县区农村供水“三同五化”改造提升工程，全面补齐供水工程设施短板，增强运营管护弱项，力争到2025年实现“农村自来水普及率稳定在99.5%以上”“水质合格率达到95%以上”“农村供水规模化覆盖人口比例达到80%以上”“标准化建设工程比例、县域统管覆盖人口比例、专业化管理工程比例、智慧化服务人口比例均达到90%以上”的目标。开展前期可行性研究工作，其中水车镇完成立项，进行初步设计。

【农村小水电建设】 2022年3月，梅州市水务局将梅西水库坝后水电站、梅州市程江梯级水电有限公司三门峡水电站、黄石仑水电站和长滩水电站共4个电站下放梅县区管理。2022年，全区着重开展水电站关闭退出和水电站生态流量落实工作。完成梅县区畲江镇兴峰源水电站和广东梅雁吉祥水电股份有限公司雁洋高新大塘水电站关闭退出；全部完成生态流量泄放设施改造工作，完成水电站生态流量监测监控设备安装，制订生态流量奖补方案，督促电站按照规定泄放生态流量。进一步加强农村水电站安全生产标准化建设工作，下达梅县区2022年小水电站安全生产标准化建设任务，不断推进农村小水电安全良性发展。同时，抓好水电站安全生产日常管理工作。

【水资源保护与开发利用】 2022年，梅县区用水总量31084.6375万立方米，其中农业用水23088.0846万立方米、工业用水2716.1167万立方米、生活用水5069.263万立方米、其他211.1732万立方米，万元GDP用水量130.5立方米、万元工业增加值用水量40立方米。用水总量、万元GDP、万元工业增加值用水量均未超过市下达控制指标。

【水土保持】 2022年，下达梅县区水土流失治理面积44平方千米。2022年，梅县区开工建设2条生态清洁小流域综合治理工程，其中，南口镇瑶上水生态清洁小流域综合治理工程于2022年7月26日正式开工建设，至2022年底，工程基本完成，投资1800万元，年度水土流失治理面积44平方千米。石扇镇巴庄水生态清洁小流域综合治理工程被列入梅州市山水林田湖草沙一体化保护和修复工程项目，工程于2021年11月17日正式开工建设，至2022年底工程基本完工，投资约2800万元。

2022年，梅县区崩岗治理工程（南口镇荷泗片）被列入梅州市山水林田湖草沙一体化保护和修复工程项目，批复总投资2493.86万元，共安排中央资金1500万元，支付中央资金1000万元。工程于2022年10月29日正式开工建设，至2022年底，工程完成投资1000万元。

2022年，为促进全区的水土保持监督管理步入法制化和规范化的轨道，区水务局做好辖区内水土保持监管工作；督促辖区内新上生产建设项目依法依规办理水土保持方案报批，依法依规做好水土保持方案行政许可和水土保持补偿费的征收工作；积极开展水土保持监督检查和管理，努力遏制新的违法行为产生。

【河道管理】 2022年，区水务局为进一步落实绿色发展理念，推进生态文明建设，维护河湖健康生命，完善水治理体系。以保护水资源、保障水安全、防治水污染、改善水环境、修复水生态为主要任务。强化河湖监管，发挥“河长+警长”“河长+检察长”工作联动机制，全面推进“水利行业强监管”向纵深发展，扎实推进“清四乱”常态化工作，全面维护河湖生命健康。河长制工作进展有序、成效显著。

2022年，梅县区高标准推动万里碧道建设，打造“天蓝地绿水清”的优美生态长廊。2022年，推进碧道建设项目5宗，建成6.7千米碧道，其中梅县区南口水碧道工程2.3千米、梅县区程江碧道工程1千米、梅县区石窟河（雁洋镇文社村段）碧道工程1.4千米、梅县区梅江河（丙村镇红光村段）碧道工程1千米、梅县区石扇河黄宜龙碧道工程1千米，打造集休闲、游览、文化、健身、娱乐于一体的亲水环境碧道,成效显著。2022年4月，全区获得省万里碧道建设激励资金1000万元。

2022年，梅县区精准推进河湖管理范围划定和河湖水域岸线保护与利用规划工作。为加强河湖管理，根据《关于下达梅州市流域面积50平方千米以下河道管理范围划定工作任务的通知》（梅市河长办函〔2021〕116号）的相关规定，实施2022年流域面积50平方千米以下河道管理范围划定工作，完成梅县区河道管理范围划定任务47条，长度273.31千米。

2022年，区水务局按《广东省河长办关于开展我省2021年河湖健康评价工作的通知》（粤河长办函〔2021〕29号）的相关规定，流域面积大于200平方千米的河流须进行健康评价，编制完成《梅县区松源河河流健康评价报告》和《梅县区隆文水河流健康评价报告》。

2022年，区水务局强化三个“监管”，全面推进“水利行业强监管”向纵深发展。河长巡河监管方面，全面普及使用智慧河长平台，以问题为导向，各级河长高效履职巡河。2022年，梅县区河长巡河4.38万人次，发现问题处理率100%，智慧河长公众投诉办结率100%。按体系建立要求及时更新调整区级、镇级全面推行河长制工作领导小组组成人员，更新全区区、镇、村三级河长人员。至2022年底，区级河长5人，镇级河长73人，村级河长320人，河长公示牌510块。水事执法监管方面，结合扫黑除恶专项斗争，区水务局持续加大对非法采沙、防汛保安、侵占河道、破坏水利工程等涉水违法犯罪打击力度，开展河道非法采沙专项整治行动、防汛保安专项执法行动等执法专项行动，持续加大涉水违法犯罪打击力度。2022年巡查85次，巡查河道总长度727千米，出动巡查176人次，巡查车辆85车次。受理群众举报15宗，立案3宗，罚款3.4万元。制订《梅州市梅县区水务局开展2022年防汛保安专项执法行动工作方案》，发挥“河长+警长”工作机制和“河长+检察长”工作机制优势，加强工作联动机制，形成河湖综合监管保护合力，共同守护河湖生态安全。水质断面考核监管方面，梅县区各成员单位全力推进镇村生活污水处理管网建设，推进农业农村污染治理，清理整治畜禽养殖，推广科学合理养殖模式，加强水电站生态流量管控，保障水质环境。

2022年，区水务局扎实推进“清四乱”常态化，持续改善河湖面貌。全面核查梅县区河湖“四乱”问题，坚决以遏增量、清存量为目标，以“边查边改、发现一处，清理一处，销号一处”为总体工作原则。2022年，全力整治河湖“四乱”，水利部交办“四乱”问题5宗，水利部暗访发现问题7宗，妨碍河道行洪突出问题1宗，均完成整改，完成整改率100%。省韩江流域河长办完成韩江流域片2022年两次水面漂浮物清理专项行动。全区建立河道管理养护常态化机制，明确责任单位，通过政府购买服务的方式引进第三方管理公司，投入450多万元，实行河道日常化管理养护，确保全区河道水面清洁、流畅、景美。

2022年，区水务局对全区现有135宗水库，区河长办联合区检察院组织开展水库水质“回头看”工作，组织开展全区水库水质整治工作。2022年8月，完成水库水质全面检测，水库水质全面达标，巩固全区水库水质整治成效。

【防御工作】 2022年，区水务局做好防汛、防风应急响应工作：2022年5月10—15日，梅县区降过程累计雨量150—200毫米，局部250毫米。具有“降雨强度大、影响范围广、持续时间长”等特点。省水利厅于5月9日23时启动水利防汛Ⅳ级应急响应；区三办于5月10日15时30分启动防汛Ⅳ级应急响应；市水务局于5月10日17时启动水利（内部）防汛Ⅳ级应急响应；区水务局于5月10日18时启动水利（内部）防汛Ⅳ级应急响应。本轮强降雨减弱，江河水位平稳，市水务局于5月14日16时结束水利（内部）防汛Ⅳ级应急响应；区水务局于5月14日18时结束水利（内部）防汛Ⅳ级应急响应。本轮强降雨期间，梅县辖区江河水位平稳，未出现超警现象。6月中旬，受西南季风影响，梅县区及邻近市、县普遍出现强降雨，导致辖区江河水位、小型水库水位普遍明显上涨。6月13日11时，市水务局启动水利（内部）防汛Ⅳ级应急响应；6月14日9时30分，区三防启动防汛Ⅳ级应急响应；6月14日14时30分，区水务局启动水利（内部）防汛Ⅳ级应急响应。6月14日20时，市水务局将水利（内部）防汛IV级应急响应提升为Ⅲ级。6月16日6时，区三防启动防汛Ⅲ级应急响应；6月19日10时，区三防将防汛Ⅲ级应急响应降为防汛Ⅳ级应急响应。6月20日18时，市水务局结束水利（内部）防汛Ⅲ级应急响应；6月20日19时，区三防结束防汛Ⅳ级应急响应；6月20日19时，区水务局结束水利（内部）防汛Ⅳ级应急响应。6月15日3时，梅江干流横山（二站）最高水位达到51.34米，超警戒1.34米，此后水位开始回落。受上游泄洪影响，6月15日21时起，梅江河水位回升，至6月17日2时25分，松口圩镇火船码头水位达到最高水位55.96米，超警戒2.96米。

2022年，蓄水抗旱保供水方案：梅县区年初干旱，为应对旱情，区水务局按要求编制《梅县区抗旱保供水方案》，以指导抗旱保供水相关工作。2022年下半年，梅县辖区降雨持续偏少，进入秋季后，出现气象干旱，区水务局对辖区有供水任务的小（1）型水库枯水期水量进行供需分析，编报《梅县区当前旱情及防旱抗旱保供水简况》，对城乡供水形势进行全面分析，提出枯水期的供水保障措施，对科学蓄水和计划供水提出具体要求。

2022年，区水务局做好水旱灾害风险普查工作：根据《广东省水利厅关于抓紧开展水旱灾害风险普查调查数据省级审核发现问题整改的通知》（粤水防御函〔2022〕815号），对存在的问题建立台账并进行整改，配合省市有关部门，完成现场调研工作。根据《广东省水利厅关于抓紧开展水旱灾害风险普查调查成果核查的通知》（粤水防御函〔2022〕2369号）的要求，对防洪工程调查填报数量的10%进行核查。按《关于开展水旱灾害风险普查调查成果省市联合技术审查的通知》（梅市水防御函〔2022〕73号）的要求，于11月25日，完成普查调查成果省市联合技术审查。

2022年，区水务局抓好洪水干旱灾害防治规划和标准化建设工作：年初启动《梅州市梅县区洪水干旱灾害防治规划》的编制工作，初稿经相关业务股室审核修改后形成了送审稿，于9月6日组织专家组对编制成果进行了审核，并按程序要求，开展社会稳定风险评估调查工作。

2022年2月8日，区水务局完成《梅州市梅县区水务局防汛应急工作预案》的修订和印发。2月16日，以《梅州市梅县区水旱灾害防御体系标准化建设工作方案》（梅县区水务〔2022〕16号），启动水旱灾害防御体系标准化建设工作。7月6日，区水务局与扶大高管会在铁炉桥村乌仙堤举行"梅县区2022年防汛抢险救灾应急演练"，邀请区应急管理局和各镇前来观摩。

【水政执法】 2022年，区水务局加大宣传力度，营造舆论氛围。通过下乡、巡查等机会，会同镇、村干部，深入基层一线，密切联系接触群众，积极宣传水法律法规，在重点河段水域派发宣传册和竖立警示牌，提高群众特别是沿江、库区群众的知晓率，发动群众积极参与线索举报。依法依规，严格执法。加大巡查执法力度，严厉打击水事违法行为。高度重视群众投诉举报线索，多次利用夜间、节假日时间加大巡查力度。部门联合，上下联动。区水务局紧紧依靠当地党委政府，充分利用基层综合执法队伍和水利部门力量，做到水事违法行为及早发现，及时制止，及时查处，使危害减少到最低程度；积极加强与政府、海事、航道、公安、自然资源、生态环境、农业农村等部门沟通联系，成立由政府牵头、部门联合的联合执法领导小组，建立联合执法机制，重点对河道采砂、河湖专项整治进行巡查执法，极大地遏制和打击违法行为。强化细化管理，确保安全有序。根据全区水利实际情况结合扫黑除恶专项行动，重点关注"盗采河沙"行为，区水务局开展打击行业治乱专项行动，先后制订《开展内河通航水域河道采砂执法行动方案》《梅县区集中打击水土保持违法行为联合执法专项行动方案》《梅县区水务局打击"蚂蚁搬家"式非法采砂工作方案》《梅县区水务局常态化开展扫黑除恶斗争暨打击河道非法采砂执法工作实施方案》《梅县区开展河道非法采砂专项整治行动工作方案》《梅州市梅县区水务局开展2022年防汛保安专项执法行动工作方案》，以"零容忍"的态度，坚持有黑扫黑、有恶除恶、有乱治乱，做到打早打小、黑恶必除、除恶务尽，使扫黑除恶专项斗争在水利系统落到实处、见到实效。

2022年底梅县区水务局

局　长：冯勇文

（供稿：张　敏）

气　象

【概述】 梅县区气象局（简称区气象局）始于1952年7月建站，为国家基本气象站。2022年，梅县区天气形势复杂严峻，全年降水量较常年偏多，年平均气温较常年基本持平，"龙舟水"偏多，气象干旱阶段性发展。影响全区的台风2个，较常年略少，总体影响轻。

【天气预报】 2022年，梅县区平均高温日数（日最高气温≥35℃）52天，比常年多10.6天。年平均气温21.9℃，比历年平均偏高0.1℃；年降水量1841.3毫米，比历年平均偏多24%，特别是"龙舟水"期间（5月21日至6月20日）连续31天每天均有降水，累计降水量555.6毫米，较常年同期偏多112%，为历史同期第一多。年日照时数1851.6小时，比历年平均偏多2%。年极端最高气温39.1℃，出现在7月25日；年极端最低气温0.2℃，出现在12月19日。最冷月平均气温比历年同期平均偏低2.6℃，最热月平均气温与历年同期平均偏高0.9℃。

【气象服务】 面对2022年降水量偏多、温度偏高、森林火险等级偏高的形势，区气象局成立气象服务领导小组，落实岗位职责，严格执行24小时值班制度，加强天气预报研判，对出现的重大转折性天气过程，提前做出准确的预报服务。同时，坚持重要天气会商制、局长签发制、值班登记制，紧紧抓住灾害性、关键性、转折性天气做好预测预报及资料服务工作，认真分析制作天气快报、专题服务，按时发布长、中、短期天气预报，及时发布气象预警信息，并通过多种平台将气象预报预警传播到乡镇及相关单位，每天制作气象影视产品，切实做好防汛服务工作，全力保障人民生命财产安全。此外，针对2022年旱涝急转形势，为缓解旱情和降低森林火险等级，2月，抢抓有利时机在石扇镇新东村进行人工影响天气作业2次，发射增雨火箭弹8枚，作业效果明显。

2022年，区气象局严格执行决策气象服务周年方案和有关规定，完善与区政府以及应急、自然资源、教育等部门的信息共享、加密会商、24小时在线响应工作机制，加强重要天气过程监测预报预警服务，重大灾害天气信息直报区领导，与防汛部门及时共享雨情，为早准备、早部署防汛工作提供了及时气象信息和气象保障。在重大天气过程特别是台风、暴雨、雷雨大风、冰雹等灾害性天气过程，通过专报、快报、天气报告及天气提醒等形式，积极主动为领导提供及时、准确的天气预报信息，为区委区政府精准决策提供科学依据。全力为春运、春耕春播、中超联赛、中高考、疫情防控、金柚开采节等重大节日、活动和特殊时期提供高质量气象保障服务，筑牢防灾减灾第一道防线。同时加强与交通、交警、公路事务中心等方面的合作，共同建立气象监测预警与公安交管应急处置互通融合机制，提升道路交通的恶劣天气监测预警和应急处置能力，最大限度降低恶劣天气对道路交通造成的影响，保障人民群众安全出行。

2022年，气象局紧紧围绕乡村振兴战略需求，积极开展烟叶、金柚、茶叶等特色化气象服务，进一步强化气象为农服务，充分发挥气象"趋利避害、减灾增收"的作用。与区农业农村局签订农业气象服务合作协议，加强关键时节农作物气象服务能力，通过电视、手机短信、电子显示屏、气象大喇叭、梅县智慧农业平台等传播渠道，将农用天气预报、农业气象灾害预警等信息及时传播给重点服务对象，切实发挥气象为农服务的作用，为全区农业增效、农民增收、农村发展提供优质气象保障服务，促进农业部门、气象部门信息共享和技术合作，进一步提升气象为农服务智慧化和精准化水平，助力农业提质增效、农村防灾减灾，助力梅县乡村振兴战略。2022年利用省农业业务平台，共制作农情调查36期、梅县区气象月报12期、春耕春播夏收夏种秋收秋种关键农时气象服务专报3期、茶叶采摘节天气专报1期、梅县金柚开采节天气专报1期，为做好农业气象专题服务及各种农业气象灾害防御提供技术参考。

【灾害天气预警发布】 2022年，区气象局完善与区政府以及应急、自然资源、教育等部门的信息共享、加密会商、24小时在线响应工作机制，重大灾害天气信息直报区领导。通过省突平台及时向区委、区政府及各相关部门发送各类决策文件180份（《重大气象信息快报》59份、《重大气象信息报告》64份、《重大气象信息专报》57份）。发布各类预警信号74次（寒冷预警信号10次、暴雨预警信号19次、森林火险预警信号14次、高温预警信号18次、雷雨大风预警信号10次、冰雹预警信号2次、大雾预警信号1次），接受融媒体中心采访4次及向其提供稿件11份,并通过电视、网络、大喇叭、手机短信等多渠道、全方位地及时传送给千家万户。发送决策服务短信343条，共102.57万人次，启动内部应急响应10次、启动恶劣天气领导一线带班13次。

2022年，区气象局充分利用天翼大喇叭进行各类预警信号的发布工作，做到打通最后一公里。全区建成377台气象应急大喇叭，实现全覆盖，充分发挥大喇叭覆盖面广、直面基层群众的优势，让预警信号防御指引家喻户晓、人人皆知，提高公众防范意识和自我保护能力。同时加强与政府部门的联动，积极配合区政府、宣传、公安、林业、交通运输等部门，利用气象大喇叭播放宣传政策理论、疫苗接种、疫情防控、反诈知识、交通安全、供电设施维护、森林防灭火、地质灾害防治和防灾减灾等知识，为保护人民群众生命财产安全和维护社会稳定和谐奠定坚实的基础。

【测报站点管理】 2022年，梅县区地面气象测报质量、地面气象报表预审、酸雨质量无差错。国家级自动站数据业务可用性99.98%，报文有效性100%，考核区域站业务可用性99.86%，雷电观测业务可用性99.94%。在第31次全国酸雨观测质量考核中，人工和自动考核样品pH值、K值和纯水三项均符合考核标准。同时，全区19个乡镇建设的自动气象站26个和标准化乡镇气象信息服务站19个正常运行，提高短时临近、局地性气象灾害的连续观测水平，全方面接收显示气象预报预警信息和本地天气实况，有力地提升农村气象灾害的监测能力和防御能力。

【防雷安全管理】 2022年，区气象局全面履行安委会成员单位工作职责，依法开展防雷安全检查工作,做好梅县区域内的雷电灾害防御管理工作，分管领域无安全事故发生。2022 年，共办理行政许可 3 宗，全部在规定时限内办理完毕，没有发生因行政许可引起的投诉、行政复议、行政诉讼情况。共完成 166 个项目的易燃易爆场所（包括加油站、石油液化气库、化工企业、炸药仓库和烟花爆竹仓库等）和 95 个项目的一般场所（包括人员密集场所、公司和企业大楼及车间仓库、单位办公楼等）的防雷定期检测业务。完成 2 宗技术评价工作。受理新建检测业务共 26 宗。

【气象灾害防御】 2022 年，区气象局按照“管行业必须管安全、管业务必须管安全、管生产经营必须管安全”的原则，和“理直气壮、标本兼治、从严从实、责任到人、守住底线”的工作要求，切实加强气象安全监管。2022 年，区气象局召开党组会议或局务会议研究安全生产重点难点工作共 22 次，召开安全生产工作领导小组会议 12 次。积极开展全国两会和冬残奥会期间安全、春运交通安全、元旦、春节期间安全生产、燃气安全大检查、重点单位气象灾害防御专项执法检查、危险化学品从业单位气象灾害防御检查、学校防雷安全检查等工作。加强大日常和重大节升放气球活动安全巡查力度，及时查处各类违法违规施放气球行为，切实保障航空飞行和人民生命财产安全。

2022 年，区气象局认真落实“双随机、一公开”监管工作，于 4 月 2 日印发《梅县区气象局关于印发 2022 年度防雷安全“双随机”执法检查计划的通知》（梅气〔2022〕4 号），进一步细化各股室、直属单位落实“双随机、一公开”工作任务。积极开展“双随机、一公开”执法检查，对台账资料不完善的现场提出整改意见，并要求企业立即整改。2022 年开展防雷和重点单位“双随机”执法检查 7 次，完成抽查计划 100%，抽查对象 7 户。

2022 年，梅县区先后印发《梅县区气象灾害应急预案（2022 年修订）》和《梅县区气象防灾减灾第一道防线建设实施方案》，不断完善全区气象灾害应急管理体系，提高防灾减灾救灾能力。8 月 5 日，在区应急管理局举办的 2022 年全区应急管理工作专题培训班上，区气象局气象专家刘蕾为参训人员进行气象灾害防御专题培训，进一步提升全区气象灾害应对能力。

2022 年，区气象局积极融入“梅县区智慧城市建设项目”，申报地方专项债券资金，梅县区申报“气象防灾减灾第一道防线建设”项目，金额 3300 万元，切实提高城市乡村治理能力，推动梅县区气象高质量发展，助力乡村振兴与防灾减灾有效衔接。

2022 年底梅县区气象局
局　长：涂毓洪

（供稿：李凌志　江佳）

交通运输 · 公路事务

交通运输

【概述】 梅县区交通运输局（简称区交通运输局）是梅县区人民政府的行政职能部门，贯彻执行国家和省、市有关交通运输工作的方针、政策和法规，起草有关地方性规范文件并监督实施，组织拟订全县公路、水路交通行业的发展规划、中长期计划和安全质量等管理办法并组织实施，指导公路、水路行业有关体制改革工作。负责涉及综合运输体系的规划协调工作，承担农村公路建设、养护、交通综合执法和交通行业管理等工作。至 2022 年底，全区公路已硬化通车总里程 3560 千米，公路密度达每百平方公里 143.43 千米。其中，高速公路 7 条（段）共 136.5 千米、国道 2 条 84.18 千米（国道 205、国道 206）、省道 11 条共 465.488 千米（包括 307.337 公里新升省道）、农村公路 2873.835 千米。全区通镇公路达到三级路以上，镇通村公路全部实现路面硬化，通 100 人（20 户）以上自然村道路基本实现路面硬化。全区开通城乡公交线路 82 条，途经全区新能源电动公交车 1361 辆，全区 355 个建制村开通公交。

【交通基础设施建设】 2022 年，梅县区统筹推进全区 3 类 13 项交通运输项目建设，年度计划投资 14.29 亿元，完成年度投资 14.84 亿元，占年度计划的 103.8%，超额完成年度任务，排名全市第一。

高速公路建设　2022 年，汕梅高速公路改扩建是省重点项目，全长 87.375 千米（其中梅县段全长约 38 千米），总投资 152 亿元，项目于 2022 年 11 月 22 日动工，前期各项工作，如沿线各镇扎实开展“防三抢”工作等有序推进。

国省道公路建设　2022 年，梅县区国省干线建设项目主要有 3 项，年度计划投资 8.9729 亿元，完成年度投资约 8.4296 亿元，占年度计划的94%。其中，省道242线梅县区梅西至程江公路建设工程（西部旅游快线）加快推进，年度计划投资4.5亿元，完成4.7亿元，占年度计划的104%；省道223线松源至雁洋段（东部快线）改建工程第一、二、四、五、六标段有序推进，第三标段准备启动，年度计划投资4亿元，完成3.375亿元，占年度计划的84%；省道224线梅县区雁上圆盘至黄坳段路面改造工程年度计划投资4729万元，完成年度投资3546万元，占年度计划的75%，完成总工程量的82%。

“四好农村路”建设　2022年，梅县区完成12.5千米县道升级改造，101千米主村道“单改双”工程，进一步增强农村公路主脉络；加快推进客都人家至叶剑英纪念园、松源镇同怀别墅周边道路等17.5千米红色旅游公路建设，完成梅县区乡道031城东至白渡16.1千米美丽农村公路示范项目建设，促进全域旅游发展；实施5座危桥改造项目，其中隆文流方桥、水车新湖桥完工，松源天神桥、南口思乡桥进场施工，畲江大桥由于省航管处要求提高跨径，在进行方案修编。

【公路规划】　2022年，规划建设梅州市梅县区至福建省永定区（上杭）高速公路，紧密配合市级部门，全力做好项目各项前期工作，力争项目尽快落地动工。

【公路养护】　2022年，区交通运输局全面落实“路长制”，与各单位、各级路长通力合作，积极打造梅县区“畅、安、舒、美”的公路出行环境，不断提升公路管养水平。完成全区9条新升省道共179.36千米的里程碑、百米桩完善更新，完成40%约847千米的农村公路路面技术状况检测评定，推进7个镇约52千米村道安防工程，完成省道242线梅县区上官塘至梅平高速大坪出口段改建工程绿化提升工程及各县道裸露路肩的绿化和补种植工作，完成5个苗圃场培育乔灌木约5000株。在龙舟雨期间，投入装载车810台班，挖机261台班，养护车辆155台班，出动应急抢险人员1800人次，设置临时标志标牌328块，完成地养公路抢险保通任务。

【交通综合执法】　2022年，区交通运输局积极创新执法工作思路，做到源头和路面多管齐下，持续优化道路运输环境。充分发挥区治超办统筹协调职能，密切交通、交警、自然资源及应急管理等多部门协作联动机制，形成强大合力共同打击违法超限超载运输行为；充分挖掘信访投诉线索利用价值，紧盯群众反映强烈问题，做到迅速出击、举一反三，坚决排查同类问题，确保群众诉求得到有效解决；充分利用省级补助资金，建设多功能一体化超限检测点，进一步提高联合治超执法工作效率，巩固治超成果。2022年，累计出动执法人员2292人次，执法车辆619辆次，检查车辆1165辆次，走访运输企业、源头企业及维修企业等231家次，查处各类交通违法行为95宗（其中运政案件21宗，路政案件2宗，治超案件72宗），强制卸货3349吨，记分处罚265分，合计罚款41.7万元（其中交警部门罚款8.95万元、交通部门罚款32.75万元）。

2022年5月，丙村三堡大桥全景

【道路运输管理】　2022年，区交通运输局坚持“严把关”和“放管服”相结合，服务经济发展。2022年，完成审批普通货物运输企业49家，办理营运车辆新增入户1640辆，淘汰高污染营运车辆296辆，完成营运车辆年度审验4506辆，机动车维修企业备案56家。同时，不断创新管理机制，审核办理新能源网约车道路运输证167辆，完成共享单车经营权公开招投标工作，促进新时期运输新业态健康有序发展。

【安全生产管理】　2022年，区交通运输局深入贯彻习近平总书记关于安全生产工作的重要指示批示精神，全面落实行业安全生产监管责任和“一岗双责”，持续开展“八大整治”、安全生产专项整治三年行动、系统防范化解道路交通安全风险、危险化学品安全风险集中治理等专项行动。2022 年，区交通运输局组织安全综合检查 112 次，排查安全隐患 69 处，并按照“零容忍”和“五落实五到位”要求认真整改到位；完成一批道路安防设施、“一清一灯一带”路口和“平安村口”整治；全面加强交通行业安全生产风险管理，督促企业认真落实安全生产主体责任，健全安全预防控制和隐患排查治理体系；组织辖区 2300 多名营运驾驶员开展安全文明驾驶教育培训，积极开展“安全生产月”和应急演练活动，提高应对突发事件的应急处置能力，安全生产形势持续稳定。

【公路绿化】 2022 年，梅县区新建绿色廊道 62 千米，完成 5 个苗圃场乔灌木培育筹备 5000 株。加快推进客都人家至叶剑英纪念园、松源镇同怀别墅周边道路等 17.5 千米红色旅游公路建设，完成梅县区乡道031城东至白渡16.1千米美丽农村公路示范项目建设。

2022 年底梅县区交通运输局

局　长：冯治山

（供稿：黄小明　李木炎　刘红霞）

公路事务

【概述】 2022 年，梅县区公路事务中心（简称区公路事务中心）按照区委、区政府和市公路事务中心的工作部署，落实各级交通公路工作会议和高质量发展工作会议精神，紧扣公路“建养管”工作，抓好党建、疫情防控和党风廉政建设等工作，推进管理规范化，加快重点项目建设，提升养护精细化水平，营造优良的路域环境，创建平安公路、平安工地，全力建设“畅安舒美”公路，推动普通干线公路事业的高质量发展，助力苏区振兴发展。

2022 年，梅县区有养护线路 6 条，养护里程 242.331 千米，其中国道 2 条（国道 205、国道 206 线）合计养护里程 84.18 千米；省道 4 条（省道 223、省道 224、省道 227、省道 332 线）合计养护里程 158.151 千米；大桥 9 座，中桥 11 座，小桥 74 座；隧道 2 条。

【公路建设与改造】 2022 年，区公路事务中心按照上级决策部署，在相关部门的大力支持下，抢抓苏区融湾政策和高质量发展机遇，紧扣项目建设，按照谋项目、抓建设、筹资金、提管理的思路，狠抓“十四五”项目落地实施，加快升级国省干线公路路网，有力地促进交通强区建设。2022 年，梅县区谋划、在建、交竣工项目共 23 项（国省道重点项目 2 项，公路养护专项 4 项，推进 6 个项目前期工作，交工项目验收 6 个、竣工验收项目 5 个），建设里程 214.63 千米，计划投资 33694 万元，实际完成 48255 万元（占计划 143%）。

主要公路项目：2022 年，区公路事务中心续建省市区重点项目省道 223 线梅县区松源至雁洋段（出省通道）改建工程。2022 年 9 月完成第五标段雁洋环镇路建设。续建完成区重点项目梅县区国省道路面改造工程，由国道 206 线梅县区梅平径至育豪段及锭子桥至梅州大桥段路面改造工程、省道 224 线梅县区雁上圆盘至黄坳段路面改造工程两个项目打包。完成国道 206 线梅州综合保税区 K2262+655—K2263+ 505、K2266+ 000—K2267+335 段修复性养护工程。完成国道 205 线 K2566—K2567、K2567+746 —K2568+800、K2580+ 700—K2580 + 956 段公路修复性养护工程。实施省道 223 线 K26+030 —K39+ 487、K74+843—K78+402、K83+773—K94+870 段公路安全提升工程。实施省道 227 线 K13 + 933—K38+598 段公路安全提升工

2022 年 3 月，省道 223 线丙村水电站段鸟瞰图

程。推进省道224线梅县区剑英大桥至雁上圆盘段路面改造工程、国道205线梅县区太和亭至黄竹洋段改建工程、国道205线梅县区黄竹洋至月梅及锭子桥至铁炉桥段路面改造工程、国道206线梅县区巢布坝至上墩段路面改造工程等项目前期工作。

主要工作措施：2022年，区公路事务中心坚持“项目为王”，全力筹集建设资金，健全项目管理机制，实施好“十四五”规划，千方百计加快公路建设。加大资金谋划力度，争取资金38291.65万元，包括争取中央和省级补助资金7291.65万元，用于养护提升和改善路况；发挥政府债券资金稳投资、扩内需、补短板功能，争取债券3.1亿元，用于保障东部快线项目建设。东部快线项目实行“月例会调度”机制，区分管领导协调各相关单位解决难点痛点，各参建单位横纵联动、合力推进，保障建设。贯彻“平安百年品质工程”建设理念，压紧压实责任，加强质量安全进度管理，督促各参建单位各尽其责；坚持问题导向，定期自查结合市级督查，督促问题整改，化解疫情、安全风险。

【公路养护】 2022年，区公路事务中心按照养护管理方针要求，抓好现代养护管理，提高精细养护水平，提升公路“颜值”，公路通行环境更加“畅安舒美绿”。抓好公路日常养护、预防性养护。创新养护模式，继松源班组后，松东班组、径义班组管养路段日常养护对外发包。优化“智慧公路”管理，提升养护科技信息化水平。提升抢险救灾能力，针对汛期特别长、极端天气频发的情况，及时组织公路抢险救灾，保障公路安畅。开展重点旅游路段路域环境整治，公路路容路貌得到较大提升。创建“平安公路”，完成国道206线梅南至畲江段“平安公路”省级示范路创建工作，并顺利通过省考核评价。

【路政管理】 2022年，区公路事务中心按新形势调整路政工作思路，调整和衔接好改革后路政职责，确保路政工作的连续性和稳定性。注重做好国省道公路路产路权管理，促进公路路产路权的规范化管理。探索创新护路模式，加强与相关部门的沟通协调，及时制止各类侵权违法行为。提升治理效能，狠抓路产路权登记、公路巡查、路产索赔等管理工作。全年无公路“三乱”，路政人员上路264天1680人次，巡查里程23790千米；发现违法案件61宗，自行制止违法案件6宗，告知区交通运输局55宗；处理路产损害案件49宗，立案、结案49宗，立案结案率100%，收回路产赔偿收费48.56万元。开展防治公路污染专项工作，加强社会爱路护路宣传，对企业、群众发放资料500份。

【安全生产管理】 2022年，区公路事务中心坚持“安全第一、预防为主、综合治理”的方针，加强安全生产监管工作，落实“一岗双责”，健全双重预防机制，层层落实安全责任，健全公路安全生产体系建设。重点工作包括：加强在建项目安全监管，组织开展建设、养护安全培训，推进安全生产专项整治三年行动集中攻坚活动，推动系统防范化解道路交通安全风险工作，加强重点路段隐患排查和整治，节假日安排值班值守和安全检查，保障通行安全；对白渡悦一村国道205线K2571+550处山体滑坡等水毁地段强化监测和巡查。投入233.6万元，完善安全设施，排查、整改主要隐患28宗，全力打造“平安公路”“平安工地”，未发生安全责任事故。

【公路绿化】 2022年，梅县区按照市委市政府“五沿”绿化及“美丽梅州·美好家园”城乡环境大提升行动要求，营造绿色公路。投入120万元，完成国道205线城东上坑、国道206线畲江公和、省道223线丙村、省道224雁洋等路段绿化提升工程；完成国道205线扶大段树枝裁剪和省道224线长教段死树砍伐；对完工的东部快线雁洋环镇路（第五标段）进行绿化，种植樱花，建设樱花大道。

【基层站建设管理】 2022年，区公路事务中心抓好基层站建设管理工作。加强基层站点管理。班子成员挂钩养护组，加强一对一管理；坚持每月路况综合检查，检查和促进内、外业养护管理，年中、年终进行养护综合检查评比，提升养护水平；稽查小组不定时上路巡查，确保养护作业质量。加强基层队伍建设，加强养护培训，开展养护技能培训、安全应急演练、消防演练等，提升抢险救灾能力。提升基层硬件建设。巩固“职工之家”“职工小家”建设成效，持续改善各基层班组生产生活条件。投入资金70多万元，对隆文养护中心进行修缮提升，改善基层养护职工生产生活条件。

2022年底梅县区公路事务中心

主　任：邓志军

（供稿：郭练忠　吴文华）

邮政·通信

邮　政

【概述】　2022年，中国邮政集团有限公司梅州市梅县区分公司（简称邮政梅县区分公司）始终践行“人民邮政为人民”的服务宗旨，围绕有效益规模发展目标。2022年各项经营管理工作有成效，实现业务收入同比增长10.77%。

【代理金融业务】　2022年，邮政梅县区分公司充分利用全区25个城乡网点，承担着梅县区域邮政通信、寄递、金融、电子商务等服务工作，实现余额规模63.75亿元。同时，配合相关部门，做好打击非法集资、反洗钱、防范电信诈骗等风险防控工作。

【邮务类业务】　2022年，邮政梅县区分公司始终坚持切实为民办实事，履行邮政普遍服务责任，普遍服务重点指标全面达标，助力《习近平谈治国理政》和政务图书发行，落实扫黄打非专项工作，保障人民群众的用邮渠道畅通和寄递安全。

【邮政营业网建设与管理】　2022年，邮政梅县区分公司持续完善城区、农村投递网络的建设，建成县级仓储中心，于12月27日投入使用；建立西阳、丙村、水车、城东、松口、梅西6个镇级寄递共配中心，形成覆盖全县的县镇村三级物流网络体系。

2022年底中国邮政集团有限公司梅州市梅县区分公司

总经理：李伟鑫

（供稿：谭顺龙　黄海励）

通　信

【电信】　2022年，中国电信股份有限公司梅县分公司（简称电信梅县分公司）持续深化企业改革，着力筑牢经营底座，推动企业实现高质量发展新突破；扎实推进云改数转战略实施，以云网融合创新应用赋能梅县区经济社会数字化转型，积极为加快苏区振兴发展贡献电信力量。锭子桥营业厅工会爱心驿站获评“2022年广东省总工会爱心驿站”。

党政建设　2022年，电信梅县分公司坚持和加强党的全面领导。严格落实“第一议题”学习，深入开展“一部一品”创建活动，各支部结合品牌内涵开展各类党建活动，党建工作和生产发展互融互进，充分发挥战斗堡垒作用。及时总结提炼基层支部党建与生产经营融合的特色案例，进一步打造支部品牌和提升品牌效应。其中，销售部党支部“前行钻”获评中国电信广东公司百强优秀党建品牌。

改革发展　2022年，电信梅县分公司党委靠前指挥，稳妥推进，在全市率先实现所有五级单元100%市场化承包，高效完成三维联动改革2.0工作，有效解决分公司历史遗留问题，优化人力资源，激发员工活力。

网络建设　2022年，电信梅县分公司坚持适度超前加快数字信息基础设施建设，为梅县区经济社会数字化转型注入新动能。移动网络能力取得快速提升，全年新建88个5G站点，基本实现城区及乡镇以上区域室外连续覆盖。全年新增133个4G站点，20户以上自然村覆盖率提升至88%，比年初提升4.8个百分点。宽带网络逐步完成千兆升级至万兆部署，全面实施光纤网络千兆升级，城市60%以上的区域实现2000兆及以上宽带接入能力，农村区域实现千兆接入能力。持续提升广东“数字政府”

2022年6月30日，天翼智造·共建5G智慧新时代“5G+工业互联网”梅县区现场工作会召开

政务云梅州梅县区节点算力，“数字政府”底座能力更加雄厚。

疫情防控　2022 年，电信梅县分公司闻令而动，集全公司之力快速保障各级政府抗击新冠疫情信息化需求。在全区多轮疫情防控工作中，迅速响应各级政府需求，第一时间成立通信保障应急突击队，快速搭建核酸检测点、疫情防控指挥部、流调办公场所、隔离点等区域的网络通道；以电信千兆光纤、云电脑、天翼看家、智能门磁门禁、FTTR、Wi-Fi、值班手机及智能视频预警平台等丰富的信息化产品，共筑疫情防控坚实屏障；超过 400 人次参加疫情防控应急通信保障，用实际行动为梅县区疫情防控贡献电信力量。电信志愿服务队投身防“疫”第一线。在梅县区多次区域核酸检测工作中，积极响应属地政府号召，组织党员及群众志愿者前往不同的核酸采样点开展志愿服务活动，2022 年超过 300 人次参加，助力打赢疫情防控阻击战。服务“停课不停学”线上教学。“停课不停学”线上教学 23 天，电信梅县分公司有 363 人次参与服务支撑，全区中小学校实现线上授课 790 节课，点击量超 191.9 万次，并实现电信云资源平台、梅县教育云资源平台点播开课件。

助力乡村振兴　2022 年，电信梅县分公司全力配合梅县区“美丽乡村”建设，投入近 90 万元，完成 268 个村通信线路专项整治。聚焦乡村振兴，在数字化治理、智慧化生活、智能化农业生产等方面，全力推动数字乡村的建设。并在智慧党建、治安防控、山林防火、看家护院、智慧种植、智慧养殖等场景，通过梅县分公司成熟的视频监控、天翼大喇叭、平安乡镇/乡村、定制乡镇电视等产品和技术，全面提升乡村的数字化管理能力。着力推进“平安梅县”体系建设，协助相关部门积极推进“县级平安梅县—镇级雪亮工程—村级平安乡村”三级联防体系，建设 300 个“平安乡村”，为提升梅县区群防群治、社会治理现代化水平打下良好基础。

2022 年底中国电信股份有限公司梅县分公司

总经理：温　雄

（供稿：王　艳　廖艳霞）

【移动】　2022 年，中国移动通信集团广东有限公司梅县分公司（简称移动梅县分公司）认真落实中国移动创世界一流“力量大厦”战略部署，锚定“信息服务科技创新公司”新定位，按照“12345”工作思路，紧抓 5G 时代机遇，加快高质量发展，全面推进 5G 向纵深普及，全面推行宽带客户“全千兆行动”，不断助力实现人民对美好生活的向往。落实“心级服务”，开展“站店听音”、总经理接待日、宽带义诊等服务活动，进一步提升服务质量，做好客户服务工作。

网络建维品质领先　2022 年，移动梅县分公司加快推进以“5G+算力网络+智能网络”为重点的新基建。持续打造精品网络。5G 网络方面，通过新建 5G 基站、5G 室分站，基本实现梅县城区、乡镇、行政村连续覆盖，满足了各旅游景点、工业园以及重点行政村区域 5G 业务需求。集团专线和小微企业宽带基本实现主要工业园区、商业楼宇的预覆盖。打造标杆级智能网络。政企精品网方面，通过 VC-OTN 投产节点多个，打造一张智能 OTN 政企精品网，努力实现梅县城区密集覆盖，多个重要乡镇镇区实现接入覆盖。物联网方面，通过建成 NB-IoT 站点，实现梅县城区及郊外、多个工业区等连续覆盖目标，实现物联网镇镇通。

信息服务行业发展　2022 年，移动梅县分公司充分发挥信息服务优势，全力协助推动数字政府改革建设各项工作高质量发展。服务数字政府。主动承担一体化数字政府基础底座责任，打造横向到边，纵向到底的政务一张网，助力梅州数字政府“一网统管”治理模式。2022 年，移动梅县分公司持续为政府升级打造梅县区政务办公平台、政务一张网等数字化服务。服务乡村振兴。利用 5G 网络、农业物联网、大数据、人工智能等新一代信息技术，助力梅县区国家现代农业产业园打造农业管理与综合服务信息平台，搭建“基础数据资源库”“大数据综合服务平台”“五个应用系统”和“智慧农业科技展厅”等智慧农业子项目，实现一“屏”掌控果园信息。服务产业数智化。积极探索场景化项目运营，助建梅县区公安红绿灯运维系统、医疗系统建设、教育 5G 考场屏蔽等。服务制造业转型。基于移动自有工业大数据平台能力，助力建设南口镇 5G+物联网智能远程抄水表、智慧住建、中小水电站生态流监测等，为工业数字产业化转型打下坚实的基础。

客户感知持续改善　2022 年，移动梅县分公司持续提升客户服务水平，不断满足人民对美好信息生活的向往。加快普及 5G 终端。2022 年，5G 终端客户有序净增，进一步加快梅县区 2/3/4G 客户向 5G 迁转，极大提升移动梅县分公司客户上网服务感知。推进数字乡村和智慧社区建设。2022 年，为多个乡村和社区提供宽带、视频监控、云喇叭、智慧烟感等数智化服务，助力数智乡村和智慧社区治理水平提升。满意度持续改善。全面开展 4G、5G 基站建设开通，补盲点、强容量，补强区域无线信号感知。如通过技术创新成功在梅花山森林公园建成 30 米单杆塔，有效解决公园南路、宪梓大道一带小区用户的移动信号覆盖问题，改善用户满意度。

移动社会责任履行　2022 年，移动梅县分公司认真履行社会责任，展现国企责任担当。完成 C-RAN 改造站点，简化无线组网、开展宽带网络优化整治专项。深入开展防范治理电信网络诈骗犯罪工作。深化警企联动，助力反诈中心开展防范治理电信网络诈骗工作。深化网络提速降费。高标准完成建设梅县人民广场、华侨城广场“大美梅县”免费广场 WiFi 覆盖项目，满足广大人民群众休闲时畅快上网娱乐需求。

2022 年底中国移动通信集团广东有限公司梅县分公司

总经理：温国宗

（供稿：罗宇荣）

【联通】　2022 年，中国联合网络通信有限公司梅县分公司（简称联通梅县分公司）坚决落实中央建设网络强国、数字中国、智慧社会重大战略部署，全面发力数字经济主航道，持续加快 5G、全光网络、云计算、大数据、人工智能等新型基础设施建设，着力提升基础设施服务能力，为经济社会发展畅通信息大动脉、构筑数字新底座。同时，积极融入千行百业，灵活满足 5G 行业客户需求，在工业互联网、城市安全、智慧政务、医疗、智慧交通、智慧教育、数字乡村等重点领域，打造了一批有影响力的 5G“灯塔项目”，与地方经济发展实现同频共振。

通信工程建设　2022 年，联通梅县分公司完成基础网络建设投资 2275 万元，投资完成率 106.8%，重点完善党政军单位、广梅园、大中型医院等场景覆盖，顺利完成年度 5G 网络建设开通目标；新建 163 座 900M 低频网 4G/5G 基站，全区行政村 4G/5G 覆盖率 99%，实现无线覆盖“村村通”；升级或新建千兆小区超百个，新增 1000M 以上光纤接入端口 0.8 万端，城市双千兆和乡村信息化网络服务能力大幅增强；主干光缆新建 600 千米，较好地完成本地信息基础设施建设主要指标任务。

助力疫情防控　2022 年，联通梅县分公司推动基于大数据技术的“人口流动大数据分析平台”“智能体温监测平台”等平台应用，配合梳理疫情数据、物价数据、疫情物资重点单位产能数据等，提供数据分析报告，在阻断疫情传播方面发挥重要作用。同时，向社会提供 5G 智慧医疗、“云上方舱”、5G 无人车配送、大数据治理四大类五十项服务，积极服务方舱医院的信息化、智能化建设，承建本地多个方舱医院信息化建设项目，承接市疾控核酸大数据平台和政数局防疫大数据项目，以联通科技力量服务梅州“智慧抗疫”。

客户服务　2022 年，联通梅县分公司发布“U 悦服务”品牌，公开承诺治理“亮码支付卡顿”“千兆宽带 WiFi、装移修慢”“业务制差错”三大用户急难愁盼的顽疾。用户可扫码进入“联通 U 悦”小程序，对以上三项问题进行上报。亮码支付卡必赔承诺，即需亮健康码或按支付需求扫支付码进行应用体验，出现亮码扫码失败，可获得相应赔付，推动升级改进千兆网络覆盖、网速提升；千兆宽带慢必赔承诺，即用户在使用时遇到千兆 WiFi 网速慢、服务慢时可申请赔付，推动解决宽带端到端全流程体验的快速改善；业务定制差错必赔承诺，即出现未征得用户明确同意，为用户定制收费业务的行为，可获得赔付，进一步规范业务宣传、完善业务办理，从而实现明白消费并加强个人隐私保护。同时还为老龄与残障人士推出贴心服务，持续提升跨区域通办能力和携号转网服务能力，以差异化的优悦服务，提升品牌形象。

2022 年底中国联合网络通信有限公司梅县分公司

总经理：杨维文

（供稿：邓苑梅　王文清）

责任编辑：杨东梅

城乡建设・生态环境

住房和城乡建设

【概述】　2022 年，梅县区住房和城乡建设局（简称区住建局）认真贯彻落实中央和省、市、区战略部署，牢固树立“人民城市人民建、人民城市为人民”的理念，以发展为第一要务，全面激发内生动力。2022 年，全区商品房销售 42.66

万平方米，商品住宅销售均价5324元/平方米。至2022年底，房地产库存（含期房和现房）40500套248.20万平方米，其中住宅9100套112.30万平方米。2022年，城镇老旧小区改造共有9个项目48个小区及周边道路，合计202栋3082户，建筑面积约38.8631万平方米，投资额约2.13亿元。全年管养绿化面积59万平方米、乔木3.6万株，道路清扫保洁面积330万平方米，路灯8217杆、2.4万盏，市政道路约136千米，市政供水管网长232千米，市政排水管网长228千米，质量安全监督在建工地42个，城市监察28平方千米。2022年，完成农村削坡建房风险点整治774户。

【城市建设】 基础设施建设 2022年，区住建局推动重点工程及市政基础设施建设，推进"十个一批"等民生实事。抓好续建项目建设。对续建的梅县新城地下管廊等市政基础设施工程、梅县新城棚户区改造工程、程江河段棚户区改造工程、梅县区人民南路断头路市政道路工程、梅县区西片区储备地三条市政道路工程、梅县区公园北路梅花城侧道路工程、梅县区扶大变电站侧垃圾压缩中转站配套建设公厕工程、客都大桥至高铁梅州西站段沥青路面改造工程二期建设项目进行项目监管和协调推进，同时做好部分完工项目的收尾结算工作。做好新建项目调研。对新建的梅县区电力管沟项目、大新城新满街与新富街步行砖路面改造工程、梅花山公园环山路升级改造工程做好前期调研、协调等工作。全力推进广梅中路金锭花园人行天桥工程、扶外路市政道路改造工程。2022年，完成计划投资约2000万元。

建筑市场管理 2022年，区住建局进一步规范建筑市场秩序，严厉打击和遏制建筑工程施工违法发包、转包、违法分包及挂靠等违法行为，保障工程质量安全。积极做好证件核发和竣工验收工作。2022年，办理建筑工程施工许可证65份，其中政府投资类24个、社会投资类41个，建筑面积90万平方米。办理56宗竣工验收备案手续，受理办结建设工程消防验收备案23件，特殊建设工程消防设计审查13件，建设工程消防验收12件。对3宗未取得施工许可擅自施工的进行行政处罚，共罚款34.55万元。做好招投标备案归档及招投标投诉处理工作。进一步规范房屋建筑和市政基础设施工程招标投标活动，全面推行电子招标投标，受理房屋建筑和市政基础设施工程全电子化招投标归档资料17宗，网上监督检查招标文件29宗，处理招投标投诉23宗，完成住建部门内部工程招标文件审查6宗，工程造价审查23项，核减66.69万元。打击建筑市场违法违规行为。住建部门对30家在建项目及建筑企业开展建筑市场监督执法检查。严厉打击违法施工无资质、工程分包转包、资质挂靠等违规违法市场行为，杜绝无施工资质单位和无证人员进入建筑市场。在专项检查中未发现违法发包、转包、分包等行为。推动建筑节能工作。推进绿色建筑节能的正确使用，结合本地实际情况，推出新的建筑节能材料，对新报建项目严格按照绿色建筑设计评价标准审查。2022年，新开工装配式建筑面积11.9万平方米，占新建建筑面积的18.3%。推进城市建设安全专项整治三年行动。落实落细工作措施，确保安全生产，全年住建领域安全形势总体平稳，未发生生产安全事故。做好农民工工作欠薪处置工作。协助处理拖欠工程款和农民工工资拖欠的投诉23宗，追发工资款744.51万元。散装水泥工作管理成效。水泥散装率97%，建筑施工现场搅拌禁止率98%，全区12家预拌混凝土生产企业全部完成绿色升级改造工作，其中5家通过广东省绿色生产一星级达标评价。

房地产管理 2022年，区住建局以"保交楼、保民生、保稳定"为首要目标，落实城市主体责任，切实稳地价、稳房价、稳预期，引导房地产市场良性健康发展。推进房地产市场稳健发展。2022年，全区商品房销售42.66万平方米，商品房销售市场降幅略大；商品住宅销售均价5324元/平方米，同比下降2.28%，销售均价趋于较合理区间。至年底，房地产库存（含期房和现房）40500套248.20万平方米，其中住宅9100套112.30万平方米。科学推进老旧小区改造。城镇老旧小区改造主要围绕道路工程、公共排水工程、公共空间美化、电力改造及周边道路提升等方面实施。2022年，城镇老旧小区改造共有9个项目48个小区及周边道路，合计202栋3082户，建筑面积约38.86万平方米，投资额约21336.23万元。其中，新城办事处共6个项目37个老旧小区及周边道路172栋2762户，建筑面积约35.86万平方米，投资额16928.94万元；程江镇共2个项目10个老旧小区及周边道路26栋245户，建筑面积约2.47万平方米，投资额3907万元；退役军人事务局1个项目1个老旧小区4栋75户，建筑面积约0.53万平方米，投资额500.29万元。做好公租房实物配租和住房租赁补贴工作。扎实解决城镇中等偏下收入家庭住房困难，进一步完善住房保障体系，按照保障房年审制度，逐户进行审核。2022年完成在保家庭年审工作50户，其中符合保障条件，继续给予保障38户，不符合条件（办理）退出保障12户。新增住房困难家庭保障对象3户（比2021年减少7户），符合保障条件家庭申请一户保障一户，做到应保尽保，保障率100%。审核发放5户（第二季起4户）住房租赁补贴，共计4999.2元。加强直管公房管理，充分发挥“管理、收租、维修”三大职能作用。2022年收取租金335.45万元，维修房屋196间，维修面积5281平方米，维修费用支出29.01万元，按市场价格调整租金，加租约一年42万元。推进房屋征收与安置工作。承担房屋征收项目5个，签订征收补偿安置协议书250宗，发放房屋征收补偿款约1.72亿元，征收并拆除房屋、附属物占地面积约2.7万平方米，建筑面积约3.8万平方米，完成既定的房屋征收任务。

环境卫生管理 2022年，区住建局创新城市管理机制，实行网格化管理，明确细化责任分工，压实工作任务，营造洁净卫生的城市环境。加强道路清扫保洁。城区市政道路每日实行18小时清扫保洁作业；城区主次干道每日实行洒水降尘作业，高压冲洗施工地段、公交站亭等场所，有效降低城区道路扬尘污染。加强垃圾中转清运管理。每周清理城区7座中转站的排污水沟，每日清洗中转站墙体、压缩箱体和运输车辆，保持箱体车容整洁干净；垃圾密闭转运，日产日清，日收集转运约233吨生活垃圾，转运至奇龙坑焚烧场进行无害化处理，城区生活垃圾无害化处理率100%。加强公厕管理。加强城区所管辖的16座公厕管理，完善公厕配套设施，对损坏或缺失的设施及时修复，2022年修复损坏或缺失设施约60多处。实行“专人专管”，每天对公厕进行全面冲洗，达到地面净、墙面净、厕位净、周边净以及无溢流、无臭味。加强牛皮癣治理。及时清除张贴、刻画、涂写在城区建筑物（构建物）、市政设施及公共场所的非法广告，每天清理“三乱牛皮癣”400多张（处），保持良好的市容市貌。加强居民生活小区的垃圾收运工作。600个居民生活小区（含单体楼）、企事业单位垃圾实施“定时定点”分类投放、收运垃圾制度，提高垃圾收运效率，减少垃圾点，避免垃圾乱倒造成二次污染。持续推进“创文”“两美”工作。城区基本完成缆线专项整治，城区“六乱”的现象得到改善，垃圾分类工作得到推进，设置129个分类点，投放、升级改造173个垃圾分类亭，全区113个公共机构中74个达到生活垃圾分类工作示范要求，占比65.5%。

园林绿化 2022年，区住建局全面提升园林绿化养护管护规范化、专业化、精细化水平，提高园林绿化的养护和管护效率及质量。园林实行网格化管理。对管辖的城区约60万平方米的公共绿地和梅县人民广场、梅花山公园、亲水公园、华侨城公园等实行网格化管理。每月按工作计划进行修剪、除虫、施肥、排除安全隐患等日常养护工作，督促养护单位加强花带保洁，及时对缺苗缺株的路段进行查缺补漏。绿化提升主要节点。在重大节日如春节、五一、国庆期间，对梅县区城区主要节点进行绿化提升，提升面积共约1万平方米，投入约150万元，主要在城西高速出口、高铁梅州西站、人民广场周边、区政府圆盘、天秀圆盘、沿江金岸、集一红绿灯、锭子桥红绿灯等主要节点进行绿化提升、复绿及花镜补植。

路灯、灯饰 2022年，区住建局推进路灯设施维修维护工作，确保路灯亮灯率和设施完好率，全面提升城区亮化环境。加强路灯维护管理，照亮百姓出行路。严格落实安全检修措施，保证亮灯率98%以上。2022年维修路灯2282盏、修复控制箱故障18起、修复线路故障69起、修复变压器故障6起、处理数字城管案件35宗、处理撞损灯杆23杆、处理政府服务热线投诉和网上信访案件28宗、清理灯杆及控制箱牛皮癣污迹12处、清洗灯杆50杆。升级改造城市照明工程，提升城市整体形象。加快道路照明升级改造，将传统照明灯具更换为LED照明灯具，全年投入约437.3万元。

城市管理监察 2022年，区住建局把“人民城市”重要理念贯穿到城市管理全过程，不断提高人民城市全生命周期管理与治理的现代化，让城市运行更加安全、有序。实施城市风貌管控提升行动。推进临时建筑（铁皮瓦）、户外广告和招牌、市容环境卫生“三大专项”示范整治工作，全面改善城区市容市貌，整体提升城市品质形象。2022年，规范店外占道摆卖门店20330多间，取缔占道流动摊档2.46万多宗，清理、拆除设置在花带内破损指路牌、横幅335条，整治夜间排档、烧烤档3130多档，暂扣物品952件，占道经营行政处罚78宗，罚款7900元。投入经费7.1万元对城区部分7处私人地块进行围挡，投入7.05万元拆除城区破损广告招牌1155.63平方米。通过全面整治，影响市容市貌的现象得到有效遏制。加强违建的查处工作。把遏制新增和查处违法建设作为日常执法工作的重中之重，不断加强巡查和查处力度，针对城市规划建成区内乱搭乱建、少批多建、不按图纸建设的问题，制定切实有效措施。坚持对新增违法建设“零容忍”的态度，发现一起，拆除一起，处罚一起，确保违法建设“零增长”。2022年查处拆除各类违章、违法建筑41宗，拆除面积4008平方米，查处违反规划案件6宗，处罚金额125.26万元。加强施工车辆道路扬尘管控。为进一步保持城市道路整洁、干净，严防运泥车辆进出工地轮胎带泥造成路面的污染，执法人员全天候、全覆盖严格监控运输建筑垃圾车辆。2022年出动执法人员3610多人次，向施工工地发出温馨提示200多份，检查管理工地泥头车上路密闭不标准、轻微撒漏215多宗，责令施工方清洗污染路面180余次，约2.8万平方米，作出行政处罚6宗，处罚金额1.44万元。同时，执法人员还加强城区建筑垃圾乱堆放、乱倾倒现象管理，规范沿街门店乱堆放建筑垃圾565宗，投入4.62万元，及时清理清运乱倾倒建筑垃圾626.6吨，对随意倾倒建筑垃圾作出行政处罚8宗，处罚金额1500元。

管道燃气　2022年，区住建局聚焦公共安全重点整治，紧盯公共场所，全面排查使用燃气的餐饮企业、商住混合体、企事业单位、学校医院等人员密集场所，重点检查燃气管道占压、穿越密闭空间，擅自改造等问题。全区餐饮场所基本安装使用燃气浓度泄漏报警装置。调整瓶装液化石油气公司供气区域，城区建成1个燃气配送中心，其余16个镇基本建成瓶装液化石油气配送点；开展燃气泄漏应急演练4次，查处燃气违规案件12宗，罚款13.4万元，查扣违规液化气瓶761个。

【村镇建设】　乡村规划　2022年3月，梅县区成功申报2022年传统村落集中连片保护利用示范县（市、区），是广东省唯一入选的县，区住建部门组织编制《梅县区传统村落集中连片保护利用规划》，推进投资4500万元的梅县区传统村落集中连片保护利用示范项目建设工作，通过一同谋划、一体规划、一同建设，借鉴先进经验，不断细化工作方案，确保传统村落集中连片保护利用示范建设项目快速推进。

人居环境整治　2022年，区住建局全面提升人居环境、基础设施和公共服务水平，实现镇村同建同治同美，让人民群众享有更高品质的生活。根据梅县区美丽圩镇建设攻坚行动计划，全区各镇在“三清三拆三整治”方面取得良好的效果，基本完成“三清三拆三整治”的任务，持续推动农村人居环境整治提档升级，不断增强人民群众的获得感、幸福感。

生活垃圾治理　2022年，梅县区农村生活垃圾处理工作采取“政府主导、群众参与、市场化运作”模式，全面推行“户收集、村集中、镇转运、区统筹处理”的农村生活垃圾处理模式，健全完善长效机制，聚焦全方位保洁、多元化投入，农村环境“脏乱差”等问题得到有效治理。

村镇污水处理设施建设　2022年，梅县区镇级生活污水处理设施建成23座，设计日处理规模1.83万吨，覆盖16个建制镇，镇级生活污水处理设施建制镇覆盖率100%，平均负荷率48.67%，全区镇级污水处理设施平均负荷率达到60%的有11座。

危房改造　2022年，梅县区农村削坡建房风险点整治774户全面完成，危房改造国家任务数13户，全部完成改造，并足额拨付补助资金。

特色小镇建设　2022年，梅县区启动“1+N”生态宜居美丽乡村示范创建工作，梅县区所有圩镇均达到宜居圩镇标准，其中畲江镇、雁洋镇达到示范圩镇标准。

2022年底梅县区住房和城乡建设局

局　长：何问安

（供稿：李　赞　傅彩云）

生态环境保护

【概述】　2022年，梅州市生态环境局梅县分局围绕上级部署，积极履行职责，统筹推进常态化疫情防控和经济社会发展生态环保工作，以打造梅县区“绿水青山就是金山银山”的广东样板为目标，深入打好污染防治攻坚战，全面完成各项工作目标任务。全区环境质量保持良好，未发生因环境问题引发的集体上访和群体性事件，未发生重大污染事故。

【环境质量】 2022年，梅县区新城环境空气质量优良率99.4%，各项污染物平均浓度符合国家环境空气质量二级标准；6个地表水考核断面（1个省考断面、5个市考断面），平均水质均达到或优于Ⅲ类，平均水质优良率100%，平均水质达标率83.3%（松源河铜盘桥断面平均水质未达标）；受污染耕地安全利用措施到位率100%，受污染耕地安全利用率达到90%以上；全区城镇生活垃圾无害化处理率100%；工业危险废物安全处置率100%，医疗废物安全处置率100%。城区环境噪声基本符合城市噪声质量标准。

【环境保护管理】 2022年，梅州市生态环境局梅县分局深化“放管服”改革，精简办事流程和压缩办件时限，优化审批服务。2022年受理并办结行政许可112宗。以梅州市“三线一单”生态环境分区管控方案为引导，依托广东省“三线一单”数据管理及应用平台，开展建设项目环境准入研判。试行豁免和告知承诺制审批，为工业增量发展给予更有效支持。统筹推进区生态环保重大项目建设工作，积极参与重点项目规划选址、资料收集等工作，推进重点工业项目高质量发展。2022年完成25宗建设项目环评审批工作，建设项目登记备案数89个。

2022年，梅州市生态环境局梅县分局制定并印发《梅州市梅县区生态环境保护委员会工作规则》和《梅州市梅县区生态环境保护委员会办公室工作规则》，进一步强化生态环境保护责任，统筹协调全区生态环境保护工作。结合“双随机”执法、日常监管和专项检查，以及落实常态化新冠肺炎疫情防控有关要求，持续开展执法大练兵、监测技能竞赛等活动，全过程加强生态环境保护队伍能力建设，执法人员的履职能力得到提升。解决历史遗留问题，生态环境垂直管理制度改革全面完成。

【环保督察整改】 2022年，梅县区生态环保督察整改工作取得阶段性进展。第二轮生态环境保护督察交办的88件群众信访举报案件全面办结，涉及梅县区的督察反馈问题整改任务共13项，已制订整改方案，各项整改工作稳步有序推进。

【污染减排】 2022年，梅州市生态环境局梅县分局强化对国控企业环保设施和在线监测系统以及镇、村污水处理设施的监管，督促处理设施规范投运、实现治污。强化排污许可证管理，推动落后产能退出。做好重点减排工程项目筛选，深挖减排潜力，收集项目基础信息和有关证明资料，对辖区内符合要求的减排项目做到应报尽报。2022年上报主要污染物减排量为NOX3.97吨、VOCS3.81吨、COD787.34吨、氨氮113.56吨，其中COD、氨氮减排量治理已超额完成上级下达的年度减排任务。

【环境综合整治】 2022年，梅州市生态环境局梅县分局常态化开展日常巡查、夜间执法、节假日检查以及各行业的专项执法检查，加强对重点排污单位、危险废物产生单位以及医疗机构、集中隔离场所、涉医疗废水的污水处理厂等单位监察执法，及时排查安全隐患，严查环境违法行为，确保全区环境安全。2022年出动执法检查2411人次，检查企业1081家次，发出《责令改正违法行为决定书》3份，实施行政处罚3宗，处罚金额37.5万元，实施查封扣押1宗，移送涉嫌污染环境犯罪案件1宗。

2022年，梅州市生态环境局梅县分局扎实开展农村生活污水治理，超额完成2022年下达的34个自然村农村生活污水治理任务。印发并实施《梅县区农村生活污水治理设施运营维护管理办法（试行）》，明确设施运维行政监管主体、责任主体，进一步提高农村生活污水治理设施的效能。按期完成被列入2022年省十件民生实事的白渡镇井面岗黑臭水体整治项目和市下达的26个问题排污口（排水口）整治任务。加强对水源地环境监管，完成7个乡镇饮用水水源保护区规范化建设，全区18个饮用水源水质结果均达标。强化农业面源污染防治。加强畜禽养殖常态化监管，开展畜禽养殖污染清理整治，加大禁养区复养现象的执法检查。规模养殖场粪污处理设施配套率100%，畜禽粪污综合利用率85.1%。加强水库水质监测，联合区检察院组织开展水库水质回头看工作，水库水产养殖量明显下降，水质得到明显改善。

2022年，梅州市生态环境局梅县分局加大废气排放企业执法检查力度，开展涉VOCs重点企业差异化分级管理，指导企业全过程深度治理和评估工作。持续开展用车大户入户检查工作、机动车尾气排放路检工作，开展非道路移动机械摸底调查和编码登记工作。全面禁止露天焚烧，禁止重大节庆禁放区内燃放烟花爆竹。严格落实污染天气应对措施，认真做好秋冬季大气污染各项防治工作，切实有效改善大气环境质量。

2022 年，梅州市生态环境局梅县分局稳步推进耕地分类管理，开展矿山生态复绿工作。严格建设用地准入监管，对全区 8 宗“一住两公”用地开展土壤污染状况调查。完成 5 宗土壤污染状况调查，编制 3 宗项目地块土壤污染状况调查报告。加强工业污染风险防控，建立固体废物监管重点行业企业管理清单，严格执行危险废物平台申报、转移联单等制度，危险废物全部安全有效处置。有序推进垃圾分类，城市生活垃圾无害化处理率、农村生活垃圾有效处理率均 100%。着力推进乡村振兴，完成市下达 13 个农村环境综合整治任务。

【生态文明宣传教育】 2022 年，梅州市生态环境局梅县分局围绕国际生物多样性日、“6·5”世界环境日和新时代文明实践活动，开展生态环境保护主题线下宣传活动。同时，拓宽宣传渠道，加强与电视台、电台等媒体的合作，与启善志愿者协会等社会公益团体开展联合宣传活动。通过发放宣传资料、现场咨询、播放生态环境法治宣传短片等方式推进基层生态文明宣传。按要求及时向社会公开空气环境质量、集中式饮用水水源水质季度情况以及行政许可、行政检查、行政处罚等环境管理信息，督促重点排污单位及时、主动公开环境信息，及时做好行政许可和行政处罚项目的双公示工作。

2022 年底梅州市生态环境局梅县分局

局　长：黄伟政

（供稿：张红英）

国 内 贸 易

2022 年，梅县区社会消费品零售总额完成 145.05 亿元，同比下降 2.9%。其中，全区限额以上单位汽车类商品销售额完成 18.12 亿元，同比下降 17.6%，成为拉低全区社零增速的最主要原因。从经营单位所在地看：城镇消费品零售额 108.93 亿元，同比下降 3.5%；乡村消费品零售额 36.12 亿元，同比下降 0.9%。从消费类型来看，商品零售 132.14 亿元，同比下降 2.9%；餐饮收入 12.91 亿元，同比下降 2.7%。从销售规模上来看，限额以上法人单位实现零售额 31.7 亿元，同比下降 11.6%。

供销商业

【概述】 2022 年，梅县区供销合作联社全面贯彻落实《广东省进一步深化供销合作社综合改革打造为农服务生力军行动计划》和省、市供销社及区委、区政府的工作部署，围绕“三农”工作大局，“不忘办社初心、牢记服务使命”，立足供销社本职，努力克服经济下行压力，全力推动新时期供销合作事业的改革发展，促进区域农业现代化发展和农民增收致富。获得 2022 年度全省供销合作社系统综合业绩考核县级优胜单位三等奖。

【广东供销天业（梅县）冷链物流中心建设】 广东供销天业（梅县）冷链物流项目是区委、区政府贯彻落实党中央实施城乡冷链物流设施建设补短板工程的决策部署，推进“六稳”“六保”的重要举措，是梅县区供销合作联社下属梅县区农业生产资料公司参股共建项目，2022 年注册成立公司。项目位于城东镇竹洋村，总投资 2.5 亿元，建成后预计可冷藏保鲜各类农产品约 2 万吨。该项目争取到省供销社、省自然资源厅支持，解决 5.33 公顷用地指标，申请到政策性开发性金融工具 0.25 亿元。2022 年 11 月 24 日，通过招拍挂取得项目一期用地 2.73 公顷，已动工建设。

【放心农产品产销对接平台建设】 2022 年，构建放心农产品产销对接网络，是《广东省进一步深化供销合作社综合改革打造为农服务生力军行动计划》布置的重点工作，是对接粤港澳大湾区的重点项目之一。2022 年 4 月，梅县区供销合作联社争取区级财政资金 100 万元、省供销社合作发展基金配套 100 万元，共 200 万元参股省级直供平台建设。

2022 年 6 月，成立梅县区子平台梅州梅县区供销农产品配送有限公司，开展农产品生产基地对接、农产品收储、检测检疫、中央厨房、物流、配送等全程流通服务，联结供销农场和食堂，采购供销农场及其他放心食材为学校、机关、企业食堂提供安全食品，为消费者提供放心优质农副产品，保障食品安全。2022 年 10 月，子平台公司刚建设完善，就在丰顺“10·23”、畲江“11·8”、梅州城区“11·20”新冠肺炎疫情相继发生后，在省平台统一调度下，组织人力和车队连续奋战，保障疫区物资供给，解决管控区群众的吃饭、生活物资配送等问题，完成丰顺“爱心蔬菜包”超一半以上的配送任务，共向丰顺县和梅县疫区配送抗疫物资650吨、13多万份“爱心蔬菜包”，为地方政府保供提供可靠的保障。

【生产、供销、信用综合合作】2022年，根据《供销合作总社、中央农办、人民银行、银保监会关于开展生产、供销、信用“三位一体”综合合作试点的指导意见》和省、市供销社、区委、区政府对深化供销合作社综合改革工作的部署要求，与中国银行、工商银行、客商银行等建立战略合作关系，共同推出农村普惠金融产品，在供销社第一次代表会议上对广东供销天业（梅县）冷链物流中心、放心农产品直供配送（梅县）子平台、生产供销信用综合合作试点、助农服务中心合作企业四个项目金融授信2.6亿元，让农户能够获得更便利、优惠的信贷支持，推动农户扩大再投资。

【“粤菜（客家菜）师傅”培训】2022年，梅县区供销合作联社充分发挥供销系统教育资源优势，通过联合广东省电子商务高级技工学校、丰泰职业培训学校和梅县区骅锋安琪职业学校，举办为期一周的“粤菜师傅”技能培训班，为50多名适龄乡村劳动力提供免费烹饪技能培训，弘扬岭南饮食文化，打造“粤菜师傅”品牌，带动就业创业，促进乡村振兴。

【助农服务综合平台（中心）建设】2022年，梅县区供销合作联社认真贯彻落实《广东省人民政府办公厅关于印发供销合作社新型乡村助农服务示范体系建设实施方案的通知》“两年完成建设，四年完善功能”的部署要求，围绕区政府提出的“聚焦‘三农’发展，持续推进乡村振兴”的战略，以及融入粤港澳大湾区建设三年行动计划，抓住产业发展、农业产业化开发等良好机遇，搞好助农服务综合平台（中心）建设。完善助农体系建设，提升服务水平。2022年4月，第二批财政资金90万元拨付下属梅县区农业生产资料公司，对2020年建设的9个助农服务中心进行功能完善提升，并签订合作意向书。依托助农服务中心、农业龙头企业等开展金柚、蜜柚、大米、茶叶种植开展农资农技、种植管理等培训。至2022年底，助农服务中心经营服务覆盖全区涉农乡镇，基本建立起覆盖全程、形式多样、综合配套、便捷高效的助农服务示范体系，成为新型乡村助农服务体系的重要支撑力量。

2022年10月，梅县区供销社“粤菜师傅”技能培训班举办

【社有企业管理】2022年，梅县区供销合作联社为进一步提高社有企业的经营能力、服务水平和经济效益，不断理顺社有企业关系，推动社属企业的改革发展。加快再生资源现代流通网络建设，助推城乡人居环境的净化、美化。贯彻落实上级有关开展生活垃圾分类部署，整合和利用现有经营网点，充分发挥物资回收公司的主导作用，优化整合经营网点，利用全区2个直营店、51个加盟店和155多个废旧物资回收经营网点，开展分购联销活动；协调发展再生资源链条，构建镇、村、社区回收利用网络，加强与废旧物资回收企业网点的合作。2022年，完成废旧物资销售5756万元，同比增长0.84%。构建现代农资经营与农技服务网络。充分发挥农资公司的龙头企业作用，加强与农资厂商的联合合作，组织质优价廉产品供应市场，平抑稳定农资商品价格。大力扩宽农资经营网点，连结助农服务中心，利用全区各乡镇设立的销售网点38家，深入专业合作社、种植大户，开展“一站式、零距离”的服务，送肥送药到果园、菜园、田间地头，满足群众的农业

生产需求，服务“三农”。2022年，完成销售化肥农药6502万元，同比增长4.68%。

【农民专业合作社建设】 2022年，梅县区供销合作联社发挥山区的优势资源，按组织化、规模化、品牌化、产业化标准，大力扶持各类专业合作社发展，着力引导专业合作社走特色之路。2022年，新领办农民专业合作社5家。同时，为进一步规范农民专业合作社的管理，对领办的农民专业合作社开展“僵尸社”“空壳社”专项清理工作。至2022年底，共领办农民专业合作社56家。其中国家级示范社3家、省级示范社16家、市级示范社14家。

【基层社管理】 2022年，梅县区供销合作联社不断完善供销社服务“三农”功能，加强基层社管理，推动经营业务发展，更好地服务基层、服务群众。不断完善畲江、梅西基层中心社建设，发挥基层中心社的服务功能作用，取得较好的经济和社会效益。

2022年底梅县区供销合作联社

主　任：温淑芳

（供稿：陈小燕）

烟草专卖

【概述】 2022年，梅州市梅县区烟草专卖局（分公司）（简称区烟草专卖局）在地方各级党委政府和省、市局（公司）党组的正确领导下，坚持党建引领，锚定卓“粤”创一流高质量发展战略目标，贯彻落实市局（公司）党组工作部署，坚持稳中求进总基调和新发展理念，积极应对各种困难和挑战，经济运行稳中向好，实现两烟销售收入8.77亿元，同比增长1.63%。

【烟叶生产】 2022年，区烟草专卖局抢抓烟叶生产“增量”发展机遇，主动融入重农抓粮大格局，全面落实2022年2000担增量计划，建成千亩种烟村3个，万担镇规模同比提升4.77%；乘借政府复耕复种政策东风，大力开发培育新烟区，盘活撂荒耕地233.33多公顷，提前锁定优质田块，及早谋实2023年2.65万担计划，并为“十四五”规划规模恢复目标做足土地储备。谋细“一企一策”定制化生产，高效开展烟叶收购调拨，狠抓全程质量管控，有效实现烟叶生产“量质齐升”，收购均价同比提升6.96%，上等烟比例71.35%，亩均种烟收入（含补贴）5300元；高质量推进梅岭产业综合体国家局试点建设，“梅岭绿特优”自有增收产品首次上架，实现亩均收入5100元。加大生态特色烟叶定制化生产培育力度，培育规模同比提升13.48%；加大新能源烤房推广力度，实施燃煤烤房改造43座，新建空气源热泵烤房4座、内置式新能源烤房11座，进一步增强绿色发展后劲；购置农机具15台、育苗设施播种机1台，提升合作社专业化服务能力。

【卷烟营销】 2022年，区烟草专卖局稳步推进20支网络建设，借助与中粮集团、国台、茅台等知名品牌跨界合作、“线上+线下”多渠道运营转化流量，实现销售金额927.19万元，其中非烟销售占比75.54%。加快农网建设转型升级，发挥农网红色店标杆引领作用，开展“三转”农网终端建设质量提升行动，完成农网终端形象提升73户、“三转”客户数73户，成功培育新农网创业带头人1户；城网农特产品上架零售客户共50户，占城网现代终端客户的24.03%，虚拟货架上架零售客户共32户，占城网现代终端客户的15.38%。新媒体服务持续发力，成立营销“创心”团队，利用20同话、梅州K吧提升零售户经营技巧，20同话粉丝客户占比88.18%，直播观看2122人次；聚焦客户使用堵点难点，采取线上直播培训、线下一对一指导的方式，加强终端系统使用指导，提高“易灵通”店铺管家系统应用质量，有288户零售户安装使用“易灵通”系统，占比10.67%。

【专卖管理】 2022年，区烟草专卖局查获各类涉烟案件114宗，查获涉案卷烟490.87万支，案值508.38万元，其中查获5万元或5万支以上大要案30宗。加强执法平台互动，联合公安、市场监管、打私办，开展“清湾”“金叶2022”“百日攻坚”和双节期间整治行动，关注违法运输环节，实施精准打击，开展联合行动45次，出动执法人员539人次，查获无证运输案件3宗，查获假冒伪劣卷烟216.53万支、走私卷烟47.83万支，无证经营电子烟20支，烟叶、烟丝14.56吨，追刑2人。分析真烟非法流通形势，提出切实有效的防控措施，开展全市卷烟规范经营交叉检查5次，治理打击违法经营真烟大户28户；深入推进未成年人守护成长和电子烟监管，发放并签署《中华人民共和国未成年人保护法》告知书2738份，办理电子烟零售许可证6户，主动劝诫不规范、经营规模小、业态不相符的商户下架29户。落实“一把手”亲自把关，层层审批新办证，清理业态不符、经营能力差的持证户，优化许可资源，2022年，新办证150户，注销176户，持证2728户，比2021年底持证户数量减少26户，排队轮候户数有104户。紧盯卷烟需求预测、客户分档、订单采集、物流配送、零售业务等重点环节，2022年，监管125次，反馈专卖部门查处违法违规经营2户、营销部门锁量降档113户，对2022年度11户亲属户建档加强动态监督4次。严守烟叶规模红线，开展烟种烟用物资领用及发放、育苗移栽及烟叶种植收购合同签订专项检查2次，烟叶收购调拨专项检查6次，走访烟农72户次。

2022年底梅州市梅县区烟草专卖局(分公司)
局　长：梁初剑

（供稿：高林莅）

食盐专卖

【概述】　2022年，广东省盐业集团梅州有限公司梅县分公司(简称盐业梅县分公司)按照梅州公司的部署，全面落实“以盐为基、以盐带路、严把盐关、广开盐路”的发展方针和“提品质、增品种、强品牌、优服务”的战略部署，面对新冠疫情的影响和盐改以后复杂严峻的市场环境，全司统一思想，以积极主动的工作态度，认真完成好各项工作任务。全年度销售小包装2758吨，同比减少409吨；直接食用小包装2229吨，同比减少356吨；低钠盐341.9吨，同比减少97.7吨；高端盐94.99吨，同比减少12吨。

【业务经营】　2022年，盐业梅县分公司在各类商超、社区零售点、农贸市场等消费便利渠道，增加粤盐货架或专篮投放，在明显的位置陈列生态海盐、低钠盐等产品和宣传物料，加大产品终端曝光度，提升销量。粤盐专篮投放119个、专柜投放21个。落实渠道下沉，实施“盐车同行”工作措施。每日到终端市场，结合市场走访、品牌宣传，对有外省盐竞品的商铺沟通进行竞品下架处理并现场配送到店，加大终端市场营销掌控。做好对本地区门店陈列等维护工作，确保本地区重要的KA连锁商超门店和区域型连锁商超门店获得定时维护，确保陈列形象规范。辖区内商超粤盐市场占有率98%以上，除几家食盐为总部配送的KA超市外，其他商超均无外省盐。规范配送商价格秩序。严格监管，进行配送商价格管控、秩序管控，现盐产品价格平稳，市场运行稳定。收复2家连锁超市、2家大型独立卖场，并分别与其签订卖场协议；收复便利店、士多店等50余家，收复城区餐饮烧腊店、食品加工店、饭店、食堂60余家。建立直供店招客户8家。对竞品市场做到直配直送、精准投放。直配直送畲江、丙村、松源3个乡镇，餐饮烧腊店、食品加工店、饭店、食堂600多家，商超门店50多家，小商超、便利店100多家。其中，每月直配直送餐饮烧腊店、食品加工店、饭店、食堂食盐10多吨。

【品牌宣传】　2022年，盐业梅县分公司加强与商超门店、农贸市场和各大社区的合作，以生态海盐、低钠盐为推广重点，结合节假日、周末和店庆等宣传热点，积极拉动产品销售，提高市场占有率。开展导购活动100多场，地推活动7场。品种优化，在城区有影响力、具代表性、销售业绩优秀的9家大型商超设立堆头宣传促销。在各大商超张贴宣传海报，进行低钠盐、生态海盐促销活动，有效提高生态海盐和低钠盐等中高端产品销售。走访时向消费者派发资料，与消费者互动盐产品知识，宣传粤盐品牌，强化消费者对粤盐品牌的认知度。

2022年底广东省盐业集团梅州有限公司梅县分公司
经　理：彭　戈

财政·税务

财　政

【概述】　2022年，梅县区财政局(简称区财政局)坚持以习近平新时代中国特色社会主义思想为指导，认真学习领会和贯彻落实中央、省、市扎实稳住经济的一揽子政策措施，按照区委、区政府工作部署要求，积极应对，一手抓疫情防控，一手抓财政管理，财政运行基本平稳。2022年，全区一般公共预算收入完成132291万元，一般公共预算支出完成639356万元。

【财政改革】　2022年，区财政局

加快国企改革，加强国资管理。制定完善21项区属企业管理制度，确保企业经营管理做到有章可依，有章可循，加强监督，规范运行；推动区属国有企业科学高效对接相关部门，统筹承接全区市政园林公共服务项目，有效节省财政资金；积极统筹盘活国有资源资产，加大资源出让力度，如：启动梅南良山石场的采矿权拍卖和梅江3#采区、石窟河4#采区的河砂开采权出让；对区属国有企业统一实行委托监管，确保企业依法依规开展各项业务。深化“放管服”改革。做好行政许可、政府采购等工作，优化政务服务质量，坚持依法理财、依法行政，法治财政建设持续推进。2022年，核准12家公司可以开展代理记账业务，并加强代理记账机构管理，确保代理记账行业的健康发展。2022年度梅县区计划备案5.55亿元，共2062笔，合同备案完成11.64亿元（包含2021年梅县区全区环境综合治理和修复建设（污水处理）PPP项目7.86亿元），共1920笔。推进内设机构改革，新增设资源环境股、金融与政府债务管理股等股室；撤销梅县区政府采购管理办公室，行政职能回归机关，编随人走；梅县区财务总监办公室更名为梅县区财务总监管理中心，调整优化工作任务，理顺部门职责，使职能设置更加到位，职责分工和各业务股归口服务预算单位更加科学，进一步提升行政效能。

【民生支出保障】 2022年，区财政局组织收入。建立财、税、库、银互动协调机制，健全财政与相关部门的双向联动机制，全面贯彻落实新的组合式税费支持政策，激发市场活力，做到应征尽收，颗粒归仓。谋划项目争取资金。2022年，争取新增债券资金15.79亿元，用于梅州综保区设施、医疗卫生建设、乡村振兴、交通公路建设等15个项目，争取省级涉农项目资金41126万元，拨付和支出进度100%。盘活财政存量资金。2022年，清理盘活存量资金10368.93万元，加大财政资金统筹力度，提升财政保障能力。合理调度资金。牢固树立“过紧日子”思想，压减非重点、非刚性支出，从严从紧控制一般性支出，严控“三公”经费支出；千方百计筹措资金，优先保障“三保”和重点领域支出，全力支持“11·8”“11·20”等疫情防控工作。2022年，梅县区省定“三保”支出29.52亿元。

【财政监督管理】 2022年，区财政局科学精准编制和严格执行预算。面对减收和增支双重压力，依据动态收支平衡的财力与库款情况、各类项目的轻重缓急及预期性变化状况，按照以收定支、厉行节约、保障“三保”、优化结构、讲求绩效的编制思路，按照数字财政预算要求，科学精准编细编实预算。严禁无预算超预算安排支出，削减无效、低效支出。依法依规用好直达资金。落实常态化财政资金直达机制，除公用经费类、运转类项目经费外，无特殊情况全部实行财政直接支付方式拨付，确保财政资金高效利用。建立财政专户，加强预算约束。在国库单一账户基础上设立“三保”和债券资金专户，确保“三保”和债券资金按时足额发放，强化财政资金管理，财政预算约束更加直接有力。加强财政评审工作。2022年，通过向社会面公开招标，严格筛选出20家优质造价咨询公司，继续提升审核速度。2022年，审定工程项目300宗，送审金额34.7亿元，审定金额31.73亿元，核减2.96亿元，核减率8.54%。加强预算绩效管理。2022年，继续组织预算单位梳理和建立核心绩效指标及标准，开展部门整体支出和项目支出自评工作，基本实现所有区级财政资金绩效评价；组织实施重点评价项目17个，项目支出评价总金额8.54亿元。

2022年底梅县区财政局

局　长：叶金胜

（供稿：何林盛　钟雨芊）

税　务

【概述】 2022年，国家税务总局梅州市梅县区税务局（简称区税务局）落实“疫情要防住、经济要稳住、发展要安全”重要要求，围绕“抓好党务、干好税务、带好队伍”工作中心，持续深化改革，完成2022年各项工作任务。2022年，梅县区税收总收入17.07亿元，同比减少13.25亿元，降幅44%，其中区本级收入7.8亿元，同比减少2.86亿元，下降27%。办理留抵退4.76亿元，同比增加3.25亿元。

还原留抵退税因素后，2022年，区税务局组织税收收入21.83亿元，同比减少9.99亿元，减幅31.4%。其中，区本级收入7.82亿元，同比减少2.86亿元，减幅26.8%；组织非税收入25.02亿元，同比增收5.44亿元，增长27.78%。其中，组织社会保险费收入19.63亿元，同比增收2.64亿元，增长15.54%。

【税源管理】 2022年，区税务局抓好税源管理工作。做好税源调查，加强税收分析，掌握税收主动

2022 年 4 月 22 日，梅县区税务局举行“春雨润苗 助企发展”银税互动项目授信仪式

权。2022 年初，抓紧抓早对全区的税源情况进行调查摸底，从机关各股室抽调业务骨干，成立税源调查小组，深入基层分局和重点税源企业进行实地调查，全面摸清税源分布和企业经营状况。分析税收发展变化趋势，提高收入预测水平，围绕组织收入中心工作，抓好现有税源管理，力争各项任务圆满完成。提高组织收入质量。坚决落实预算法治要求，严格遵守组织收入原则，坚持依法征收、科学征收，坚决防止“收过头税、突击收税、虚收空转、混库”等行为，实现收入增长与经济发展相协调。深入开展对组织收入全过程的分析监控预警，坚决防止违规行为，加强对高风险地区、重点税种、重要时间节点的入库情况监控，确保真实。房地产和建筑行业税收管理。继续对房地产业和建筑行业税收进行一体化管理，全面加强辖区内房地产业及重点工程税收管理，层层把好关口，做到应收尽收。重点企业税收管理。做好税源调查，深入基层和重点税源企业实地调查，全面掌握梅雁、宝丽华、超华、嘉元科技、BPW 等大公司的生产经营变化情况，建立专户台账，加强跟踪管理、分析预测，重点对纳税户税收异动情况进行比对分析，及时发现问题，堵塞税收漏洞，有效提升税收征管质量。

【依法治税】 2022 年，区税务局抓好依法治税工作。提升税收普法工作质效。提升纳税遵从意识，聚焦“普法惠民”主题，“纵联”基层税务分局、“横牵”、“两会”代表、行业协会等社会力量积极参与税法宣传，普法实现横向到边、纵向到底。打造税收法律宣传阵地，将税收宣传与普法工作结合起来，高效利用各项税宣平台，开展形式多样的法律法规宣传活动。2022 年，在各级媒体和税务系统内外平台累计发布工作动态 200 多篇，形成矩阵宣传效应。

【征管改革】 2022 年，区税务局做好征管改革工作。抓好任务统筹。制发相关文件贯彻落实任务分工，梳理 7 个方面 133 项具体任务，明确每项任务的部门负责人和主要经办人，层层压紧压实责任，先后完成金税三期社保费征管信息系统（标准版）上线、国有土地使用权出让收入等非税收入征收职能划转、电子发票服务平台人海压力测试等多项任务。抓好智慧税务建设。积极承接全市推广“1+4 非接触式”税费服务试点工作，顺利建成纳税服务运营中心，圆满完成“撤厅设点”、智慧办税服务厅升级改造等重要任务，为全市办税服务厅整合提供梅县样本。至 2022 年底，梅县区电子税务局业务集约受理率 100%，V-Tax 远程可视化办税实现 5 大类 47 项高频税费业务的智能咨询和远程帮办。抓实全电发票推广。区税务局在全市率先实现全部分局（所）均能开具全电发票。至 2022 年底，区税务局已确定应推广纳税人 6222 户，已开票户数 1376 户，合计开具全电发票近 2 万份，单轨率 99.45%。抓细税费服务举措，运用“精准提醒”功能，协助市税务局向全市纳税人累计推送各类精准提醒和辅导信息 30 多万条，有效延伸服务精细化触角。

【纳税服务】 2022 年，区税务局做好纳税服务工作。全员参与“便民办税春风行动”，落实 121 项措施，助力市场主体应享尽享快享政策红利。区税务局联合区工商联、广发银行梅州分行举办“春雨润苗助力小微企业发展”专项活动，现场授信金额超 1 亿元。全面深化“放管服”改革。2022 年，梅县区实现存量房交易登记“同城通办”。全区自然人不动产租赁发票代开业务网办率超 90%。区税务局联合区政数局推行“税村共建”新模式，宣传推广“粤智助”自助机新增 34 项自助办税事项，打通税费服务“最后一公里”。全力服务地方经济发展。坚持以税资政，协助市税务局完成铜箔产业调研报告。坚持突出重点，让增值税一般纳税人资格试点政策在梅州综合保税区落地生根，同时辅导梅州综保区企业成功办理出口退税流程，实现综保区第一笔出口退税。

2022 年底国家税务总局梅州市梅县区税务局

局　长：蓝　绽

（供稿：梁炜坤）

金　融

银行业

【中国工商银行股份有限公司梅县支行】　2022 年，中国工商银行股份有限公司（简称工商梅县支行）梅县支行深入学习和传达贯彻落实省、市分支行行长工作会议精神，在全行认真开展学习宣传贯彻中共二十大精神活动，围绕落实总行的第一个人金融银行战略、GBC 联动和省行提出的跑道式经营、拓面提质工作要求，大力拓展存款业务市场，不断深化资产业务经营转型，加大拓户工作力度，加快中间业务发展，继续坚持稳健经营、从严治行的理念，取得一定成效。至 2022 年末，本外币各项存款余额为 418904 万元，比年初增加 80472 万元，各项贷款余额（不含票据）299801 万元，比年初增加 34824 万元。

2022 年，工商梅县支行围绕“第一个人金融银行”战略，打造个人客户首选银行，坚持“与客户共同成长，靠服务创造价值”的理念，推进个人客户跑道式经营，抓实代发客群，做大社保医保客群，培育商户客群，激活信用卡客群，深耕房贷客群，提升长尾客户服务精准度。同时加强储蓄存款考核力度，全行上下形成大力发展储蓄存款的良好氛围。工商梅县支行以分行开展客户拓面提质活动要求，突出客户“拓面提质”工作重心，增强三个黏性的工作要求，以新户拓展和存量挖潜为主旨，通过开展多种形式的业务劳动竞赛活动，出台《关于开展重点业务营销活动的通知》《关于开展 2022 年四季度重点业务营销活动的通知》《关于加强信贷精细化管理工作的规定》，加强客户经理队伍日常履职管理考核，进一步做大对公和个人客户规模，切实提升全量客户占比和同业占比，促进全行公私业务协同发展。2022 年，工商梅县支行拓面提质居市分行首位。结合梅县支行下属网点的地理环境，强化发展意识，通过机构代理业务带动银行全业务发展，充分发挥综合服务功能，加强营销，抓信息源头、抓客户，加强与周边政府等单位的联系，机构业务取得较快发展，带动网点综合业务快速发展。加大个贷及信用卡不良的压降工作。针对个贷不良客户，由专人通过电话联系和上门催收等方式，紧盯还款，对承诺的还款资金持续做好跟进。针对信用卡不良客户，在积极做好电话催收和上门催收的基础上，通过多种手段催收，控制不良压降，对符合诉讼条件的不良贷款及分期付款抓紧组织材料移交法院，要求客户经理要提高责任意识和合规意识，要不断加强业务学习和交流，规范业务操作，信贷管理工作要做到常态化，对存在的问题要举一反三，防止信贷经营管理不到位和管理弱化，同时做好贷后管理工作，做好存量客户分析和防控、贷后检查、预抵、预转抵工作，运用多种手段重点加快做好贷款、信用卡不良清收处置工作。

2022 年底中国工商银行股份有限公司梅县支行

行　长：熊海昌

（供稿：陈　菲）

【中国建设银行股份有限公司梅县支行】　2022 年，中国建设银行股份有限公司梅县支行（简称建行梅县支行）围绕总行提出深化平台思维推动高质量发展、扎实提升建设银行核心竞争力的工作要求，践行“党建引领、转型发展、创新驱动”战略,坚定不移地以“价值创造”为核心，纵深推进转型发展，守牢风险底线，提升管理效能，实现存贷款、利润、客户等有效增长。2022 年，一般性存款时点余额 20.31 亿元，比年初新增 -3.09 亿元，一般性存款日均余额 21.60 亿元，比年初新增 0.89 亿元；各项贷款余额 34.27 亿元，比年初新增 1.11 亿元，实现拨备前考核利润 1.27 亿元。不良贷款余额 821.57 万元，比年初增加 269.72 万元，公司类不良贷款 186.33 万元，个人类不良贷款 635.24 万元，不良率 0.38%。逾期余额 1519.43 万元，2022 年较好完成控制目标；逾期贷款率 0.9%，在梅州市分行的控制范围内。实现中间业务净收入 1355 万元。

2022 年，建行梅县支行走访区政府、区财政局、区人社局、区住建局、区卫健局、区交通局、区自然资源局等重要单位，密切掌握财政资金使用情况及重点项目开展进程，推动国库集中支付预算管理一体化系统对接工作有序开展。依托自身品牌、服务及地缘人缘等综合优势，与单位积极洽谈，全力争取每一次合作机会。此外，梅县支行还走访区农业农村局、区科工商务局等单位，密切关注梅县区经济热点与发展动向。了解梅县区乡村振兴配套方案和农业龙头企业经营情况，在熟悉梅县区乡村建设的基础上，成功向省分行争取梅县区作为县域支行的业务发展扶持政策，为接下来梅县区的乡村振兴业务发展奠定坚实的政策基础；与区科工商务局进行“党支部结对共建”，抓党建促业务，利用高新技术企业、专精特新企业评定复审有利时机，联动科工商务局共同走访客户，宣传信贷政策，为企业提供信贷支持。

2022 年，建行梅县支行应对疫情可能导致的经济困难，推进大中型信贷项目发展，加强楼盘、房地产中介和中小企业走访，并不断寻求新的项目合作机会。2022 年，实现信贷投放的大中型项目主要包括：梅州综合保税区、西部旅游快线、新金基流贷、山水城开发贷、永昇住房租赁贷款，继续跟进九龙嶂抽水蓄能项目、华丰产业园污水处理、恒樱环保垃圾焚烧发电、李金柚深加工、翔龙科技项目贷、特变电气项目贷、科伦住房租赁贷款等重点项目。至 2022 年底，建行梅县支行存量大中型项目有 8 个，贷款余额 84543 万元。其中，西部旅游快线项目陆续投放建设贷款 2.6 亿元。2022 年，普惠业务继续保持高质量发展，实现普惠贷款新增 5927.15 万元，普惠户数新增 148 户，惠懂你授信客户新增 168 户，贷款余额、客户总数、普惠金融年度考核均居市分行第一名。2022 年，个人住房按揭贷款实现投放 20178 万元，余额新增 4051 万元。在疫情反复影响及经济下行的大背景下，建行梅县支行严格把控个人住房按揭贷款资产质量，较好地完成市分行下达的资产质量控制任务。

2022 年，建行梅县支行有效运用建行数据平台分析，关注重要客户资金动向。联动信贷团队走访维护现有及潜在私行客户和中高端客户，提升客户黏合度，实现行外吸金金额 8500 万元，筹备跟进的信贷项目约 13 个，资金约 4.8 亿元。

2022 年，建行梅县支行明确目标客户，建立客户分层服务体系，提供个性化的服务，深挖原有客户潜力，争揽新客户新资金。以联动营销为抓手，发挥团队协作优势，实施全员营销，着力集群拓展。充分利用存量房贷客户资源。对到店房贷客户进行面对面营销信用卡、装修贷、分期通等产品；利用系统筛选出近两年收楼客户群体，进行针对性的电话营销装修业务；紧密商户和楼盘合作关系，借助对方活动平台，宣传装修分期业务。

2022 年底中国建设银行股份有限公司梅县支行

行　长：李　健

（供稿：陈　伟）

【中国农业银行股份有限公司梅州梅县支行】 2022 年，中国农业银行股份有限公司梅州梅县支行（简称农行梅县支行）牢记“服务三农、服务县域”的历史使命，强化责任和担当意识，围绕梅县区委、区政府发展经济的战略部署，以服务地方经济发展为己任，坚持面向“三农”，推动脱贫攻坚和乡村振兴有效衔接，加大信贷规模倾斜，拓宽金融该服务渠道，切实发挥国有商业银行助力地方发展的银行主力军作用。至 2022 年末，本外币存款余额 61.79 亿元，比年初增加 8.33 亿元；贷款余额 73.17 亿元，比年初增加 1.83 亿元。贷存比 118%，居四大行首位。缴纳各项税费 1839 万元，同比增幅为 9.53%。

2022 年，农行梅县支行支持农业供给侧结构性调整，开展金融知识下乡等宣传活动 20 多场，惠农 e 贷净增 0.93 亿元，投放梅州分行首笔农村集体经济组织“光伏贷”项目贷款。大力支持金柚产业园、丝苗米产业园实施主体，为牵头企业广东十记集团有限公司授信 4000 万元、梅州市稻丰实业有限公司授信 7760 万元、梅州正佳农业发展有限公司授信 3000 万元。

2022 年，农行梅县支行新增项目贷款 4 个，其中，嘉元时代年产 10 万吨高性能电解铜箔建设项目授信 24 亿元；陆丰宝丽华甲湖湾电厂 3、4 号机组项目授信 12 亿元；富华节能高洁净度铜线加工项目 1700 万元；梅县区妇幼保健院、松口医院医疗设备更新项目 1280 万元。营销跟进融资需求 2000 万元以上的法人类项目贷款客户有 2 户，其中：重点跟进总投资 6.1 亿元的梅州高新区有信达泰森肉类熟食加工厂项目、总投资 2286 万美元的梅州圣戈班高端汽车玻璃生产项目。

2022年,农行梅县支行实现新开本外币对公结算账户716户,比上年多开162户,增速29.24%,其中新增机构账户49户(含村集体经济合作社),新开5户幼儿园学校账户,成功拓展头部企业嘉元时代公司、嘉元(宁德)公司、重点客户诚泰昌实业公司、广州市市政梅县区分公司、富华节能开发公司,成功拓展融媒体中心、梅县区生态环境监测站、梅州综合保税区管理委员会、梅县(扶大)园区管理委员会等重点机构账户,实现“双高”账户的重大突破;对公贷款客户数86户,比年初增加15户,增速17.44%。实现个人客户447709户,贵宾客户21901户,分别比年初增加4770户、1769户,财富AUM日均增量6124万元,任务完成率53.25%,家族信托中收40720.45元,居各支行首位;实现个人贷款客户数17225户,比年初增加437户,增速2.6%;个人贵宾客户产品覆盖率746.12%。

2022年底中国农业银行股份有限公司梅州梅县支行

行　长:张上敏

(供稿:赖　斌)

【梅州农村商业银行股份有限公司】 2022年,梅州农村商业银行股份有限公司(简称梅州农商行)围绕省联社工作部署,坚持党的全面领导,坚守法治、加快转型,坚守风险底线,着力构建“有为系统+有效法人”管理体系,沿着普惠金融转型改革发展轨道,坚定不移走“勤劳金融”发展之路,实现各项业务稳健可持续发展。2022年,资产总额为2201780.05万元,比年初增加197031.19万元,增幅9.83%;其中各项贷款总额1187024.76万元,比年初增加74475.62万元,增幅为6.69%。负债总额为1982765.79万元,比年初增加182328.05万元,增幅10.13%,其中各项存款余额1764840.25万元,比年初增加162868.27万元,增幅10.17%。实现财务总收入99364.55万元,同比增加5531.47万元,增幅5.9%;财务总支出78064.80万元,同比增加5168.93万元,增幅7.09%;实现利润总额21299.75万元,同比增加362.54万元,增幅1.73%;净利润18,780.94万元,同比增加432.85万元,增幅2.36%;实现经营利润32,056.35万元,同比增加1,170.87万元,增幅3.79%;成本收入比43.73%,控制在45%以内。网络金融业务方面:本行手机银行182872户,对比年初净增21977户;收银台3748户,对比年初减少1081户,存量POS商户为799户,对比年初减少167户。

2022年,梅州农商行持续在存贷款业务、支农支小、普惠金融方面下功夫,促进存贷款规模持续增长、支农支小工作提质增效、普惠金融工作扎实有效、金融市场业务有序发展,较好完成年度各项目标。

2022年,梅州农商行存贷款规模持续扩大。存款方面,突出“存款立行”的理念,细化存款考核指标、实施“总对总”营销和全员营销机制,通过实施“开门红”活动方案和年度存款计价标准,引导辖内机构朝着低成本存款方向拓展,加深政银、村银合作,争取财政、社保、教育、医疗、医保、医院等部门存款,加大力度拓展财政性存款,有效提升低存款占比,降低付息成本,实现存款稳步增长。贷款方面,贯彻“回归本源、一齐发展”理念,以“农村金融(普惠)户户通”工作为重心,优化贷款考核管理,重点突出普惠贷款考核机制,引导辖内机构加快大零售业务转型,切实做好“服务实体、服务三农、服务小微、服务民企”工作,主动对接“三农”和小微企业,大力支持乡村振兴发展,适度控制限控行业的信贷投放,优化贷款考核管理,大力开展消费信贷、零售信贷、绿色信贷、产业链信贷。

2022年,梅州农商行支农支小工作提质增效。围绕银保监“5号文”精神,结合小微“两增两控”、涉农贷款、普惠型涉农贷款等监管要求,梅州农商行5号文的15项指标全面达标。积极开展融资对接,通过持续加大对本土小微企业、政府重点项目、乡村振兴、特色产业等领域投放力度,确保实现普惠涉农、普惠小微贷款增速高于各项贷款增速,其中普惠型涉农贷款20.05亿元,较年初增加1.52亿元,增速8.22%,高于各项贷款增速1.53个百分点,监管达标;普惠小微企业贷款余额33.32亿元,较年初增加4.76亿元,增速16.66%,高于各项贷款增速9.97个百分点。积极开展支农支小再贷款行动,确保投放的精准性。2022年投放52笔支小再贷款,金额20320万元;投放23笔支农再贷款,金额2410万元。加强中小微企业首贷户贴息政策的宣传力度,指导符合条件的中小微首贷户按规定获得相应贴息补助,促进政策落到实处。至2022年末,梅州农商行已申报贴息的中小企业共53户,授信金额2.6

亿元。践行减费让利，2022 年发放千万以下小微企业贷款平均利率 6.58%，低于上年平均利率 7.02%。

2022 年，梅州农商行农村金融（普惠）户户通扎实开展。落实推进梅州农商行“农村金融（普惠）户户通”工作产出增效。结合“户户通”相关工作要求，坚持做小做散，发力大零售转型，着力打造“百人团”优秀客户经理队伍，充分发挥营销先头兵作用，并开展阶段性优惠促销利率活动，大力推广本行“市民贷”、悦农 e 贷、特色贷等金融产品。至 2022 年末，实现信息建档 776933 户，建档覆盖率 100%；预授信和授信的客户数 355666 户，授信覆盖率 99.94%；签约用款户数 24389 户，对比年初增加 7029 户；1000 万元以下贷款贷款户数 24248 户，对比年初增加 7018 户；普惠贷款占比对比年初上升 0.13%。全面启动农村金融（普惠）户户通“整村授信”工作。围绕省联社农村金融（普惠）户户通“十个一”工作要求，并结合人行出台的“整村授信”实施指引（试行）的相关文件精神，制定“普惠金融户户通”信用村建设工作实施方案，下发信用村建设工作操作步骤和实施内容，通过“政银”合力，积极推动辖内各机构与当地村委会对接，确保有序、有质、有效做好整村授信工作目标。

2022 年底梅州农村商业银行股份有限公司

董事长：卓仲宇

（供稿：李庆雄　杨英华）

【中国农业发展银行梅州市梅县支行】 2022 年，中国农业发展银行梅州市梅县支行（简称农发行梅县支行）贯彻落实党中央、省市分行党委的各项决策部署，全力服务粮食安全和乡村振兴，做好疫情防控，防范风险，确保安全无事故。至 2022 年底，各项贷款余额 9408.04 万元，各项存款余额 70091.84 万元，贷款实收利息 379.83 万元，利息收回率 100%。2022 年各项营业收入 2660.14 万元，营业支出 1765.68 万元，实现利润总额 894.46 万元。

2022 年，农发行梅县支行压实信贷基础，推动业务有效开展。根据省分行提升信贷财会基础管理三年规划的相关要求，农发行梅县支行组织人员认真学习信贷财会基础管理相关规章制度，强化合规意识。新系统上线，加强信贷日常工作关键环节的管理，进一步严格要求信贷审查，切实加强贷后监管工作。开展企业贷款跟踪管理和基础信息核查，全面监督资金的流向，确保专款专用，防范违规操作风险。对已发放贷款加强贷后监管和贷款基础信息真实性核查工作，严格执行办贷“十不准”。服务粮食安全，全力支持粮食储备业务。至 2022 年底，合计保管地方储备粮（稻谷）23625 吨，价值 6955.45 万元；地方储备油 140 吨，价值 198.8 万元；地方储备粮（成品粮）1671 吨，价值 1001.67 万元。合计保管地方储备粮油 25436 吨，价值 8155.92 万元，实物保管良好，账实相符。2022 年度查库频率为每旬一次，做好做实库存管理工作；2022 年，粮食轮换数量为 14083.56 吨（稻谷 12972.56 吨，成品粮 971 吨，成品油 140 吨），轮换期间及时投放贷款金额 8711.4 万元，做好粮食收储企业在粮食收购环节的资金供应保障工作。2022 年，粮食风险基金已到位 1490 万元，到位率 100%，客户部建立粮食风险基金使用台账，确保粮食风险基金的使用情况清晰明了。加大营销力度，推进业务转型发展。坚持高层带头营销理念，积极主动对接政府、企业相关部门，加大公司自营模式的营销。其中，向广东李金柚农业科技有限公司投放农业小企业流动资金贷款 1020 万元、向梅州市惠兴米业发展有限公司投放粮油购销流动资金贷款 500 万元。普惠小微贷款的成功投放，有效地缓解企业资金压力，推进当地优质小微企业实体经济的发展。

2022 年，农发行梅县支行夯实财会基础，提升服务水平。做好运营大集中上线工作，坚持每天组织部门人员在晨会时间共同学习研讨文件制度，合理分配岗位任务，强调对上级行下发的操作指引及风险提示。每月定时进行业务自纠自查，提前发现风险点，确保人员业务操作规范、符合文件制度规定，遇到问题及时沟通，全力以赴保障全国运营大集中的顺利运行。开展网上银行业务推广工作。根据总行《关于开办网上银行业务的通知》（农发银发〔2018〕247 号）文件精神，充分认识开办网上银行的紧迫性和重要性，积极联系企业客户开展网上银行业务推广工作，逐步提高电子支付替代率。至 2022 年底，存量客户 34 户，开通网上银行的有 29 户，网银签约率 85.3%。提升服务客户水平。优化企业开户流程，提升企业对银行开户服务的满意度，在企业开户方面，实行电话预约开户方式，提前安排好业务办理时间和整合相关资料，当客户抵达网点时，实现临柜审核一次性通过，减少企业等待时间；在账户收费方面，严格按照《中国农业发展银行服务价格目录（2022年）》《收费标准和关于进一步做好减费让利工作的通知》文件精神，全部免收客户的结算业务手续费和开通网银的U盾工本费及询证函相关费用，切实做到为企业减负，2022年为企业减费让利2.3万元。

2022年底中国农业发展银行梅州市梅县支行

行　长：赖庆文

（供稿：刘威胜　张舒婷）

【中国邮政储蓄银行股份有限公司梅县支行】　2022年，中国邮政储蓄银行股份有限公司梅县支行（简称邮储银行梅县支行）在上级党委的正确领导和监管部门的具体指导下，坚持以习近平新时代中国特色社会主义思想为指导，深入学习贯彻中共二十大精神，以国家“十四五”规划纲要为引领，持续加大乡村振兴领域金融支持力度，全力服务实体经济，积极发展普惠金融。2022年，发放贷款7.08亿元，各类贷款结余超17亿元，存款结余超75亿元。

2022年，邮储银行梅县支行搭建银政、银担、银保、银协等合作平台，利用“互联网+大数据+金融”模式，加大信用类贷款投放，至2022年末，累计向小微企业发放信用贷款超0.83亿元。科技赋能小微企业金融服务，创新推出“小微易贷”“E捷贷”“邮E贴”等线上产品，实现小微企业足不出户完成“随支随用”，有效解决小微企业融资慢问题。至2022年末，累计发放各类线上贷款超3.87亿元。围绕梅县区委、区政府的基础设施建设规划，全面实施重点项目金融服务工程，加大对交通基础设施、城市扩容提质、能源保障建设等项目信贷支持，加强跨条线合作，提供公司存款、公司贷款、公司结算、单位结算卡等一系列公司金融服务，打造组合拳产品。至2022年末，对梅汕高铁、宝新能源、梅龙高铁、嘉元科技等项目总授信超35.8亿元，项目已投放超20.08亿元。通过支持梅县区域内重点项目的建设，推进区域交通的互联互通和县域经济的发展。落实减费让利，持续助企纾困。邮储银行梅县支行对优质企业主动降低利率，降低企业融资成本。至2022年末，累计为37家普惠小微企业实施退息合计超过20万元。创新研发小企业无还本续贷业务，有效解决小微企业融资难问题。至2022年末，累计发放无还本续贷15笔，合计5093.1万元。实施差异化的利率定价，普惠型小微企业贷款利率呈持续下降态势，有效解决小微企业融资贵问题。发挥服务“三农”主力军作用，引导信贷资源向“三农”领域倾斜，做到“应贷尽贷”且“应贷速贷”，极大地提升农村客户的信贷可得性和覆盖面。至2022年末，累计发放小额贷款1912笔、金额超4.5亿元，笔均金额约23万元，其中，涉农贷款结余超1.64亿元，有效改善农村融资环境，助力“三农”产业发展。着力推进农村信用体系建设，加快构建小农户、家庭农场、农民合作社、农业企业、村镇等多维度数据图库。立足自身资源禀赋，发挥邮银协同优势，通过打造众多“三农”服务小场景，构建“三农”服务大生态。2022年，建成信用村317个，信用户4967户。发展“极速贷”“线上信用户贷款”“农担贷”等产品，满足农村客户的不同资金需求。按照“信用即财富”的思路，推进“信用村”建设。持续做好助农取款点基础金融服务，服务点可办理本行助农取款、跨行助农取款、电费缴费、电信充值、转账汇款等业务。共布放银行卡助农取款受理终端6台，2022年，累计取款笔数近0.3412万笔，有效满足部分乡村居民就近小额取现、余额查询、转账等基础金融服务需求。丰富手机银行涉农应用场景，使其成为广大农民的“随身银行”。至2022年末，邮储银行梅县支行电子银行客户超15.26万户，个人网银客户超10.53万户，手机银行客户超84万户。针对老年客群，专门推出手机银行适老版App以及电话银行尊长专线，为老年客户提供贴心服务。

2022年底中国邮政储蓄银行股份有限公司梅县支行

行　长：罗润加

（供稿：潘　婷）

【梅州客家村镇银行股份公司】
梅州客家村镇银行股份公司（简称客家村镇银行）是梅州地方法人金融机构，总部位于梅县区华侨城宪梓北路50号。至2022年末，内设9个一级职能部门，辖分支机构39家（县级支行4家、支行7家、分理处28家）。各项存款余额46.19亿元，各项贷款余额27.43亿元，资产总额50.67亿元。

2022年，客家村镇银行专注主

业，深耕本土，支持实体经济和服务乡村振兴发展。2022 年整合信贷业务部门，充实普惠金融队伍，设立公司信贷业务中心、个人信贷业务中心、资产管理中心，领导带队主动走访对接小微企业、个体工商户、新型农业经营主体，简化办贷流程，提高放贷效率，推进“应贷尽贷”，发放普惠型涉农贷款 7558 笔 124868.30 万元，发放普惠型小微企业贷款 11091 笔 163512.07 万元。为助力乡村振兴和推进绿色金融，2022 年大力推广乡村振兴贷和绿色光伏项目，累计发放“乡村振兴贷”91 笔 1444 万元，发放“绿色光伏贷”265 笔 3214.75 万元。为支持辖区小微企业发展，按照延期还本付息政策要求，2022 年为 261 家企业办理延期还本付息贷款 277 笔 52944.41 万元。落实减费让利，对首贷客户等实行利率优惠政策，普惠小微企业贷款加权平均利率较 2021 年下降 33 个 BP，让利 550 万元。

2022 年底梅州客家村镇银行股份公司

董事长：李东强

（供稿：李　远）

保　险　业

【中国人寿保险股份有限公司梅县支公司】 2022 年，中国人寿保险股份有限公司梅县支公司（简称中国人寿梅县支公司）在梅州市分公司党委的正确领导下，认真学习贯彻习近平总书记重要指示批示精神，坚决落实党中央重大决策部署，不断提高政治意识和政治能力。严格执行各项工作要求，提质增效，稳步推进公司各项业务发展。

2022 年，中国人寿梅县支公司十分注重加强与政府及其职能部门的沟通与交流，加强与区金融局、区卫健局、区扶贫局、区妇联、民政人社局等有关政府职能部门的沟通工作，顺利拿下由政府出资为梅县区贫困人员投保老人险续期保费 29 万多元，同时由政府下发银龄安康自付费覆盖率考核指标到各镇，卫健、妇联也下发倡议书到各单位及各镇政府。其他职能部门的关系也得到深一层次的提高，使业务合作更加紧密。

2022 年底中国人寿保险股份有限公司梅县支公司

总经理：黄丙明

（供稿：卜晓玲）

【中国人民财产保险股份有限公司梅县支公司】 2022 年，中国人民财产保险股份有限公司梅县支

2022 年梅县短期险业务指标达成情况表

表 1　（数据至 2022 年 12 月 28 日）

渠道	年度目标（万元）	年度达成（万元）	年度进度（%）	年度同比（%）
团险	786	704.11	89.6	−7.62
银保	18	18.14	100.78	−2.18
大个险	703	548.63	78	−6.69
大短险	1507	1270.65	84.3	−7.15

2022 年梅县团险专项指标达成情况表

表 2　（数据至 2022 年 12 月 28 日）

专项指标	年度任务（万元）	完成保费（万元）	年度进度（%）	年度同比（%）
老人险	342	308.85	90.3	−3.6
计生险	93	87.45	94	1.93
妇联业务	61	42.6	70	−26
银行对公	81	83.02	102.5	−17.69
员福	120	94.65	78.8	−8.02
学生险	78	76.02	97.5	−8.79

2022 年梅县银保业务达成情况表

表 3　（数据至 2022 年 12 月 28 日）

指标	年度目标（万元）	年度达成（万元）	年度进度（%）
标保	48	66.62	138.79
5 年期及以上	189	246.6	146.35
期交	769	1128.89	146.8
短险	18	18.14	100.78

公司（简称中国人保财险梅县支公司）在梅州市分公司和当地政府的正确领导下，积极响应上级号召，努力完成任务，各项工作取得良好成绩。2022 年实现保费收入 1.71 亿元，增速 27.6%。其中，车险保费完成 7425 万元，同比增长 10.7%，个非加强车险渗透率和保尚保推广，保费 2065 万元，增速 14%；商团积极挖掘政企保源，保费 2396 万元，增速 86.1%；农险提标扩面，保费 5232 万元，增速 44.7%。

2022 年，中国人保财险梅县支公司个客板块按市公司统一部署，深耕市场，围绕分公司“三湾改编”和基本法，调动员工的主动性和积极性，同时全力推进分公司下达任务目标，在业务发展取得一定的成绩。车险板块以大力发展家用车为指导思想，以提升“三率”为抓手，强化过程关键指标的监督。车险保费收入 7424.62 万元，增速 10.72%，家用车保费占比上升 1.16%，占比达成 53.97%。家用车续保率方面，2022 年达成 75.33%，同比提升 7.4%。保足保全率方面，2022 年达成 73.78%，同比提升 23.25%。个非保费 2065.08 万元，增速 13.95%。驾意险渗透率全年达成 77.22%，同比提升 2.5%。个非板块围绕随车、随人、特定场景等单独制定销售模式，个非保费同比提升 13.95%。

2022 年，中国人保财险梅县支公司法人板块深耕本土市场，积极挖掘本地上市公司大客户和工业园区保源，企财险、雇主险、团意险持续增长，加强政企互动，承保全区自然灾害公众责任险、校责险，大力发展安责险、工程险业务，承保市重点战略工程 233 线一、二标段工程险，服务梅县经济社会民生。商团保费 2022 年实现快速正增长，保费收入 2396.1 万元，超额完成分公司调度目标 159.74%，较上年同比增速 86.05%。万元以上客户续保率 91.22%，新保客户全年新增 108 个，产品渗透率 1.572%，三率指标全面达成，渠道发展持续增长，业务发展趋势持续向好。

2022 年，中国人保财险梅县支公司农险达成分公司调度保费任务，实现保费收入 5232 万元，保费增量 1617 万元，增速 44.7%。政策性险种增量保费 1005 万元，增速 28.2%，商业性险种增量保费 613 万元，增速 1178%。农险总赔付成本 2678 万元（含摊回赔付支出），赔付率 69.2%。2022 年已决金额 3538 万元，未决金额 269 万元。2022 年共收回省级、县级财政保费 893 万元，农户应收完成清零共收回 88 万元，总应收余额 3551 万元，应收率 67.8%，其中存量逾期应收保费余额 153 万元。农险承保利润 702 万元，综合成本率 81.9%，综合费用率 12.7%，赔付率 69.2%。

2022 年底中国人民财产保险股份有限公司梅县支公司

总经理：谭永恒

（供稿：罗雪霞）

上 市 公 司

梅雁吉祥

【概述】 2022年，广东梅雁吉祥水电股份有限公司（简称梅雁吉祥）以持续提升治理水平、高质量和高效益发展为目标，围绕夯实基础，抓住机遇，强化改革的经营方针，保障水力发电等业务的稳健经营，统筹推进地理测绘信息业务的拓展和创新，进一步提高企业核心竞争力，有序开展各项业务，使经营保持稳定增长，公司发展迈上高质量发展的新步伐。2022年公司实现营业收入49,699.77万元，归属于上市公司股东的净利润5,786.48万元，均较上年同期实现大幅增长。

【主营业务】 2022年，梅雁吉祥主要业务有水力发电、地理测绘信息、制造业等。水力发电和地理测绘信息为公司的核心业务。

2022 年，梅雁吉祥电站全部在广东省梅州地区，均为水力发电，目前建成投产的水电站总装机容量为 15.1 万千瓦，年设计发电量约 4.7 亿千瓦时，上网电价为税前 0.4382 元/千瓦时。梅雁吉祥的水力发电业务运营稳定，具有现金流优势和运营成本较低，成本控制能力强等优势，盈利模式较为成熟。报告期内公司水电业务未发生行业形势变化，电站运营正常。

2022年，梅雁吉祥控股子公司广州国测主要从事地理遥感信息、信息系统集成、信息技术咨询等服务，拥有测绘、土地规划、地质灾害治理工程勘察设计等多项甲级资质和民用无人机驾驶航空器经营许可等；广州国测凭借甲级资质优势和多年积累的测绘技术、经验等核心竞争力，在广东省内形成较为稳固的市场地位。在梅雁吉祥实施并购以后，广州国测依托上市公司平台和管理经验，进一步完成向全国范围的业务拓展，在传统地理测绘信息业务优势的基础上进行智慧城市项目基础性布局、强化地理信息+软件研发并与新业务融合的运营发展模式，从而为公司产业链延伸发展打下坚实基础。

【分配预案】 梅雁吉祥 2022 年度经审计的合并报表实现归属于上市公司股东的净利润 57864831.06 元。梅雁吉祥拟按 2022 年期末总股本 1898148679 股为基数，向全体股东每 10 股派发 0.10 元（含税），合计派送现金股利 18981486.79 元（含税），占审计后本年度归属于上市公司股东的净利润的 32.80%。

2022 年，梅雁吉祥不进行资本公积转增股本。本次利润分配方案尚需提交 2022 年度股东大会审议。

宝新能源

【概述】 2022 年，广东宝丽华新能源股份有限公司（简称宝新能源）保持战略定力，坚定政治站位，积极应对挑战，发扬奋斗精神，坚决贯彻落实能源电力安全保供决策部署，紧抓新能源电力安全生产、提质增效，为经济社会发展提供坚强电力保障；立足发展，高效精简，全面优化提升内部机制，进一步打造可持续核心竞争力，努力实现向内要效益、向外稳发展。报告期内，宝新能源实现营业收入 94.15 亿元，归属于上市公司股东的净利润 1.83 亿元。

【主营业务】 2022 年，宝新能源始终秉承稳运营促发展的理念，坚定政治站位，勇担使命责任，坚决贯彻落实保供电决策部署，全力以赴保障电力安全生产和稳定供应，为经济社会发展提供坚强电力保障。在行业承压的大环境下，迎难而上，发挥主人翁精神，以企为家、自觉担当，深挖潜力、降本增效，扎实筑牢梅县荷树园电厂发展基础，优化提升陆丰甲湖湾电厂增长驱动效应，创新发挥宝新售电灵活运营优势，千方百计稳生产、降费用、促增长，形成共促高质量发展合力。报告期内，宝新能源广东陆丰甲湖湾电厂二期扩建工程（2×1000 兆瓦）项目获广东省发改委核准批复，于 2022 年 11 月 26 日正式开工建设，并获批进银基础设施基金有限公司 5 亿元政策性开发性金融工具支持；截至本报告披露日，项目银团贷款合同已签署，贷款总金额为 62.4 亿元，贷款期限 20 年，充分保障建设需要。宝新能源将全力推进项目建设，确保工程优质高效完成。

2022 年，宝新能源针对各类资产情况，制定不同策略，多措并举盘活现有资产，促进提升资产运营效率，力促梅州客商银行稳健合规运营，协同投资企业发挥优势扩大效益，积极探索寻找符合自身特色的健康发展路径，在行业发展面临困局之时提供了保障性利润来源。

2022 年，宝新能源发起设立的梅州客商银行始终坚持“稳字当头、防控风险、守住底线”，坚定不移坚持“数字化”战略发展方向，2022 年获得 4 项发明专利及 16 项软著授权，荣获“商业银行数据中台建设创新奖”“数字金融最佳普惠创新奖”“运营管理创新优秀案例奖”等奖项；推进融湾战略，开设乡村金融服务站，积极践行普惠金融，打造小额分散的资产业务布局，在结构调整和融湾转型中努力实现高质量发展。截至报告期末，梅州客商银行资产总额 302.05 亿元，同比增长 21.46%；报告期内实现营业收入 5.02 亿元，同比增长 74.91%；净利润 1.70 亿元，同比增长 5.73%；不良贷款率为 0.46%，形成业务规模大幅增长、资产质量持续稳定、利润再上新台阶的发展态势。

2022 年，宝新能源资产管理业务取得新进展。参股投资的汕尾后湖海上风电项目进入满产发电首年，来风情况良好，管理管控到位，2022 年实现净利润约 4.73 亿元；公司参股投资的东方富海坚持沿着“投资专业化、服务平台化”的战略紧抓机遇，不断扩大募资管理规模，牵头推动 2022 宝安湾国际 LP 高峰论坛以及香蜜湖国际创投高峰论坛，入选中国保险资产管理业协会 A 类基金管理人，旗下 OFC+湾加速获批成为国家级众创空间，2022 年实现净利润约 3.19 亿元；主要对外投资项目均取得良好业绩增长，为宝新能源夯实运营基础、增强发展动力、提升利润水平做出积极有效的贡献。

2022年，为适应新发展阶段的趋势与态势，聚焦做大做强做优能源电力核心主业，更好地凝神聚力、聚焦主业，宝新能源注销了宝新3号私募投资基金及近年未承接新业务、经营规模较小的子公司宝新租赁，聚焦核心主业，优化资源配置；努力做好能源电力主业重点项目——陆丰甲湖湾电厂二期扩建工程（2×1000兆瓦）建设资金的筹措，争取并获批政策性开发性金融工具支持，推动银团贷款协议的协商签署，推动资金成本有序降低，加强资金综合保障。同时，为贯彻落实《国务院关于进一步提高上市公司质量的意见》，配合证监会实施新一轮推动提高上市公司质量三年行动方案，公司聘请专业咨询机构，细致梳理管理制度，科学规范机制流程，深入推进降本增效，持续优化治理体系，分批次制定完善管理制度二十七项，进一步构建切合实际、规范透明、运转协调、行之有效的治理机制，为新形势下更好地推动高质量发展筑牢坚实的治理基础。

【分配预案】 2022年，宝新能源向全体股东每10股派0.3元（含税）。

超华科技

【概述】 2022年，广东超华科技股份有限公司（简称超华科技）主要从事高精度电子铜箔、各类覆铜板等电子基材和印制电路板（PCB）的研发、生产和销售。超华科技近年坚持“纵向一体化”产业链发展战略，并持续向上游原材料产业拓展，已具备提供包括铜箔、半固化片、单/双面覆铜板、单面印制电路板、双面多层印制电路板、覆铜板专用木浆纸、钻孔及压合加工在内的全产业链产品线的生产和服务能力，为客户提供“一站式”产品服务，是行业内少有的具有全产业链产品布局的企业。超华科技聚焦信息功能材料、新能源材料、纳米材料和前沿新材料等战略性新兴产业，致力成为全球高精度铜箔产业这一战略性新兴产业中金属新材料细分市场的“工业独角兽”。

2022年，超华科技产品单价同比降幅较大。超华科技全资子公司广州泰华因管理层管理不善致使持续亏损。超华科技在董事会领导、管理层的带领下，果断采取行动，对广州泰华进行停产整顿，虽短期对利润造成较大影响，但长期可以降低生产成本，提高生产效率，增强企业盈利能力。2022年，超华科技实现营业收入172715.53万元，同比下降30.14%；归属于上市公司股东的净利润为-33571.72万元，同比下降567.01%；归属于上市公司股东的扣除非经常性损益的净利润为-33161.43万元，同比下降430.63%。经营活动产生的现金流量净额同比大幅提升57.78%。

【主营业务】 2022年，超华科技研发投入9076.78万元，不断加大研发投入力度，加快推进新产品的研发进度，同时也不断丰富和完善现有工艺技术，进一步提升产品质量。超华科技开发用于5G通信的RTF铜箔的实现量产，并获得多家客户认可，进一步提升性能，向高端化迈进；VLP铜箔已小规模生产，目前持续推动量产进度。锂电铜箔领域，超华科技自主开发的4.5微米锂电铜箔产品成功量产并投入下游客户使用，产品性能满足市场高端产品的要求，6微米高强、高延展锂电铜箔也取得性能突破。同时，超华科技对HTE、HPS等产品的现有生产工艺进行改良优化，在降低生产成本的同时也不断提升产品性能；超华科技研发的挠性板用铜箔实现量产并批量投入市场应用；此外，超华科技不断加大高频高速PCB用极低轮廓电子铜箔、载板用极薄铜箔及3.5微米极薄锂电铜箔等高端产品的研发力度，丰富高端领域产品结构。随着公司研发创新能力的不断强化和升级、产品结构的调整和优化以及技术体系的不断更新和提升，超华科技形成与下游行业发展相匹配的核心技术，充分满足各种特殊新材料对铜箔的定制化需求，推动公司客户结构持续向高端聚拢。

2021年2月，超华科技与玉林市政府、广西玉柴工业园签订合作协议，计划投资122.6亿元在广西玉林建设年产10万吨高精度电子铜箔和年产1000万张高端芯板项目。2022年，该基地一期建设稳步推进当中，完成厂房建设，待设备进场完成组装调试后即可试生产。超华科技在梅州年产600万张高端芯板项目总投资3.76亿元，2022年6月完成全部主体结构，2022年底能够投产，该项目主要生产FR4-HDI专用薄板、高频覆铜板。通过上述项目的实施，超华科技将快速增加RTF铜箔、VLP铜箔、HVLP铜箔、超薄、极薄、高抗拉锂电铜箔、高频高速覆铜板等高端产品产能、完善产品结构，显著带动公司整体制程能力和工艺水平提升，夯实行业地位。

2022年，超华科技联合科研院校、产业链合作伙伴申报创建高性能铜箔研发中心并获批，并联合多家公司共同组建广东铜基箔材科技创新有限公司，致力于整合铜箔行业创新资源、加强产业前沿和共性关键技术研发。同时还积极参与国家高性能铜箔科研攻关项目，进一步提升超华科技整体研发实力。此外，超华科技持续深入开展产学研合作，推动技术人员进入高校进行培训、交流，壮大公司研发队伍，不断提升公司产品核心竞争力。

2022 年，超华科技与景旺电子、胜宏科技、中京电子、博敏电子、南亚新材、兴森科技、奥士康、依顿电子等国内众多 PCB 领域头部企业签订战略合作协议，浇筑双方合作的坚实基座。同时，成功加入深南电路供应链体系。超华科技的原材料取得一系列终端客户的产品认证，例如飞利浦、东海理化等。2022 年，超华科技客户群已覆盖国内外大部分 PCB、CCL 上市公司和行业百强企业，下游优质的客户同时也正处于高速发展期。

【分配预案】 2022年，超华科技不分配，不转增。

嘉元科技

【概述】 2022 年，广东嘉元科技股份有限公司（简称嘉元科技）坚持以习近平新时代中国特色社会主义思想为指导，认真贯彻落实中共十九大、十九届历次全会和中共二十大精神，紧紧围绕年度生产经营计划，全体员工奋发进取，致力建设奋进、实力、创新、品牌、效率、同心、动能、平安、绿色、责任嘉元，在满足生产、交付既有订单的基础上，不断夯实主营业务基础，加快推动各产能项目的建设，加大新产品、新技术开发力度，较好地完成各项工作任务，2022 年实现销售收入 46.41 亿元，较上年同期增长 65.50%，归属于上市公司股东的净利润 5.21 亿元，实现铜箔产量 52859.90 吨，实现铜箔销量 49054.12 吨。

【主营业务】 2022年，嘉元科技坚持以市场和客户为导向，进一步夯实铜箔主营业务，新增产能持续释放，实现锂电铜箔产品产销量大幅增长，并在技术创新方面不断强化和升级，持续满足锂电池能量密度提升及轻量化等技术目标。同时，为更好抓住产业机遇，加大下游市场开发力度，加快新增产能项目的建设进度，乘势做大做强铜箔产业。

2022 年，嘉元科技实现铜箔年产能达 5 万吨以上。重点推动白渡嘉元科技园年产 3.1 万吨高性能铜箔项目基础设施建设、设备调试等工作，实现全面投产；全力加快江西嘉元年产 3.5 万吨电解铜箔项目、宁德嘉元年产 1.5 万吨高性能铜箔项目建设进度，江西嘉元年产 2 万吨电解铜箔项目于 2022 年 12 月底开始试产。山东嘉元在对原有 5000 吨产能技改的基础上，扩建 5000 吨生产线，总产能达到 1 万吨。与宁德时代合资设立广东嘉元时代新能源材料有限公司，投资建设年产 10 万吨高性能电解铜箔建设项目，自 2022 年 6 月动工以来进展顺利。

2022 年，嘉元科技推广、招投标、专家客户圈层推介等途径开发新客户，2022 年内净增新客户 60 家，截至 2022 年底，合作客户达到 138 家。公司通过主动拜访客户、网络沟通、参与行业协会等方式，及时了解顾客需求。针对客户不同阶段的期望和需求，为客户量身定制优质解决方案，准确、快速响应客户需求，不断提高客户满意度。同时，公司与主要客户宁德时代签订《高端锂电铜箔采购合作意向备忘录》，预计 2023 年全年将向公司采购 4.5 微米及 5 微米高端锂电铜箔 2 万吨。通过开发新产品、提高产品质量等方式，争取更大市场份额。公司锂电铜箔市场份额位居国内前列，其中代表国内外最先进的 4.5 微米极薄高端锂电铜箔获得市场较高份额。2022 年，公司再获宁德时代铜箔类唯一年度优秀供应商荣誉，这是公司近年来第五次连续获得锂电领军企业宁德时代颁发的铜箔材料类唯一“年度优秀供应商”称号，并于 2021 年被宁德时代授予“十年贡献奖”。

2022年，嘉元科技结合时代发展趋势，在“三环紧扣，双降双升”质量管理模式的基础上，增加“绿色”要素一环，注重低碳环保，完善升级为“四环紧扣，双降双升”质量管理模式，着力提高产品质量、提高顾客满意度，降低成本、降低排放，实施成效显著。2022年，公司从213家组织激烈竞争中脱颖而出，以第五顺位荣获第七届广东省政府质量奖。“四环紧扣、双降双升”质量管理模式入选省质量强省领导小组办公室《第四届中国质量奖（含提名奖）和第七届广东省政府质量奖获奖组织质量管理经验汇编》，在广东全省进行推广。同时，公司高度重视产品质量管理，健全生产车间现场管理制度，严格规范生产流程。定期对产品检测设备进行维护保养，检测校准设备精度，优化产品包装方式，改善生产现场温湿度、整洁度等环境因素，获宁德时代“5S标杆线认证”。

2022年，嘉元科技SPC、MSA学习小组，开展统计过程控制、测量系统分析等质量知识学习。针对幅宽误差、产品塌边、印痕等问题，进行症状梳理和原因归类，开展引进激光测量幅宽仪、版型仪，创新包装方式等一系列质量提升活动，产品品质得到新改善。2022年，QC小组质量课题《降低超薄双面光铜箔翘曲不良率》获广东省第四十二次QC小组代表大会成果金奖、2022年梅州市优秀质量管理小组成果特等奖。

2022年，嘉元科技高度重视科技创新，加大研发创新投入，投入多项研发经费用于新产品新技术研发、研发平台改造升级、补充研发设备、研发人员经费等方面，紧抓国家企业技术中心、国家技术创新示范企业、省级企业技术中心、广东省企业重点实验室、广东省工程技术研究开发中心等科研平台建设，规范研发实验室管理制度，增配先进研发设备仪器，打造行业领先科研平台，嘉元科技省级企业技术中心在2021年度省级企业技术中心评价中获评优秀。

2022年，嘉元科技与南开大学先进能源材料化学教育部重点实验室院士团队签订《技术开发合作意向书》，共同推进锂离子电池负极集流体新材料研发及应用项目研发。全力推进“高抗拉强度极薄双面光5微米电解铜箔”“高抗拉强度极薄双面光4微米电解铜箔”等9项铜箔产品研发。嘉元科技自主研发科技成果“锂离子电池用双面光4.5微米极薄电解铜箔生产工艺研究及其产业化”获俄罗斯工程院外籍院士、广东工业大学特聘教授、博士生导师闵永刚等权威专家高度评价，在科技成果鉴定评价会上评价委员会一致认为该项目技术创新程度高，经济和社会效益显著，产品具有良好的市场前景，整体技术水平居国际领先。中国电子材料行业协会电子铜箔材料分会发出《证明》，认为嘉元科技已掌握具有自主知识产权的高性能电解铜箔生产核心技术，整体生产技术水平在国内处于领先地位。同时，公司紧跟铜箔行业发展趋势，密切关注行业动态，成立复合铜箔研发小组，升级铜箔研发设备，招聘复合铜箔技术人才，新建PET复合铜箔试验车间并购置PET复合铜箔中试设备，积极开展PET、PP、PI等复合铜箔研发、验证工作。

2022年，嘉元科技申请技术专利82项，其中发明专利66项、实用新型专利13项；获得授权发明专利48项、实用新型专利20项。2022年，嘉元科技被国家知识产权局确定为新一批国家知识产权示范企业，获评“梅州市高价值专利培育布局中心”。

2022年，嘉元科技开展ISO 9001：2015 &IATF 16949：2016体系、GB/T 29490—2013知识产权管理体系、信息安全管理体系、EHS体系等审核工作，其中IATF 16949：2016体系认证地址延伸场地增加白渡基地生产场所。结合客户审厂提出的改进项，健全完善公司程序、制度文件，优化工作流程。大力推动山东公司体系管理，先后通过多家客户审厂。

2022年，嘉元科技向17位特定对象发行股票70257493股，募集资金净额33.78亿元，全部用于募投项目和补充流动资金。本次定向增发的完成加强了公司发展资金储备，并降低融资的成本，通过使用募集资金投资将更好更快地推动新增产能项目的建设，助力发展主营业务、扩大生产规模、提高综合竞争力，为实现战略目标打下坚实基础。

2022年，嘉元科技召开2次业绩说明会，开展线上语音交流、线下实地调研等多种形式的投资者关系活动33场次，参与机构743家次。其中，公司进行1场投资者网上集体接待日活动，为广东证监局、广东上市公司协会共同举办的“2022年广东辖区上市公司投资者网上集体接待日活动”。通过业绩说明会、投资者网上集体接待日活动以及上证E互动等线上渠道回复投资者134个问题。通过业绩说明会、上证E互动平台、投资者热线电话及机构调研会议等多种方式和渠道，积极与投资者进行沟通交流，及时、准确向投资者传递公司经营发展信息，促进投资者对公司价值的认同，并通过向管理层反馈来自资本市场的信息，进一步提升公司治理的透明度。

【分配预案】 2022年，嘉元科技向全体股东每10股转增4股派5.5元（含税）。

责任编辑：黄　森

科教文旅体

科学技术

【概述】 2022年，梅县区有国家高新技术企业34家；国家企业技术中心1家；国家“星创天地”1家、省“星创天地”2家；省创新型企业2家、省创新型试点企业1家；省企业重点实验室1家；省工程技术研究中心11家、市工程技术研究中心34家；省部产学研示范基地3家、省科技特派员工作站7个；省部产学研合作重点实验室培育单位1家；省产业技术创新联盟1个；省技术创新专业镇8家、市技术创新专业镇2家；省众创空间试点单位2家；省科技企业孵化器1家；省青少年科技教育基地4家。

【项目申报与科技创新】 2022年，梅县区科工商务局积极组织相关企事业申报国家、省、市等科技项目，获准立项实施的科技计划项目4项，争取上级核拨科技经费639万元。其中，广东李金柚农业科技有限公司“梅州柚质量提升关键技术集成示范”项目成功申报2023年中央引导地方科技发展资金（第一期）涉企项目，获专项经费100万元；BPW（梅州）车轴有限公司成功申报2022年广东省科技创新战略专项（“大专项+任务清单”）项目，获专项经费129万元；广东嘉元科技股份有限公司“高安全大容量动力电池用极薄6微米电解铜箔研发及产业化”项目成功申报2022年梅州市应用型科技专项项目，获专项经费400万元；梅州市广顺海食品有限公司“肉犊牛腹泻综合防治技术研究”项目成功申报广州市2023年度农村科技特派员专题项目，获专项经费10万元。组织粤东医院、区中医院、区妇幼保健院和爱尔眼科医院4个单位申报32项2022年度梅州市社会发展科技计划项目，获批立项27项。

2022年，梅县区科工商务局督促和协助做好结题验收工作，组织通过验收的省、市级科技计划项目8项，梅南镇、水车镇2个技术创新专业镇项目通过省级验收。做好技术合同登记，泰鸿科技的4个技术开发项目取得技术合同登记，技术合同总额130.1万元。

2022年，梅县区新增省级工程技术研究中心1家（梅州康立高科技有限公司广东省血气电解质分析仪与试剂工程技术研究中心）；新增市级工程技术研究中心2家，分别是广东科华环境设备有限公司的梅州市无组织粉尘治理工程技术研究中心、广东华东爆破拆迁工程有限公司的梅州市华东爆破工程技术研究中心。2022年底，梅县区规上工业企业建立市级以上技术研发机构的比例35.9%。组织云电商和十记果业两家企业按要求完成科技企业孵化器和众创空间的绩效评价工作。嘉元科技顺利通过2022年广东省重点实验室（企业类）考核。梅州市梅县区人民政府成功申报创建第八批广东省农业科技园区。李金柚公司积极开展产学研合作，积极开展金柚健康优质高效栽培、金柚深加工、无损检测、果园实用机械等研究，研发提取生产天然黄酮类活性物质“柚苷”的先进技术，在梅县区国家现代农业产业园科研基地建立起具有世界先进水平的自动化连续逆流提取柚苷生产线和小柚果烘干联动生产线，柚苷年产能1200吨。

2022年，梅县区科工商务局积极做好农村科技特派员的选派工作，推动17个乡镇与高等院校、科研院所进行产学研对接，选派科技特派员团队为乡村振兴发展提供智力团队支撑，其中对接梅县区的11个梅州市科技特派员团队各获得10万元的启动发展专项经费。向市科技局推荐16名工业、农业和医疗卫生的高级专技人员进入市科技咨询专家库。

【高新企业管理】 2022年，梅县区有国家高新技术企业34家；成功组织国家科技型中小企业评价入库32家。组织企业申报2022年省名优高新技术产品，广东嘉元科技股份有限公司“环保型锂离子动力电池用极薄电解铜箔”、“高能量密度锂离子电池用高强双光6微米电解铜箔”、广东翔龙科技股份有限公司“高强度功能性亚微米重质碳酸钙”、广东自远环保股份有限公司“一种基于厌氧藻菌共生耦合介质过滤技术的生活污水处理系统及设备”4项产品获评2022年度省名优高新技术产品。

【科技奖励】 2022年，梅县区科工商务局继续实施新认定高新技术企业按每家30万元奖励政策，对2020年度和2021年度新认定的11家企业合计奖励330万元。组织申报2022年度叶剑英基金科学技术进步奖8项，获奖7项。

【场所码推广应用】 2022年，梅县区科工商务组织区单位、镇单位

梅县区2022年高企认定一览表

表4

序号	企业名称	高企编号	认定时间
1	梅州康立高科技有限公司	GR202244002598	2022年重新认定
2	广东腾力机械设备有限公司	GR202244002611	2022年重新认定
3	梅州伟友耐磨材料有限公司	GR202244006323	2022年重新认定
4	广东绿园环保科技有限公司	GR202244015057	2022年重新认定
5	广东自远环保股份有限公司	GR202244014125	2022年重新认定
6	广东科华环境设备有限公司	GR202244001913	2022年初次认定
7	梅州市梓俊工程项目管理有限公司	GR202244007693	2022年初次认定
8	广东福乐生物科技有限公司	GR202244015643	2022年初次认定
9	梅州客商银行股份有限公司	GR202244017632	2022年初次认定

梅县区2022年度叶剑英基金科学技术进步奖获奖项目一览表

表5

获奖等次	项目名称	主要完成单位
一等奖	锂离子电池用双面光4.5微米极薄电解铜箔生产工艺研究及产业化	广东嘉元科技股份有限公司
二等奖	高性能电子电路用反转铜箔核心技术研制及产业化	广东超华科技股份有限公司
三等奖	PCB铜蚀刻废液的无害化综合处理及利用	梅州侨韵环保科技有限公司
	金柚花乌龙茶生产工艺技术	广东长寿客家茶研究院、广东寿都茶业集团有限公司
	探讨叶酸与维生素B降低终末期肾脏病患者高同型半胱氨酸血症并改善左心室肥厚疗效的随机对照试验	中山大学附属第三医院粤东医院
	VisuMax飞秒激光制瓣LASIK术和后房型ICL植入术治疗高度近视眼的疗效观察	梅州爱尔眼科医院、河源爱尔眼科医院
	前列腺癌的MRI应用价值研究	中山大学附属第三医院粤东医院

做好新冠疫情场所码推广应用、督查、统计、汇报工作，助力精准流调、精准管控，不断提供公共场所码在疫情防控、涉疫人群排查工作中的重要技术支撑。

2022 年底梅县区科工商务局
局　长：陈天新

（供稿：李晓莹）

教　育

【概述】 2022 年，梅州市梅县区教育局（简称区教育局）以办好人民满意的教育为宗旨，坚持把政治建设摆在首位，以培养更多担当民族复兴大任的时代新人为导向，坚持为党育人、为国育才，全面落实中央、省、市对教育工作的决策部署，努力推动全区教育工作高质量发展，取得让政府放心、让群众满意的成绩。

2022 年，梅县区有各级各类学校 61 所（其中，完全中学 8 所，初级中学 11 所，九年一贯制学校 6 所，中心小学和直属小学 28 所；民办中小学 4 所即富力足球学校、同仁北实新世纪学校、梅州市外语实验学校、华业外国语学校；中等职业学校2所即第一职业学校和梅州英才外语学校，特殊教育学校、青少年宫各 1 所）。幼儿园 133 所（其中，公办幼儿园 36 所、民办幼儿园 97 所）。另有在建民办学校 1 所即梅州市东山培英高级中学。全区教育系统有各级各类党组织 65 个，其中二级党委 4 个、党支部 61 个（含民办学校“两新”党支部 5 个），党员 2338 名。

【学前教育】 2022 年，梅县区有各级各类幼儿园 133 所，其中，区直属幼儿园 3 所、镇中心幼儿园 19 所、学校附设幼儿园 14 所、民办幼儿园 97 所。公办幼儿园和普惠性民办幼儿园在园幼儿占全区在园幼儿总数的 97.25%；幼儿园教职工 2953 人，其中专任教师 1719 人,专任教师大专学历以上 1557 人，占全区专任教师总数的 90.58%，取得教师资格证 1146 人，占全区专任教师总数的 66.71%；全区省一级幼儿园 1 所，市一级幼儿园 29 所，区一级幼儿园 23 所，规范化幼儿园 128 所；全区学前三年毛入园率 112%。

【中小学教育】 2022 年，梅县区有中小学校 61 所（不含教学点），其中：完全中学 8 所，初级中学 11 所，九年一贯制学校 6 所，中心小学和直属小学 28 所;民办中小学 4 所即梅州富力足球学校、北实新世纪实验学校、广外附设梅州实验学校、华业外国语学校。另有区教师发展中心、特殊教育学校、青少年宫各 1 所。中小学生 81272 人，其中：普通高中 8339 人、初级中学 21508 人、小学 51425 人，适龄儿童入学率和小升初升学率均为 100%，高中毛入学率为 97.6%。

2022 年，在实现“平安高考”的基础上，克服广东高考整体难度提高、梅县区生源素质整体下降较大的困难，逆势而上再次取得好成绩，梅县区高考成绩优秀上线人数 310 人，比上年增加 49 人，增长率 18.78%；本科上线人数 1821 人，比上年增加 243 人，增长率 15.40%，高考高分尖子生数量、两线上线率等方面均实现大幅提高。其中：梅县外国语学校高考总分成绩 600 分以上有 17 人，优秀上线人数 134 人，优秀率 55.14%，比上年增加 6.85%；本科上线人数 239 人，本科率 98.35%，稳居全市前茅。高级中学 2022 年高考总分成绩 600 分以上有 3 人，优秀上线人数 124 人，优秀率 12.61%；本科上线人数 896 人，本科上线率 91.15%，为历史最高水平。此外，全区中考 800 分以上有 3 人，750 分以上有 422 人，700 分以上有 1169 人，高分层人数稳居全市各县（市、区）前列。

【中等职业教育】 2022 年，梅县区有中职学校 2 所，即第一职业学校和英才外语学校，在校学生共 3127 人。第一职业学校为国家级重点中等职业学校，设 7 个专业。另有技工学校 1 所，由梅县区民政和人力资源社会保障局管理。

【成人教育】 2022 年，梅县区 19 个乡镇（办事处、高管会）均办有成人文化技术学校共 19 所，其中 2 所达到省级示范校标准，其余 17 所达到市级示范校标准。学校均成立有镇党委或政府领导参加的校务委员会，配备有成人教育专职工作人员，全区有专职干部 19 名，专职教师 76 名，兼职教师 100 多名；有图书阅览室 20 个、图书 5.2 万册、服务实体 20 个。另有村级成人文化学校 22 所、开展培训的中等职业学校 2 所。

【特殊教育】 2022 年，梅县区重视适龄残疾儿童少年接受义务教育工作，切实保障残疾儿童接受教育，全区有适龄残疾儿童 448 人，入学 447 人，其中在本区随班就读的有 367 人，在特殊教育学校就读的有 50 人，在本区送教上门的有30人，残疾儿童入学率99.8%。

【民办教育】 民办幼儿园 2022年，梅县区有民办幼儿园97所，在园幼儿17860人。全区民办幼儿园教职工2340人，其中专任教师1222人，师生比为1∶7.63，民办幼儿园专任教师持证率为66%。

民办义务教育学校 2022年，梅县区有民办中小学校4所，即富力足球学校、同仁北实新世纪学校、梅州市外语实验学校、华业外国语学校。

民办职业学校 2022年，梅县区有民办中等职业学校1所，即梅州市英才外语学校。该校地处梅州城区，是一所由梅州市教育局批准成立的中等职业学校，1996年创办，有20多年办学历史，是梅州市一所大型的民办中等职业学校。该校设5个专业，学生1246人。

【教师队伍建设】 师资质量 2022年，梅县区各级各类学校有在职教师5018人，教师研究生学历有139人，占比2.8%；本科学历有4061人，大专学历的有808人，本科及以上学历占比83.7%。

队伍培训 2022年，梅县区组织教师参加区级以上职务培训1.1万人次，进一步增强教师执教能力；采取“请进来”和“走出去”相结合的模式，组织60位校长和学校管理人员进行管理能力培训，进一步提升校长的管理水平。

引进人才 2022年，梅县区积极实施高素质人才引进工程，继续引进一批高素质人才充实到教师队伍中，招聘全日制师范类本科毕业生123名到中小学校任教，缓解教师缺编问题。顺利完成第二轮“区管校聘”，推动城乡教育均衡协调发展，有效激发教师队伍活力。

【教育经费】 2022年，梅县区年度教育经费总投入187139万元（其中，国家财政性教育经费151948万元、民办学校中举办者投入8898万元、社会捐赠经费109万元、事业收入24184万元、其他收入2000万元）。

【教学设施】 2022年，梅县区投入1100多万元，用于购买各类教学设施，其中新增超短焦投影仪100多套，电脑500多台、图书7万多册、教学实验仪器一批。至2022年底，各中小学校教育技术装备发展势头良好，中小学有理化生实验室153间，科学实验室67间，多媒体电脑室223间，计算机10112台，语言实验室41间，多媒体综合电教室195间，电教平台951个，全部学校安装校园网，建造生物园、地理园67个，音乐、美术、地理、历史等学科功能室527间。普教仪器价值6641万元，独立图书馆26幢，藏书室86间，师生阅览室95间，藏书171.3万册，生均28.6册，藏书金额3124万元。每所学校有1间或1间以上的计算机室，计算机生机比达到5∶1，各中学、完全小学都有1间或1间以上的综合电教室，中小学电教平台与教室数比例达到1∶1，中学理化生实验室和小学科学实验室能满足教学的需要，每间中心小学都安装有1—2间语言实验室，其他学科功能场室，教学仪器及图书等设施设备也逐年有所增加，大部分学校的教育装备达到规范化学校的标准，为促进梅县区中小学教育手段现代化，推进实施素质教育，加快课程改革，为提高教育质量提供重要的条件保障。

【校园卫生安全】 2022年，区教育局以疫情防控为校园安全工作重点，抓好教育系统常态化疫情防控工作，落实好校园安保措施，切实保护广大师生的生命安全和身体健康。定期召开专题会议，研究部署疫情防控相关工作；联合卫健、疾控等职能部门，成立督查组多次对学校、幼儿园、培训机构进行疫情防控工作专项督查，确保各项防控举措全面落实到位；广泛开展防疫宣传活动和防控知识培训，提高师生自觉防控的意识和能力，确保防控知识在教师队伍中实现全覆盖，引导师生做好自我防控；强化进入校园管理，做好校园公共活动场所卫生保洁等疫情防控工作，全面加强学校食堂、宿舍等重点场所的人员管控；做好防疫物资保障工作，各校积极做好消杀药品、测温工具、防护器具、防疫口罩等的采购和储备工作，确保防疫所需设施设备、物资物品等的充足。在高考、中考期间，会同区招生委员会各相关部门，严格按照区委区政府的统一部署，以最高标准、最严要求、最强保障做好高考、中考有关工作，全面实现“平安高考”“平安中考”目标任务，赢得社会各界的高度评价。

【德育】 2022年，区教育局坚持在全区中学开展“养成”教育，在小学开展“三礼”教育，围绕学生身边发生和日常生活中的问题，通过强化教育，使学生在文明礼仪习惯、生活卫生习惯、自觉学习习惯、安全自理习惯四方面养成良好习惯。组织开展“闪闪红星故事会”等比赛等活动，丰富学生的课余生活，开阔学生视野，加强中华优秀传统文化的传播，培养学生良好的学习习惯。广泛组织开展“文明校园”建设，全区有国家级“文明校园”1所，省级“文明校园”1所，市级“文明校园”46所，区级“文明校园”33所。全面、系统加强图书室(馆、角)建设，营造良好读书氛围，组建读书组织，开展“好书伴我行”、读书教育系列活动。2022年底，全区有省级“书香校园”10所，市级“书香校园”20所。重视未成年人思想道德建设工作，将延伸到校外，全区17个乡镇达到乡村学校少年宫全覆盖。

【体育与文艺】 2022年，区教育局积极开展内容丰富、形式多样的体艺竞赛活动，营造良好的体艺工作氛围。6月，广益中学女子足球队获“省长杯”女子丙组第三名。积极参加校园足球“夏令营”系列活动，入选省级最佳阵容15人，国家级最佳阵容1人。积极承办梅州市教育局组织的多项赛事活动，精心组织，圆满完成任务。积极组队参加2022年“市长杯”比赛，广益中学获小学女子组冠军，高级中学获初中男子组亚军，广益中学获初中女子组季军。坚持对各级各类学校进行体育和美育工作的评估，在统一的平台上报数据、完成问卷，并要求撰写年度报告，对照评估细则，做好资料积累和整理，针对问题和薄弱环节，制定整改方案，及时整改。成功举办第十八届中小学生足球联赛；组织高级中学、第一职业学校、宪梓中学等9所中小学参加市中小学生合唱比赛和粤东西北中小学生合唱交流展示活动，高级中学获市一等奖，宪梓中学、外国语学校和职中附小获二等奖，第一职业学校等3所中小学获三等奖。组织梅州市外语实验学校、宪梓中学、华业外国语学校、扶大中心小学等14所中小学校的器乐社团参加广东地方音乐器乐合奏比赛和交流展示活动，取得优异成绩。广泛开展新时代的客家童谣传唱活动，梅州市外语实验学校、梅县外国语学校获一等奖，华业外国语学校获二等奖。组织30支中小学（幼儿园）代表队对应参加幼儿组、小学组、初中组、高中中职组四个组的比赛，认真操练，在市第二届健美操、啦啦操和街舞比赛中获优秀组织奖1项，9项第一名、5项第二名和9项第三名，32人获优秀教练员和优秀组织个人称号。

2022年底梅县区教育局
局　长：张云龙

（供稿：赖兴富）

文化艺术·旅游

文化艺术

【概述】 2022年，梅县区文化广电旅游局（简称区文化广电旅游局）以成功创建国家全域旅游示范区为契机，以创建客家文化（梅州）生态保护实验区为突破口，坚持文化引领，文旅融合，丰富客家文化内涵，激发红色活力，擦亮“红色苏区”“文化之乡”品牌，助力“叶帅故里·大美梅县”建设。

【文化设施建设】 2022年，区文化广电旅游局提升文旅融合试点，梅县区雁洋镇综合文化站被列为国家级文旅公共文化服务机构功能融合试点单位，按照“宜融则融、能融尽融”的总体思路，在原综合文化站大楼基础上，进一步优化功能场室、丰富群文活动、推动体验文化旅游，在功能服务、场地设施、管理运营、宣传引导、资源共享等方面融合提升。提升文化站建设及推进行政村（社区）综合性服务文化中心达标建设。区图书馆新增智慧阅读体验区、廉政图书角及红梅角。松口图书馆全面建成智慧图书馆、增设移动图书馆、超星读书小程序、汇雅电子书等数字阅读平台。

【文学艺术创作】 2022年，梅县区文化馆在全区范围内征集一批优秀群众文艺作品，共收到各类作品16件，其中戏剧曲艺作品6件、音乐作品9件、舞蹈作品1件。主要创作艺术作品有：大型山歌剧《血蝴蝶》（原名《九龙烽火》）、木偶剧《哪吒闹海》、开场舞《伟大旗帜》、音诗舞《我们的绿水青山》、舞蹈《绿水青山》《中国书法》、歌伴舞《祖国万岁》《领航》《以人民的名义》《江山》《人民至上》、快板表演唱《民法典记心中》《赞清风》、音乐表演唱《林嫂直播间》《转妹家》、山歌对唱《叶帅故里 法润梅县》《阅读新时代 奋进新征程》《山歌唱响新时代》《文明城市惠人民》《非遗文化系民情》《南粤家政好工程》

《乡村振兴惠人民》《一村一村歌》《闽粤赣边一家亲》《客家文化客家情》、儿童音乐剧《你好 茅洲河》、儿童剧《金宝的奇幻冒险》、青少年法治教育舞台剧《平行西游之超能护“未”队》等。11月18日，梅县区畲江镇抗疫MV《光里畲江》发布；11月19日，梅县区畲江镇抗疫歌曲《有梦就会站起来》发布；11月30日，由梅县区文化广电旅游局出品、梅县区融媒体中心制作的原创战疫MV《风雨同舟》发布。

【群众文化】 2022年，梅县区文化馆组织干部参加群文类培训《梅州市群文音乐创作培训班线上学习》等活动15次，辅导群文作品11次，作品为《我的家乡》《离云很近 离家很远》《我爱柚花》《台湾船》《电信诈骗》等。组织线上展播活动35场次，服务约19万人次；线下活动开展8场次，服务2115人次。积极策划和开展品牌活动，如2022年梅县区第三十届中秋山歌节文化惠民文艺晚会、梅县区群众文艺汇演等。针对传统节日和特地人群开展文化惠民活动，如新春送春联活动；“我们的节日·清明”主题活动；我们的节日·端午节——“粽情飘香送温暖，心手相牵留守孩”关爱留守儿童爱心主题活动；岁月如歌 精致到老“我们的节日·重阳节”主题活动等。开展各类公益培训活动共69场次，服务3686人次。分别有：客家山歌进校园；暑期公益少儿培训活动；新时代文明实践“文化文艺”志愿服务活动；“欢‘粤’同行”文化进万家活动——2022年梅县区书法美术公益培训；群众艺术广场舞培训等。2022年开展社会道德模范展、梅县区非物质文化遗产项目展览、庆祝中国共产党成立100周年文化惠民系列活动——红色主题走基层流动展、“礼赞新时代 奋进新征程”2022年梅县区文化馆总分馆联动活动——图片展等公益展览共32场次，服务约8945人次。组织文化馆志愿者以及非遗传承人深入学校、社区、基层文化站进行客家山歌的传承。

2022年，梅县区图书馆以社会主义核心价值观为主题，充分利用“4·23”世界读书日、“我们的节日”、“喜迎党的二十大”、寒暑假等重大节日，举办展览、讲座、亲子阅读活动等；采用线上线下相结合的方式，开展形式多样的阅读活动共83场（线上60场，线下23场），服务读者约2.1万人次。

2022年，梅县区松口图书馆继续拓展充实服务内容、完善服务细节，做好读者咨询、预约借书，实行大量图书开架借阅和增加自助借还设备，充分利用馆藏图书资源为人民群众服务，2022年服务读者10.16万人次，书刊外借18.54万册。

【文化市场整治】 2022年，区文化广电旅游局出动检查人员3966人次，督查文化市场企业1269家次。积极推进“首违不罚”“轻微不罚”，摸排各级部门移交的线索6条，2022年办理案件3宗，警告3宗，罚款0元，收缴非法出版物1本，非法卫星接收设施1套。

【公共图书馆】 推进全市图书馆联盟建设　2022年1月1日，梅县区图书馆与梅州市剑英图书馆根据数据迁移协议，将图书馆的业务数据迁移至剑英图书馆，基本实现与全市各公共图书馆纸质图书的通借通还、数字资源共享及活动共享，提升图书馆服务效能。

全面建成智慧图书馆　2022年12月1日，梅县区松口图书馆的智慧图书馆（湖畔书房）全面建成，书房提供智慧化全场景服务，配置有自助借还机、自动门禁、观赏湖景阅读区等智慧应用场景设施设备。湖畔书房馆藏6000多本书籍，其中新增的1300本书籍是由爱心人士松口乡贤张捷茂捐赠的书款所购置的。松口图书馆将2022年新开展的“最美遇‘荐’你——松口图书馆读者荐购图书”活动所收集汇总的读者荐购书单纳入采购计划，采购读者想看的书籍，真正满足读者需求。

打造智慧阅读体验区　2022年4月23日，梅县区图书馆集合看、听、读、写、AI互动等多种阅读方式的智慧阅读体验区正式开放，体验区由有声墙、试听体验区、数字阅读吧台、AI光影阅读区、智能书法台5部分组成，拥有5万册数字图书、3000种电子期刊和10万小时的有声资源，其中儿童阅读专区设有适合小朋友阅读的1000余种图书、500种期刊和70个故事视频。6月30日，松口图书馆增设移动图书馆、超星读书小程序、汇雅电子书等数字阅读平台，增加电子图书5万多册，读者可以在这些阅读平台方便快捷地实现学术资源手机端一站式检索，并随时随地阅读电子图书、期刊、报纸、微视频、公开课等图书馆数字资源。

设置廉政图书角及红梅角

2022年，梅县区图书馆的廉政图书角让干部群众能够及时掌握最新廉政动态和法律法规，全面了解党风廉政建设新形势新政策，为党员干部开展廉洁文化教育提供重要平台。“红梅角”方便市民学习中共梅县党组织领导梅县人民进行革命和建设发展的历史，了解梅县区红色资源、梅县区代表性党史人物和系列革命故事。

迎接第七次全国县级以上公共图书馆评估定级工作　2022年，根据《文化和旅游部办公厅关于开展第七次全国县级以上公共图书馆评估定级工作的通知》要求，梅县区图书馆和松口图书馆按照图书馆等级必备条件和评估标准，认真贯彻落实第七次全国县级以上公共图书馆评估定级工作，制订工作方案，组织骨干力量严格按照县级公共图书馆中一级、二级图书馆的必备条件和评估标准，认真准备各项材料，按时间节点准时提交网上申报材料，同时，对照评估定级的必备条件和三大标准的要求，寻找差距，努力整改，把此次评估定级作为改善全馆基础设施、全面提升业务建设和服务水平的有利契机，不断创新推进图书馆与数字服务、新媒体服务的融合发展，致力于传承文化、共享文化、创新文化，实现图书馆各项工作的高质量发展，为广大读者提供更快捷、更高效、更广阔的阅读空间和平台。

积极开展各种业务工作　2022年，梅县区图书馆为深入推进图书馆总分馆制建设，构建现代公共文化服务体系，提高各分馆、基层服务点管理员的业务水平，区图书馆到各分馆及服务点进行调研及业务指导的次数增加至24次；分配到各分馆及服务点的图书有1600册，为乡村振兴示范带村级综合服务站图书室配置图书518册、期刊647册。

注重文献资源建设　2022年，梅县区图书馆通过多种途径开展文献的收集工作，入馆普通文献9852册、期刊895册，馆藏纸质图书共27.8万册。松口图书馆全年新购图书1354册，订阅报刊35份，报刊入藏413份，读者捐赠书刊969本，馆藏图书11.3万册。

继续推进流动站建设　2022年，梅县区图书馆为梅县区老干部服务中心流动站新增图书200册；为武警梅县中队、梅县区消防救援大队流动站共更换图书600册。

开展馆校合作　2022年，梅县区图书馆与4间学校签订馆校合作协议，松口图书馆与2间学校签订馆校合作协议，开展讲座进学校、图书进学校和数字化进学校等推广活动，让学校成为图书馆开展全民阅读服务的阵地之一。4月，梅县区图书馆在广东省文化和旅游厅主办，广东省立中山图书馆承办的“书香满溢·喜阅连年——2022年世界阅读日粤港澳创作比赛”中荣获优秀组织奖；5月，获得“书香童年·美声传悦”——2022年广东青少年美文朗诵展示活动优秀组织单位；7月，获得2022“行走粤读”线上阅读挑战赛优秀组织奖；8月，组织图书馆读者参加第十一届“图书馆杯”广东英语口语大赛，有两名读者获得“一星达人”，一名读者获得“人气之星”。

【文物保护】　2022年，梅县区新增松口镇爱春楼、石扇镇肖向荣故居、松源镇松源红四军军部旧址、畲江镇作庐4处省级文物保护单位。有各级文物保护单位72处，其中国家级1处，省级24处，市级29处，县（区）级18处。完成辖区内18处县级文物保护单位的保护范围和建设控制地带划定。推进省级文物保护单位仪园和南华又庐的修缮工程，其中仪园修缮工程全面竣工。

2022年，梅县区获得省级文物保护单位邓仲元旧居修缮工程项目专项资金150万元。按照相关程序，依法依规做好资金的使用工作。

梅县区各级文物保护单位一览表

表 6

序号	级别序号	级别	名　　称	时 间	地　　址	文　号	批　次	备注
1	1	国家级	叶剑英故居	1897 年	梅县区雁洋镇雁上村虎形自然村	国发〔2001〕25 号	2001 年 6 月第五批	
2	1	省级	灵光寺	唐代	梅县区雁洋镇阴那村	粤府办〔2002〕56 号重新核定	1978 年 7 月第一批	
3	2	省级	元魁塔	明代	梅县区松口镇铜琶村	粤府办〔2002〕56 号重新核定	1989 年 6 月第三批	
4	3	省级	南华又庐	清光绪十二年（1886）	梅县区南口镇侨乡村	粤府办〔2002〕56 号	2002 年 7 月第四批	
5	4	省级	桥溪村古民居建筑群（含仕德堂、朱氏祖祠、守庆公祠、世德楼、燕诒楼、慎安居、凌云馆、宝善楼、桥溪小学、宝善家塾、衍庆楼、宝庆居、继善楼、逸庐、世安居、祖德居，共计 16 座单体）	清代	梅县区雁洋镇长教村	粤府办〔2002〕56 号	2002 年 7 月第四批	
6	5	省级	宋湘故居	清代	梅县区白渡镇创乐村	粤府〔2012〕123 号	2012 年 10 月第七批	
7	6	省级	李金发故居	1900 年	梅县区梅南镇上村	粤府〔2012〕123 号	2012 年 10 月第七批	
8	7	省级	群丰大夫第（仁厚温公祠）	清代	梅县区丙村镇群丰村	粤府〔2012〕123 号	2012 年 10 月第七批	
9	8	省级	仪园	1943 年	梅县区水车镇先锋村	粤府函〔2015〕343 号	2015 年 12 月第八批	
10	9	省级	世德堂	明清	梅县区松口镇铜琶村	粤府函〔2015〕343 号	2015 年 12 月第八批	
11	10	省级	张民达旧居	1925 年	梅县区桃尧镇螺江村	粤府函〔2015〕343 号	2015 年 12 月第八批	
12	11	省级	双龙村大夫第	清代	梅县区畲江镇双龙村	粤府函〔2015〕343 号	2015 年 12 月第八批	
13	12	省级	莲塘村古氏洋楼	1919 年	梅县区城东镇莲塘村	粤府函〔2015〕343 号	2015 年 12 月第八批	
14	13	省级	邓仲元旧居和仲元小学旧址	1918 年	梅县区丙村镇银场村	粤府函〔2015〕343 号	2015 年 12 月第八批	
15	14	省级	喆庐	1925 年	梅县区松口镇大黄村	粤府函〔2015〕343 号	2015 年 12 月第八批	
16	15	省级	茶山绍德堂	明清	梅县区水车镇灯塔村	粤府函〔2019〕96 号	2019 年 4 月第九批	含风水塘
17	16	省级	槐岗继善楼	清代	梅县区程江镇槐岗村	粤府函〔2019〕96 号	2019 年 4 月第九批	
18	17	省级	德馨堂	1917 年	梅县区南口镇侨乡村	粤府函〔2019〕96 号	2019 年 4 月第九批	含风水塘
19	18	省级	干庐	1936 年	梅县区南口镇锦鸡村	粤府函〔2019〕96 号	2019 年 4 月第九批	含风水塘

续表 6

序号	级别序号	级别	名　　称	时 间	地　　址	文　号	批　次	备注
20	19	省级	松江大酒店旧址	1932 年	梅县区松口镇繁荣社区	粤府函〔2019〕96 号	2019 年 4 月第九批	
21	20	省级	松口图书馆旧址	1934 年	梅县区松口镇公园路	粤府函〔2019〕96 号	2019 年 4 月第九批	
22	21	省级	铜琶爱春楼	清代	梅县区松口镇铜琶村	粤府函〔2022〕152 号	2022 年 8 月第十批	
23	22	省级	肖向荣故居	清代	梅县区石扇镇新东村	粤府函〔2022〕152 号	2022 年 8 月第十批	
24	23	省级	连江作庐	1941 年	梅县区畲江镇连江村	粤府函〔2022〕152 号	2022 年 8 月第十批	
25	24	省级	同怀别墅	民国	梅县区松源镇金星村	粤府函〔2022〕152 号	2022 年 8 月第十批	
26	1	市级	盘龙围	清代	梅县区石坑镇龙凤村	梅市府〔2014〕2 号	2014 年 1 月第二批	
27	2	市级	蔡蒙吉故居	明代	梅县区松源镇金星村	梅市府〔2014〕2 号	2014 年 1 月第二批	
28	3	市级	新南斐厦堂	明—清	梅县区松源镇新南村	梅市府〔2015〕4 号	2015 年 2 月第三批	
29	4	市级	闽粤梁氏宗祠	明—清	梅县区松源镇青塘村	梅市府〔2015〕4 号	2015 年 2 月第三批	
30	5	市级	茶山资政第	民国	梅县区水车镇灯塔村茶山自然村	梅市府〔2015〕4 号	2015 年 2 月第三批	
31	6	市级	悦来凹下山新居	民国	梅县区白渡镇悦来村	梅市府〔2015〕4 号	2015 年 2 月第三批	
32	7	市级	邓太乙墓	元代	梅县区松口镇盘龙村	梅市府〔2015〕4 号	2015 年 2 月第三批	
33	8	市级	谢田谢氏祖祠	清代	梅县区城东镇谢田村	梅市府〔2016〕13 号	2016 年 6 月第四批	
34	9	市级	悦来敦尚楼	民国	梅县区白渡镇悦来村	梅市府〔2016〕13 号	2016 年 6 月第四批	
35	10	市级	桃源继述楼	清代	梅县区桃尧镇桃源村	梅市府〔2016〕13 号	2016 年 6 月第四批	
36	11	市级	太湖刘屋	清代	梅县区畲江镇太湖村	梅市府〔2016〕13 号	2016 年 6 月第四批	
37	12	市级	坑美以祯居（蒲风故居）	清代	梅县区隆文镇坑美村	梅市府〔2016〕13 号	2016 年 6 月第四批	
38	13	市级	广东工农革命军（东路）第十团团部旧址	1927 年	梅县区梅南镇九龙村	梅市府〔2016〕13 号	2016 年 6 月第四批	
39	14	市级	人和三堡学堂	清代	梅县区丙村镇人和村丙村中学	梅市府〔2016〕13 号	2016 年 6 月第四批	
40	15	市级	中和善庆庐（彭精一故居）	1931 年	梅县区石扇镇中和村	梅市府〔2016〕13 号	2016 年 6 月第四批	

续表 6

序号	级别序号	级别	名　　称	时 间	地　　址	文 号	批 次	备注
41	16	市级	温鸣剑旧居	民国	梅县区丙村镇红光村	梅市府〔2017〕5 号	2017 年 3 月第五批	
42	17	市级	红旗村夏氏祖屋	清代	梅县区新城办事处富贵居委红旗村民小组	梅市府〔2017〕5 号	2017 年 3 月第五批	
43	18	市级	安思居	民国	梅县区雁洋镇下村村	梅市府〔2017〕5 号	2017 年 3 月第五批	
44	19	市级	南福村笃敬庄	清代	梅县区雁洋镇南福村	梅市府〔2017〕5 号	2017 年 3 月第五批	
45	20	市级	茶山村德崇楼	清代	梅县区水车镇灯塔村茶山自然村	梅市府〔2017〕5 号	2017 年 3 月第五批	
46	21	市级	茶山村畅云楼	清代	梅县区水车镇灯塔村茶山自然村	梅市府〔2017〕5 号	2017 年 3 月第五批	
47	22	市级	茶山村大夫第	清代	梅县区水车镇灯塔村茶山自然村	梅市府〔2017〕5 号	2017 年 3 月第五批	
48	23	市级	松口火船码头	清代	梅州市梅县区松口镇	梅市府〔2017〕23 号	2017 年 11 月第六批	
49	24	市级	怀永庄（廖安祥故居）	民国	梅县区雁洋镇黄坳村	梅市府函〔2020〕34 号	2020 年 3 月第七批	
50	25	市级	永新资政第	清代	梅县区丙村镇红光村	梅市府函〔2020〕34 号	2020 年 3 月第七批	
51	26	市级	罗芳伯故居	清代	梅县区石扇镇西南村	梅市府函〔2020〕34 号	2020 年 3 月第七批	
52	27	市级	大黄村河南堂	清代	梅县区松口镇大黄村	梅市府函〔2020〕34 号	2020 年 3 月第七批	
53	28	市级	星拱楼（东江红军军事旧址）	1929 年	梅县区梅南镇水美村	梅市府函〔2021〕371 号	2021 年 12 月第八批	
54	29	市级	绍安庐（胡一声故居）	中华民国初期	梅县区梅南镇上村	梅市府函〔2021〕371 号	2021 年 12 月第八批	
55	1	县级	龙岩寺	清代	梅县区隆文镇岩前村	梅市府字〔1987〕104 号	1987 年 11 月第二批	
56	2	县级	中山公园	1933 年	梅县区松口镇社区居委圩镇中心	梅市府字〔1987〕104 号	1987 年 11 月第二批	
57	3	县级	龙源宫	清代	梅县区松源镇圆岭村蕉松公路旁	梅府〔2010〕43 号	2010 年 11 月第三批	
58	4	县级	龙居堂	清代	梅县区白渡镇嵩溪村坎里小组坝围	梅府〔2010〕43 号	2010 年 11 月第三批	

续表 6

序号	级别序号	级别	名　　称	时 间	地　　址	文　号	批　次	备注
59	5	县级	茶山村古民居建筑群（含访云楼、翼诒楼、培元楼、振华楼、承庆楼、云汉楼、儒林第、同德楼、义顺庐、进士第、搏云书屋、稻香楼、伯荣楼、萼辉楼、云汉女子学校、祥裕楼，共计16座单体）	清至民国	梅县区水车镇灯塔村茶山自然村	梅府〔2010〕43号	2010年11月第三批	
60	6	县级	陈烈士敬岳纪念碑	1941年	梅县区丙村镇横石村双对坑	梅府〔2010〕43号	2010年11月第三批	
61	7	县级	宝善楼	1915年	梅县区城东镇石下村	梅府〔2010〕43号	2010年11月第三批	
62	8	县级	承聚楼	1923年	梅县区城东镇谢田村	梅府〔2010〕43号	2010年11月第三批	
63	9	县级	光远居	1940年	梅县区白渡镇创乐村	梅府〔2010〕43号	2010年11月第三批	
64	10	县级	承德堂	民国	梅县区南口镇侨乡村	梅府〔2010〕43号	2010年11月第三批	
65	11	县级	梅县革命烈士纪念碑	1960年	梅县区南口镇益昌村	梅府〔2010〕43号	2010年11月第三批	
66	12	县级	廖氏雕楼	民国	梅县区水车镇先锋村曾田自然村廖氏庆捷公祠左侧	梅府〔2010〕43号	2010年11月第三批	
67	13	县级	来安楼	民国	梅县区梅南镇顺里村大凹	梅府〔2010〕43号	2010年11月第三批	
68	14	县级	扬孝石刻	明代	梅县区丙村镇石窟河西崖新墟村古渡口岸边	梅府〔2010〕43号	2010年11月第三批	
69	15	县级	高隐洞天摩崖石刻	清代	梅县区大坪镇汤湖村	梅府〔2010〕43号	2010年11月第三批	
70	16	县级	水光接天摩崖石刻	明代	梅县区畲江镇双溪村鸭粤威自然村	梅府〔2010〕43号	2010年11月第三批	
71	17	县级	松三排上屋	中华民国初期	梅县区梅南镇顺里村	梅县区函〔2021〕24号	2021年5月第四批	
72	18	县级	蔡蒙吉古墓	1403—1424年	梅县区桃尧镇练坑村	梅县区函〔2021〕24号	2021年5月第四批	

【文化遗产保护与传承】 2022年，梅县区持续挖掘非物质文化遗产资源，不断推进非遗项目名录建设。2022年，全区有非物质文化遗产代表性项目54项，其中省级代表性项目4项、代表性传承人3人；市级代表性项目13项、代表性传承人4人；区级代表性项目37项、代表性传承人60人。

2022年，区文化广电旅游局积极推荐原区级非物质文化遗产代表性项目“客家手工茶”和“黄金玉香糕”申报梅州市第十批非物质文化遗产代表性项目，通过市非物质文化遗产专家评审小组初评和专家评审委员会审议，经由梅州市人民政府公布。

2022年，区文化广电旅游局组织开展梅县区第九批非物质文化遗产代表性项目的申报评审工作，确定列入梅县区第九批非物质文化遗产代表性项目名录的项目2项：芸香楼月饼制作技艺、木偶制作技艺（梅县区），经由梅县区人民政府公布。

2022年，区文化广电旅游局积极推荐原区级非物质文化遗产代表性传承人申报第八批市级非物质文化遗产代表性传承人，通过市非物质文化遗产保护工作专家委员会严格评审等程序，刘谦隆、陆怡婷被评定为梅州市第八批市级非物质文化遗产代表性传承人。

2022年，区文化广电旅游局组织开展梅县区第八批区级非物质文化遗产代表性传承人申报和评审工作，确定第八批区级非物质文化遗产代表性传承人名单（7名）：陆优、何秀华、张彦创、李雅伊、廖裕华、叶灯华、陈慧玉。

2022年，区文化广电旅游局积极推进非遗文化和旅游融合发展，在AAA级旅游景区客都人家文化旅游区内新建非遗项目（客家娘酒酿造技艺）展示馆1处。

梅县区非物质文化遗产代表性项目一览表

表7

序号	序号	代表性项目级别	类别	项目名称	批次	文号	保护单位	代表性传承人级别	姓名	批次	文号
1	1	省级	传统音乐	客家山歌（松口客家山歌）	2007年6月广东省第二批	粤府〔2007〕57号	梅州市梅县区文化馆	省级	卢月英	2008年3月广东省第一批	粤文社〔2008〕19号
								市级	刘谦隆	2022年7月18日梅州市第八批	梅市文广旅通〔2022〕38号
								区级	廖胜华 李圆妹 温婉香 梁媚玲 刘谦隆 廖丽 黎骏 梁莹	2016年12月梅县区第五批	梅县区府〔2016〕43号
									李秋	2021年3月梅县区第七批	梅文字〔2021〕2号
2	2	省级	传统戏剧	木偶戏（梅县提线木偶戏）	2009年10月广东省第三批	粤府〔2009〕112号	梅州市梅县区木偶传习所	省级	巫启胜	2011年1月广东省第二批	粤文非遗〔2011〕2号
								市级	陆怡婷	2022年7月18日梅州市第八批	梅市文广旅通〔2022〕38号
								区级	黎为艺 李嘉珍 廖佳萍 陆怡婷 聂瑜	2016年12月梅县区第五批	梅县区府〔2016〕43号
									黄锦涛	2021年3月梅县区第七批	梅文字〔2021〕2号

续表 7

序号	序号	代表性项目级别	类别	项目名称	批次	文号	保护单位	代表性传承人级别	姓名	批次	文号
3	3	省级	曲艺	竹板歌（梅县竹板歌）	2012年2月广东省第四批	粤府〔2012〕20号	梅州市梅县区文化馆	省级	肖建兰	2014年10月广东省第四批	粤文非遗〔2014〕45号
								市级	李玉珍	2017年10月梅州市第六批	梅市府函〔2017〕174号
								区级	朱丽芳	2019年1月梅县区第六批	梅县区府〔2019〕2号
									刘金茹 温秋灵 徐怀伟	2021年3月梅县区第七批	梅文字〔2021〕2号
4	4	省级	传统技艺	酿造酒传统酿造技艺（梅县客家娘酒酿造技艺）	2013年11月广东省第五批	粤府〔2013〕118号	广东源源富家酒业有限公司	省级	温凤珠	2014年10月广东省第四批	粤文非遗〔2014〕45号
								区级	郭榴红 温带芬 郭忠爱 陈忠义	2016年12月梅县区第五批	梅县区府〔2016〕43号
5	1	市级	传统技艺	畲江菊花糕	2011年4月梅州市第三批	梅市府〔2011〕27号	梅州市梅县区非物质文化遗产保护中心	区级	张应新	2012年3月梅县第二批	梅府办〔2012〕23号
6	2	市级	名俗	松源扛公王	2013年7月梅州市第五批	梅市府函〔2013〕85号	梅州市梅县区文化馆	区级	王耀东	2012年3月梅县第二批	梅府办〔2012〕23号
7	3	市级	名俗	水车小桑等公王	2013年7月梅州市第五批	梅市府函〔2013〕85号	梅州市梅县区文化馆	区级	罗注英	2012年3月梅县第二批	梅府办〔2012〕23号
8	4	市级	传统体育、游艺与杂技	足球运动	2013年7月梅州市第五批	梅市府函〔2013〕85号	梅县强民体育会	区级	杨电松 陈晋干	2012年3月梅县第二批	梅府办〔2012〕23号
9	5	市级	传统美术	梅县区客家门神画	2014年3月梅州市第六批	梅市府函〔2014〕128号	梅州市梅县区文化馆	市级	侯文发	2015年6月梅州市第五批	梅市府函〔2015〕119号
								区级	徐建文	2016年12月梅县区第五批	梅县区府〔2016〕43号
10	6	市级	传统技艺	南口镇车陂仙人粄	2014年3月梅州市第六批	梅市府函〔2014〕128号	梅州市梅县区文化馆	区级	饶俊顺	2013年2月梅县第三批	梅府办〔2013〕8号

续表 7

序号	序号	代表性项目级别	类 别	项目名称	批 次	文 号	保护单位	代表性传承人级别	姓 名	批 次	文 号
11	7	市级	传统技艺	丙村开锅肉丸	2016年8月梅州市第七批	梅市府函〔2016〕135号	梅州市梅县区丙村镇文教体育服务中心	区级	李尧君	2016年12月梅县区第五批	梅县区府〔2016〕43号
12	8	市级	传统美术	客家泥塑	2019年1月梅州市第八批	梅市府函〔2019〕8号	梅州市沅声民间艺术发展有限公司	市级	刘沅声	2019年10月梅州市第七批	梅市文广旅通〔2019〕129号
								区级	刘芷瑜	2016年12月梅县区第五批	梅县区府〔2016〕43号
13	9	市级	传统技艺	梅县白渡牛肉干制作技艺	2020年12月梅州市第九批	梅市府函〔2020〕284号	梅州市梅县区白渡镇生利德盛老牌牛肉干脯厂	区级	宋增广	2014年3月梅县第四批	梅县区府办〔2014〕10号
									宋金山	2021年3月梅县区第七批	梅文字〔2021〕2号
14	10	市级	传统技艺	客家红焖肉烹饪技艺	2020年12月梅州市第九批	梅市府函〔2020〕284号	梅州市嘉惠餐饮管理有限公司	区级	陈嘉庆	2021年3月梅县区第七批	梅文字〔2021〕2号
15	11	市级	民俗	梅县挂大牌	2020年12月梅州市第九批	梅市府函〔2020〕284号	梅州市梅县区松源镇文教体育服务中心				
16	12	市级	传统技艺	客家手工茶	2022年12月梅州市第十批	梅市府函〔2022〕280号	广东长寿客家茶研究院	区级	李新玲	2014年3月梅县第四批	梅县区府办〔2014〕10号
									刘 锋 黄显明 温健雄	2021年3月梅县区第七批	梅文字〔2021〕2号
17	13			黄金玉香糕	2022年12月梅州市第十批	梅市府函〔2022〕280号	梅州市梅县区丙村镇文教体育服务中心	区级	古运宏	2019年1月梅县区第六批	梅县区府〔2019〕2号
18	1	区级	民间文学	客家方言	2007年3月梅县第一批	梅府〔2007〕5号	梅州市梅县区文化馆	区级	廖广坤	2007年11月梅县第一批	梅文字〔2007〕22号
19	2			歌仙刘三妹的传说	2007年3月梅县第一批	梅府〔2007〕5号	梅州市梅县区松口镇文教体育服务中心	区级	梁德新	2007年11月梅县第一批	梅文字〔2007〕22号
20	3			民间歌谣	2007年3月梅县第一批	梅府〔2007〕5号	梅州市梅县区文化馆				

续表 7

序号	序号	代表性项目级别	类 别	项目名称	批 次	文 号	保护单位	代表性传承人级别	姓 名	批 次	文 号
21	4	区级	民间文学	民间谚语	2007 年 3 月梅县第一批	梅府〔2007〕5 号	梅州市梅县区文化馆				
22	5	区级	传统音乐	客家山歌	2007 年 3 月梅县第一批	梅府〔2007〕5 号	梅州市梅县区文化馆				
23	6	区级	传统技艺	松源麦芽糖	2007 年 3 月梅县第一批	梅府〔2007〕5 号	梅州市梅县区文化馆	区级	王集荣	2013 年 2 月梅县第三批	梅府办〔2013〕8 号
24									温维明	2019 年 1 月梅县区第六批	梅县区府〔2019〕2 号
25	7			南口黄皮豆干	2007 年 3 月梅县第一批	梅府〔2007〕5 号	梅州市梅县区南口镇文教体育服务中心				
26	8			石坑柿花	2007 年 3 月梅县第一批	梅府〔2007〕5 号	梅州市梅县区石坑镇文教体育服务中心				
27	9			隆文竹编	2007 年 3 月梅县第一批	梅府〔2007〕5 号	梅州市梅县区隆文镇文教体育服务中心				
28	10			隆文土纸	2007 年 3 月梅县第一批	梅府〔2007〕5 号	梅州市梅县区隆文镇文教体育服务中心	区级	李增焕	2021 年 3 月梅县区第七批	梅文字〔2021〕2 号
29	11			隆文木炭	2007 年 3 月梅县第一批	梅府〔2007〕5 号	梅州市梅县区隆文镇文教体育服务中心				
30	12			客家服饰	2007 年 3 月梅县第一批	梅府〔2007〕5 号					
31	13			梅县客家名菜	2007 年 3 月梅县第一批	梅府〔2007〕5 号	梅州市梅县区新城街道办				
32	14			客家围龙屋	2007 年 3 月梅县第一批	梅府〔2007〕5 号					
33	15			梅县金柚	2007 年 3 月梅县第一批	梅府〔2007〕5 号	梅州市梅县区丙村镇文教体育服务中心				
34	16			畲江工艺品	2009 年 7 月梅县第二批	梅府〔2009〕24 号	梅州市梅县区畲江镇文教体育服务中心				
35	17			九龙手工茶	2009 年 7 月梅县第二批	梅府〔2009〕24 号	梅州市梅县区梅南镇文教体育服务中心				

续表 7

序号	序号	代表性项目级别	类别	项目名称	批次	文号	保护单位	代表性传承人级别	姓名	批次	文号
36	18	区级	传统技艺	石扇咸菜	2009 年 7 月梅县第二批	梅府〔2009〕24 号	梅州市梅县区石扇镇文教体育服务中心				
37	19			石扇鱼血焖饭	2009 年 7 月梅县第二批	梅府〔2009〕24 号	梅州市梅县区石扇镇文教体育服务中心				
38	20			梅西肉丸	2009 年 7 月梅县第二批	梅府〔2009〕24 号	梅州市梅县区梅西镇文教体育服务中心				
39	21	区级	民俗	七月二十八日老姑婆生日	2009 年 7 月梅县第二批	梅府〔2009〕24 号	梅州市梅县区水车镇文教体育服务中心				
40	22			观音生日	2009 年 7 月梅县第二批	梅府〔2009〕24 号	梅州市梅县区大坪镇文教体育服务中心				
41	23			升龙转火	2009 年 7 月梅县第二批	梅府〔2009〕24 号	梅州市梅县区程江镇文教体育服务中心				
42	24			作福	2009 年 7 月梅县第二批	梅府〔2009〕24 号	梅州市梅县区城东镇文教体育服务中心				
43	25	区级	传统舞蹈	打腰鼓	2009 年 7 月梅县第二批	梅府〔2009〕24 号	梅州市梅县区桃尧镇文教体育服务中心				
44	26	区级	传统技艺	金柚陈茶	2014 年 3 月梅县区第五批	梅县区府办〔2014〕10 号	梅州市梅县区文化馆	区级	钟 亮	2014 年 3 月梅县第四批	梅县区府办〔2014〕10 号
45	27			钉砻	2016 年 12 月梅县区第六批	梅县区府〔2016〕43 号	梅州市梅县区雁洋镇文教体育服务中心	区级	张学敬	2016 年 12 月梅县区第五批	梅县区府〔2016〕43 号
46	28	区级	民俗	“三月三”相公爷出巡	2016 年 12 月梅县区第六批	梅县区府〔2016〕43 号	梅州市梅县区石扇镇文教体育服务中心	区级	张绍轩 张倣明 张建新 张自荣	2016 年 12 月梅县区第五批	梅县区府〔2016〕43 号
47	29	区级	传统技艺	企炉饼	2019 年 1 月梅县区第七批	梅县区府〔2019〕2 号	梅州市梅县区松口镇文教体育服务中心	区级	魏汉兴	2019 年 1 月梅县区第六批	梅县区府〔2019〕2 号
48	30			鱼散粉	2019 年 1 月梅县区第七批	梅县区府〔2019〕2 号	梅州市梅县区松口镇文教体育服务中心				

续表 7

序号	序号	代表性项目级别	类别	项目名称	批次	文号	保护单位	代表性传承人级别	姓名	批次	文号
49	31			羊雌汤	2019年1月梅县区第七批	梅县区府〔2019〕2号	梅州市梅县区松口镇文教体育服务中心	区级	钟　鑫	2019年1月梅县区第六批	梅县区府〔2019〕2号
50	32			荷泗拱桥肉	2019年1月梅县区第七批	梅县区府〔2019〕2号	梅州市梅县区南口镇文教体育服务中心	区级	黄俊明	2019年1月梅县区第六批	梅县区府〔2019〕2号
51	33	区级	传统技艺	砣子豆腐	2019年1月梅县区第七批	梅县区府〔2019〕2号	梅州市梅县区松源镇文教体育服务中心				
52	34			松源豆干	2019年1月梅县区第七批	梅县区府〔2019〕2号	梅州市梅县区松源镇文教体育服务中心	区级	何胜旺	2019年1月梅县区第六批	梅县区府〔2019〕2号
53	35			酸菜炒猪肠烹饪技艺	2021年1月梅县区第八批	梅县区府函〔2021〕2号	梅州市嘉惠餐饮管理有限公司	区级	陈嘉庆	2021年3月梅县区第七批	梅文字〔2021〕2号
54	36	区级	传统戏剧	客家山歌剧（梅县）	2021年1月梅县区第八批	梅县区府函〔2021〕2号	梅州市梅县区客家山歌传承保护中心	区级	廖明星 赖瑜明 黄智松 曾慧敏 廖　渊 徐映茹 吴佳丽	2021年3月梅县区第七批	梅文字〔2021〕2号
55	37	区级	民俗	邓氏太乙公祭祀文化	2021年1月梅县区第八批	梅县区府函〔2021〕2号	梅州市松口太乙邓家祠旅游开发有限公司				
56	38	区级	传统技艺	芸香楼月饼制作技艺	2022年10月梅县区第九批	梅县区府函〔2022〕62号	广东芸香实业有限公司	区级	陈慧玉	2022年12月梅县区第八批	梅文字〔2022〕24号
57	39	区级	传统技艺	木偶制作技艺（梅县区）	2022年10月梅县区第九批	梅县区府函〔2022〕62号	梅州市梅县区木偶传习所	区级	张彦创	2022年12月梅县区第八批	梅文字〔2022〕24号

【文旅产业】 2022年，梅县区有文化产业企业102家。其中文化旅游产业6家（雁南飞茶田景区、雁山湖国际花园度假区、广东麓湖山文化产业园区、大观天下、南寿峰旅游景区、客都人家文化旅游区）、文艺表演团体4家、歌舞娱乐场所9家、互联网服务营业场所12家、出版物零售发行单位61家、包装装潢印刷10家。从事文化产业的工作人员近1万人。

旅　游

【旅游发展规划】 2022年，为贯彻落实《广东省“十四五”旅游业发展规划实施方案》，结合梅县区文旅发展实际，确保在“十四五”期间推进梅县区旅游业高质量发展，坚持高起点谋划、高标准定位，区文化广电旅游局制定《梅县区文化和旅游发展改革“十四五”规划》，从工作理念、工作机制、产业布局等方面科学谋划、统筹协调、有序推进，扎实做好文旅产业规划编制工作，为推动文旅融合发展奠定坚实基础。

发展目标　“十四五”时期，梅县区以文化和旅游深度融合为主线，以创意人文构建城市品牌体系，以社区引领驱动供给改革，以活动导向塑造文旅品牌、以创意赋能树立城市标签，彰显文旅的大产业、大民生、大展示功能，促进文化和旅游产业高质量建设，提升梅县区在全国的文化旅游影响力。公共服务水平得到进一步提升，培育具有引领性的城市公共文化品牌，主客共享的全域旅游服务体系不断完善；产品供给体系实现新一轮迭代升级，基于社区的生态旅游模式探索取得成效，一批以精品度假为核心的集聚区初步形成，旅游跨界融合频繁；文化和旅游融合体制机制改革取得新成效，居民获得感不断增强，精神文化生活日益丰富。“十四五”时期，在社区导向型旅游发展、人文导向型城乡发展理念引导下，提出打造生态型休闲度假旅游高地、红色旅游融合发展示范区、客家精神家园展示区、公共文化服务标杆四大具体目标。“叶帅故里·大美梅县”品牌深入人心。依托客家文化生态保护区、三宜城乡风貌建设基础，在全市率先建设成为人文艺术引领型、精品度假驱动型、景观城市发展型的全国全域旅游示范区建设标杆、客家文化精神高地。

主要任务　2022年，区文化广电旅游局注重区域整合，优化文旅产业空间布局构建脊梁、强化中心。重点推动梅江沿线丙村、雁洋、松口三镇的一体化发展，推动形成“一廊一心”的文旅产业发展格局。龙头突破，创意开发核心文旅资源。继续发挥好现有重要文旅龙头企业的引领作用，发挥雁南飞茶旅深度融合的示范作用，重点做好雁南飞茶田景区国家生态旅游示范区建设水平；全力支持叶剑英纪念园升级改造，打响“叶帅故里”品牌；深刻把握文旅产业迈向高质量发展的总体要求，逐步将文旅开发的重点从规模扩张转移到产品和服务的提质升级；运用创意开发的方法论，激活松口古港、同怀别墅（中央九月来信首次传达地）、九龙嶂革命根据地等核心文旅资源，培育一批新龙头项目。品牌创建，全面提升文旅供给质量，以品牌创建任务引领文旅项目提质升级，着力培育一批与梅县区文旅强区地位匹配的高等级旅游景区和度假区。以市场为导向，促进业态跨界融合发展。充分运用跨界思维，积极促进旅游与相关产业的深度融合与广泛融合，重点在研学跨界、农业跨界、文创跨界、路游跨界等领域寻求突破，不断丰富多样旅游形态、拓展旅游新空间、催生旅游新模式、释放旅游消费潜力、增加旅游消费市场有效供给。同时，要发挥好旅游市场主体创新意识，从资源、资本驱动逐步转向创新、市场驱动，为旅游持续发展提供强大内生动力。主客共享，完善公共旅游服务体系。积极提升国家级全域旅游示范区引领作用，健全“主客共享”的全域旅游服务体系建设。推动全域旅游交通体系整体优化，强化旅游集散中心体系建设；构建旅游风景道及自驾游服务配套体系，重点配合梅江风景道（东段：嘉应新区嘉应桥头公园到雁洋镇）梅县区辖区段建设，以及环阴那山风景道、石窟河旅游公路建设，协助省道223线松口段滨江风景道（茶山坝—河背）建设，提升丙村镇、雁洋镇至松口镇的交通便利性；推动旅游服务体系人性化提升，提升旅游公路服务设施布局合理性，不断完善道路标识系统指引，推动沿路绿化美化，选取优质景观路段增设观景平台、慢行绿道，全面提升道路导游游憩功能；加快推进“厕所革命”，结合旅游景区、乡村旅游点、城市游憩区、文商旅街区以及乡镇文化站、图书馆、博物馆等文体公共设施，进一步提升旅游厕所的数量和质量；区域联动，加强对外文旅交流合作，注重与汕潮揭城市群的合作，共同打造面向中远程的粤东旅游目的地；承担客侨文化交往中心功能，加强与海外世界客家(梅州)

文化旅游推广中心的联络；积极融入闽粤赣中央苏区旅游圈，依托全境中央苏区优势和“客都乡情”的情感纽带，加强与江西、福建等地红色文化旅游资源的联动发展，立足闽粤赣边界区域，加强在客源互送、线路共建、目的地共推等方面的横向合作；承载梅州市“东亚文化之都”建设的重要任务，积极参与承办中日韩国家级区域文化和旅游合作项目，加强对外文化交流能力；充分发挥广梅对口帮扶优势，加强与广州地区旅行社的合作，积极拓展广州客源市场。

【重大项目建设】 2022 年，梅县区丙村镇“客都人家”康养文旅综合体项目是梅州市重点招商引资项目，是广东省重点建设的文化旅游项目，是梅州市委、市政府落实“绿水青山就是金山银山”理念的生动实践。梅州市委、市政府为匹配“生态城镇”的战略发展需要，充分利用梅州闽粤赣交界的地理位置优势。按照广东省委十二届六次全会和市委七届六次全会的部署，协调推进“四个全面”战略布局，着力打造宜居宜业宜游“世界客都·长寿梅州”，客都人家康养文旅综合体项目的开发建设是其中核心工作内容之一。项目建设在坚持科学合理规划的前提下，合理配套建设道路、给排水、环保等基础设施，有效整合周边各类自然人文资源，意在实现以旅游开发带动城镇化的建设，以点带面促进当地经济的长足发展。该项目由梅州鼎盛翼天文旅产业投资有限公司投资建设，占地 100 公顷，预计总投资约 50 亿元，是一家以客家文化和客家建筑为载体，以客家老街、《原乡》实景演绎为引擎，打造集非遗展示、实景演出、民俗体验、健康美食、休闲度假功能于一体的文化旅游胜地，是广东乃至国内业态最全面、产业链最完整的文旅融合项目，包括客家特色大型实景演出、客乡老街、五星级悦麓度假酒店、康体颐养社区、康体运动中心、电影艺术馆等核心板块。项目二期工程于 2021 年 4 月动工,建设内容包括四大乐园：长乐园、康乐园、颐养园、亲子园，以及东山中学小学分校教学部等，建成后将进一步提升和完善综合体的配套服务功能。

【配套设施】 2022 年，区文化广电旅游局积极做好“厕所革命”工作，全面开展旅游厕所“回头看”专项排查行动，指导各镇对旅游厕所标准化建设管理，落实整改工作，创建 A 级旅游厕所，推进“一厕一码”建设。按时完成旅游厕所建设目标，在旅游景区“客都人家”新建旅游厕所 1 座。

【景区（景点）建设】 2022 年，区文化广电旅游局推进 A 级旅游景区服务质量提升工作，指导南寿峰旅游区做好创建国家 AAAA 级旅游景区的省级专家评定检查工作，以及指导雁南飞茶田景区做好 AAAAA 级旅游景区复核整改工作。客都人家文化旅游区获评广东省首批省级夜间文化和旅游集聚区。

2022 年，区文化广电旅游局大力发展乡村旅游，培育发展乡村民宿工作，推荐三舍综艺民宿申报评定国家甲级民宿；外婆家·仁寿庄围龙屋民宿获评首批广东省驿道乡村酒店。协助雁洋镇长教村申报联合国世界旅游组织“最佳旅游乡村”评选工作，长教村作为储备项目，后由国家文旅部推荐至联合国世界旅游组织评定。积极推动乡村研学旅行产业发展，长教村获评第一批广东省乡村研学旅行特色村。制订《梅县区红色旅游融合发展试点建设工作实施方案》，并上报省厅评定国家红色旅游融合发展试点单位。

【旅游宣传】 2022 年，为持续打响国家全域旅游示范区品牌，宣传客家优秀传统文化、旅游文化，区文化广电旅游局通过线上、线下相结合的宣传推广形式，大力宣传梅县区文旅资源，助推文旅复苏，带动旅游经济发展。结合梅县区文旅特色，全新设计、制作全域旅游宣传画本和册页共 1 万本，发放至梅县区重点文旅行业及宣传活动平台；在新县城人民广场、梅县区游客服务中心、梅州西站等市民、游客主要聚集场所及重点旅游景区、乡村旅游景点等更新制作一批全域旅游导览图；每月推荐民俗赏梅游、春游、踏青、客家风情、红色文化主题精品路线及特色文旅资源至《周末去哪里》活动栏目等市级宣传平台，推广辖区内 A 级景区、星级民宿、星级农家乐、非遗文化、客家美食等文旅资源；通过“相约梅县”公众号推出宣传文旅资源文章约 500 篇、“相约梅县”视频号视频作品 4 个；参加活力广东·客都梅州、和美汕头、古韵潮州、温润揭阳（重庆、成都）文旅宣传推介会。

【乡村旅游精品路线选介】 2022 年，松口古镇“南洋古道·千年古镇”乡村旅游精品线路：松口古街（中国移民纪念广场—松江大酒店—火船码头—中山公园）—大黄村（大黄南粤古驿道—丰收广场—丘哲纪念馆）—铜琶村（元魁塔—世德堂—爱春楼）—南下村、圳头村（张榕轩纪念馆—仁寿庄民宿）。松口古镇是昔日粤东商贸重镇，有着“自古不认州”的盛名，它是明末以后客家人出南洋的第一站，也是孙中山发动辛亥革命的策源地之一，其客家山歌驰名中外，文物古迹天然风景比比皆是。松口港曾经是广东内河的第二大港。经千年孕育，松口古镇具有丰富的客家人文资源，享有“文化之乡、华侨之乡、山歌之乡”的美誉。

【主要乡村旅游点】 中国移民纪念广场——为纪念19、20世纪离开中国前往印度洋群岛的中国人，联合国教科文组织发起的纪念海外华人“印度洋之路”项目选择梅州市梅县区松口镇建设移民纪念广场，并以此作为“印度洋之路”项目的收尾工程，充分体现联合国对客家人在特定历史背景下的社会运动和华人迁徙历史的高度重视，有利于增强海内外客家人的凝聚力，激励华人后裔和推动文化多元化发展。

松江大酒店——松江大酒店位于松口古街区繁荣路，由华侨廖子君出资于民国21年建成。该建筑为中西合璧式五层建筑，占地面积近千平方米，钢筋洋灰（水泥）结构，有200多间客房。建筑主体中间有天井，主体建筑由三间门店组成，长约13米，深15米，高约10米。昔日梅州地区的华侨出洋谋生或归国返乡多在松江大酒店投宿，它成了华侨漂洋过海的驿站，也是他们寻找心灵的回归区；它见证了历史上松口曾经的繁华与辉煌，至今仍留有“HOTEL TSUNGKIANG”英文字样。

中山公园——县级文物保护单位松口镇中山公园建于1933年，是为纪念1918年孙中山视察松口而兴建的，是全国最早的一座乡镇级“中山公园”。公园占地面积3.72万平方米，其中陆地面积7000平方米，水域面积3.02万平方米。园内区域分布合理，分入口广场区、纪念广场区、滨湖游憩区、文化设施配套区、林下休闲区，种植有竹柏、香樟等多种名贵植物。园内的文化广场是欣赏聆听原汁原味的松口山歌的好去处。

元魁塔——广东省文物保护单位元魁塔位于松口镇铜琶村，始建于明万历四十七年（1619年），于崇祯二年（1629年）竣工，为明末吏部侍郎、翰林学士、东宫侍讲李士淳募资建造。该塔属楼阁式，坐东南向西北，呈八角形，共9层，高41米。塔底正门门额署“元魁塔”。塔底层以方块花岗石作基垫，其余各层则全为青砖砌筑。塔内有154级的螺旋形石阶，二至八层每层都有两两对开的四个瞭望口，隔层对应，错落有致。顶层外围筑有石栏。塔的最顶端嵌有底径约1米半，重达万余斤的铁铸宝葫芦，它是如何被置于塔顶之上，至今仍是一个谜。元魁塔作为松口著名的人文古迹，成为了松口的地标性建筑。当年众多客家华侨离开家乡时都从它面前经过，都把它当成故乡的象征物之一印记在心中。

张榕轩纪念馆——张榕轩故居位于梅县区松口镇南下村。由张榕轩故居干荫堂重新修缮后布展设计而成。干荫堂是一座三堂五横一围龙的客家围龙屋，内有84个房间，21个客厅，10个天井，建筑面积4320平方米，花园600平方米，门坪1050平方米，总面积达5970平方米。干荫堂采用了大量的石湾陶、雕刻、灰塑等建筑艺术元素，尤其以采用大量的绘画装饰而炫彩夺目。

丘哲纪念馆——丘哲纪念馆（喆庐）位于梅县区松口镇大黄坑美村，是省文物保护单位,由中国农工民主党创建者和领导者丘哲建成于民国14年（1925年）。“喆庐”坐北向南,占地面积6000平方米,建筑面积2500平方米。为“中西合璧”的四面坡式二层民居建筑。“喆庐”平面布局采用客家传统民居合杠屋布局,中轴对称。主体建筑为砼筑结构。正立面为连券式外廊,并设前檐露台。中轴线上首进正立面为西洋券式通廊门楼,二进为中式大门,轩廊式雨道连接下堂门厅和上堂。二层上堂后壁设迄今梅县区发现的西式壁炉。主体建筑右侧设外门楼,左后侧附筑厨房杂间等。

2022年底梅县区文化广电旅游局
局　长：章广润

（供稿：朱梓琪）

融媒体中心

【概述】 2022年，梅县区融媒体中心（简称区融媒体中心）围绕中共二十大这一主线，认真做好中共二十大融媒行业安全保障和学习宣传贯彻工作，唱响主旋律，守好主阵地，积极开展融媒公共服务。作品《让青春在山区支教中绽放——美国中国支教项目在梅县》在2021年度广东省县（市、区）广播电视新闻评析中，荣获电视新闻专题类一等奖（广东省广播影视协会）；作品《婚礼延期，幸福不延期》在2021年度广东省县（市、区）广播电视新闻评析中，荣获广播长消息类一等奖（广东省广播影视协会）；作品《用泥塑传承客家文化——刘沅声》，在2021年度广东省县（市、区）广播电视新闻评析中，荣获新媒体新闻专题类三等奖（广东省广播影视协会）；专题部作品《让青春在山区支教中绽放——美丽中国支教项目在梅县》广东省广播影视电视新闻专题三等奖。

【宣传报道】 2022年，区融媒体中心以广播电视传统媒体和“两微一端两号”（梅县发布微信公众号、梅县融媒中心微信公众号、梅县发布APP和梅县融媒中心视频号、i梅县抖音号）新媒体为主平台，主动围绕中心、服务大局，大力讲好梅县故事，传播梅县好声音。开展中共二十大主题宣传，区融媒体中心先后开设《新春走基层》《奋进新征程 建功新时代》《喜迎二十大》《党的二十大特别报道》《奋进新征程 粤来粤好》《绿水青山就是金山银山》《乡村振兴 你我同行》等专栏，全面展示梅县大地及省内外各地欣欣向荣、人民群众安居乐业的美好景象，深化拓展党史学习教育成果，大力弘扬伟大建党精神，营造敢于担当、求真务实、奋勇争先的良好舆论氛围。2022年，喜迎中共二十大主题宣传相关消息、短视频等数量110多条，营造良好的舆论氛围。

2022年，区融媒体中心围绕区委第二次党代会提出的打造生态惠民富民、宜居宜业宜游的“叶帅故里·大美梅县”要求，找准宣传定位和角度，主动配合、高质量做好区政协二届二次会议、区二届人大二次会议、梅县区促进实体经济高质量发展大会暨“五个一批”活动等重大会议、重大活动宣传报道；推出《狠抓发展第一要务》《乡村振兴在行动》《疫情防控》《书记局长话发展 比学赶超展风采》《乡村振兴 丙雁示范》《学习贯彻省第十三次党代会精神》等新专栏、系列短视频。2022年，推出丙雁乡村振兴示范带建设系列短视频18条；制播36期《书记局长话发展 比学赶超展风采》专栏节目，为推动全区重点工作营造声势。

2022年，区融媒体中心持续做好创建全国文明城市、老年人疫苗接种等的宣传，适时做好撂荒地复耕复种、森林防火、防汛备汛、高考等阶段性重点工作的宣传，开设《全力以赴做好疫情防控工作》《护航高考》《我为群众办实事》等专栏，做到常年性工作“常宣不懈”，常规性宣传长流水不断线。

2022年，区融媒体中心大力推进融媒深度融合，按照传统广播电视媒体“做深内容”、新媒体矩阵“做新内容”的思路，用好用活新媒体平台，深入基层一线，积极挖掘宣传素材，短视频数量明显增加，内容更加丰富。2022年广播、电视分别播出《梅县新闻》(含梅县民声)252期2425条，播出《梅县一周要闻》51期；微信公众号发布消息2892条（梅县发布、梅县融媒中心2个公众号），APP发布消息1240条（不含电视新闻、专题节目上传），视频号发出视频265条，抖音号发出视频229条。

【专题宣传】 2022年，区融媒体中心坚持立足本地受众，努力办好办活本地电视专题栏目，根据中共二十大电视展播要求和本地受众的收视需求，选播一批优质精良的电视剧目。办精本地专题栏目。继续好《梅县农情》《梅县教育》《健康园地》《以案说法》《纪检监察窗》5个常设电视专题栏目；《梅县农情》栏目重点策划推出《特色产业助推乡村振兴系列报道》和《唤醒“撂荒地”共耕希望田》《金柚》等系列报道；《梅县教育》栏目持续关注特色课程、山区支教、素质教育；《健康园地》栏目深入基层，关注各乡镇的医疗卫生发展情况；《以案说法》栏目用鲜活案例来普法释法，让老百姓了解各行各业的法律法规。同时，还配合区委、区政府宣传，拍摄制作“梅州综保区”专题汇报片和招商引资推介片《叶帅故里、大美梅县》《凝心聚力绘蓝图 擂响战鼓再发力》《丙雁乡村示范带》《梅县区实体经济汇报片》等。2022年，区融媒体中心制作专题节目113期，其中《梅县农情》25期、《健康园地》36期、《梅县教育》25期、《以案说法》23期、《纪检监察之窗》4期、《梅县党建》4期。此外，制作其他各类宣传片、短视频37期。专题节目《让青春在山区支教中绽放——美丽中国支教项目在梅县》，在2021年度广东省广播影视奖评选中，荣获新闻类电视新闻三等奖。选播一批引进栏目。梅县综合频道购买播放《新短秀新生活》《嘻游记》《地理中国》3个栏目，推出电视三下乡之《乡村法制》《健康面对面》《致富故事汇》《生活视觉》4个合作栏目。根据国家广电总局的部署，选播《这十年》《思想耀江山》《铸匠》《百炼成钢》等一批抗日革命题材电视剧，较好地营造“喜迎二十大，奋进新征程”的氛围。

【外宣工作】 2022年，区融媒体中心视频号、抖音号发出的短视频数量较上年同期，增加近200条；推出更多关乎网络热点话题、本地热点事件的短视频，进一步提高关注度，如：视频号《我是广东的 广东梅县的》点击量3.3万次，《梅县警花反诈宣传这样说》点击量3.9万次；视频号《梅县区城区开放8个“黄码”人员核酸采样点》点击量14.4万次；抖音号《高考首日，铁骑争分夺秒暖心护航》《梅县外国语学校送考仪式感拉满！》发出24小时内点击量分别超过20万次、7.4万次，形成强大的宣传声势，也更好地服务当地群众。2022年，区融媒体中心报送新闻稿件被梅州市电视台采用758条、累计分值1029分；电台报送市电台新闻稿件采用量为215条；两台通联排名均居全市各县级融媒中心（县级台）之首，有效提高本地融媒的传播力、引导力、影响力和公信力。

【城乡网络建设】 2022年，区融媒体中心顺势而为，打好主动仗，融媒事业提质增效。加大前端建设力度，投入11万元，建设熙园前端机房至南口站机房的自建联网光缆；投入33万元，在丙村、雁洋、松口、松源4个广播电视站机房配置IP直播网相关设备。开展农村电视线整治，落实省广电局《关于进一步推进全省农村电视线整治工作的通知》（粤广电技〔2022〕39号）精神，完成古塘村、莲塘村、新城办、桃西村、槐岗村、南口圩镇的“四线”整治任务，有力助推梅县区乡村振兴、加快农业农村现代化建设工作；按照区委、区政府对丙雁乡村示范带建设的任务分工，完成丙雁主干道部分缆线落地任务，对14个行政村43个自然村缆线全面进行整改。推进城区老旧小区线缆升级改造。配合区委、区政府推进城镇老旧小区改造工作，投入资金约30万元，完成对香港花园六座、富贵花园二区、宏业A1区、新城怡迪苑、丽华苑线缆落地和光纤到户的割接工程，覆盖用户约1000户；做好管线迁移。配合相关部门做好省道223线（东部快线）和省道242线（西部快线）的线路迁移工作。

【经营创收】 2022年，区融媒体中心全力推动融媒事业经营创收增效，融媒宣传广告服务收入160.6万元，由区融媒体中心负责管理的文广视讯公司网络经营收入1601万元，全区有线数字电视在用主机64589户，在用副机14599台，其中发展宽带用户1870户（4K用户1321户），主副机与年初数相比分别减少9.7%、8.83%；微信办理业务功能，上半年度关注用户5026户、受理业务17551单（笔）、业务收入349.37万元。

【安全播出】 2022年，区融媒体中心以做好“广播电视和网络视听节目安全保障”工作为重点，通过夯实安全保障软硬件基础，筑牢安全屏障，确保融媒意识形态阵地安全万无一失。持续做好行业舆情研判和宣传策划。坚持开好每周一期的编前会，积极做好融媒体行业的舆情分析研判和宣传策划等工作，年内召开涉及安全工作的会议20场次，召开“梅县视听”宣传引导编前策划会35场次，重新制定宣传节目“三审三校”制度，安全保障工作做到常抓不懈、常抓常新。夯实行业安全基础。不断完备无线发射硬件，筹资11万元，购置1台UPS电源主机；配合完成“全国地面数字电视700兆赫频率迁移涉及无线发射台临时停机备案工作”；对中心3台UPS电源报警系统进行升级，更换一批消防设施，对中心七楼露天消防水管进行重新刷防腐漆，还对中心综合档案室进行了升级。此外，还做好疫情防控等安全工作。完成中共二十大安全保障工作。区融媒体中心采取多项举措，先后组织4场次应急演练、组织开展“迎接中共二十大广播电视和网络视听安全保障”自查、并接受省广电局的检查，在中共二十大召开期间，区融媒体中心主要领导在播控机房带头值班值守，通过层层落实责任、严防死守，确保中共二十大期间广播电视和网络视听安全万无一失，把党的声音安全优质传送到了千家万户。筹备推进应急广播建设。根据中央和省对应急广播建设的实施意见，区融媒体中心积极与区文广局共同筹备建立县级应急广播系统，将“智慧广电建设”项目正式纳入2023年区级财政预算项目。

【文化体制改革】 2022年10月31日，区财政局与区融媒体中心签订《梅县区区属国有企业委托监管协议书》，将国有企业“梅州市梅县区文广视讯传媒有限公司”委托给梅州市梅县区融媒体中心监管。

2022年底梅县区融媒体中心

主　任：翁尚华

（供稿：古志强）

体　育

【基础设施建设】 2022年，梅县区有大、小足球场141块，乒乓球、羽毛球场（馆）480个，田径场12座，游泳池（馆）11个，全民健身广场21个，社区体育公园4个。体育场地面积145万平方米，全区人均体育场地面积2.61平方米。梅县区大型的体育设施有：

梅县文体中心　位于梅县人民广场侧，占地面积9850平方米，建筑面积2.21万方米，总投资4亿多元。按国际标准比赛场馆建设，并采用客家围龙式的建筑风格，圆形建筑直径112米，可容纳观众6000多人，是一个集比赛、大型演出和会展于一体的综合性场馆。

曾宪梓体育场　曾宪梓体育场与梅县文体中心前后相接，并与梅县人民广场、梅县梅花山公园连为一体，占地面积3.2万平方米，其中建筑面积4600平方米，观众座位2万多个，建筑资金约2.8亿元。曾宪梓体育场按国际标准比赛场馆设计建设，可进行足球、田径等体育项目的大型赛事活动。

【群众体育】 2022年，梅县区体育局完成梅县体育公园及全民健身中心的立项审批，投入前期设计费20万元；投入45万元建设松口镇中江村体育公园。完成3个镇（松源、程江、隆文）各20万元农民体育健身工程建设器材采购安装任务。投入本级体彩资金45万元，采购或下拨195件/套健身器材。逐步完善全区各体育协会的建设和管理，并以协会为主体开展好各类体育活动。年内承办中超联赛梅县赛区7场比赛；举办县级赛事活动主要包括4—12月的全区中小学生足球联赛；8—10月的全民健身日系列活动，包括8月8日的全民健身展演和健身跑启动仪式、乒协杯乒乓球赛、篮球赛、嘉美茵杯足球邀请赛以及2022年梅州市客商银行线上马拉松赛等。加强群众身边的体育健身指导。2022年，国民体质监测工作完成测试样本1311例。

【体育产业管理】 2022年，梅县区体育彩票销量运营平稳、稳固发展，销售6867万元。

2022年，梅县区体育局落实高危性体育项目“放管服”改革工作，完善审批环节，加强行政检查，强化规范执法，做好高危险性体育经营活动的监管工作，对梅县区高危性体育项目（游泳）场所开放期间进行检查，排查安全隐患，保障人民群众的人身安全。

【梅县区业余体校】 2018年5月30日经梅县区政府常务会议研究决定，同意将梅县区业余体校搬迁至广益中学，探索教体结合新模式，区政府投入资金升级改造广益中学七人制标准人工草塑胶足球场2个、五人制标准人工草塑胶足球场3个和学生宿舍、教练员办公场室等教学、办公场所，基本满足足球运动员的训练、比赛和住宿需求。2019年春季学期，区业余体校正式入驻梅县广益中学，区业余体校在梅县广益中学合体办校。业余体校开展的训练项目足球、乒乓球、羽毛球、拳击、跆拳道等。其中，足球按照梅州市第九届市运会足球项目的年龄段设置和俱乐部梯队设置，共有10支梯队，男、女各5支，（2005—2006、2007、2008、2009、2010—2011），每支队伍配备1名教练，20—30名运动员，正在组建2012—2013年龄组男女足球队。足球项目住宿队员在广益中学进行系统训练，外围走训队员节假日集中在广益中学训练。乒乓球、羽毛球、拳击、跆拳道等项目在文体中心集中训练。队员伙食安排在华侨中学，租赁华侨中学的房屋集中住宿，统一管理。

【富力足球学校】 学校前身为梅县富力切尔西足球学校，学校于2013年9月18日正式开学，首期工程占地17.33公顷，投资5亿元兴建行政中心、教学中心、生活中心、运动员培养与发展中心等功能建筑，及14块具备全天候训练条件的国际顶级足球场，其中人造草球场选用荷兰进口GreenField品牌草种，2022年，全校教职工130多人，在校学生350人。富力足球学校参照“中国足协青少年足球培训基地”和省一级学校标准，学校二期工程（中学部）建筑面积8000平方米，于2015年9月正式完工投入使用，涵盖教学、生活、住宿等功能，建设有文化课室、生化实验室、物理实验室、技术分析室、会议室、公寓、食堂、餐厅、更衣室等，能够同时满足500人的生活、学习、足球教学和会议需要。2017年11月27日，富力足球学校与荷兰阿贾克斯足球俱乐部正式签订合作协议；2018年1月1日，阿贾克斯教练团队全面入驻富力足球学校；2022年，有荷兰阿贾克斯足球俱乐部外籍教练员7人、中方教练员20多人。

2022 年梅县区体育集体获奖情况表

表 8

单 位	奖项名称	授予单位	授予时间
梅县区业余体校	2022 年广东省“省长杯”青少年足球锦标赛 09 年龄组女子足球丙组季军	广东省体育局	2022 年 6 月
	2011 年龄组女子足球队参加梅州市青少年精英选拔赛获得亚军	梅州市体育局	2022 年 10 月
	2012 年龄组女子足球队参加梅州市青少年精英选拔赛获得亚军	梅州市体育局	2022 年 10 月
	2013 年龄组女子足球队参加梅州市青少年精英选拔赛获得第四名	梅州市体育局	2022 年 10 月
	2011 年龄组男子足球队参加梅州市青少年精英选拔赛获得季军	梅州市体育局	2022 年 10 月
	2012 年龄组男子足球队参加梅州市青少年精英选拔赛获得第四名	梅州市体育局	2022 年 10 月
	2013 年龄组男子足球队参加梅州市青少年精英选拔赛获得第四名	梅州市体育局	2022 年 10 月

2022 年梅县区体育个人获奖情况表

表 9

单 位	奖项名称	授予单位	授予时间
梅县区业余体校	梅州市青少年羽毛球锦标赛 甲组男单第五名：李佳航 甲组女单第五名：曾昊 乙组男单第五名：陈宣羽 乙组女单第二名：杨文钰 丙组男单第五名：宋浩睿、郭明深	梅州市体育局	2022 年 12 月

2022 年底梅县区体育局

局　长：洪　明

（供稿：办公室）

社会科学

党史资料征集与党史研究

【党史征研编纂出版】 2022 年，梅县区委党史研究室（简称区委党史研究室）收集整理梅县区近年来挖掘保护利用红色资源相关文献资料 7300 多字，收集整理《叶剑英：一毫莫取，廉洁奉公》《肖向荣：坚持原则，严以律己》2 篇红色清廉故事文稿，整理斋公坪丘屋——红军兵工厂旧址等 7 处军工遗产，并上报梅州市委党史研究室。收集整理隆文、南口、畲江、梅西、大坪和松口 6 个镇革命斗争历史和代表性人物等宣讲展陈资料。加强梅南九龙嶂革命根据地女红军连的研究，《关于九龙嶂革命根据地女子红军连的研究》经梅州市哲学社会科学工作领导小组核准结题，获评优秀等级；参与撰写的《九龙嶂革命根据地女红军连：开创建立中国红军正规建制妇女武装的先河》研究专题，获得 2022 岭南学术论坛“赓续中央苏区南方屏障——东江红军和东江革命根据地红色血脉，践行习近平强军思想”学术研讨会征文活动第二名。撰写《中央九月来信在红四军前委首次传达贯彻刍议》《浅谈让红色资源“活下来”与“火起来”的梅县实践与构想》《从镇情村情特点打造文旅产业，助力梅县乡村振兴》3 篇论文，被广东中共党史学会、嘉应学院广东省原中央苏区研究中心等单位联合主办的新时代广东原中央苏区振兴发展学术论坛收录。撰写梅县申报中央苏区历程、做法及意义文稿，上报市委党史研究室。修改完善《中国共产党梅县历史第二卷（1949—1978）》送审稿，上送省委党史研究室审阅，争取尽快审定出版。编辑出版《中国共产党梅县历史大事记（2007.1—2013.10）》《梅州市梅县区抗击新冠肺炎疫情大事记（2020—2021）》和《中国共产党梅州市梅县区历史大事记（2013.10—2021.12）》，三本书共约 34 万字。

【党史宣传宣讲】 2022 年，区委党史研究室扎实推进党史宣传宣讲工作。制作党史宣教视频光盘 150 张分送中小学校，赠送党史书籍（读物）2 万多册。与市客家山歌传承保护中心合作，创作竹板歌情景剧《红山茶》，宣传女子红军连故事。扩大梅县党史宣传阵地，在程江镇墩上村主村道两旁设置 24 块党史宣传栏，宣传介绍梅县革命斗争历史重大事件和代表性党史人物。到各地开展党史宣讲 45 场次，受众 3100 多人次。宣讲视频《心中存信仰，使命显担当：刀尖舞者卢伟良》被省委党史研究室列入全省精品宣讲名单，是全省 15 个精品宣讲视频之一。微视频《在刀尖上行走的老红军——卢伟良》被省委宣传部评为 2022 年全省优秀理论宣讲微视频，是全省 12 个优秀理论宣讲微视频之一。《九月来信明航向，拨开迷雾谱新章》《心中存信仰，使命显担当——刀尖舞者卢伟良》《一片红土地，万千孤勇者》3 部精品党课和区党史宣教中心两人被梅州市委组织部评为“党课开讲啦·人人做主讲”活动优秀党课（全市 16 部）和星级党课讲师（全市 15 名）。《心中存信仰，使命显担当——刀尖舞者卢伟良》《一片红土地，万千孤勇者》2 篇主题宣讲作品在“学党史·讲党史——梅州党史部门喜迎二十大”宣讲比赛中分别荣获一等奖和二等奖。《智送 500 银元》《叶剑英童年读书的好伙伴》2 篇主题宣讲作品参加广东省文化和旅游厅“讲好广东故事，传播文化强音”讲解员大赛海选并进入决赛。

【遗址保护利用】 2022 年，区委党史研究室继续配合区委宣传部、区文广旅局和有关镇，加强革命遗址的保护利用。协助做好以松源镇同怀别墅为核心的中央九月来信红色旅游总体规划方案的规划和打造。石扇镇肖向荣故居于 6 月完成修缮。配合协助水车镇党委做好水车镇革命斗争史展陈的完善提升。协助松源镇党委在联益书社、公裕楼和昆裕楼 3 处旧址布展，12 月中下旬完成展陈。协助松源镇党委和大坪镇党委申报省级中共党史教育基地，12 月下旬，将松源镇同怀别墅和大坪镇卢伟良故居有关材料上报市委党史研究室。

【编纂佐证服务】 2022 年，区委党史研究室审核《广东省红色革命遗址大博览——北部生态区卷（上册）》中梅县区 68 处革命遗址；审核《游学红色梅州》书稿中梅县区《叶剑英纪念园》等 6 篇文稿。为福建省龙岩市委史志研究室提供王涛支队在松源镇和隆文镇革命活动图片 4 张。为梅江区史志办提供有关党史书籍和文献资料。撰写报送地方志 2021 年鉴资料。协助区委组织部审修《梅县区新一批中组部红色村组织振兴试点推荐名单》中石扇镇、大坪镇和水车镇三地主要的红色事迹材料。为区文广旅局提供、审核红色故事文稿 40 篇（7 月起每周 2 篇在公众号推出）。协助团区委审核《探寻梅州青运足迹，传承红色苏区精神——梅州梅县团史青运史教育精品路线》文稿。协助梅县区教育局审修松源中学红色校史书稿。协助审修中央苏区梅州革命历史故事、青少年党史教育读本《十六少年绝唱九龙嶂》书稿。

2022 年底梅县区委党史研究室

主　任：连焕荣

（供稿：林柿华）

地方志编修

【梅县年鉴（2022）】 《梅县年鉴（2022）》为总第 29 卷，采用分类编辑法，以篇目、类目、分目、条目组成主体部分，图文结合，以文为主。全书设置大事记、梅县区概况、政治、经济、科教文旅、社会生活、乡镇建设、国民经济主要指标、内设机构、名录、文献辑存等，约 570 千字。2022 年，区府办下发梅州市梅县区人民政府办公室关于做好《梅县年鉴（2022）》组稿工作的通知，明确全区各承编单位的供稿工作任务。梅县人民政府区地方志办公室（简称区地方志办公室）注重年鉴编纂出版质量，加大全区各承编单位撰稿业务指导，组织开展年鉴供稿材料追稿、收集、编辑、整理等工作。4月，完成各单位年鉴供稿材料收集工作；6月底，完成年鉴稿编辑、修改、反馈等工作；8月底，完成全面编辑、修改及统揽、总纂等工作，加强排版设计及审核工作。10月下旬，完成排版设计及报审工作，并由方志出版社负责审核出版，坚持一年一鉴。

【启动部门志、镇志编纂】 2022年，为深入贯彻落实国家、省、市地方志事业发展规划纲要，根据《广东省地方志工作条例》《中共广东省委办公厅、广东省人民政府办公厅〈关于进一步加强新时代地方志的通知〉》等法规文件精神，传承和弘扬优秀传统文化，更好地服务新型城镇化和乡村振兴建设，4月，召开梅县区开展镇（高管会、办事处）、部门志编纂工作会议，全面启动各镇（高管会、办事处）、部门志编纂工作。计划至2025年12月，全区19个镇（高管会、办事处）、部门志编纂完成过半，2026年12月全面完成。至2022年底，近20个单位开展志书编纂工作。

【2022年“多彩乡村 弘扬岭南文化”主题教育】 2022年，按照省地方志办《关于深入开展2022年“多彩乡村 弘扬岭南文化”主题教育实践活动的通知》要求，区地方志办公室根据活动调研对象与内容，专门召开工作会议，选取梅县区松口镇、松口镇富坑村、南口镇侨乡村作为实践活动主题，并通过微视频、调研报告、图片制作等形式，重点展示红色文化村落，充分引导青年学生、教师，身体力行参加实践活动，以多种形式记录乡村历史、展示文化传承。形成微视频《“侨”见了松口》，该视频反映松口古镇上千年的历史文化沉淀，松口的侨批记录着松口老一辈海外华侨华人的艰苦创业史和心系桑梓的家国故事，承载浓厚的岭南华侨文化和精神内涵，是岭南文化历史的重要见证。形成2份调研报告即《岭南“侨”色：地方场域视角下传统古村落的价值内涵与活化实践研究——以梅州市侨乡村为例》《新时代基层党建引领新农村建设以推动乡村全面振兴的路径探析——以广东省梅州市松口镇富坑村为例》，收集反映乡村振兴的摄影作品28张。其中：由邹其森、杨东梅、黎志康、邓慧聪、陈福君、陈晓枝、陈杼航、洪悦佟、张深、吴盈等提交的微视频《“侨”见了松口》获2022年“多彩乡村 弘扬岭南文化”主题教育实践活动优秀作品一等奖。由郭宇朋、邹其森、杨东梅、黎志康、邓慧聪、陈福君、陈晓枝、贺意、严佳欣、吴盈、陈灿彬等提交的调研报告《岭南“侨”色：地方场域视角下传统古村落的价值内涵与活化实践研究——以广东梅州侨乡村为例》获得优秀作品三等奖。

2022年4月8日，梅县区镇（高管会、办事处）部门志、乡镇志、村志编纂工作推进会在梅县区党校开展

【梅县区“多彩乡村·魅力梅县”乡村振兴短视频大赛】 2022年，为丰富新时代文明实践活动内容，创新活动方式，以群众喜闻乐见的形式全方位展示梅县区脱贫攻坚成果及乡村振兴成就，多角度展现农村新风貌、新变化和农民的获得感、幸福感，区地方志办公室联合区委宣传部、团区委、区农业农村局和区精神文明建设委员会办公室，举办梅县区“多彩乡村·魅力梅县”乡村振兴短视频大赛，共收到稿件37份，分别评出纪实类一、二、三等奖，人物类一、二等奖，宣讲类一等奖，并颁发获奖证书及奖金。

【地方志数字化】 2022年6月，

区地方志办公室与梅州金晟文化传媒有限公司签订《梅县年鉴（2021）》数字化入库及发布合同，并完成《梅县年鉴（2021）》数字化入库。同时，做好省情地情宣传推介工作，组织全办干部职工关注"方志广东"微信公众号，不定期阅读及转发广东省情网工作动态等相关栏目的文章并将链接分享到各自的朋友圈，让大家可以通过网络阅读了解方志"地方百科全书"。

2022 年底梅县区人民政府地方志办公室

主　任：邹其森

（供稿：办公室）

档　案

【基础设施建设】　2022 年，梅县区档案馆（简称区档案馆）新馆于 2022 年 4 月正式竣工，至 5 月初完成新馆搬迁和档案搬迁两大任务。新馆占地约 1100 平方米，总建筑面积约 6500 平方米，按照县级一类馆标准建设。具备档案安全保管基地、爱国主义教育基地、档案利用服务中心、政府信息公开中心、电子文件管理中心"五位一体"的功能要求，并于 6 月中旬开馆，正式恢复向社会公众提供查档服务。新档案馆的启用，极大改善了区一级的档案馆的基础设施承载条件，进一步提高了梅县区档案馆的管理水平，全面提升了档案馆的整体服务功能。

【馆藏档案】　2022 年，区档案馆馆藏档案共 188559 卷又 227790 件，排架长度 1150.38 米，其中，中华人民共和国成立后档案 135 个全宗，档案 211338 卷；中华人民共和国成立前档案 1234 卷。馆藏光盘档案 321 盘，录像档案 72 盒，照片档案 21238 张，实物档案 186 件，图书资料 7700 册，侨批 200 多份，清朝房契 60 多张，档案案卷目录 553 本。

【档案收集整理】　2022 年，区档案馆接收报纸杂志 34 本，接收区政府、区档案馆、宣传部、区疫情防控指挥部办公室文书档案 6225 件，排架长度 8.9 米。

【档案保管保护】　2022 年，区档案馆加强档案保管和保护工作。对档案柜放置的防虫药定期更换，对部分纸质档案进行真空除虫，防止档案虫蛀、霉变的发生。对馆藏档案、资料、实物、档案柜和库区等进行全面的安全检查。

【档案宣传】　2022 年，区档案馆结合"国际档案日""法制宣传日"以及创文网格点，开展档案宣传进机关、进社区、进校园等宣传服务活动。通过制作档案宣传环保袋、宣传伞、宣传版面、散发宣传资料等形式，着力宣传档案工作的重要性、档案法律法规、档案与社会和公民的关系等知识，增强广大市民的档案意识。充分借助新时代新媒体、电子显示屏滚动发布宣传标语等方式加大档案宣传力度。开放利用好档案展览室，丰富档案宣传内容，扎实开展爱国主义教育。营造全社会关心支持档案工作的良好氛围，吸引更多人关注档案、走近档案，帮助社会公众认识档案价值，增强档案意识，营造良好的档案发展环境。

【档案开放利用】　2022 年，区档案馆档案资料阅览室共接待 224 人次，利用档案资料 439 卷（册）、复印文档和出具证明 1519 张，为办理退休、职级晋升、房产纠纷、山林纠纷、田地纠纷、离任村干部信息采集、学术研究等方面需求提供重要的凭证和依据，树立良好的档案服务形象。

【信息化建设】　2022 年，区档案馆完成数字化扫描 68 万幅，合计约 500GB。接收区委宣传部文书档案 18634 幅，合计约 8GB；接收区政府文书档案 4568 幅，合计约 1GB；接收区农村土地承包经营权确权登记颁证专门档案数字化成果 300 万幅，合计约 1.7TB；接收区新型冠状病毒肺炎疫情防控指挥部办公室文书档案数字化成果 20583 幅，合计约 12.5GB。文书档案数字化加工后的数据导入服务器数据库。

2022 年底梅县区档案馆

馆　长：廖秀丽

（供稿：赖海璇）

社会生活

民政和人力资源社会保障

【概述】 2022年，梅县区民政和人力资源社会保障局（简称区民政和人社局）在梅县区委、区政府的正确领导和上级民政、人社部门的关心指导下，坚持以习近平新时代中国特色社会主义思想为指导，深入学习贯彻中共二十大精神和习近平总书记重要讲话重要指示批示精神，全力以赴完成推动就业创业、落实社会保障制度、构建和谐劳动关系、强化人事人才服务、提高基层治理效能、保障和改善基本民生等工作任务，有效地推动了梅县区民政和人力资源社会保障事业进一步健康发展。

【社会保障】 低保动态管理 2022年，区民政和人社局强化最低生活保障对象动态管理，积极做好最低生活保障政策与乡村振兴政策的有效衔接工作，切实做到应保尽保、应退尽退、精准衔接。全区有城乡低保对象5709户10605人，发放低保金5064.0172万元。

留守儿童和困境儿童关爱保护 2022年，梅县区孤儿基本生活最低养育标准分散供养水平从每人每月1227元提高到1313元，发放543人次71.1644万元。开展留守儿童入户调查和信息录入及入户探访孤儿工作，登记在册并录入系统的留守儿童2232人。

困难残疾人生活补贴和重度残疾人护理补贴 2022年，梅县区困难残疾人生活补贴标准从每人每年2172元提高至2256元，重度残疾人护理补贴标准从每人每年2916元提高至3024元。2022年发放困难残疾人生活补贴54972人次1033.4582万元，发放重度残疾人护理补贴139697人次3520.2591万元。

特困供养 2022年，梅县区城镇、农村特困供养标准分别从每人每月1280元、882元提高到每人每月1325元、950元。全区有特困供养人员2339人，支出特困供养资金2603.0599万元。

临时救助 2022年，区民政和人社局充分发挥临时救助制度托底功能，提高临时救助标准，优化申请审批程序，提高兜底保障能力和救助时效，有效保障因遭遇灾害、交通事故、突发重大疾病或其他特殊困难和其他社会救助制度实施后仍有严重困难家庭的基本生活，年内临时救助341人，发放临时救助生活补贴167.0378万元。

【基层政权与区划地名】 基层政权建设 2022年，区民政和人社局开展村（居）议事协商创新实验。抓住党组织领导基层治理的主线，推进基层治理体系和治理能力现代化建设，制订《梅州市梅县区村（居）议事协商创新实验实施方案》，完善基层协商试点，把议事协商贯穿村（居）决策和实施全过程，解决好村民最关心、最直接、最现实的利益问题。开展“一站式”城乡社区综合服务示范创建工作。以点带面推动优化村（居）服务格局，增强社区为民、便民、安民功能。开展村规民约试点工作。开展村规民约“五位一体”规范试点工作，推行“积分制+红黑榜”相结合模式，让村规民约工作可量化、有抓手。2022年，梅县区丙村镇芦陵村被评为梅州市村规民约试点工作示范村。同时，区民政和人社局指导梅县区各镇389个村（居）修订和完善村规民约、居民公约，全区100%完成修订工作。开展“万能章”治理专项行动。制定并印发

《关于印发社区（村）“万能章”治理专项行动工作方案的通知》。同时，区民政和人社局联合相关部门，制定并印发《梅州市梅县区关于改进和规范基层群众性自治组织出具证明工作的实施方案》，全面摸排基层群众性自治组织出具证明事项情况。开展正常离任村（居）干部信息采集。4月，与区委组织部、纪委、财政等六部门联合完成全区793名正常离任村干部信息采集审查上报工作。5月底，完成129名居委干部审查及资金补发工作。

社会工作　2022年，梅县区深入贯彻省、市《关于实施“广东兜底民生服务社会工作双百工程”的通知》，按照工作要求，落实“双百工程”，拓宽基层就业渠道。2022年，全区19个镇（高管会、办事处）全部完成社工站建设，94个村级社工点挂牌，全区有409名社工，均为乡镇直聘，着重针对面临困境的长者、妇女、儿童、青少年、残疾人等民政对象开展社会工作专项服务，实现全区乡镇社会工作服务站（点）100%覆盖、困难群众和特殊群体社会工作服务100%覆盖。2022年4月，区民政和人社局以“五社联动聚合力·社工服务暖基层”为主题，依托社工机构、双百社工站开展内容丰富、形式多样的宣传周活动17场，彰显社工在疫情防控、推动儿童关爱保护、协同社会治理等方面取得的良好成效。

区划地名　2022年，区民政和人社局按照省界桩管理工作要求，与桃尧、松源等镇签订省界桩委托管理协议，做好省界、县界、镇界的日常管理工作；按照中央、省开展中国国家地名信息库数据质量建设行动要求，修改完善全国地名信息库数据系统；做好新修改《地名管理条例》宣传工作。

【社会事务与福利】　老年人福利优待　2022年，梅县区百岁老人保健金每人每月1000元，发放百岁老人保健金1079人次107.9万元。发放百岁老人一次性客家寿星奖92人11.04万元。重阳节前一次性发放80—99周岁高龄津贴19565人586.95万元。

养老服务机构兴办　2022年，梅县区有3间正常运营的民办养老院，拥有民办养老机构备案床位722张，其中护理型床位326张，对符合条件的养老机构发放2021全年及2022年上半年的运营补贴20.5万元。8月，为有效纾解疫情防控期间梅县区养老机构运营管理压力和困难，按入住老人152人以300元/人为标准发放临时运营补贴4.56万元。

养老服务机构规范化建设　2022年，区民政和人社局加强对民办养老机构的监管，严格抓好疫情防控工作，在疫情非常时期，要求养老机构落实封院管理，同时组织民办养老机构工作人员和服务对象新冠肺炎疫苗接种，确保民政服务机构不发生冲击道德底线的事故。认真贯彻落实消防、食品安全要求，联合区市场监督管理局、区消防大队、区公安局对辖区养老机构的消防和食品安全、日常运营管理等进行全方位检查，对存在严重问题的白渡镇善运颐养院处以停业整顿一年的处罚。开展打击整治养老诈骗专项行动，提高老年人风险防范意识和依法维权能力，加强养老机构预付费管理，保护老年人合法权益，确保民政领域不发生养老服务诈骗案件。

养老服务设施建设　2022年，梅县区养老服务设施建设情况：居家养老服务中心4个；居家养老服务站10个，开展畲江镇松林村、隆文镇坑美村居家养老服务站的建设工作；城市社区老人活动中心4个。完成160户特殊困难老年人家庭适老化改造工作，大力改善居家养老环境。依托现有的养老机构，成立13家综合养老服务中心，为居家老年人提供全托、日托、上门服务、协调指导等服务，进一步提高梅县区养老服务体系建设。推进“长者饭堂”建设，梅县区建立5个“长者饭堂”示范点，为老年人提供配餐助餐服务，实现“老有所养”。

流浪乞讨人员救助　2022年，区民政和人社局引导、劝导和救助流浪乞讨人员7人次。用于市第三人民医院接受治疗的流浪精神病人的救助资金支出92.97万元。护送流浪乞讨人员5人返乡，安置落户7人。

【社会组织管理】　2022年，梅县区有社会组织295家，其中17个建立党组织。建立梅县区社会组织工作联席会议制度，依法办理申请变更、注销、换发证书等。重点开展规范社会组织法人治理专项整治和“僵尸型”社会组织专项整治工作;共办理行政许可46宗，行政检查10宗（“双随机、一公开”抽查），行政处罚1宗。采取年度工作报告、日常检查及“双随机、一公开”抽查相结合的方式，做好梅县区社会组织的监督管理，联合区公安分局等部门持续开展打击整治非法社会组织工作，推动建立并完善社会组织联合执法机制，梅县区未发现有重点打击的六大类非法社会组织。

【福利彩票】 2022年，梅县区83家投注站福利彩票销售5827万元，超额完成5800万元的销售总任务。

【婚姻登记】 2022年，梅县区办理婚姻登记业务5667宗（其中办理异地婚姻登记594宗）：结婚登记3169对（其中补领结婚登记483对，涉外结婚登记18对），离婚登记986对（其中补领离婚登记55对，涉外离婚登记4对），离婚登记申请1512对。

【收养登记】 2022年，区民政和人社局依法依规做好收养登记管理工作，办理收养登记26户，其中符合办理条件3户，不符合办理条件23户。

【殡葬管理】 2022年，区民政和人社局深入开展殡葬管理工作，年内免除殡葬基本服务费共4352宗，金额581.18万元；办理群众举报和上级交办违规建坟案件2宗。

【就业创业培训】 职业技能培训和鉴定 2022年，区民政和人社局坚持职业技能鉴定数量和质量并重的原则，接受技工学校和各培训机构培训鉴定申请11期330人，核发技能等级证书321人，开展养老护理、家庭保洁培训30期，核发合格证书998人。

就业与失业登记 2022年，区民政和人社局加大专项资金扶持力度，为有意愿创业的劳动者提供创业小额担保贷款贴息支持，年内创业担保贷款受理5笔，新增放款125万元，其中个人贷款4笔，新增发放贷款60万元；小微企业创业担保贷款1笔，新增发放贷款65万元。2022年支出贴息48.03万元。2022年，区民政和人社局抓好线上线下招聘等就业服务和就业援助活动，积极开展“就业援助月”“百日千万网络招聘专项”等招聘活动，举办各类招聘活动28场，招聘企业数184家，在线发布岗位4916个。全区城镇新增就业2606人，帮助城镇失业人员再就业1647人。城镇登记失业率2.57%。加大就业援助力度，帮助就业困难人员。2022年，认定就业困难人员40人。全区开发13个乡村公益性岗位，涉及5个乡镇，吸纳10名脱贫人口家庭劳动力成员、3名就业困难人员从事村委道路保洁、养老护理等工作，真正实现就业并享受（乡村）公益性岗补，全力助力乡村振兴。2022年发放乡村公益性岗位补贴23.98万元。全力做好高校毕业生就业保障工作。通过网站、短信等渠道发布就业创业政策及招聘招考信息，促进高校毕业生就业。2022年，接收各类流动人员人事档案2478份，应届高校毕业生就业率95.1%。2022年办理流动人员人事档案转递746份。

“粤菜师傅”工程 2022年，梅县区培训“粤菜师傅”301名，带动301多人次实现就业创业，超额完成市局下达的目标任务。激活现有资源，培育富民兴村产业。梅县区利用“厨乡”资源发展乡村产业，将城东镇玉水村打造成“粤菜师傅”培训基地，探索“粤菜师傅+乡村旅游”模式，引进小蛮牛生态农业发展公司，发展农家乐、民宿、特色餐厅等上下游产业，带动农村种养殖业、乡村旅游业发展，实现人才振兴带动乡村振兴。加强职业教育，建造实训基地。梅县技工学校把烹饪专业和汽修专业定为职业教育重点专业，投入1000多万元，建造粤菜师傅实训中心和汽车维修实训中心。同时，加强校企合作，与梅县区美食协会、梅州市百佳园酒店、梅州市聚园酒店、博智汽修厂等签订校企合作协议，构建“工学结合”“订单式”的人才培养模式，每年可培养100多名中级厨师和50多名汽修人才。

“南粤家政”工程 2022年，区民政和人社局推进家政服务业提质扩容，实施“南粤家政”惠民利民。稳步开展“南粤家政”技能培训。如：专项妇婴护理、病患护理、产后康复、老年人日常康复等工种的培训，2022年南粤家政开展培训711人次，其中母婴服务培训264人次，居家服务培训383人次，养老服务培训64人次，完成2022年培训计划的129.27%。加强家政行业建设和平台载体建设，建设梅州市梅县区大新城社区“南粤家政”基层服务示范站和一家基层服务站；加强家政行业与群众之间的交流互动，搭建新的社区家政服务供需平台。组织“南粤家政”进社区的公益活动，在现场为居民提供家政服务，让更多群众知晓就业创业政策，服务逾2000人次。提高家政人员服务水平，在区妇联举办的梅县区“我心中的三八红旗手”评选中，2名家政服务行业从业人员获得称号；参加梅州市人社局举办的梅州市第二届“南粤家政”技能大赛初赛，其中，1名选手获得三等奖。

劳务派遣经营许可 2022年，区民政和人社局严格按照《中华人民共和国劳动合同法》《劳务派遣行政许可实施办法》的有关规定，年内受理同意13家公司提出的行政审批事项。

【工资福利制度】 2022年，区民政和人社局按照上级的统一安排部署和政策规定，在规定时间内及时兑现各项工资福利待遇：做好梅县区机关（参公）单位公务员职务（职级）晋升后的工资审批工作；梅县区事业单位工作人员及机关工勤人员岗位晋升（变动）后的工资审批工作；调整梅县区机关事业单位1.2万名在职人员基本工资、绩效奖金和7800名离退休人员慰问金的审批工作；机关事业单位工作人员住房维修和物业管理补贴、乡镇工作补贴、交通补贴等的审批工作；做好清理规范公务员津贴补贴工作以及梅县区公务员工资年报和事业单位工作人员工资年报工作；对违法违纪并受处分人员的工资及相关福利待遇严格按规定办理，维护工资政策的严肃性。

【社会保险】 扩面征缴 2022年，梅县区各险种参保人数均100%完成年初计划任务，基金征缴收入19.22亿元；各项待遇按时足额发放，区级统筹基金支付8.06亿元。

社保改革 2022年，区民政和人社局持续推进机关事业单位养老保险改革，有序推进新办法计发“中人”待遇工作；加快推进职业年金实账积累工作，按计划至2024年12月底前全面完成全区财政全额拨款机关事业单位职业年金缴费部分剩余任务。巩固提升社保统筹层次。平稳推进企业职工养老保险全国统筹经办落地；实施失业保险基金省级统筹，严格按省级统筹经办规程开展经办工作，保证基金管理和待遇发放各项基础数据完整规范；按“六统一”制度做好工伤保险基金省级统筹的各项后续工作；进一步加强城乡居民养老保险基金市级管理，提升信息数据质量，为实现省级管理提供有力支撑。

被征地农民养老保障 2022年，上级部门批准梅县区涉及被征地农民养老保障业务共3个征地项目，共1200个养老保障名额，区民政和人社局“收缴被征地农民社会保障资金过户”收入898.61万元，支出2268.97万元（涉及2926个养老保障名额）。指导和督促梅县区各乡镇落实分配被征地农民养老保障留存资金6211.8万元，梅县区100%完成被征地农民养老保障留存资金分配工作任务。

失业保险支持企业稳定岗位补贴 2022年，梅县区有4137家企业获得稳岗补贴，获得稳岗补贴资金462.41万元。

工伤认定 2022年，梅县区工伤认定数为275宗，其中工亡10宗；工伤不予认定数为1宗。

【基金管理】 提高依法经办水平 2022年，梅县区严格贯彻落实国家、省基金风险防控工作要求，落实“事前防范、事中核查、事后监管”风险防控机制，坚持依法经办，不断增强经办人员的法律观念和守法意识。聚焦数据赋能，强化联网数据治理，加快风险防控“数字化”转型。继续推进“清数”“筑墙”行动。加强省、市、县多级联动，加快数据核查整改，统筹推进“清数”“筑墙”行动。制定年度任务台账，扩充“清数”范围，有序组织前期遗留任务和第二期清理工作。推进成果转化，推动更多政策、规则进系统，从制度化、标准化、信息化三个方面完善风控体制机制。扎实开展社会保险基金管理提升年行动。不折不扣落实好专项行动工作内容，在维护基金安全上持续发力，确保社保基金安全平稳运行。加大反欺诈宣传力度。建立社保基金反欺诈教育宣传长效机制，常态化开展社保基金安全警示教育，提高全民反欺诈意识。加大欺诈骗保行为打击力度，在全社会形成维护基金安全的高压态势。

【劳动权益保障】 劳动保障监察执法 2022年，区民政和人社局受理劳动保障监察投诉案件287宗，涉及劳动者2138人，追讨劳动者工资6483.23万元；处理群众来电、来信、来访（不含立案）投诉757批次，涉及757人；对2家拖欠劳动者工资的用人单位纳入失信联合惩戒名单，涉及劳动者2人，涉及金额9.41万元；对梅州市梅县区嘉应西二路景阳岗酒吧案件作出行政处罚决定，缴收罚款8000元。

劳动和人事争议调解仲裁 2022年，区民政和人社局坚持“调解为主”的办案思想，依法快速调解、审结劳动争议案件。梅县区劳动人事争议仲裁机构受理劳动争议案件533件，其中涉及劳动报酬142件、社会保险36件、确认劳动关系24件、解除终止劳动合同291件，其他40件；审结538件（含上年度未结案件），其中调解结案348件、裁决结案130件、撤回仲裁申请60件；不予受理19件。

【人事人才】 干部任免管理 2022年，区民政和人社局严格按照程序，做好选拔对象的任命工作，办理政府部门副局级以上干部任免56人次。

专业技术人才队伍建设 根据《关于做好2022年度梅县区乡

村工匠专业人才职称评审工作的通知》（梅县区农农函〔2022〕315号）精神，2022年度（第一批）梅县区乡村工匠审核通过的材料共19人，其中梅州柚经营管理专业3人，梅州柚种植技术专业2人，梅州柚加工专业3人，客都米经营管理专业2人，嘉应茶种植专业1人，水产养殖技术专业1人，畜禽养殖技术专业1人，种植技术专业3人，家政管理专业1人，新型农业经营主体经营管理专业2人。根据《关于做好2021年度中小学教师职称评审工作的通知》精神，区民政和人社局做好2021年度梅县区中小学教师中初级职称评审工作，申报评审认定264人，审核通过247人，未通过17人。

人才培养引进　2022年，根据梅州市委、市政府《关于加快人才发展的意见》和《梅州市2022年引进博（硕）士等急需紧缺人才公告》精神，区民政和人社局做好急需紧缺人才引进工作，梅县区企业自主引进急需紧缺人才5人，事业单位引进急需紧缺人才7人。

事业单位调配招聘　2022年，区民政和人社局做好事业单位调配招聘工作，为231名事业单位工作人员办理调配手续。做好公开招聘各项考务工作，举行2场公开招聘，聘用130人。平稳有序推进梅县区事业单位管理岗位职员等级晋升工作，进一步核实全区管理岗位设置和人员聘用情况，按省厅批复的晋升方案做出实施细则，修订完善晋升工作规程。做好事业单位管理岗位职员等级晋升的审核工作，完成四批67人的晋升审核工作。

人才驿站　2022年，区民政和人社局全面完成1个区级和17个镇级乡村振兴人才驿站建设任务，为广大人才提供全链条精准服务及沟通交流、技能提升平台。其中区级乡村振兴人才驿站主要依托梅县区人力资源市场建设，驿站建设资金投入约60万元，总建设面积约200平方米，一楼设一站式服务窗口、接待交流会客厅、休闲阅读区、人才帮扶工作室等，二楼设多功能培训会议室，驿站正式投入运营。

【梅县技工学校】　2022年，梅县技工学校认真落实国家资助政策，确保政策落实到学生个人，共发放国家助学金71人次共7.04万元。大力推进“粤菜师傅”工程，学校选派烹饪专业教师黄永豪、学生彭宇静、蓝建文参加第五届粤港澳大湾区“粤菜师傅”技能大赛梅州选拔赛，黄永豪获中式烹调（名厨组）银奖，彭宇静获中式烹调（新秀组）优秀奖、蓝建文获中式面点优秀奖。学校非常重视毕业生推荐就业工作，积极开展毕业生“留梅”“回梅”行动，有105名毕业生留梅就业，就业率99%。同时，学校认真落实毕业生就业创业补贴政策，年内申报符合条件毕业生31人，合计资金9.3万元。

2022年底梅县区民政和人力资源社会保障局
局　长：陈纪珠

（供稿：刘远芳）

退役军人管理

【机构建设】　梅州市梅县区退役军人事务局（简称区退役军人事务局）于2019年2月27日正式挂牌成立，局机关内设办公室、移交安置与军休服务管理股、拥军优抚与褒扬纪念股3个股（室），局下设区退役军人服务中心、区军休所、区光荣院和烈士纪念设施保护中心4个股级公益一类事业单位，其中烈士纪念设施保护中心成立于2021年12月。各镇（办事处、高管会）设退役军人服务站。

【拥军优抚政策】　2022年，区退役军人事务局按时足额发放优抚对象抚恤补助待遇。包括提高部分重点优抚对象抚恤补助标准、提高残疾军人护理费标准、提高优抚对象优待金标准等，发放优抚对象、义务兵家庭优待金，确保优抚对象生活与国民经济发展相适应，与人民生活水平同步提高。落实优待证申领工作。充分利用社区宣传、微信群等形式全方位、多角度开展宣传，让辖区退役军人和其他优抚对象提前知晓优待证的申请政策及办理流程，力求让群众“最多跑一次”。至2022年底，梅县区完成优待证申请受理8700多人，完成率70%。举办现役军人立功送喜报仪式。2022年3月10日和9月15日，由分管副区长带队，区退役军人事务局会同区人武部，分别到城东镇、石坑镇为荣立二等功的优秀现役军人及家属送上立功喜报和慰问金。

【退役军人慰问金】　2022年，区退役军人事务局做好退役军人离世慰问金发放工作。制定并下发《梅县区退役军人离世慰问金发放管理规定（试行）》（梅县区退役军人发〔2019〕17号），在全省范围内首创发放离世慰问金，2022年为去世退役军人发放4.44万元离世慰问金。深入开展“爱心献功臣”活动，区财政拨出专项资金20多万元作为补助经费，帮助解决有“三难”问题的退役军人。至2022年底，梅县区走访退役军人覆盖率100%。

【升级改造区军休所、光荣院、烈士陵园】 升级改造军休所 2022年，区退役军人事务局为切实改善军休干部居住环境，对军休所C栋16套房进行提升改造，并在C栋和D栋之间安装电梯。套房内购置冰箱、空调、电磁炉、餐桌、沙发、床、衣橱等，卫生间和走廊均安装无障碍扶手，实现军休干部拎包入住，为广东省首创。该项目投入355万元，于2021年底交付使用。进一步优化军休大院环境，升级改造梅县区军休所老旧小区，在大院首层楼梯间入口增加树脂瓦雨棚，院内设置垃圾分类投放亭，外墙挂壁弱电线路改为地下管线铺设，强电归并整理，新增防盗网，外墙刷新，拆除入口车库和杂间并改建为绿化园林等，该项目投入581万元。

升级改造梅县区光荣院 2022年，根据“退役军人褒扬优抚设施建设项目”要求，梅县区光荣院提质改造项目分两期进行建设。第一期将梅县区光荣院床位扩至55张床位，每个床位按三星级标准配置设施，对光荣院的院容院貌进行全面的绿化、美化、亮化提升改造，投资金额为590万元；第二期投资203万元，其中68万元对院内电梯进行提升改造，135万元对通往光荣院约1千米的道路进行改造，将光荣院打造成孤老烈属、孤老复员军人安享晚年的幸福乐园。以上两期工程项目经区财政部门审核，合计预算总投资793万元，第一期工程已完成工程量70%；第二期项目正抓紧实施，电梯改造正在建设中，道路改造项目正在走相关程序。

升级改造梅县区烈士陵园 2022年，为更好地发挥梅县烈士陵园的褒扬功能作用，进一步传承和弘扬英烈精神、爱国主义精神，让梅县烈士陵园成为宣传、教育等多功能为一体的爱国主义教育基地和国防教育基地，根据上级有关文件精神，梅县区退役军人事务局拟对梅县烈士陵园进行提质改造，主要包括兴建一栋展陈馆建设（二层建筑，面积约600平方米，占地约300平方米）、门楼、停车场、园林绿化、烈士墓地、烈士铜雕、英烈墙等工程。工程预算金额为1206万元。区发改局将该项目列入2023年中央储备金项目并进入招投标程序。

【下属事业单位工作】 梅州市梅县区人民政府军队离休退休干部休养所（简称梅县区军休所）主要职责是接收、安置、服务和管理军队离休退休干部，无军籍退休退职职工，统称军休人员。落实好军休干部政治待遇、生活待遇,做好相关保障工作，维护军休干部合法权益。

梅县区光荣院主要职责是供养孤老烈属和孤老复员军人。光荣院的工作人员从生活照料、日常护理、精神关怀、医疗及安全等多方面做好对象的服务工作。

梅县区退役军人服务中心主要职责是全面建立服务工作台账，加强与退役军人的日常联系及政策宣传，做好来访接待，抓好退役军人应急救助资金使用和管理等。

梅县区烈士纪念设施保护中心主要职责是负责梅县区烈士纪念设施的日常管理、维护工作，协助做好烈士纪念设施建设规划、提质改造，指导各镇依托烈士纪念设施开展英雄烈士纪念活动等。

【开展爱国主义教育】 2022年，为落实疫情防控工作，清明期间通过政务信息网、区广播电视台广泛宣传中华英烈网通道，引导烈士亲属和社会各界通过网络形式纪念缅怀英烈。组织开展公祭活动。“9·30”烈士纪念日，通过发文号召全区退役军人事务系统就近开展烈士祭扫活动，并要求结合当前疫情防控工作，做好现场防疫各项措施。落实零散烈士纪念设施整修。梅县区有零散烈士纪念设施整修12座，分别是畲江、石扇、隆文、梅南、白渡、城东（2座）、松口、丙村、石坑、南口、松源。2022年，全部完成整修，整修资金120万元。

【服务体系建设】 2022年，区退役军人事务局联合区司法局制定《梅县区法律援助处对退役军人及军属提供法律援助工作制度》，并在区退役军人事务局设立梅县区退役军人法律援助工作站。区退役军人服务中心和镇级服务站分别挂牌成立公共法律服务中心（工作站）和退役军人工作站（窗口）。梅县区成立“梅县区退役军人志愿服务队”1支，下设19支镇级志愿服务分队。组建退役军人志愿服务队以来，开展志愿服务70多次，主要开展服务内容包括参与疫情防控、创文巩卫、走访慰问；参与精准扶贫、乡村振兴，组织开展主题鲜明、形式多样的特色志愿服务活动。

2022年底梅县区退役军人事务局
局　长：李　扬

（供稿：廖　敏）

应急管理

【概述】　2022年，梅县区安全生产态势总体稳定，未发生较大以上生产安全事故和森林火灾事故。年内发生安全生产事故7起，死亡8人，均为道路交通事故，与上年同期事故3起、死亡3人（其中，工矿商贸类事故2起、死亡2人，道路交通事故1起、死亡1人）对比，事故起数上升133.3%，死亡人数上升166.6%；发生森林火灾事故8起，造成过火面积31.05公顷，与上年同期森林火灾事故25起、过火面积359.37公顷相比，森林火灾数量下降68%，过火面积下降91.36%。

【“一岗双责”制度】　2022年，梅县区应急管理局（简称区应急管理局）严格执行安全生产“党政同责、一岗双责、齐抓共管”责任制，梅县区委、区政府以及各镇级党委、政府全面实施安全生产委员会“双主任”制。充分发挥“三委三部”的统筹协调作用，制定区、镇党政领导干部安全生产工作“职责清单”和“年度任务清单”，层层签订安全生产责任书，按照“三管三必须”的原则，厘清新兴行业的安全生产监督管理职责，严格落实“政府、行业、企业”三方安全生产责任。

【安监生产监管】　2022年，区应急管理局强化安全生产监督管理，扎实推进安全生产“一线三排”工作，开展安全生产专项整治三年行动总结评估工作，提升安全防范能力。稳步抓好非煤矿山安全生产工作。建立矿山安全风险分级管控和隐患排查“双预防”工作机制，规范矿山开采行为，积极推进非煤矿山“三个一批”工作。成立工作专班开展全区危险化学品安全风险集中治理工作，对梅县区63家危险化学品企业、2家烟花爆竹批发经营单位和78家零售经营单位开展全覆盖检查，推进危险化学品企业安全生产标准化建设。开展工贸行业“百日清零行动”，狠抓企业复工复产、检维修等事故高发易发期的关键环节安全监管，紧盯有限空间、粉尘涉爆、金属熔融工艺等重点环节问题隐患开展专项检查行动。

【执法监察】　2022年，区应急管理局加强非煤矿山执法检查，采取“执法+专家”模式，依法查处非煤矿山安全生产违法违规行为，依法处置7家涉“河北新烨”安全设施设计存在问题的矿山企业，立案查处11宗，移送公安机关立案侦查一家多次违法违规的露天开采矿山企业。开展危险化学品安全风险集中治理工作，对全区危险化学品企业进行全覆盖检查，排查隐患97处，行政处罚9宗，罚款1.98万元。开展“安全生产培训走过场”“中介服务机构规范从业”等专项行动，对安全生产培训机构、中介服务机构从严监管，促进培训及中介机构依法依规从业。

【应急救援】　2022年，区应急管理局强化应急指挥响应，区应急管理综合应用平台在原有新华为、金视通视频会议系统的基础上，有效融合综治视联网系统，全区19个镇（高管会、办事处）389个村（居），构建从省到村五级联动的应急指挥通信体系。进一步完善区、镇两级应急救灾物资储备，先后投入500多万元，购买森林防灭火装备设施及防汛防寒防冻应急救灾物资，确保应急救援物资充足。着力打造全灾种的综合性应急救援队伍，指导镇、村（居）组建村级15人以上的兼职森林扑火队、镇级30人以上的专职应急队伍，救援队伍“专常兼备”，第一时间拉得出，打得赢。全区规划建设49个直升机临时取水点，在各镇分别建立临时机降场地，为快速响应应急救援、森林防灭火任务等做好充分准备。

【宣教培训】　2022年，区应急管理局开展“安全生产月”活动。紧紧围绕“遵守安全生产法，当好第一责任人”活动主题，开展“全国安全宣传咨询日”活动、安全知识讲座活动、天然气泄漏应急抢险救援演练等活动。举办2022年全区应急管理工作专题培训班，开展安全知识讲座、天然气泄漏应急抢险救援演练等活动，组织全区镇、村森林救援队伍开展业务技能培训、实操演练和考核，提高森林救援队伍应急处置能力。打造应急文化主题长廊。在梅县区亲水公园打造应急文化主题公园，将应急文化知识自然融入公园整体环境，成为集城市观景、休闲娱乐、安全文化宣传、特色教育等功能于一体的应急文化主题教育基地，为广大群众提供“一站式”应急安全科普宣传教育基地。

【防火减灾】 2022年，区应急管理局持续筑牢森林防火墙。采取“四不两直”（不发通知、不打招呼、不听汇报、不用陪同接待、直奔基层、直插现场）方式，深入各镇、村巡回检查督导森林防灭火工作；完善森林防灭火应急预案，充分利用区镇村三级智慧应急监管网络，实时监管，及时预警，确保“打早、打小、打了”。全力做好三防工作。充分发挥三防办统筹协调作用，压实各级各部门三防责任，加强部门会商研判，加大监测预报预警，及时启动全区应急响应“一盘棋”机制，提前预置救援力量和物资，指导、协助全区转移灾害威胁区域群众和开展救灾复工复产及灾后重建工作，有效应对2022年“龙舟水”和第9号台风“马鞍”等强降雨天气，最大限度地减少人民群众的生命财产损失。

2022年底梅县区应急管理局
局　长：陈国和

（供稿：熊　宁）

卫生健康

【概述】 2022年，梅县区卫生健康局（简称区卫生健康局）不断深化医药卫生体制改革，严格落实疫情防控政策，加强公共卫生体系建设，推动中医药传承创新发展，紧盯群众看病就医所思所盼，以改善人民群众看病就医感受为出发点，提高基层医疗服务能力，为人民提供全方位全周期健康服务，扎实推进年度各项目标任务，卫生健康事业稳步发展。2022年底，梅县区有公立医疗卫生机构25个，其中区级7个（包括中山大学附属第三医院粤东医院、中医医院、妇幼保健院、疾病预防控制中心、卫生监督所、慢性病防治院、康乐医院），乡镇卫生院18个。粤东医院、中医医院为公益二类事业单位，其他机构为公益一类事业单位。全区公立医疗机构共有工作人员3073人，其中编制内1842人，编制外1231人。基层卫生院编制数1118人，实有958人，空编160人。

【人口管理】 2022年，区卫生健康局以实施三孩生育政策及配套积极支持措施为主线，持续、广泛开展宣传引导，推动优化生育政策各项措施落地落实，构建新型婚育文化和生育友好型社会，营造有利于梅县区人口长期均衡发展的良好氛围。

【基础设施建设】 2022年，区卫生健康局加快推进粤东医院感染性疾病救治中心和区中医医院综合大楼二期工程建设。至2022年底，粤东医院感染性疾病救治中心项目完成二层地下室主体机构至地面正负零工程；区中医医院综合大楼一期工程项目完工，二期工程项目有序推进。同时，加快推进区直医疗机构信息系统升级改造和畲江镇卫生院信息系统建设工作。

【重大公共卫生】 2022年，区卫生健康局坚持人民至上、生命至上，按照国家、省、市和区的决策部署，完整、准确、全面落实进一步优化疫情防控工作的“二十条”和“新十条”措施，持续提升疫情防控的科学性、精准性，最大限度地保护人民生命安全和身体健康，最大限度地减少疫情对经济社会发展的影响，确保疫情要防住、经济要稳住、发展要安全。

重点人员管理　2022年，区卫生健康局坚持“外防输入”不动摇，严格落实分类分级健康管理和核酸检测，确保做到“动态清零”。

流调队伍建设　2022年，区卫生健康局完善流调队伍梯队，全力推进现场流调溯源指挥中心建设，制定工作方案和启动预案，开展流调溯源专业培训，完成全区138名流调队员的跟班培训。

医院感染管理　2022年，区卫生健康局严格把控预检分诊流程，强化哨点监测，落实发热门诊（诊室）管理和探视陪护制度，杜绝医院感染事件发生。持续开展医疗机构疫情防控和院感防控风险排查与整改，落实分片区循环督导要求，强化哨点监测和院感防控工作。

集中隔离管理　2022年，区卫生健康局对集中隔离场所实行“准医院”管理模式，坚持优化结构、精干高效的原则，落实地方统筹管理责任、部门行业管理责任和集中隔离场所主体责任、工作人员岗位责任，切实保障医务人员和隔离人员的生命财产安全。

提升检测能力　2022年，区卫生健康局优化升级检验检测设备和人员配置，加强核酸检测服务保障。加快推进粤东医院核酸检测实验室建设并投入使用，提升日均单管最大检测量。

新冠疫苗接种　2022年举办预防接种工作培训，对接种人员开展预防接种工作规范、新冠疫苗接种培训。

应对突发事件　2022年，区

卫生健康局成功处置“8·18”“11·8”“11·20”疫情，对患者进行核实并规范处置，从而有效阻断病毒扩散传播，实现以最小的代价达到最大的防控效果。

提升救治能力　2022年，区卫生健康局积极推进粤东医院定点救治医院提标改造和运行，落实院感防控，妥善做好全市新冠病毒感染者的救治。同时，为深入贯彻落实党中央、国务院决策部署，平稳有序实施新型冠状病毒感染“乙类乙管”，区卫生健康局围绕“保健康、防重症”的目标，切实加强药物和医疗资源储备，依托医联体分级分类救治患者，进一步加强人员培训，强化疫情监测，加大宣传教育，确保实施“乙类乙管”后有关应对准备和防控措施调整工作顺利衔接。

【基本公共卫生】　2022年，区卫生健康局做好传染病防治、加强地方病监测，加强重点职业病监测，职业危害因素监测能力不断提升；有序推进老年人健康管理等项目；狠抓基本公共卫生服务工作，增加区妇幼保健院为新城办事处辖区基本公共卫生服务机构，不断提高项目工作的真实性和规范性；全力推进省级慢性病综合防控示范区复审迎检工作；严格执行扩大免疫规划疫苗免费接种、二类疫苗自愿自费接种要求，各类疫苗接种率均达到95%以上。

2022年6月15日起，区卫生健康局全面实施城乡妇女宫颈癌和乳腺癌“两癌”免费检查工作，全面完成年度任务。认真做好适龄女性人乳头瘤病毒（HPV）疫苗免费接种宣传发动工作。至2022年底，有3632人接种疫苗，超额完成民生实事2300人接种任务。为群众提供“一站式、全流程”免费婚前孕前检查服务，加强孕产妇健康管理，保障母婴安全，落实出生缺陷综合防控项目，积极实施消除艾滋病、梅毒及乙肝母婴传播工作，规范儿童健康管理，提高保健服务质量。

【卫生监督检查】　2022年，区卫生健康局持续推进“双随机、一公开”工作，着力加强重点行业事中事后监管；加强职业病防治指导，增强职业病防治保障能力。严厉打击非法行医，进一步净化医疗环境，开展医疗乱象专项整治，规范医疗行业秩序。

公共卫生　2022年，区卫生健康局采取日常监督、突击检查、专项整治三结合等措施，依法查处各类违法行为。开展医疗机构乱象治理、医疗美容乱象专项整治、不合理医疗检查专项治理、出生医学证明发放全面排查整治等工作，监管能力和水平不断提高。2022年，政务服务中心窗口受理业务申请1511份，办结率100%。完成国家卫健委下达的76家“双随机、一公开”监督抽检任务，完成率100%；做好政府“两平台”系统数据的上传工作；督促辖区内的医疗机构落实好依法执业自查工作；及时完成“互联网+监管”平台的数据上传，监管事项覆盖率100%。加强对镇级卫生监督协管人员的培训和指导，19间卫生监督协管机构共开展辖区各项专业卫生实地巡查264次，巡查中发现涉嫌违法行为线索（问题）或事件14宗，上报14宗，调查核实处理14条，立案处罚0条，信息报告率100%。2022年出动卫生监督人员3100人次，检查医疗机构400间，公共场所699家，受理卫生健康违法案件37宗，立案处罚37宗，罚款8.6万元；对18家医疗卫生机构的不良执业行为实施记分查处，共记36分；未发现黑殡葬、黑医疗、黑救护、倒卖号源、“血霸”、“医托”等涉黑涉恶线索。针对群众通过政府“12345”投诉反映的医疗机构、公共场所等存在的问题，派出卫生监督员到现场核查处理，并及时将核查处理结果反馈当事人。妥善处置各类投诉举报事件、咨询3137起，全部按时办结，对存在违法行为、证据确凿的单位立案并进行处罚。

饮用水卫生　2022年，区卫生健康局对16家镇级集中式供水单位、28个住宅小区和2家酒店的二次供水卫生管理情况开展专项整治，对整治中发现无证无照经营的单位，当场下发卫生监督意见书，责令整改。

学校卫生　2022年，区卫生健康局对59家中小学校、10家备案托育机构的疫情常态化防控、秋冬季传染病防控等进行监督检查，发现存在问题并提出监督意见。按照创建文明城市的工作部署和具体要求，对中小学校周边开展专项整治行动，出动监督员54人次，检查医疗机构63间次，未发现有非法行医及以治疗人流、性病为主的诊所。

职业卫生　2022年，区卫生健康局对43家正常生产中存在职业病危害因素的矿山、水泥、化工等行业进行现场监督检查，要求用人单位加强工程防护设施改造，落实职业健康管理措施并提出监督意见。对8家用人单位进行专项检查，各单位均能做好疫情防控的同时落实防暑降温各项措施，未发生高温及化学性中毒事故。加强职业卫生宣传，开展微信平台培训4次，培训人次180人次；组织专业人员到荷树园电厂、梅县职校进行职业卫生知识宣传培训应急演练。

【卫生科研与应用】 2022年，区卫生健康局落实全科医生培训，加强技术交流合作，粤东医院、中医医院、妇幼保健院等单位与多家省内知名医院建立协作关系，培养学科带头人。2022年，补充卫技人员80人（其中广东省事业单位集中公开招聘6人，事业单位公开招聘69人，安置定向代培毕业生5人）；签订定向代培生22名；完成省、市下达的全科医生培训任务，共培训全科医生37名。同时，积极引导和促进辖区养老机构与医疗机构的合作项目，不断探索符合梅县区实际的医养结合模式。

【卫生应急】 2022年，区卫生健康局组织开展本地疫情应急处置桌面演练，持续健全多渠道疫情监测预警和重大疫情救治机制，提升公共卫生应急响应能力，完善卫生应急预案，统筹调集最优质医疗资源和技术力量，做好突发事件医疗卫生救援和卫生应急保障工作。全区传染病疫情保持平稳，2022年报告水痘疫情2起，共50例病例，其中1起为突发公共卫生事件；布鲁氏菌病疫情5起，共5例病例，疫情均得到有效控制。

【爱国卫生运动】 2022年，区卫生健康局结合巩卫、创文、城乡环境卫生整洁行动、美丽乡村建设等工作，扎实推进卫生城镇创建，积极开展健康促进、控烟、病媒生物预防控制等行动，全面改善人居环境。至2022年底，全区有11个镇成功创建“广东省卫生镇”，启动“国家卫生镇”创建工作。

【红十字会】 2022年，区卫生健康局开展应急救护进企业、进学校、进农村、进社区、进机关宣传培训演练活动，提升自救互救技能，持续开展人道救助，减轻患者的经济负担。

【无偿献血】 2022年，区卫生健康局加大无偿献血宣传力度，年内参加无偿献血4200多人次，采血量超89万毫升，有效保障临床用血需求。

【医疗卫生业务】 2022年，区卫生健康局积极推进分级诊疗制度和城市医联体建设，开展大型医院巡查，加强医疗质量管理，促进全区医疗机构医疗质量和安全管理工作持续改进提升，大力推动粤东医院高水平医院建设，全力支持粤东医院申报建设国家区域医疗中心。以创建全国基层中医药工作先进单位为抓手，持续完善中医药基础设施建设，搭建“中医院—中医馆—中医阁”三级中医药服务体系。

【安全生产】 2022年，区卫生健康局深化隐患排查整治，强化监管，以医疗安全、消防安全、剧毒化学品及医疗废物处置为检查重点，对医疗卫生机构开展安全督查。年内开展督查41次，检查医疗卫生机构119家次。进一步完善消防设施设备，规范电动自行车停放管理，完善充电设施和消防设备，全面提升医疗机构消防安全管理水平。

【健康教育】 2022年，区卫生健康局有针对性地开展慢性病预防和疫情防控等知识的宣传，倡导文明健康的生活方式，扎实推进健康素养促进项目落实，实施居民健康素养监测和中医药健康文化素养调查项目。

2022年底梅县区卫生健康局
局　长：廖劲松

（供稿：陈　敏）

医疗保障

【概述】 2022年，梅县区医疗保障局（简称区医疗保障局）持续深化落实党中央国务院《关于深化医疗保障制度改革的意见》和国家、省、市、区以及上级医疗保障部门的各项决策部署，坚持以人民为中心的发展思想，扎实推进医疗保障各项工作，全力推动梅县区医疗保障事业高质量发展，为人民生命安全和身体健康、经济社会发展贡献医保力量。

【筹资运行】 2022年，区医疗保障局扎实推进基本医疗保险、大病保险（职工补充医保）、医疗救助和商业补充保险多层次的医疗保障体系建设。以“应保尽保”为目标，积极做好城乡居民医保、职工医保（含生育保险）参保征缴工作，继续提高城乡居民基本医保筹资标准，稳步提升医疗保障水平，2022年度医保人均财政补助标准提高30元/人，达到每人每年610元，个人缴费每人每年320元。至2022年底，全区基本医疗保险参保人数51.83万人，其中：城镇职工医保参保人数7.66万人、城乡居民参保人数 44.17 万人。年内基本医疗保险和生育保险基金总收入 8.35 亿元。其中，职工医保与生育保险合并征收 4.25 亿元，城乡居民医保基金收入 4.10 亿元。2022 年，医疗救助收入 2510 万元，支出 2749.65 万元，当期结余 -239.65 万元。落实阶段性缓缴职工基本医疗保险单位缴费政策，梅县区所属期 7—9 月的职工医保缓缴企业和单位 1845 户，缓缴金额 596.68 万元。做好灵活就业人员参加职工医保工作。继续支持梅州医保补充保险“保尚保”宣传发动工作。

【医保改革】 2022 年，区医疗保障局贯彻实施职工基本医疗保险门诊共济制度，改革个人账户划入政策，规范个人账户使用范围，妥善处理好改革前后的政策衔接工作，保障门诊共济政策落地见效。贯彻执行《广东省医疗保障局 广东省财政厅关于建立广东省医疗保障待遇清单制度的实施方案》（粤医保规〔2022〕3 号）、《梅州市基本医疗保险医疗费用结算办法》（梅市医保规〔2022〕1 号）以及新版医保“三大目录”和药品、医用耗材、医疗服务项目医保支付标准。推进医保支付制度改革，在推行按病种分值付费（DIP）为主的结算办法基础上，针对长期慢性病住院病种实行按床日费用结算办法。贯彻落实国家医保谈判药品“双通道”管理试点工作，为群众提供便利的就医购药服务。

【公费医疗】 2022 年，区医疗保障局进一步规范和完善公费医疗管理工作，根据《关于进一步规范梅县区公费医疗管理工作的意见的补充通知》，调整梅县区公费医疗对象范围。印发《关于梅县区公费医疗费用纳入全市定点医疗机构直接结算范围的通知》，进一步规范和完善公费医疗有关政策，认真做好梅县区公费医疗工作的管理。

【医疗救助】 2022 年，区医疗保障局扎实开展医疗救助工作，充分发挥医疗救助的托底保障功能。年内资助参保 27122 人，金额 867.9 万元；1—12 月“一站式救助”人数 35627 人，金额 1809.91 万元；“零星救助”（包括支出型 6 人）人数 277 人，金额 71.84 万元。持续做好医疗救助与上线国家医保平台同步实现“基本医保+大病保险+医疗救助+二次救助”一站式结算，进一步减轻救助对象垫资压力。

【医药服务】 2022 年，区医疗保障局认真贯彻落实公立医疗机构药品集中采购制度，深入推动国家集采和省级带量采购成果落地。全面完成各批次的国家集采工作。积极贯彻落实国家集采结余留用的相关政策。组织各医疗机构认真落实经济责任审计反馈涉及的药品货款清理不到位等问题整改工作。扎实推进医用耗材集中采购工作，有序推进药物球囊、骨科创伤类耗材、口腔种植体等医用耗材集中带量采购工作，加大对医用耗材采购监管力度，对医用耗材线上采购率未达到相关政策要求的医疗机构通过督导检查、提醒、约谈等措施强化监管。积极贯彻落实医疗服务价格动态调整政策，组织全区医疗机构贯彻执行新的医疗服务项目价格标准，指导、督促各医疗机构认真做好新旧医疗服务项目价格的过渡衔接工作。认真做好口腔种植收费和医疗服务价格调查登记工作，配合完成口腔种植收费和耗材价格专项治理工作。

【基金监管】 2022 年，区医疗保障局持续加大基金监管力度，巩固打击欺诈骗保高压态势。开展以“织密基金监管网 共筑医保防线”为主题的集中宣传月活动，以宣传解读《医疗保障基金使用监督管理条例》等法律法规和政策措施为主线，采取“线上+线下”形式，通过开展系列线上报道、组织学习培训、开展主题活动、曝光典型案例等多种方式，推动全社会共同关注、支持、参与医保基金监管工作，积极营造“人人知法、人人守法”的良好监管环境。认真贯彻落实医疗保障基金综合监管部门间联席会议制度，召集区公安、区卫健、区审计、区市场监管等部门召开联席会议，传达学习《医疗保障基金使用监督管理条例》《关于印发欺诈骗取医疗保障基金行为举报奖励暂行办法实施细则的通知》等相关政策法规。制订《2022 年梅州市梅县区医疗保障基金监管专项整治工作方案》，对全区定点医药机构开展专项整治检查、核实，对检查中发现违规问题责令其立即整改并退回违规医保基金。

【优化服务】 2022 年，区医疗保障局全面提升医保公共服务能力和经办管理水平。持续开展全区医疗保障系统行风建设专项评价工作，规范化实施政务服务“好差评”制度，不断强化责任担当，切实提升医保经办服务水平。对现有经办流程进行优化，包括实行经办窗口“综合柜员制”，对各项业务进行通办，同时压缩待遇审核、结算、支付的经办时间。积极推进医保经办服务下沉，在各镇级公共服务中心大厅设立医保业务办理窗口，各镇（高管会、办事处）可办理事项清单 16 项、村（居）可办理事项清单 8 项，涵盖高频政务服务事项，大大满足参保群众医疗保险经办需求，让群众在“家门口”办好医保事。深化“放管服”改革优化营商环境，切实做好医疗保障经办政务服务事项“跨省通办、省内通办”工作，单位参保信息变更登记、职工参保信息变更登记，城乡居民参保信息变更登记、城乡居民参保登记、转移接续手续办理等事项实现网上办理，通过网办方式实现“跨省通办”；梅州市共有 39 项公共政务服务事项被纳入实施，10 项高频事项实现“全市通办”；协助推动“出生一件事”协同办理，实现异地就医生育医疗费用、产前检查费用直接结算，实现生育保险待遇核定与支付网上办理，切实提升政务服务办事效率。

【信息化建设】 2022 年，区医疗保障局大力推进“互联网+医保”，推行网上经办，实现城乡居民参保登记、异地就医备案、门诊费用报销、住院费用报销网上办理，大大减轻窗口工作压力，提升工作效率，让群众足不出户地办理业务，真正做到“让群众少跑腿、让数据多跑路”。推广使用医保电子凭证，完成“两定”机构应用场景布置，实现医保个人账户查询、使用功能，为广大参保群众提供更加便捷的医疗保障服务，定点医疗机构接入平台支持使用医保电子凭证占比 100%。加强对医保定点零售药店上线国家医保信息平台管理工作，规范使用医保基金，确实维护群众利益，进一步提高对医保定点零售药店智能化监管水平。

【疫情防控】 2022 年，区医疗保障局认真做好按时足额落实医保基金支付核酸检测、疫苗及接种费用的审核、结算工作。组织各医疗机构做好疫情防控所需药品和新冠病毒检测试剂等配套医用耗材集中采购工作，及时监测收治定点医院疫情防控重点药品储备情况。积极组织党员干部支援一线抗疫，助力疫情防控工作。严格落实“保健康，防重症”政策和优化防控工作的二十条、新十条措施。

2022 年底梅县区医疗保障局

局　长：李华新

（供稿：钟育荣）

消防救援

【概述】 2022 年，梅县区消防救援大队（简称区消防救援大队）团结带领全队指战员忠实践行习近平总书记训词精神，忠诚履职、奋力攻坚，拼搏奉献、抢抓机遇，圆满完成双奥会、中共二十大等各项消防安保和辖区疫情一线防控任务。2022 年成功完成“4・4”扶贵东路居民楼火灾、“4・19”阿苏洁具经营部火灾、“6・16”松口古镇抗洪抢险救援和“10・2”扑救松源山火等急难险重任务救援，实现火灾形势持续平稳，应急救援安全稳妥。梅县区主要领导多次专题听取消防工作汇报，研究部署解决重大消防问题，对消防工作做出指示、批示，拨付 100 万元专项资金，在扶大高管会、新城办事处、程江镇、城东镇等在辖区的“三小场所”安装 1 万套智慧烟感器，扎实推进市政消火栓及农村地区消防取水点建设，完成城市建成区 50 套市政消火栓建设，结合村村通饮水工程，在所辖行政村建设不少于 2 个消防取水点。在各镇应急办、综合执法队原有力量的基础上，全区 19 个镇（高管会、办事处）均创建消防所，同时抓住行政执法职权下放的有利契机，办理消防行政案件 13 宗。

【争先创优】 2022 年，区消防救援大队被梅县区委、区政府荣记“集体三等功”，大队和站获得“广东省优秀共青团员”等省级表彰 6 次，获“市消防支队优秀共产党员”等地市级表彰 3 次。训练上突出全员参训、从难从严，积极备战各类“火焰蓝”比武竞赛，个人先后 9 人次在总队比武中取得前八，大队先后 4 次在支队比武中取得团体第一，操法等先后 10 个集体项目取得前三，个人先后 23 人次取得单项前三的优异成绩。

【执勤战备】 2022 年，区消防救援大队大力推进全省实施乡镇消防救援力量“空白点”三年清零行动，研究制定《关于加强梅县区乡镇政府专职消防队伍建设实施意见》并通过区政府审议印发，推动全区 19 个镇（高管会、办事处）完成“一镇一专职消防队”建设，解决基层消防工作的“盲点”问题。全区建成丙村镇、雁洋镇、松口镇、松源镇、畲江镇、南口镇、新城办事处、大坪镇、石扇镇、隆文镇、城东镇政府专职消防队共 11 支，区消防救援大队现有政府专职消防队员 31 名分别充实到大队和基层一线参与执法执勤工作，弥补基层消防灭火救援力量的空白，形成“国家队+政府专职消防队”的“1+5”灭火救援体系，全区消防救援力量半小时全覆盖的模式基本形成。

【火灾防控】 2022年，区消防救援大队统筹开展消防安全“扫雷”“破窗”等专项治理行动，对出租屋、“三合一”场所等针对性排查整治，开辟逃生口657个，清理违规住人325人次，对全区居住30人以上的45家自建房进行区挂牌督办，32家完成整改。深化乡村电气火灾、电动自行车综合治理，完成电气线路改造496处，清理违规停放和充电电动车387台次，依法处理电动自行车相关案件6起。深刻吸取吉林长春、河南安阳重大和特别重大火灾事故教训，拆除醇基燃料储罐22处，更换灶具52个。开展劳动密集型企业整治，推动企业整改火灾隐患80余处，拆除易燃彩钢板3000多平方米，推动企业增设自动消防设施12处。推动全区老旧高层建筑综合治理，增设自动消防设施5处。开展汽修企业消防安全整治，拆除易燃彩钢板7000多平方米，推动企业增设自动消防设施18处。提请市、区政府挂牌1个火灾高风险区域和3家重大火灾隐患单位，至2022年底，3家单位完成整改并销案。

【消防宣传】 2022年，区消防救援大队在平安路建设区“消防宣传示范街”设置宣传展台、宣传栏、宣传油画等，依托百盛佳超市富力城店建设全市第一个消防主题超市，不断丰富群众乐于接受的消防宣传教育载体；携手物业服务企业、“饿了么”外卖骑手建立消防志愿服务队，开展志愿活动20多次；在全区300个住宅小区，增设消防宣传专栏；借助户内外显示屏、楼宇电视等平台循环播放各类消防宣传标语及消防宣传视频5000多次，定期组织消防宣传车上街开展消防宣传，定制印发中、小学生教材7000多份，开展“班主任讲消防”主题授课和消防安全主题征文，开展“开学第一课”线上直播活动，全区10万多名中小学师生全程参与。

2022年底梅县区消防救援大队
大队长：李　龙

（供稿：王　艳）
责任编辑：邓慧聪

乡镇建设

梅县区新城工委、办事处

【概述】 梅县区新城工委、办事处（简称新城办）成立于1999年，地处梅县区城区，总面积3.88平方千米，东临梅江河，北接梅江区西郊办事处，西、南靠梅县程江镇，办事处驻梅县区华侨城扶贵西路5号。下辖程江社区、富贵社区、华侨城社区、西桥社区和锭子桥社区5个社区。2022年，辖区常住人口总户数近3万户，常住人口7万多人，其中户籍总人口2.3万多人。2022年，实现税收收入1.6亿元；固定资产投资完成7255万元。

【工商企业】 2022年，新城办较大型规模企业有：梅州市农商银行、梅县客家村镇银行股份公司、广东宝丽华集团有限公司、广东华银集团有限公司、梅州市锦发房地产开发有限公司、梅州正大卜蜂莲花连锁超市、梅县柏丽酒店、力天世纪公司、梅州市喜多多超市连锁有限公司等。

【基础设施建设】 2022年，新城办抓好基础设施建设。推进老旧小区改造工作。新城办有220个小区。2022年，新城办争取中央和省级专项资金4522万元，争取专项债券资金1亿元。立项13个项目，总投资2.19亿元，改造完成7个项目（11个小区、3条周边道路），完成投资5025万元。正在改造富贵花园片区、西桥市场片区、华侨城广场片区共6个项目，涉及改造37个小区及周边基础设施。提升市容环境。针对缆线问题短板，扎实推进缆线整治工作。按照由外到里，优先整治主、次干道，分步推进背街小巷、小区的整治方案，新城办自筹资金21万元，完成缆线清理、捆扎约9.8万米，清除废弃线杆43条。其中主、次干道全部完成，背街小巷也陆续完工。推进城市基层治理服务长效化。强化精管理，探索形成“党建+网格+治理”的新模式，投入110多万元，建设提升全科网格智慧管理服务平台，推动城市基层治理网格化、智能化。

【民生】 2022年，新城办着力改善民生，推进基本公共服务均等化。贯彻执行社会保险的基本方针、政策，积极宣传城镇居民医疗保险、基本养老保险等社会保险扩面工作，年内发放宣传单5000多份。推动政务服务数字化改革，按照群众和企业到政府办事“就近可办、一窗受理、全城通办”的“一站式”理念，全力打造“一站式”服务平台。2022年共为3000多人次办理领取养老金资格认证，办理公交卡174单、残疾证21单、办结个体工商户设立174单。认真做好群众来信、来访、投诉的调解处理工作，年内协助处理4宗群众来信、来访、投诉纠纷，对欠薪、用工等方面的问题及时帮助协调处理并做好跟踪登记工作。充分发挥“双百”社工深入社区，协助社区开展低保、特困人员、残疾人等民政服务对象进行全面核查，分类分级建立台账，实现动态管理，实现入户率100%，建档立卡造册率100%，一户一档。

【综治工作】 2022年，新城办抓好综治工作。充分发挥“中心+信息化+网格化”的工作优势，加强对辖区黑恶势力易发多发地带的排查巡查，全面铺开扫黑除恶宣传和摸排工作，派出所年内受理刑事案件226宗，刑拘38人，逮捕29

人。组织人力深入华侨城广场、大型商超、小区为群众安装国家反诈APP，在五个社区的休闲广场制作安装反诈宣传栏，进一步提高群众防范电信诈骗的意识。

【人口管理】 2022年，新城办户籍人口出生191人，出生率7.77‰，死亡83人，死亡率3.38‰，人口自然增长率4.40‰。全面落实计划生育奖励扶助政策，关爱计生特殊家庭、流动计生贫困家庭、女孩、留守儿童。2022年，新城办享受节育奖有176人，享受城镇独生子女父母奖励588人，农村部分计生家庭奖励146人，特殊扶助17人，免费为513人办理计划生育家庭农村医疗保险，为3330人免费购买老年人意外险，老年人健康管理完成3250人。

【教育】 2022年，新城办辖区内小学有丽群小学(省一级小学)、新城中心小学、扶外小学，梅县区第一职业学校附属小学共4所。适龄儿童入学率100%，义务教育阶段升学率100%。有鹏辉、春天等幼儿园19所。

【社区建设】 2022年，新城办抓好社区建设工作。抓好社区环境建设。通过多方筹集资金，建成程江社区林屋小广场，改造提升富贵社区等3条城中村道路，投入资金30多万元，对辖区破败、坑洼的路面进行修补；投入50多万元，对公共厕所进行升级改造。同时，程江社区楣杆下陈屋、牛岗上张屋500多户自来水供水管网升级改造完工，城中村33个居民小组自来水供水管网完成。抓好社区服务工作。大力推进辖区内“长者饭堂”项目，采用“政府补贴一点、企业让利一点、慈善捐赠一点、个人支付一点”的方式，推出“健康2元餐”，为社区户籍60周岁以上有需要的长者提供配餐服务。接受爱心企业及慈善协会捐款3万元，用于长者饭堂的运营，年内服务长者4000人次。

【环境综合治理】 2022年，新城办抓好环境综合治理工作。针对辖区内乱摆卖、乱堆放、乱拉挂、乱涂写、乱停放等现象，相关职能部门和各社区积极配合、通力协作。加大整治力度，依法查处违章搭建、占道摆卖、乱停车辆等行为，特别是顺风街和伯公下李屋市场的整治。将辖区内清扫保洁工作下放至办事处统一管理，抓好日常垃圾清运，配齐配强环卫公司装备，合理调配运力，做到垃圾日产日清，提升保洁水平和效率。同时，统筹推进垃圾分类工作，配齐垃圾分类设施，加强垃圾分类管理，实现辖区全覆盖。

【党的建设】 2022年，新城办有党支部30个，有党员1088人，其中新发展党员6人。严格落实《新城党工委关于意识形态工作责任制实施细则》的要求，全面履行意识形态工作主体责任，严格落实执行好每季度召开一次的意识形态研判会，把意识形态工作作为党建的重要内容，形成党工委统一领导、班子成员分管、各基层党组织分工负责，一级抓一级、层层抓落实的责任体系。创新党建“示范引领”品牌。以“双报到党员+小区住户党员”为主体，建立老旧小区党支部，探索建立党工委+社区党组织+小区党支部的工作模式和“小区党支部+楼栋党小组+党员户”的组织体系。建立老旧小区党支部5个，逐渐建立起共建共治共享的社区治理模式。

2022年底梅县区新城工委、办事处

书　记：杨文昌

主　任：曾婉玲

（供稿：黄　明）

梅州高新技术产业开发区梅县（扶大）园区管理委员会

【概述】 梅州高新技术产业开发区梅县（扶大）园区管理委员会（简称扶大高管会）地处梅县新县城规划区范围内，距梅州市区5千米，东临梅江，北靠程江，南、西两面是丘陵地带，与程江镇车上、槐岗相邻，西与南口镇接壤。辖区面积18.8平方千米。2022年，下辖4个行政村和1个居委会，有6489户，在册人口17210人。2022年，扶大高管会实现规模以上工业企业总产值3.4亿元。

【农业】 2022年，扶大高管会水稻种植面积48公顷，总产357吨；水果种植总面积48.8公顷，总产1191吨，其中金柚种植面积40.5公顷，总产1103吨；“三鸟”存栏5061只，出售11.48万只，水产品总产量69吨。开展“三夏”农机安全大检查活动，预防和减少农机事故，辖区农田参加政策性水稻种植保险，增强农业、农民抗风险能力。

【工商企业】 2022年，扶大高管会三个重点项目梅县区宪梓公园、天虹购物中心和艺展缤纷城稳步推进建设中。规上工业企业有7家：

广东鸿荣重工有限公司、广东自远环保股份有限公司、广东卓立变压器有限公司、梅州市惠兴米业有限公司、梅州市森润生物质燃料有限公司、梅州至爱智家科技有限公司、梅州康立高科技有限公司；限额以上批发零售业企业有14家，2022年商品销售额16.25亿元，限额以上服务业企业有4家，总营业额19.26亿元。2022年，有大型商超4个、大型建材城2家、住宿业企业5家、重点餐饮服务业企业9家、个体工商户1503户。2022年，扶大高管会实现规模以上工业企业总产值3.4亿元。

【圩镇与农村基础设施建设】 2022年，扶大高管会不断完善基础设施，铁炉桥村乌仙片部分村道新装太阳能路灯18盏。铁炉桥村、三葵村污水处理站运行正常，全面完成辖区内旱厕整改，清理辖区内小广告牛皮癣等680余处，各村道路实现全面硬底化。持续加大投入力度，对辖区内公园、主要市政道路等重点地段的基础设施进行再完善，投入资金28万元，完成辖区三丰村三陂宪梓公园周边农村景观提升配套改造项目工程；投入资金23万元，完成宪梓公园周边群众出入道路、排水改造提升工程；投入资金86万元，完成三葵村5、6、9、10、11组便道、排水工程及完善工程；投入资金10万元，完成梅花山下低压线路迁移工程。

【民生】 2022年，扶大高管会参加城乡居民基本养老保险3272人，参保率92.3%；参加城乡居民医疗保险1.05万人，参保率95.72%，参保金336.29万元。失地农民养老保险办理18人，申请资金16.2万元。年内发放低保、特困供养及困难群众救助款55.94万元，为低保、特困供养群众缴交2023年度合作医疗保险3.43万元。对全区11户11人次给予临时救助，全区救助5.18万元。2022年帮扶9名残疾人及残疾人家庭2.55万元，协助1名残疾人大学生申请南粤扶残助学一次性补助1.5万元。为92名重残人员缴交2023年度医保3.22万元，2022年社会化发放残疾人两项补贴费61.4万元。发放辖区百岁老人保健金、客家寿星奖2.64万元；320名80—99周岁以上老人符合高龄补（津）贴发放条件，社会化发放高龄补（津）贴9.6万元。

【扶助贫困】 2022年，扶大高管会严格按照程序步骤、政策标准认真审核并上报上级部门审核确定脱贫不稳定户，通过帮扶，有两户退出脱贫不稳定户行列；扶贫办联合驻镇帮镇扶村工作队和扶大高管会民政办，对辖区内的所有脱贫户进行每季度定期随访。扶贫办严格按照要求完善各个脱贫户家庭中所有成员信息、家庭环境、户帮扶措施和项目及佐证材料等内容的信息录入工作。年满60周岁的脱贫人口全部领取农村社保金；帮助全部脱贫户购买2023年度城乡居民医疗保险；年满16周岁的非学生脱贫户全部购买农村养老保险。为所有脱贫户购买防返贫保险和保尚保两项加强险，保障脱贫户不再因病因学返贫。

【综治维稳】 2022年，扶大高管会接待来访群众56批共84人次，为群众提供法律咨询270人次，受理群众矛盾纠纷、来信来访169宗，解决148宗；开展8场次普法宣传。2022年，扶大派出所共接处警2891起，受理行政案件228宗，立刑事案件206宗。2022年共抓获犯罪嫌疑人123人，其中刑拘16人，破案45宗，移送起诉21人；查处行政案件87宗，行政拘留6人，追回赃款赃物折合人民币6.5万元。协助刑侦、治安部门抓获犯罪嫌疑人12名，协助各地公安机关抓获在逃犯罪嫌疑人8人。

【环境保护与治理】 2022年，扶大高管会以“创文”和“两美行动”为契机，以“三清三拆三整治”为抓手，按照工作要求，在辖区内开展环境卫生大提升行动，提高人居环境综合水平。以“创文”为契机，做好城区背街小巷、出租屋周边环境整治。2022年，完成背街小巷整治3条、实现硬底化2条、整治城区内涝点2处；城区保洁全面覆盖，加快推广垃圾分类工作。年内组织创文志愿服务201场次，发动党员群众和“双到”单位4930人次参与。

【土地保护与利用】 2022年，扶大高管会利用“4·22”地球日、“6·5”环境保护日、“6·25”土地日及“8·29”测绘日等节日进行自然资源管理法律法规的宣传活动，通过张贴宣传标语、横额，在干部大会上学习土地法律、法规，召开座谈会等多种形式开展地质灾害防治、耕地保护、依法用地、合理用地、集约用地等的宣传教育活动。2022年发现违法用地6宗，发出责令停止自然资源违法行为通知书6份，强制拆除3宗，并开展“房地一体”确权登记工作。

【人口管理】 2022年，扶大高管会人口出生168人，人口出生率12.12‰，办理生育登记600多例；办理再生育审批94例，完成孕检对象72对；纯二女及独生子女户合作医疗补助817人、金额26.14万元。

【文化】 2022年，扶大高管会高度重视文化场所的建设，投资约4万元提升二级站的建设，新设立农家书屋1间、安装书架及新录入书籍7000多册、新购电脑及碎纸机1台，更新儿童活动室器材和体育用品一批、更换宣传展板一批。扩大各村的文艺队伍建设，提升农村人民群众幸福指数，扶大高管会创作的演说唱《处处盛开文明花》获创作三等奖。做到面向群众和市场相统一，制定相应的管理方法和管理措施，做好各个时期的文化市场专项整治工作；协同相关部门对辖区范围内的文化市场经营门店和各棋牌室进行疫情防控和消防安全检查，做好不可移动文物的安全检查，年内出动检查行动10次，联合整治2次，出动检查58人次。

【卫生】 2022年，扶大卫生院实有在岗在编人员33人，其中副主任医师3人、中级职称11人、初级职称17人、高级技工2人；临聘人员8人。门诊设有全科、内科、外科、妇科、儿科、中医科、口腔科、预防保健、医技科、精神病科，有门诊病床10张、口腔病床1张。主要仪器设备有B超、心电图、血细胞分析仪、尿液分析仪、全自动生化分析仪、牙椅、红外线灯治疗仪、中频脉冲治疗仪、电子低频治疗仪、医用冷藏柜、医用化验室专用超纯水系统、超声电子身高体重测量仪、纯数字超声诊断仪图文一体、医用离心机、中医体质辨识仪、超声波治疗仪、全自动三分类血液分析仪、健康一体机、污水处理设备、全自动脉动真空灭菌器、明基投影仪、除颤仪、多功能综合手术床、心电监护仪、便携式超声诊断系统。2022年，投入5万元，升级三葵村医养活动中心，每月定期在村为群众开展义诊、卫生健康知识普及、养生指导和诊疗咨询建议等服务活动；投入11万元，在上年扩充的医疗场地内增设发热诊室，加强疫情防控工作力度；投入36万元，购置120急救车，提升卫生院应急救治条件。

【教育】 梅县外国语学校　是一所集高中、初中、小学、幼儿园于一体的高标准、现代化、有特色的公办外国语学校。位于梅县区新城西片区剑英大道旁，占地面积26.67公顷，建筑面积11.75万平方米，项目总投资10.5亿元，2014年3月正式动工，2015年8月基本建成、9月开办。2022年，学校有366名教职员工，教师均为省部属重点本科院校全日制毕业生或全日制师范类本科起点的全日制硕士研究生（学校有硕士研究生82名，占比22.4%），学校五个部共设195个教学班，有学生9695人（幼儿园共12个班，共421人；小学部93个班，共4776人；附小45个班，共2389人；初中部27个班，共1397人；高中部18个班，共712人）。学校先后被评为CCTV全国中小学生英语电视大赛英语教育名校、全国英语教学成果先进单位、广东省无烟单位、广东省中小学教师信息技术应用能力提升工程示范校、广东省特色棋类学校、梅县区教育工作先进集体。

扶大宪梓中心小学　坐落于扶大高新区所里村，始建于1939年，1991年经原全国人大常委会委员、香港金利来集团董事局主席曾宪梓博士伉俪捐资改建后更名为扶大宪梓中心小学，是广东省义务教育规范化学校。学校占地面积3公顷，建筑面积3万平方米，可提供优质学位3500个。2022年，学校有教学班59个，有学生3205人；有专任教师141人，本科学历占80%、大专学历100%。先后获得梅州市书香校园、梅州市文明校园、广东省依法治校示范校、广东省绿色学校、广东省青少年校园足球特色学校、全国青少年校园足球特色学校等称号。

铁炉潭教学点　2022年，有8个教学班，有312名学生，有专任教师20名。

扶大宪梓中心幼儿园　由曾宪梓博士捐资兴建，是梅州市一级幼儿园。2022年，幼儿园占地面积2700平方米，建筑面积1400平方米，有大、中、小共7个教学班，在园幼儿291人，有教职工21人。

梅县区特殊教育学校　是一所为适龄智力障碍残疾儿童提供基础教育的九年制义务教育学校，也是梅县区第一所并且是唯一的特殊教育学校。特殊学校于2012年9月开始创办，原址在程江镇大和村。投资4050万元，新建一所标准化特殊教育学校，学校位于扶大高新区三葵村，于2017年8月建成并交付使用。学校占地面积1.57万平方米，建筑面积约6335平方米。2022年，学校有5个教学班，有学生51人，有教职工16人。

梅州市外语实验学校（原广

东外语外贸大学附设梅州实验学校） 位于梅州市梅县区扶大高管会205国道旁，占地8.53公顷，建筑面积13万平方米，总投资6.7亿元，是一所集小学、初中、高中于一体的寄宿制民办学校。2022年，有小学一年级至初中二年级共8个年级，共60个教学班，有在校学生2104人。有教职工296人，其中专任教师149人，外教3人，特级、正高级教师3人，省级骨干教师4人，硕士研究生学历18人（其中海外留学经历8人）。先后获得第四批广东省绿色学校、梅县区消防安全示范学校；1个国家级课题、3个区级课题立项；加盟粤港澳大湾区IT人才培养联盟，并与中山大学超算中心合作，共同开发信息技术课程，被授予“中小学科技创新人才培养基地”称号。

梅州市梅县区华业外国语学校 地处梅县区剑英大道中段，由华业教育集团投资2.1亿兴建，学校占地面积1.67万平方米，建筑面积2.65万平方米，计划开设54个教学班，可提供2520个优质学位，是一所高起点、高标准、高品质的九年一贯制学校。2022年，有小学1—6年级共26个班1003人、初中7—8年级共14个班647人，全校共有学生1650人，有教职工150人。

【体育】 2022年，扶大高管会全年举办多场足球友谊赛。新增加一批梅花山公园（富力点）、宪梓公园体育健身器材。建立起广场舞和太极拳健身队。

【农村环境综合治理】 2022年，扶大高管会扎实开展“六大专项整治行动”，严格对照时间节点，对交通、市场、缆线、铁皮瓦、背街小巷及门前“三包”六方面进行专项整治。建立完善保洁长效机制。切实做好垃圾治理，通过“聘请第三方保洁公司+村内保洁员”的方式，明确各自保洁工作范围和责任，不断提高日常保洁措施水平，确保保洁卫生工作落到实处。推进缆线整治工作，根治城区缆线杂乱问题，2022年投入资金19万元，处理缆线问题道路38条，捆扎缆线31.7千米，拆除停用、废弃通信缆线、电力线等8.5千米，移除废杆8条。完善基础建设。通过实施道路硬化、公共场所建设、合理设置垃圾收集等措施，进一步改善农民群众不良卫生生活习惯。

【党的建设】 2022年，扶大高管会有党组织59个，其中党委1个、党总支4个、党支部54个（含“两新”党组织36个），共有党员778人。2022年，扶大高管会全力抓好理论武装，强化思想政治建设。开展全覆盖政治理论学习教育。坚持领导班子带头，把深入学习习近平新时代中国特色社会主义思想，学习贯彻落实中共二十大精神、中共二十届一中全会精神和习近平总书记系列重要讲话精神，作为党委理论学习中心组学习和党委会的“第一议题”，利用召开党组织会议、工作例会等时机，组织党员干部职工集中学习党的最新理论成果，不断强化党员领导干部理论武装，提高党性修养，深刻领会“两个确立”、增强“四个意识”、坚定“四个自信”、做到“两个维护”。2022年党委理论学习中心组学习12次、专题研讨8次，周例会集中学习中共二十大精神5次。强化镇村党校建设。充分发挥镇村党校在基层党员干部学习教育中的主渠道主阵地作用。依托扶大新时代文明实践所，升级打造扶大镇街党校教育新品牌，2022年组织党建专题培训、领导班子上党课等26场，受训党员干部2360人次。丰富学习形式，深化学习成效。充分利用“学习强国”学习平台、“干部网络学院”等线上学习平台开展学习，发放《习近平谈治国理政》第四卷520本、聘请专家教授开展习近平新时代中国特色社会主义思想进社区专题宣讲等，让党员干部学得深、悟得透、干得实。扶大高管会全力抓好组织建设，夯实基层党建基础。严实党建基础工作。紧紧围绕区委基层党建三年行动计划工作要求，严格基层党组织“三会一课”、民主评议、主题党日等党内组织生活。领导班子成员挂钩联系指导各基层党组织，强化基层党组织的教育、管理、监督、服务等功能，做细做密党建工作，不断筑牢基层战斗堡垒。抓好队伍建设。把好发展党员质量关，把政治标准放在首位，在防疫一线、防洪救灾等硬仗中挑选培养并充实基层“两委”班子后备干部。2022年发展新党员9人，都是35岁以下，大专以上学历8人。党员队伍年龄、学历结构进一步优化。树立鲜明好干部标准，坚持党管干部原则，注重提拔使用在实践中勇于担当作为、实绩突出的干部，营造风清气正的选人用人环境。坚持党建引领优化基层治理，构建网格党建体系。推动网格党建“全覆盖”。实施“网格党建·强基提质”工程，全力推进“支部进小区”，把党组织触角延伸到社区神经末梢，实现以党的核心引领小区管理。2022年建成26个小区党支部，实现建成小区“全覆盖”，搭建干群“连心桥”，营造共建共治共享社区治理新格局。2022年组织社区志愿服务活动275场，参与党员干部8600多人次，参与社区居民1.5万多人次。

2022年底梅州高新技术产业开发区梅县（扶大）园区管理委员会
书　记、主　任：梁联胜
副书记、副主任：黎国标

（供稿：肖舒琪）

程 江 镇

【概述】　程江镇地处梅县新县城。是梅县区的政治、经济、文化中心，东连新城办事处，西接扶大高新区和南口镇，南望梅州城区，北邻梅江区。205、206国道，宪梓大道，人民大道，梅河、天汕、梅大高速公路纵横贯穿全镇。是广东省卫生镇、教育强镇、文明镇、生态镇，是梅州市文化先进镇、平安镇、生态镇。全镇总面积61平方千米，其中耕地面积497.3公顷、山地有林面积2966.87公顷。自然资源有钴、煤、石灰石、矿泉水等资源，其中煤炭储量丰富。辖有14个行政村和3个社区，2022年，有户籍人口5.2万人，有常住人口14万多人。2022年，全镇实现税收收入4.74亿元，比上年同期减少1.11亿元，减幅27.73%。

【农业】　2022年，程江镇粮食作物总播种面积719.33公顷，其中水稻种植面积646.93公顷，总产量4449吨；玉米种植面积13.53公顷，总产量59吨；豆类种植面积37.2公顷，总产量107吨；薯类种植面积21.67公顷，总产量501吨。水果总产量3505吨，蔬菜总产量1.53万吨，肉类总产量736.7吨。在撂荒耕地复耕复种工作中，以第三方返回撂荒图斑面积为基数，迅速开展撂荒耕地的复耕复种工作，全镇完成复耕复种142.06公顷，完成率100%。积极参与优质金柚园和粮食高产创建活动，2022年上半年做好优质金柚园的选点定点为浒洲村的伊为香家庭农场；2022年，在长滩周车建立粮食高产示范基地，种植面积达13.33公顷，涉及农户112人。积极做好农业品牌“无公害”“绿色”“有机认证”及“市、区农业龙头企业”等申报培育建设工程，推荐梅州市郁葱农林发展有限公司申报省级农业龙头企业，推荐梅县聚和国兰园艺有限公司申报市级农业龙头企业。做好防疫、检疫工作，2022年防免疫注射畜类2156头、禽类623只，免疫率均达到规定要求。

【工商企业】　2022年，程江镇实现规模以上工业总产值约4.1亿元，实现限额以上批发零售商品销售额8.5亿元，实现限额以上住宿和餐饮业营业收入8326万元。程江镇辖区内较大型规模企业有10家，分别是广东绿园环保科技有限公司、梅州市皇马混凝土有限公司、梅州市梅县区塔牌混凝土有限公司、广东科华环境设备有限公司、梅县俊嘉表业有限公司、梅州市德丰农业科技有限公司、嘉宝电子企业（梅县）有限公司、梅州市梅县区诚功电子有限公司、广东梅雁吉祥水电股份有限公司、梅州市梅县区中燃城市燃气发展有限公司。

【圩镇与农村基础设施建设】
2022年，程江镇抓好圩镇与农村基础设施建设。全域推进农村生活污水处理设施建设。镇域内7座污水处理设施全面竣工。全面推进“四线融合”缆线整治工作。电信公司负责府前大片区，完成率100%；联通公司负责岗子上大片区，完成率100%；文广视讯公司负责城西大片区，完成率95%；移动公司负责大新城大片区，完成率70%。加快建设“四好”农村公路。投入约85万元，对各村排查的36处破损道路进行修补和硬化，完成道路路灯亮化工程、人居环境卫生整治等。古塘村璇螺湖村道、园背村道、张嘉隆村道道路修补23平方米；车上村前锋村道道路修补80平方米；投入60万元，用于横岗村东围桥至横岗上约1千米路面沥青改造提升工程；投入约25万元，用于扶贵村第二村民小组约150米村道升级改造柏油路面。

【民生】　2022年，程江镇完善基层公共卫生服务，做好辖区内居民健康保健、疾病预防工作，开展“送医下乡”活动，完成4117人次65周岁以上老年人免费体检，城乡居民医保缴费3.48万人。扎实做好社会救灾救济工作，2022年发放低保金301万元，共救济3240户次、6499人次。对因突发事件及重疾或其他原因造成临时生活困难的群众共救助58人次、12.58万元。积极配合中医院医生对新增特困人员7人进行自理能力评估，与其照料人签订好协议并做好护理补贴金额的发放工作。完成215户在册民政对象的一户一档建立工作，年内走访、服务在册民政对象与边缘困难群体约1686人次，开展社区活动服务社区居民约 580 人次。

【扶助贫困】 2022 年，程江镇抓好扶助贫困工作。落实防返贫致贫动态监测机制，将“广东省防止返贫信息平台”有效在册的 355 户脱贫户、899 名脱贫人口全部纳入核查范围，及时跟踪录入并进行不定期的核查。并重点关注大病重病患者、重度残疾人、失能特困老年人等特殊群体，督促各村完成常态化监测和后续跟踪工作，实现巩固拓展脱贫攻坚成果同乡村振兴的有效衔接。发展壮大村集体经济。长滩村盘活资源，充分利用村址围墙、老人活动中心屋顶约 500 平方米的闲置地方，筹资 50 多万元，建设光伏发电项目，于 9 月并网使用，年收入 5 万元；浒州村充分利用闲置废弃的浒洲小学进行租赁经营，每年可以为浒洲村增加 6.2 万元收益等。2022 年，有 14 个村集体经济收入均达到 8 万元以上，其中 13 个村达到 10 万元以上。

【综治维稳】 2022 年，程江镇抓好综治（维稳）。开展专项安全生产大检查。根据工作方案，全镇 17 个村、社区分别派出网格员开展摸排工作，共排查“三小”场所 4700 家，出租屋 537 处，发现违规住人的有 1019 家，违规住人数量 2672 人，电动车保有量 528 辆。整改消防安全隐患 8425 处，搬离违规住人 677 人，采用防火分隔 82 家，安装智慧烟感 900 多个，安装简易喷水灭火系统 200 多套，开设逃生出口 400 多个。开展西山村火灾高风险区域整治。根据区消安委文件要求，制订西山村火灾高风险区域整治工作验收方案，通过镇、村工作人员相结合的方式，压实工作责任，提升工作成效，有西山村“三小”场所 233 个、出租屋 2 个、公共场所 4 处、工业企业 6 个完成整改。落实行政执法责任，提升执法效率。程江镇综合执法队共检查各类市场主体 2400 余户，组织市场主体培训 90 次，办理新增、注销、变更营业执照 2733 份，办理食品经营许可 345 份，行政处罚案件 11 宗。

【环境保护与治理】 2022 年，程江镇抓好环境保护与治理工作。加强野外火源的管理巡查。年内制止野外用火行为 25 宗，与林地承包户、存在森林防火安全隐患果园业主、重点项目施工单位、木材采伐单位签订 15 份森林防火责任协议。为辖区内群众发放森林防火宣传资料 8000 份，与全镇干部群众签订森林防火承诺书 5450 人次。防治畜禽养殖污染。科学划定畜禽养殖禁养区，制订禁养区、限养区内畜禽养殖业清理整治方案并报上级部门备案。全镇 14 个村中，有 13 个村被列为禁养区，有 167 户生猪养殖户，全部签订禁养协议，完成养猪场关闭整治工作；有 1 个村列为限养区，严格规范限养区养殖方式、养殖规模，并实行规范化管理。加强水源保护。加大力量对山塘水库、河流、圳道污染进行清理治理，实施饮用水源保护区清理整顿、规范化建设，保障集中式饮用水源水质高标准稳定达标。全镇 14 个村中，有 12 个村实现使用市政自来水、2 个行政村使用山泉水，饮用水合格率 100%。加强沼气安全使用的管理排查。根据省市区对农村沼气安全生产专项整治工作要求，组织各村做好安全生产宣传工作，认真排查沼气使用过程中的安全隐患，对可能引发安全事故的苗头和异常情况进行排除和整改，并及时报告，做到发现 1 宗整治 1 宗，随时掌握安全动态。全镇排查沼气池 249 个，其中在用 61 个（含正常使用和间歇使用），停用 126 个，废弃 62 个。已处置废弃沼气池 62 个，废弃沼气池处置完成率 100%。

【土地保护与利用】 2022 年，程江镇抓好土地保护与利用工作。加快城区提质扩容，稳步推进西部旅游快线、东山高级学校、大沙安置区侧低丘缓坡、梅汕高速扩建等项目征拆；大和、横岗、大沙神岭等五个安置区建设项目已进场施工，高铁、快线安置区基础及配套设施建设进入全面施工阶段；电力管沟建设项目、槐岗村城镇建设用地、辑瑞庐环境提升改造等一批征地拆迁工作稳步推进；梅汕高速扩建项目、天然气管道县县通梅蕉平项目租地工作顺利启动。

【人口管理】 2022 年，程江镇人口出生 372 人，人口出生率 6.75‰。发放农村部分特殊家庭扶助金、城镇独生子女父母计划生育奖励等各类型奖励 1.81 万人次。

【卫生】 2022 年，程江镇抓好卫生工作。抓紧抓实抓细常态化疫情防控工作，建立健全“平战结合”机制，通过“线上+线下”多渠道开展防疫宣传，攻坚克难、全力推进疫苗接种工作。对有意愿生育的夫妇进行优生优孕进行宣传，区级对该项任务数是 148 对，已完成 161 对，超额完成任务。镇卫生院全年医疗门、急诊2.64万人次，与上年对比增加500人次；组织公共卫生服务小组深入各村民小组及生活小区，为辖区内常住居民开展健康体检，并建立健康档案或更新健康档案个人信息，镇卫生院为辖区居民建立电子健康档案7.29万份(新建3.09万份)；镇卫生院预防接种门诊按AAAAA级标准规范管理，预防接种门诊人数达5.32万人次；孕产妇1418人（其中流动91人），管理1418人，系统管理率100%。产后访视率为100%；加强托幼机构儿童健康管理，对辖区39间托幼机构开展督导培训2次，并对辖区内的幼儿园儿童进行健康监测及评价，2022年新生入园体检人数2747人、开展幼儿护齿保健共6124人。积极宣传及实施《梅州市出生缺陷干预工作方案》，减少人口出生缺陷，提高人口素质；积极开展家庭医生式服务签约活动，组建家庭医生签约团队6个，签约2.37万人次，签约率32.5%；完成学生体检工作，年内学生体检总人数6792人。为65岁以上老年人提供中医药管理服务7950人，为0~36月儿童提供中医药健康管理服务2932人。

【文化】 2022年，程江镇不断完善社区综合文化阵地建设，高标准打造大新城社区、府前社区、岗子上社区综合性文化服务中心村级文化服务中心，设有书吧、书法室、少儿活动室、舞蹈室、乒乓球室、棋牌室、美术室等，着力从各方面完善文化基础设施建设，实现全镇14个村和3个居委综合文化服务中心全覆盖，设施设备齐全，免费对外开放。2022年，程江镇文明实践所（站、点）举办各类主题宣讲、专题党课20场；全镇各村组织党员学习活动70场；开展各类节日活动近100场，开展新时代文明实践志愿服务1000多场次。

【教育】 梅县北大附属实验小学（梅县区程江镇中心小学） 位于梅县区新城梅江河畔，是一所区级中心小学、省规范化学校，含两间完小（槐岗小学、发昌小学）和四个教学点（大塘小学、大和小学、新民小学、长滩小学），2022年，有学生5600多人。

2022年4月1日，梅县区志愿者前往程江镇西山村开展创文志愿服务活动

【体育】 2022年，程江镇以改善群众健身场所、丰富群众健身活动为目的，投入20万元，为9个村（居）采购全民健身路径8件套9套、室外乒乓球台3个、篮球架1副。各村（居）2022年组织多场次乒乓球、羽毛球、篮球等健身运动。

【农村环境综合治理】 2022年，程江镇抓好农村环境综合治理工作。推进全域农村人居环境综合整治工作。继续对主次干道、背街小巷进行整体美化、亮化提升，加大背街小巷保洁力度等，完善基础设施、规划停车区域改善停车位不足、解决老旧小区、背街小巷、集贸市场脏乱差问题，着力补齐城市建设管理短板；投入520多万元，对全镇各村环境卫生保洁实行市场化管理，对生活垃圾实施日产日清。结合“两美行动”，定期组织人员进行清运垃圾、清理卫生死角、“牛皮癣”和杂草等，年内清除“牛皮癣”629处、清理卫生死角258处、清运垃圾1.2万多吨。推广垃圾分类收集。在14个村和3个社区管辖的小区建成垃圾分类亭143个，举行垃圾分类培训会议9场，推进城区生活垃圾分类全覆盖。规划建设智慧停车场。规划建设具有137个停车位的西山村智慧停车场，增设新能源充电车位，解决周边群众停车难充电难的问题。

【党的建设】 2022年，程江镇抓好党的建设工作。提升基层党组织思想引领力。政治教育、忠诚教育和形势政策教育，突出通俗化阐释、大众化宣讲，教育引导广大党员、干部忠诚拥护“两个确立”、增强“四个意识”、坚定“四个自信”、做到“两个维护”。发挥镇级党校积极作用，镇党校组织培训31次，培训党员干部3305人次。继续推进社区“大党委”建设。深化社区党组织规范化建设，岗子上、大新城、府前3个社区党支部于6月升格为党委，严格落实组织生活制度，共召开党群联席会议6次。9月，吸收企业单位等党组织负责人兼任委员7人，更好发挥兼职委员及其所在单位共建作用。建立健全定期议事、联系沟通、集中会商、双向服务、动态管理和跟踪问效等制度，进一步强化社区党组织在区域各项事务中的领导、统筹、协调功能，合力解决群众反映集中的问题。做实做细网格党建工作。全面加强“全科网格”党建工作，做好网格党建“三同步”工作，全镇222个小区共单独组建小区党支部31个，并将店铺及小区进行统一划分网格建成13个党支部（其中大新城社区6个、府前社区3个、岗子上社区4个），形成“全面覆盖、分级管理、层层履责、网格到底”的党建引领管理体系。完善“社区党委+网格（小区）党支部+党员中心户”的组织体系，建立健全信息收集、问题发现、任务分办、协同处置、结果反馈的社区网格运行机制，对网格排查上报的事项“吹哨派单”，相关部门限时办结并反馈，探索建立即诉即办工作机制，打通服务群众最后一公里。进一步完善“双报到、双服务”工作。区直、国有企业、事业单位党组织组团到社区开展服务工作，积极组织他们带头以普通党员身份参与党员志愿服务等。2022年，区直、国有企业、事业单位党组织组团到社区开展服务468次，签订共建协议46份，报到党员人数3321名，办好民生实事173件。做好党员走访慰问工作。党员关爱基金关爱178人次，关爱费用7.28万元。走访慰问老支书、离任村干部、困难党员、困难群众、老党员等1695人次，慰问费用20.61万元。

2022年底梅县区程江镇党委、政府

书　记：钟政堂

镇　长：李建新

（供稿：章文妍）

南口镇

【概述】　南口镇地处梅县区西南部，距梅城14千米，由原南口、瑶上、荷泗三镇于2004年合并而成，辖区总面积262.5平方千米，其中山林面积1.85万公顷、耕地面积2400公顷、圩镇面积2.5平方千米。矿产资源主要有钴、锰、煤、石灰石、硅石、钨、钼、铁、金、稀土、高铝土、铀等。下辖46个行政村和3个居委会。2022年，全镇总户数19557户，总人口70506人。2022年，全镇实现税收收入2459万元。

【农业】　2022年，南口镇有果树2400公顷，其中金柚1400公顷，脐橙366.67公顷；有耕地面积2866.67公顷，其中水田2386.67公顷，2022年，完成连片0.2公顷以上撂荒地复耕复种面积564.32公顷，建成40公顷水稻高标农田。2022年，全镇培育发展家庭农场94个，有农业专业合作社46个，其中省级专业合作社2个、县级专业合作社5个，有社员883人，有区级示范家庭农场6个。2022年，全年发放耕地地力补贴户数为1.18万户，补贴面积1141.87公顷，社会化发放补贴资金147.3万元。

【工商企业】　2022年，南口镇有规上企业5家，分别是梅州市盛富金属制品有限公司、梅州市金稻实业有限公司、梅州市梅县区鑫瑜锻造有限公司、梅州市梅县区金蔡建材厂、梅州市梅县区金雁水泥有限公司。此外，规模较大的企业还有

2022年7月14日，梅州市政协、交通运输局一行到梅州市盛富金属制品有限公司调研

梅州金蔡光伏发电有限公司、广东新金基文化创意产业集团有限公司、梅州南宇砂轮有限公司、梅州莲泉酒液酿制有限公司、广东长荣生物科技有限公司、梅州市梅县区金蔡轻质砌块厂等。

【圩镇与农村基础设施建设】2022年,南口镇抓好圩镇与农村基础设施建设。实行美丽圩镇人居环境整治行动,投入资金300多万元,铺设南口中心圩镇沥青路面,进行三线整治、圩镇开发区周边绿化带改造提升等;投入55万元,对中心片圩镇农贸市场升级改造。开展绿美南口行动。投入380多万元,打造两条景观大道:一条是梅瑶路黄花风铃木景观大道,全长约20千米,并建设景观风车2座;另一条是梅华路樱花景观大道,全长22.41千米,实现“一山一色、一路一树、一处一花”,推动南口示范路、样板路、精品路建设。投入400多万元,对太和村主干道铺设沥青路面和安装路灯;投入100多万元,对瑶上村凹下至孙刘梁公共基础设施进行建设。

【民生】 2022年,南口镇农村低保户823户、1542人,城镇低保户31户、49人。特困供养199户、199人(不含敬老院集中供养人员)。在动态调整下新增最低生活保障对象共40户、61人,对因家庭生活得到改善而取消最低生活保障的对象共55户、169人,最低生活保障实现了动态管理下的“应保尽保”。养老院集中供养人员43人,其中南口敬老院20人、南口瑶上敬老院23人。对农村患有重病的人员和生活特殊困难人员实施困难群众临时救助,共17人次,发放保障金额8.12万元。对农村患有重病特困分散供养和特困集中供养人员实施住院护理补贴,共34人次,发放补贴金额5.36万元。做好南口镇80—99周岁高龄老人补(津)贴发放工作,共有80—99周岁高龄老人2546人,每人发放300元补(津)贴。

【扶助贫困】 2022年,南口镇落实社会保障政策,为1981人购买医保,购买防返贫保险1031户,购买保尚保无劳力户918人;开展产业帮扶,鼓励转移就业;集中培育车陂、侨乡、麓湖山等精品旅游示范基地,成功打造侨乡亲子园、火龙果灯光基地等一批网红打卡点;扶持侨乡村水稻、车陂村葡萄、荷田村香水柠檬、南龙村贝贝南瓜等“一村一品”项目。

【综治维稳】 2022年,南口镇调解民事纠纷393宗;2022年,监管社区矫正对象25人,已解除12人,在矫13人;积极开展妇女节、消费者权益保护日、国家安全日、国际禁毒日宣传活动,为广大干部、群众提供法律咨询40多人次,发放宣传资料300多份,组织律师到南口中学上法治课2场次,组织南口镇干部职工参加网上学法考试,共129人参加,合格率100%。

【土地保护与利用】 2022年,南口镇核查卫片300多个,对疑似占耕、搭建等卫片图斑一一核实,做到全部核实上传到上级部门。是年,发现阻止违建、破坏耕地、乱搭乱建等行为80多宗,拆除违章建筑19宗。联合安全生产监督管理办公室对石场和取缔封闭的矿场进行12次巡查,保证持证石场生产正常未出现越界开采的现象。2022年,登记在册的地质灾害隐患点有42处,南口镇组织多批次多人次进行巡查,同时对各村地质灾害影响的群众共发放地质灾害避险资料和宣传资料600多份。

【人口管理】 2022年,南口镇户籍人口出生514人,其中一孩237人、二孩221人、三孩56人。人口出生率7.26‰,政策生育率97.49%,人口自然增长率-0.38‰。

【卫生】 2022年,南口镇推进中山大学附属第三医院粤东医院和南口镇中心卫生院城市医联体建设。梅县区南口镇中心卫生院位于205国道旁,是国家卫生健康委员会批准的一级甲等医院,医院建筑面积1万平方米,其中医疗业务用房面积8225.1平方米。医疗设备包括自动血液生化分析仪、全自动血球计数仪、彩色B超、心脏除颤起搏器、生命体征监护仪、DR机、内部程控电话、发电机组、救护车等。有在编人员117人,有副高10人、全科医师28人、中级职称42人、执业医师33人、执业助理28人、临聘人员6人,有编制病床80张。医院开设了内、外、妇儿、心血管、骨科、牙科、理疗、妇幼保健、计划免疫、全科等科室。

【文化】 2022年,南口镇积极推动精神文化建设,集历史文化与自然风光于一体,镇内有南源世第家风家训馆,侨乡村、益昌村典型客家围屋古村落,麓湖山文化产业园区。在镇文化站设有阅览室、棋牌室，并购置一批图书，订阅《求是》《中国青年》等文化刊物。

【旅游】 2022年，南口镇大力发展乡村旅游，集中培育车陂、侨乡、麓湖山等精品旅游示范基地，成功打造侨乡亲子农场、火龙果灯光基地等一批网红打卡点。扶持侨乡、车陂发展水稻、葡萄等种植项目，推动“农业+旅游”落地见效。打造梅瑶路黄花风铃木景观大道、梅华路樱花景观大道，并建设景观风车2座，推动南口示范路、样板路、精品路建设。支持车陂村南源世第家风家训馆建设，通过开展优秀传统文化、农耕科普、综合素质教育等系列课程实现“寓教于游”“寓学于游”。

【教育】 2022年，南口镇中考成绩上东中线的学生有5人、上高级线的有12人；高考成绩在二本线之上的有35人，比上年增加10人，其中上一本线的2人，大专以上入围率100%，梅兴中学荣获“梅州市文明校园”称号。

【体育】 2022年，南口镇不断加大镇体育基础设施和基层体育组织建设力度，广泛开展各类群众性体育活动。同时，积极开展体育场地调查工作，南口镇在规定时间完成体育场地统计调查工作，共有35个村和2个居委会建有可供居民开展运动训练、比赛和健身等各类体育场地。

【农村环境综合治理】 2022年，南口镇积极落实“三清三拆三整治”“厕所革命”“门墙亭廊栏”摸查等各项工作，完成户厕改建3座、新建10座，摸查“门”类5处、“墙”类3处，建设长度85米，“亭”类7处10座，“廊”类4处57米，“栏”类10处2201.66米，并重点查看建设管理、功能用途、资金使用等情况。对圩镇规划统一店铺招牌、安装路灯，对南口圩镇和太和村主干道铺设沥青。

【党的建设】 2022年，南口镇有党（总）支部59个，有党员2778人。严格落实“第一议题”学习制度，同时通过“三会一课”、干部例会等方式，2022年党委理论学习中心组学习17次、周一例会集中学习54次，镇村干部学习大会8场次，党员干部集中学习培训2745人次。成功创建有区域特色、有教学阵地、有课程体系、有师资队伍、有创新成果的市星级镇街党校分教点——侨乡村分教点。增强党的群众组织力，持续深化“党建+网格化”网格体系。构建“镇党委—村（居）党组织—片区党组织—党员联系户”四级党建网格体系，将网格基础工作和基层党建、疫情防控等各项重点工作相结合，同时，以点带面，加强联动，实现基层治理管得广、管得细、管得好。同时利用镇委党校、49个村（居）党校分教点和党群服务中心等平台，加强党员群众的党性教育、家风家训教育，充分发挥村民微信群、“村村通”智能广播平台等媒体工具作用，为村民议事提供更广阔渠道。坚持全面从严治党，对镇村党员干部进行反腐倡廉教育，开展责任制检查考核，常态化约谈党员干部，2022年开展提醒谈话10次、党内日常谈话190多次。

2022年底梅县区南口镇党委、政府

书　记：洪　苑

镇　长：熊秀丽

（供稿：巫惠敏　严鹏强）

畲江镇

【概述】 畲江镇地处梅县区南部，镇政府驻地畲江镇红星村，距梅城43千米。206国道贯穿全镇，广梅汕铁路、梅汕高铁穿境而过，梅汕高铁在此设立畲江北站，是汕梅、梅河高速公路交会中心，是梅畲快速干线的终点。全镇总面积175平方千米。下辖23个行政村和2个居委会。2022年，户籍总人口49215人。是全国重点镇、全国文明镇、省立中心镇、省编织工艺专业镇、省卫生镇，是广梅产业园、梅州综保区、松棚铁路物流货场所在镇。2022年，全镇(含园区)实现规模以上工业总产值35.48亿元；固定资产投资完成9.33亿元。

【农业】 2022年，畲江镇水稻种植面积2013.47公顷，产量1.52万吨；水果种植面积981公顷，产量2.73万吨；生猪饲养量1万多头，“三鸟”饲养量10万多只；水产养殖面积110公顷。有农业龙头企业10家，其中省级2家、市级4家、区级4家。有农民专业合作社28家、家庭农场17家。主要农产品基地有梅州市永丰盛种养专业合作社太湖基地、广东新惠农业发展有限公司中坑基地、广东山粮生态农业发展有限公司成山基地、航天育种示范品种基地。官铺村优质金柚示范园和鹰嘴桃种植基地、径义片（双坪、赤岭、径心）三华李连片种植集聚带、径心村和叶华村甘薯基地、叶华村西瓜种植基地，以及在咸和村新建火龙果、葡萄基地、杉里村新建工厂化养鱼基地。还有官铺村梅州市龙兴豪农林业投资有限公司花木场基地、连江村梅州市然中园农业发展有限公司油茶基地、双龙村梅州市雅利农业发展有限公司玉米基地、红星村梅州市梅县区畲江镇新辉兰花种植场及金运来兰花种植场等。

【工商企业】 2022 年，畲江镇有企业 30 多家，其中规模以上工业企业 5 家，包括梅州市锦芳工艺有限公司、梅州市源泰工艺礼品有限公司、梅州市好彩工艺有限公司、梅州市高新源兴混凝土有限公司等。工艺编制企业 20 多家，包括梅州安吉工艺有限公司、梅州宏丰工艺品有限公司、梅州市誉发工艺品有限公司、梅州市嘉伟工艺品有限公司等。

【圩镇与农村基础设施建设】 2022 年，畲江镇投入近 1500 万元，在全区率先启动美丽圩镇（一期）建设，初步建成 206 国道商业街、高速出入口景观提升工程、“一江两岸”水景观提升工程等；对 S228 线、畲南大道和跃进路至一横街道路总长 1.3 千米铺设沥青、完善管沟、绿化亮化；完成双螺到上墩加油站、公和沿线路灯改造提升工程；实施梅州综保区配套行政服务区域环境提升改造工程，打造优质政务服务环境；实施官铺村官渡围新村道路及管网工程，提升完善安置区基础设施建设，有效亮化城镇面貌、完善城镇功能。总投资 4.3 亿多元，积极谋划包含美丽圩镇建设项目、畲江东桥新建工程、滨江路改建工程、镇级污水处理厂扩容提质工程等。并争取将畲江镇美丽圩镇人居环境整治建设项目列入 2022 年地方政府专项债券资金增补项目，下达和投入 1.5 亿元债券资金，其中美丽圩镇建设项目和畲江东桥新建工程动工建设、滨江路改建工程、镇级污水处理厂扩容提质工程完成设计，其他项目都在陆续实施中。

【民生】 2022 年，畲江镇先后完成广梅开发区医院扩建工程、19 间村级卫生站升级改造工程，畲江镇中心卫生院顺利搬迁升级建设为中山大学附属第三医院粤东医院广梅开发院区；发挥粤东医院广梅开发院区区镇医疗体系共建效应，大力推动畲江卫生院创“二甲”，并完善镇村卫生服务设施建设；本着“仁善崇文、奖教立教、兴学育才”的原则，积极筹备成立畲江教育发展基金会，认捐 900 多万元，加快完成畲江镇中心小学教学楼扩建工程，推进畲江中学优化升级改造工程，补齐现代基础设施短板，提升镇域教育资源承载力；投资 600 多万元，完成畲江公园升级改造工程；投资 200 多万元，完成农贸市场改造工程并投入使用；规划实施畲江镇敬老院升级改造项目，加大社会救助力度，实现应保尽保。

【扶助贫困】 2022 年，畲江镇有在册建档立卡脱贫困户 392 户 814 人，其中有劳力户 109 户 369 人、无劳力户 283 户 445 人；建档立卡低保户 231 户 493 人、五保户 95 户；防返贫监测对象 6 户 17 人，均属无劳力户。2022 年，畲江镇驻村工作组联合驻镇帮镇扶村工作队，入户采集贫困户基本需求，集中力量实施爱心帮扶，对 5 名贫困儿童实施爱心慰问，爱心慰问金 500 元/人；对 7 名贫困大学生实施教育资助，教育资助金 5000 元/人；对脱贫户家庭开展“微心愿”活动，筹集 3 万元，惠及 23 个行政村 52 户脱贫户。同时，围绕“巩固脱贫成果，助力乡村振兴”主题，制定 2022 年广东济困日活动工作方案，倡议全体干部职工、各村（居）内党员干部、外出乡贤、热心群众参与“6・30”扶贫济困献爱心活动，筹集爱心捐款 3.1 万元。

【综治维稳】 2022 年，畲江镇有效落实社会稳控治理，抓好村级维稳工作站建设，全面推进“中心+网格化+信息化”建设，年内上传网格事件 1348 件，办结率 100%；坚持做好扫黑除恶斗争常态化工作，确保问题线索件件有回音；切实解决当前诈骗犯罪等突出问题，构建“责任明确、上下联动、齐抓共管、严密防范”的工作格局，开展多维度、多层次、多样式的防范电信诈骗、禁毒、爱路护路宣传防范知识。

【土地保护与利用】 2022 年，畲江镇持续加强国土资源管理，保障基本农田面积不减少、用途不改变、质量不下降，全镇基本农田保护面积不少于 1047 公顷；进一步完善土地资源管理工作，加强大土地监管，全面落实自然资源监管责任，建立健全土地监管长效机制，实施防范在先、发现及时、制止有效、查处到位；全镇登记造册地质灾害 1 处、削坡建房户 141 处 164 户，完成整治地质灾害点 1 处并通过验收，削坡建房任务 6 户完成 4 户、2 户在进场施工中，为每户发放避险明白卡。

【人口管理】 2022年，畲江镇户籍人口出生336人，人口出生率6.53‰，人口自然增长率0.76‰，实施免费孕前优生健康检查，提高育龄人群孕前优生健康检查意识，年度任务完成126对。抓好各项计生利益导向政策落实，全镇有奖励对象733人，均按时足额发放奖励资金。

【卫生】 2022年，畲江镇深入开展爱国卫生运动，巩固卫生镇创建成果，改善民生环境，通过加强宣传、健康教育、环境整治、病媒防控、市场监管、疾病防治等手段极大改善乡镇人居环境，提高辖区居民卫生健康意识。畲江镇财政投入近10万元，聘请专业消杀公司在圩镇范围开展防控登革热7次。畲江镇有镇卫生院1间和村级卫生站19个，卫生院有职工134人，其中有卫生技术人员110人，临时聘用人员59人，另有乡村医生12名。

【文化】 2022年，畲江文化站站舍有1600平方米，有室外活动场地6000平方米，活动中心有图书馆、阅览室、综合培训室、少儿培训室、老人活动室、文艺创作室、文艺活动室、办公室等，并配备有文化活动器材一批，藏书2万册。全镇23个行政村均建立有基层综合性文化服务中心，并同步设有农家书屋，各村农家书屋书籍总量均在1000本，每年补充更新书籍约10本，严格执行农家书屋重点出版物推荐目录，第一时间征订到位。畲江镇以《畲江乡情》为阵地，活跃群众的文化生活，推进畲江镇优秀文学艺术交流。

【教育】 畲江镇有完全中学1所（梅县区畲江中学）、九年制学校1所（梅县区径义中学）、完全小学1所（畲江镇中心小学）、非完全小学1所（畲江镇韬奋学校）、镇中心小学教学点3间（彰坑教学点、松林教学点、太湖教学点），有幼儿园9所（公办畲江镇中心幼儿园1所、民办8所），有成人文化技术学校1所。

梅县区畲江中学 创办于清光绪三十一年（1905），梅县区属公办农村完全中学，校址在梅县区畲江镇学前路103号。学校占地面积6.93万平方米，总建筑面积3.3万平方米。2022年，学校有40个教学班，其中高中部16个班857人、初中部24个班1162人；有教职工137人，其中高级教师51人；市直支教老师20人。

梅县区径义中学 创办于1966年，为九年一贯制学校。学校占地2.32万平方米，建筑面积6551平方米。2022年，学校有9个教学班，有学生192人，有教职工32人。

梅县区畲江镇中心小学 创办于1928年，原名彬文公学，1937年更名为畲江中学小学部，解放前后历经多次更名，1988年正式更名为畲江镇中心小学。新校址坐落于畲江镇官铺村，学校创办至今，已有94年的光荣历史。为整合教育资源，2004年9月将位于畲江镇官铺村的红光小学合并至中心小学，并在新校区内新建1栋共有24间教室的教学楼。2015年1月中心小学全面迁移到新校区，结束一个学校两个校区的历史。学校占地面积4.86万平方米，建筑面积1.78万平方米，食堂可提供300多人用餐。2022年，学校有65个教学班，有学生3146人，有专任教师146人。学校设置功能齐全的场室，装备计算机室、音乐室、体育室、美术室、实验室、随班就读资源室、图书室、阅览室、梦想课堂教室等功能场室，教师人手1台终端，全校实现班班通，校园网络全覆盖。学校先后被授予“全国青少年校园足球特色学校”、梅县区“绿色学校”、梅县区“书香校园”、梅州市“书香校园”、梅州市“安全文明校园”、梅州市“文明校园”、广东省“依法治校示范校”、广东省“绿色学校”称号。

【广东省工艺编织专业镇】 2022年，畲江镇有工艺编织企业32家（其中拥有私营出口权的企业21家），从事工艺编织业人口2万人。品种从单一竹编发展成藤、竹、木、铁、丝绸等集声、光、电于一体的五类共8万多个样式，产品远销欧美、日本等世界各地。工艺编织业采取“公司+基地+农户”的就业模式，灵活方便，吸引周边县镇人口往畲江集聚，成为畲江镇的支柱产业。畲江镇工艺编织业厂作为加工制造销售类企业，2022年，畲江镇实现工艺编织产值3.6亿元，实现税收2900万元。

【农村环境综合治理】 2022年，畲江镇大力推进“三清三拆三整治”工作，根据“三清三拆三整治”第三方测评组反馈回来的问题照片进行为期一个月的整改行动，整改旱厕13座，拆除危旧房、废弃猪牛栏、残垣断壁7处，清理积存垃圾、卫生死角359处，共拆除破旧老屋、废弃猪牛栏、旱厕1142.5平方米。结合全国文明城市和全国卫生镇等创建工作，持续推进生活垃圾处理和污水治理、“厕所革命”

等工作,已完成镇级污水处理厂一、二、三期建设并投入运营，实现全域自然村供水全覆盖。省十件民生实事松林村、双龙村污水处理设施按时保质完成建设并投入运营，做到“污水进、达标排”。

【党的建设】 2022年，畲江镇有党（总）支部34个，有党员1539人，其中新发展党员22人。畲江镇立足现有党组织活动阵地，进一步完善乡镇“五小”场所建设，拓展“党建+”场所功能，承载入党宣誓、“红色”阅读、党史展览等丰富功能，营造浓厚党建氛围。通过加强镇党校软硬件建设、优化办学条件、完善教学计划、规范党校运作等手段，切实发挥乡镇党校主阵地作用。持续推动村（居）党群服务中心提档升级，投入100多万元，改造提升松林、红星村党群服务中心。坚持“经常性、适用性、普遍性、有效性”为原则，分类别、分形式、分内容设置培训教学计划，激发党员教育新活力，举办23场不同主题的培训，培训3534人次。加强对农村老党员、困难党员的关心爱护，年内支出各项慰问资金44.5万元，慰问老党员、困难党员等2529人次。实施抓党建促发展示范工程，其中在农村党组织领域，全力打造松林村、太湖村2个党支部为党建促乡村振兴示范点，理顺健全乡村振兴工作体系，促进农业高质高效、农村宜居宜业；在“两新”党组织领域，以民营企业党支部为党建促“两新”组织发展示范点，不断提升党对非公有制经济领域的全面领导，引导监督企业严格遵守国家法律法规，团结凝聚职工群众。此外，根据区纪委关于《2022年全区开展纪律教育学习月活动的意见》文件要求，结合实际开展纪律教育学习月活动，共组织382人次学习相关文件精神，通报学习典型案例14起，组织开展家风家教讲座1次。2022年，开展日常谈话95人次，立案3宗，结案3宗；组织党员干部观看警示教育片、发放反腐倡廉宣传册等，开展各类警示教育14次，警示教育党员1600多人次。

2022年底梅县区畲江镇党委、政府

书　记：温育泉

镇　长：黎锡涛

（供稿：吴　懿）

水 车 镇

【概述】 水车镇位于梅县区南部，梅江河自西南向东北穿流，将地域分成东西两部分，东南与丰顺县建桥、丰良为邻，西南与畲江相连，东北与梅南交界，西北与南口镇和兴宁市径南、新圩接壤。辖区内梅汕高铁、梅汕铁路、国道206、梅畲快线、县道023穿镇而过。镇政府位于水车圩，距梅城30千米。全镇总面积123平方千米，其中山地9333公顷、耕地933公顷、鱼塘约300公顷。下辖18个行政村和1个居委会。全镇有6486户，总人口约2.3万人。2022年，水车镇实现工商税收入194.51万元；固定资产投资完成1.37亿元。

【农业】 2022年，水车镇制订《水车镇撂荒耕地复耕复种攻坚行动工作方案》，签订《水车镇撂荒耕地复耕复种责任书》，对撂荒地建档立卡、挂图作战。自行复耕、生产托管、代耕代种、认耕认种多措并举，5家签约企业集约规模化种植，4个镇级督察组深入每块撂荒地督导复耕，19场志愿活动复耕复种。新开辟铺设机械耕作道路38千米，新建、维护灌溉水渠314千米，统筹投入500万元，完成433公顷撂荒耕地复耕复种任务。

【工商企业】 2022年，水车镇抓好工商企业工作。发展光伏产业。充分利用日照资源，盘活闲置公共建筑屋顶，通过财政奖补资金撬动，引入企业投资、银行融资，发展村级光伏发电站项目。年内，筹集奖补资金50万元，采用“以奖代补+村级自筹+光伏贷”形式，撬动资金250万元，建设村级光伏发电站5座，实现5个经济薄弱村年集体经济增收25万元。2022年，全镇投入700万元，建设光伏发电站12个，实现年集体经济增收超过70万元。发展传统手工艺。贴近企业，主动深入了解企业实际困难，积极对接解决发展难题，以排忧解难真心，强投资发展信心，推动手工艺品代表企业梅州镁坍工贸有限公司2022年产值实现3700万元；支持梅州市九龙山酒业有限公司投入1000多万元，规范化、高标准开展酒业生产。

【圩镇与农村基础设施建设】 2022年，水车镇抓好圩镇与农村基础设施建设工作。提升全镇各村基础设施。投入1130万元，完成准洞村礤下至瑶里、泮坑村川子坳至泮坑公路、灯塔村八组、水声村五组、鹅峰村九组、小桑村方头嘴至坪下、梧塘村水角背至快线口、安和村中心屋和陈屋坝至高岭塘、汕梅铁路漳龙线K264+235平改立连接线等13.7千米道路建设，完成

Y219 线涵洞修复及双湖村食水井路段护坡，新建鹅峰村小广场；投入 155 万元，推动先锋村、梧塘村、灯塔村的全面亮化工作，安装路灯 620 盏，实现 16 千米的主干道及村巷道亮化；发放 85 万元基本农田保护经济补偿，引导各村完善、维护农田基础设施，提升粮食安全生产保障水平。推动水利建设。投入 60 万元，完成水车村灌溉水渠修复及泮坑村、先锋村河道清淤清杂工程，完成水车镇大窝水库灌区抢险清淤工程，完成全域自然村集中供水工程设备采购安装、自来水站点升级改造和供水设施维修工程，委托水车镇怡安自来水厂规范化运营管理水车镇镇级自来水厂、坑尾供水厂、各村供水站及配水管网等设施设备，实现辖区 145 个自然村集中供水全覆盖。完成削坡建房风险整治等工作。投入 32 万元，完成 2022 年度 17 户削坡建房风险整治任务，因地制宜地实施削坡减载、修筑挡土墙、挖掘排水沟等；完成水车镇老市场危旧亭拆除、新湖下屋卜排滑坡地质灾害点整治；完成自建房安全隐患专项整治工作，排查农村自建房 6288 户，整治安全隐患 781 户；积极争取上级政策支持，取得 5 户抗震改造资格。

【民生】 2022 年，水车镇抓好民生工作。社工覆盖，兜底民生服务。成立水车镇社工站，设立 5 个社工服务点，有社工服务岗位人员 2 人、事务岗位人员 19 人，覆盖全镇 19 个村（居）。各社工站对全镇低保户、脱贫防返贫户、低收入群体、孤儿和事实无人抚养留守儿童、留守儿童、外保等弱势群体进行走访及“建档立卡”，全面摸清弱势群体底数，为精准保障提供基础。为民拓路，开展技能培训。与梅州市技师学院签订技能培训协议，培养高素质技术技能人才。依托水车镇乡村振兴人才驿站开展“妇婴护理”、“粤菜师傅”、电商运营等多场培训，共培训 180 多人次。用情服务，办理来访事项。镇党群服务中心日常登记办件 1236 件，办结 1236 件，办结率 100%；接受群众电话咨询和现场咨询 612 人次，办结、咨询服务事项，群众满意率 100%。综合受理窗口接件 793 件，其中上传统一申办平台系统 756 件，直传职能部门 37 件，办结 793 件，办结率 100%。

【扶助贫困】 2022 年，水车镇抓好扶助贫困工作。为民解困，兜牢民生底线。根据低保政策，坚持动态管理、“应保尽保”原则，年内发放低保金、五保金和临时救助金 400 万元，惠及低保户 275 户 551 人、分散特困供养人员 124 人、低保边缘户 19 户、临时救助 31 户 90 人；发放敬老院和分散特困供养人员护理补贴 60 万元，投入 4 万元完成敬老院宿舍升级改造。跟踪问效，巩固脱贫成果。坚持开发式与保障式帮扶措施相结合，积极落实脱贫户教育、务工就业、医疗等保障。落实监测对象教育资助 7 人，与驻镇帮镇扶村工作队共同开展就业技能培训 6 场次，为所有无劳动能力脱贫户及防止返贫致贫监测对象共 164 户购买“保尚保”医疗补充保险，为所有脱贫户及边缘易致贫户共 278 户购买“防返贫”保险。经全面摸排和动态管理，共认定 5 户 18 人为防止返贫致贫监测对象，并为其中两户有劳动能力监测对象购买黄牛 2 头。同时，积极组织开展扶贫济困日活动，共筹集企业和个人捐款 9.11 万元。

【综治维稳】 2022 年，水车镇抓好综治维稳工作。坚持联防联控，防范化解各项风险。实行矛盾纠纷定期摸排制度，落实镇村干部网格化管理责任，及时掌握、化解矛盾纠纷苗头，发放禁毒、反邪教等各类宣传小册子 5000 多份；实施综治工作中心联席研判制度，切实形成化解矛盾纠纷的强大合力。坚持法治助推，提升基层治理水平。坚持以小桑红色革命精神为底色，整合资源，整合力量，市戒毒所、区司法局、区检察院与镇、村上下级联动，普法教育与法治书屋、法治长廊软硬件同步，系统打造基层法治新阵地，推动法律服务沉下去，基层治理水平提上来，2022 年，水车镇坑尾村被评为广东省“民主法治示范村”、广东省第三期“青少年零犯罪零受害社区（村）”。

【环境保护与治理】 2022 年，水车镇抓好环境保护与治理工作。投入近 250 万元，落实生活垃圾日常清运和保洁工作，通过定期、不定期监督检查，督促志诚达公司做好日常员工管理、全镇生活垃圾清运工作，同时委托第三方公司对生活垃圾处理范围外的大件垃圾等进行清理，发现一处清理一处，确保全镇环境卫生整洁。

【土地保护与利用】 2022 年，水车镇抓好土地保护与利用工作。坚持“人防+技防”，常态遏制“两违三抢”。制订《水车镇 “两违三抢”防控巡查工作方案》，实行每日零报告制度，由镇相关部门为常态巡查组，由值班组为动态巡查组，由各村驻村工作组、村干部为网格巡查组，落实三级防控措施常态化每日巡查，同时无人机不定时航拍固化。“人防+技防”确保防控无死角，2022年巡查制止违规搭建构筑物行为46宗，农户自行拆除（停止）38宗、强制拆除5宗、补办手续3宗。坚持依法行政，坚决整改违法用地。充分利用综合行政执法联动平台，督促相关户主自行完成卫片执法2021年度补充图斑违法用地整治工作，依法完成磜下、水声、石岭村3户新增农房违法建筑拆除整治工作，相关地块全面复耕复绿完毕，年内整治违法占耕用地图斑6个，整改涉农用地面积1.05公顷。

【人口管理】 2022年，水车镇户籍人口出生130人，人口出生率5.02‰；死亡136人，死亡率5.25‰。常住人口出生68人，人口出生率4.01‰；死亡131人，死亡率5.09‰。

【卫生】 2022年，梅县区水车镇卫生院占地面积2425平方米，有医疗业务用房1847平方米。主要医疗设备有300mAX光机、血细胞分析仪、全自动生化分析仪、尿液分析仪、迈瑞B超诊断仪、心电图机、高压消毒锅等设备，有救护车1辆，有床位12张，开展24小时医疗服务。有核编人数38人，在编人数33人，其中临床副主任医师1人、中级职称有7人、初级职称有24人、中级技术工1人。临聘人员4人。

【文化】 2022年，水车镇抓好文化工作。以梅县区入选全国传统村落集中连片保护利用示范县为契机，争取项目资金1970万元，通过对文保单位修缮、人居环境整治和整体风貌管控、古民居游客服务化改造、山水林田体验式打造、基础设施升级，推动茶山村整体保护和活化利用，方案依法完成公开招标，正在进行中标公示。继续做好镇文化站和村综合文化服务中心免费开放工作，提升现有服务效能，与新时代文明实践站和创文活动相结合，制作一批宣传海报、展板条幅等，广泛开展公益广告宣传活动。利用坑尾村周边的房屋进行红色革命文化的墙画制作，与当地的红色遗址建设、革命文史馆展览进行联动，打造红色文化宣传亮点。

【教育】 梅江中学 创办于1939年，1952年，由私立学校改办为公办学校，并纳入国家教育计划。1960年，梅江中学一度更名为水车中学，在“文化大革命”期间办了3年高中。1981年，经梅县人民政府批准，学校复名为梅江中学，重新恢复校董会和校友会。由原董事长黄琪翔之夫人、全国政协原委员郭秀仪担任名誉董事长，原全国政协常委、全国妇联副主席黄甘英担任董事长。校园占地面积4万平方米，建筑面积9528平方米，校园绿化率占72%。2022年，全校设6个教学班。有教职工26人，其中教师23人；有学生193人，

水车镇中心小学 原名“铸英学校”，创办于1923年，由几间旧祠堂组成。2022年，学校占地面积8666平方米，建筑面积3419平方米。有教职工34人，12个教学班，有学生545人。附设幼儿园1个，设大、中、小3个班，在园幼儿70多人。

【梅县区水车生物谷建设】 2022年，水车镇做好水车产业园规划，着力完善园区道路、排水、排污等基础设施配套服务建设，按照生态优先原则，重点发展休闲、医疗、健康养生等产业。完成园区内16千米道路、8座污水处理设施建设。正组织精干力量开展汕梅高速公路改扩建征地拆迁工作，加速生物谷基础设施建设提升。

【农村环境综合治理】 2022年，水车镇抓好农村环境综合治理工作。大力拆除危旧泥砖房，稳步推进垃圾处理、房屋外立面改造、污水治理、厕所革命等重点工作，持续开展村庄清洁行动，改善全域农村人居环境，加快美丽乡村建设步伐。投入43万元，通过改造、拆除等方式整改旱厕40座，拆除危旧房13座约1800平方米，整治水车大桥侧河堤边2000多平方米的脏乱差、乱搭乱建现象，拆除违章构筑物5处，整改圩镇排污设施1处，清除乱涂乱画等800多处。

【党的建设】 2022年，水车镇党委下辖24个党支部，其中机关支部1个，村（居）支部19个、派出所和卫生院等其他党支部3个，两新党组织1个，有党员960名。2022年，持续增强基层党组织的政治功能和组织功能，进一步提高基层党建工作质量，为振兴发展提供坚强组织保障。筑牢思想防线。严格落实“第一议题”制度，学习贯彻习近平新时代中国特色社会主义思想和中共二十大精神，推动各基层党组织和广大党员深刻领悟“两个确立”的决定性意义，增强“四个意识”、坚定“四个自信”、

做到“两个维护”。常态化开展学习，组织镇、村党员干部职工学习培训 108 场 3270 人次，组织基层党组织学习培训 4 场 76 人次。选优配强干部队伍，对照要求进行公务员登记 10 人、补登记 1 人，按程序完成职级晋升 8 人，调整选拔任用干部正股级 1 名，补选村“两委”干部 7 人，摸底考察村级后备干部 33 人。同心协力织密疫情防控防线。坚持人民至上、党员先冲，常态化做好疫情防控工作。派出工作组支援丰顺、畲江、程江、新城疫情防控工作。加强党员教育管理。广泛考察、严格发展党员，发展入党积极分子 24 人；加强流动党员管理，深化南粤党员先锋工程，通过“党员积分制”考核表彰 277 名党员，激发党员主观能动性，在疫情防控、乡村振兴、复耕复种等重点工作中发挥先锋模范作用。管好用好党员关爱基金，加大困难党员关爱慰问力度，2022 年慰问补助 1266 名党员，按标准发放慰问补助金 20.91 万元。

2022 年底梅县区水车镇党委、政府

书　记： 李健华

镇　长： 陈　丹

（供稿：镇政府办公室）

梅 南 镇

【概述】 梅南镇位于梅县区南部，镇政府驻新塘圩，距梅县区人民政府 17 千米。东面与丰顺县龙岗镇毗邻，西面与南口镇相连，南面与水车镇交界，北面与程江镇、梅江区长沙镇接壤。广梅汕铁路、国道 206 线、梅揭高速公路、汕梅高铁、梅畲快线穿境而过。全镇总面积 145 平方千米，辖区内有行政村 16 个和居委会 1 个。2022 年，总户数 4539 户，总人口 19168 人。梅南镇是国务院命名的第一批革命老区，是梅县区申报中央苏区县的主要革命遗迹地之一，是朱德、古大存、李坚真、王维等革命老前辈曾开展革命工作的地方；亦是中国现代象征派鼻祖、雕塑家李金发和国学家、教育家古直的故乡。2022 年，全镇实现税收收入 2949.53 万元；实现规模以上工业总产值 2.5 亿元。

【农业】 2022 年，梅南镇水稻种植面积 714 公顷，产量 5129 吨；茶叶种植面积 300 公顷，产量 133 吨；蔬菜（含菜用瓜）种植面积约 792 公顷，产量 2.7 万吨；水果种植面积 587 公顷，产量 9504 吨；生猪出栏 3508 头，水产产量 938 吨。

【工商企业】 2022 年，梅南镇加快现有企业的发展水平和规模，通过积极落实领导挂钩联系重点企业和重点项目制度，镇领导班子及各职能部门着力为企业提供服务，全力帮助企业解决发展过程中遇到的供水、供电、土地等难题，力促企业做强做大。2022 年，梅南镇有工业企业 25 家、农贸市场 1 家、超市 1 家、个体工商户 419 家。2022 年实现规模以上工业总产值 2.5 亿元。引入新南湾旅游公司项目，广顺海牛场屠宰场申报工作顺利进行，积极探索“城郊型”金色产业发展新路。积极配合做好九龙嶂抽水蓄能电站项目工作，稳步推进汕梅高速公路改扩建（梅南段）工作。梅县区梅南商会被认定为 2022 年广东省工商联系统“四好”商会。

【圩镇与农村基础设施建设】 2022 年，梅南镇投资 211 万元的梅南镇 Y227 线杨梅墩至顺里公路工程完成建设，拓宽杨梅墩至顺里公路 4.5 千米路面、道路宽度由 3.5 米拓宽至 5 米；投入 36.6 万元的上村至下村公路 3.38 千米改造工程完成建设；投入 744.4 万元，建成梅南镇全域自然村集中供水工程；发动乡贤捐资 200 万元，改造新塘段古屋水；投资 53 万元，建设龙文桥；投资 37 万元，建设排洪圳道、耕作道；投入 60 多万元，建

2022 年 9 月 28 日，梅州市农业农村局在梅南镇举办 2022 年广东梅州（梅县区）增殖放流活动

设轩中移民文化室、移民广场。

【旅游】 2022年，梅南镇完成总投资1356万元的九龙嶂革命旧址群修缮保护利用工程，在原有基础上，进一步丰富龙文公学、星拱楼、水美红军革命故事展馆、胡一声故居等展陈内容，注重运用现代信息技术，实现可视化呈现、互动化传播、沉浸式体验，建好一批红色文化教育基地；水美村获得中央组织振兴专项资金200万元；引进华银文旅公司成立梅州市红色乡村综合服务有限公司，共同打造“田园水美”文旅品牌，策划一批“半日游”“一日游”“两日游”精品路线，实现产业兴、乡村美、农民富，打造乡村振兴新典型，形成以红色+旅游产业双驱动产业带动模式的红色振兴路。

【民生】 2022年，梅南镇低保、五保和医疗救助政策全面落实，农村合作医疗保险工作稳步推进，年内有12093人参保，参保率97%；坚决遏制耕地撂荒，持续推进拆旧复垦工作，完成耕地保护工作任务；完善平安视频建设工程。

【扶助贫困】 2022年，梅南镇实现贫困户全部脱贫，脱贫率100%，退出贫困户368户1007人，退出率100%；为全部脱贫人口368户1007人购买防返贫保险、为226名无劳动能力贫困户购买“保尚保”医疗保险；驻镇帮镇扶村工作队全面进驻梅南镇，投入扶贫资金2105万元，以改善农村人居环境、建设美丽乡村、增加农民收入为突破口，实施基础设施、富民产业、劳动力培训等项目，资金使用率100%。通过“公司+合作社+贫困户”“公司+基地+贫困户”模式，发展茶叶、蔬菜、百香果种植、光伏产业等，实现产业帮扶项目1568个，吸收转移就业扶贫281人，激发贫困群众内生动力。

【综治维稳】 2022年，梅南镇扎实推进“平安梅南”建设，加大群众矛盾的调处力度，努力把农村的矛盾纠纷化解在基层，逐渐化解轩中水库、梅畲快线、高铁征地历史遗留问题。完成平安视频监控平台建设，17个村的平安视频接入镇中心。开展法治镇村创建，普法知识宣讲、社区矫正和安置帮教、一村一法律顾问工作。2022年，排查调处各类纠纷矛盾97宗，成功调处96宗，成功率98.9%。镇综治中心2022年受理案件12宗，成功调处12宗，成功率100%。立刑事案件9起，查处各类治安事件26起。

【人口管理】 2022年，梅南镇户籍人口出生108人，人口出生率6.23‰，人口自然增长率-2.02‰，死亡率8.25‰。

【卫生】 2022年，梅南镇抓好春秋防疫、非洲猪瘟疫情的监测和防控工作。梅南镇卫生院地处圩镇，占地面积2600平方米，总建筑面积2323平方米，设有病床16张。

【文化】 2022年，梅南镇成功申报水美村星拱楼、上村村绍安庐为梅州市第八批文物保护单位，上村村绍安庐和九龙村广东工农革命军（东路）第十团团部旧址申报广东省第十批文保单位工作有序进行。

【教育】 梅南镇中心小学　坐落于梅南镇圩镇中心，创办于1914年。校区占地面积1.26万平方米，校舍面积4839平方米。2022年，有教职工36人，有学生373人。

梅南中学　坐落于梅南镇新塘村47号，校区占地面积4万平方米，建筑面积6055平方米。始创于1914年。2022年，有教职工15人，有学生92人。

【广东省蔬菜专业镇】 梅南镇2011年获评“广东省技术创新专业镇（蔬菜类）”。2022年，梅南镇着力擦亮“广东省蔬菜专业镇”品牌，与广东省蔬菜研究所合作推广3个蔬菜新品种。2022年，梅南镇持续完善农田的排灌系统，组织农户和种植大户、农技员等进行蔬菜种植技术培训，指导农户科学种植和管理蔬菜；及时为农户提供良种、良苗和各类实用技术，加速蔬菜新品种、新技术的推广应用大力引导有机肥无公害种高品质蔬菜，2022年，全镇蔬菜（含菜用瓜）种植面积735.27公顷，产量3.06万吨，有4个蔬菜专业合作社，与4个蔬菜营销公司合作销售，有6个蔬菜专业种植村，带动2000多人就业，实现年产值3000多万元。

【农村环境综合治理】 2022年，梅南镇持续做好人居环境综合整治，扎实推进“三清三拆三整”工作，2022年“三清理”3176处、“三拆除”467处，共4.6万平方米；“三整治”1356处，补绿143处，7.3万平方米，“三清三拆三整治”完成率100%。开展“清扫垃圾，清洁乡村”农村生活垃圾治理专项行动，清理卫生死角生活垃圾98处，清扫道路31千米；3个省定贫困村投入近4600万元，建设自来水、污水、道路、公共文化设施、绿化亮化、美丽庭院、红色文化标志设施等工程。

【党的建设】 2022年，梅南镇有22个党支部、2个党总支，有党员757名，有女党员217名，有预备党员12名。有35岁及以下的党员130名，大专以上学历的党员241名。有基层党组织24个，其中非公党组织3个。年内入党申请人8人、积极分子43人、发展对象2人。投入65万元，实施龙文公学二期改造提升工程，布设“梅县区中国共产党人精神谱系展”，为广东省首个将中国共产党百年来形成的精神谱系实体化、大众化的展览。

2022年底梅县区梅南镇党委、政府

书　记：古　健

镇　长：胡梅清

（供稿：罗伟恺　吴志峰）

梅西镇

【概述】 梅西镇位于梅县区西北部，邻接兴宁、平远。镇政府设在龙虎圩，距梅城51.4千米。下辖17个行政村和2个居委会，总面积92.7平方千米。辖内交通要线主要有X020、X010线、济广高速平兴段（梅西辖内长12.8千米），设有梅西互通收费站。2022年，总户数8284户，总人口30857人。梅西镇实现财税收入388万元；实现规模以上工业总产值1.63亿元。

【农业】 2022年，梅西镇农作物总播种面积1834.53公顷，其中水稻种植面积1605.6公顷，总产量1.16万吨；茶叶种植面积106.8公顷，总产量68吨；水果种植面积991.53公顷，总产量4.74万吨；金柚种植面积420.93公顷，总产量3.17万吨；李子种植面积99.73公顷，总产量815吨；生猪出栏2.79万头，“三鸟”出售和自宰14.89万只，水产品总产量2079吨。有国家、省、市、区级龙头企业共7家：广东长荣林业发展有限公司（国家级林业龙头企业）主要种植银杏和油茶；广东客乡农牧发展有限公司（省级）主要从事良种猪繁育、生猪品种改良、商品猪养殖等，出栏生猪主要销往港澳地区；三益农林发展有限公司（市级）种植红肉琯溪蜜柚；广东丰年盛景生态有限公司（市级）主要发展光伏农业，种植黑皮鸡枞菌；华润五丰农产品有限公司（区级）种植生产泰国柚；梅州市梅县区三丰生态农业发展有限公司（区级）种植沙田柚；梅州市梅县区米子峰茶业有限公司（区级）主要产品为米嶂茗茶；广东嘉阳梅片树发展有限公司种植梅片树。有专业合作社22家，有家庭农场93家,有示范性家庭农场5家。重点推进市重点项目宝嘉石赖种猪场建设。该项目是广东省食品进出口集团有限公司旗下的梅州市众乐农业生态有限公司在石赖村总投资2.3亿元建设大型现代化生猪产业园。项目建设完工，准备投产，创造就业岗位150多个，每年将为石赖村增加村集体收入6万元。

2022年，梅西镇高度重视撂荒耕地复耕复种工作，引导社会资本投入，发展土地规模经营，推进土地集约化承包，整合连片撂荒土地，动员乡贤企业、种植大户、农业合作社等进行集约化整治，促进撂荒地规模经营、发展高效农业。引进广东长粮农业发展有限公司，共集约107公顷土地，重点发展丝苗米、香芋种植等。集约罗墩村、宜塘村、龙虎居委3个村（居）土地约20公顷，打造丝苗米产业园，结合稻田文化，使文化元素与稻田风光相结合，让稻田成为网红打卡点。前期投入500万元，创造了就业岗位100多个。引进梅州市岭明发展有限公司集约13.33公顷土地，计划投资310万元规模化种植百香果，创造就业岗位50多个，第一期种植6.67公顷的百香果，2022年，实现产值200多万元。

【工商企业】 2022年，梅西镇拥有4家规上企业：广东省四〇一厂，主营研究、开发、生产民用爆炸物品和危险品运输，年产值9347万元，税收710万元，创造就业岗位90个，产能1.8万吨/年；梅州技腾科技有限公司主要从事电声喇叭和音箱研发、制造、销售，产品远销世界60多个国家。年产值2240万元，税收90万元，创造就业岗位150个；广东振声科技股份有限公司，主要从事包装技术研发和设备制造，年产值2500万元，税收75万元,创造就业岗位80个。广东振声乳胶制品有限公司，主要从事生产、加工、销售乳胶、橡胶制品，年产值2181万元，创造就业岗位150个。2022年，全镇实现规模以上企业总产值1.63亿元。继续培育一家省级农业龙头企业，一家规上企业。市级农业龙头企业广东丰年盛景生态有限公司主要发展农光互补产业，种植黑皮鸡枞菌，年产值1500万元，创造就业岗位110多个。拟培育为省级龙头企业，将在现有基础上新扩建项目占地约2.2公顷，创就业岗位超200个。继续培育广东和丰环保科技有限公司“上规”，投入资金500万元，2022年，实现产值1000万元，创造就业岗位50多个。

【旅游】 2022年，广东长荣林业发展有限公司投入种植的333.33公顷的银杏基地是梅西镇特色景点，每年观赏期都吸引大量游客前来进行“银杏游打卡”。同时以“一村一品”为依托，围绕宜塘鸡肉菌、石篆油茶、均田银杏林、三益泰国柚、龙虎梅片树、盛塘西瓜及崇化中药材等项目，积极探索生态农旅项目，以“农业+旅游+康养+亲子+电商”的模式，推动一、二、三产业融合发展，打造梅西镇特色农旅路线。

【圩镇与农村基础设施建设】 2022年，梅西镇争取上级政策资金1270万元用于石赖村、永福村、均田村、宜塘村、三益村等5个村的道路拓宽工程，这5个村道路拓宽工程完工并投入使用。镇级污水厂和有5个村级污水处理设施正常运营。全镇全域自然村集中供水工程已经完工，全域自然村实现集中供水。

【民生】 2022年，梅西镇切实做好民生工作。做好社会保障工作，实现全员覆盖，确保各类补助发放到位。做好辖区内低保户、五保户等困难群体救助政策落实，发放低保、五保救助金231.89万元。为退伍军人发放优抚金182万元、义务兵家庭优待金73万元。做好残疾人关爱工作，发放重度残疾人护理补贴173.51万元、困难残疾人生活补贴42.35万元；组织白内障筛查活动。镇政府主办、梅西卫生院协办，在全镇村（居）范围内开展10场健康咨询活动，其中中医药健康咨询5场。加大政务便民服务力度，进一步深化“放管服”改革，“一门式一网式”政府服务模式成效明显。因地制宜推进光伏发电项目，发展规模化现代农业产业。全镇筹集资金950多万元，其中争取移民资金520多万元；各类帮扶资金430多万元，在16个村（居）利用村委会、村小学校等楼顶建设村集体光伏发电站，仅光伏一项全镇可增加村集体收入85万元。梅西镇下辖17个行政村、2个居委会，全面消除村集体经济年收入5万元以下的村，并且集体经济年收入达10万元以上的村有14个，发展壮大村集体经济取得阶段性成效。

【综治维稳】 2022年，梅西镇认真抓好综合治理（平安建设）“网格化”管理工作。全镇各村（居）成立工作站，认真开展“中心+网格化+信息化”建设，将建设目标层层落实到村及具体责任人。全镇划分为83个网格，有105个网格员，严格按照“中心+网格化+信息化”的要求，案件上报数明显提升。2022年受理矛盾纠纷52宗，调处成功率100%，无民转刑案件、纠纷激化案件的发生。收到梅县区信访局转送案件24宗，全部案件均在规定时间内办结。做好梅县区扫黑除恶办移交线索的查处。结合专项行动，每月至少开展1次扫黑除恶+禁毒+电信诈骗的宣传活动，充分利用宣传标语、横幅、村喇叭、微信群等深入广泛宣传，包括横幅、环保袋、宣传折页、宣传标语、宣传牌等。

【环境保护与治理】 2022年，全镇森林覆盖率62.63%。扎实开展河流“清四乱”专项行动工作，年内投入约16万元，清理河道约26.3千米，清理水域面积约13平方千米，清理水面漂浮物约2万吨。

【土地保护与利用】 2022年，梅西镇按照区委、区政府和区自然资源局工作目标要求，认真抓好自然资源管理工作。严格落实耕地保护制度。与各村（居）委签订耕地保护目标责任书共19份，各村与村域内的村民小组签订耕地保护目标责任书共185份。将耕地保有量和基本农田面积指标，分解落实到村，落实到村民小组和农户。做到任务落实、人员落实、责任落实，对各村耕地保护情况进行不定期考核。对其中3宗违建水泥基础、构筑物等进行坚决拆除，拆除面积1642平方米。推进拆旧复垦工作，加强对拆旧复垦地块的日常巡查监管，保障油茶苗的成活率。2022年，梅西镇组织拨付2019年第三批拆旧复垦项目各项收益，其中涉及15个村的村级收益合计约315万元；涉及56户农户（使用权人）收益合计约1574万元。通过拆旧复垦工作，改善村容村貌，村民获得收益，项目收益资金直接反哺美丽乡村建设，为全镇乡村振兴发展注入动力。

【人口管理】 2022年，梅西镇户籍人口出生221人，政策生育率98.19%，人口出生率7.31‰，自然增长率1.62‰。有87对育龄夫妇参加孕前优生健康检查。

【文化】 2022年，梅西镇传承红

色基因，发扬红色传统，弘扬革命精神，打造一批广大党员干部接受党性教育和革命教育的平台和基地。对梅西镇革命烈士吴汉超故居和李广生故居进行维护和修缮。投入 200 多万元，建成梅西镇革命斗争历史陈列室。投入 50 多万元，李广生烈士故居修缮完工。

【卫生】 2022 年，梅西镇有镇级卫生院 1 间和村级卫生站 17 个。梅西镇卫生院实际在岗在编 44 人，聘用 5 人。有专业技术人员 44 人，其中医师 17 人、护士 16 人、技师 4 人、药师 6 人，会计 1 人。有工勤 3 人。全镇有 17 个行政村，共 13 个乡村医生，全部具有执业助理医师或乡村医生资格证，从业人员全部持证上岗。有住院病床 30 张。主要仪器设备有 X 光机、B 超、心电图、血液分析仪、血球计数仪、尿液分析仪及救护车等。

【体育】 2022 年，梅县区足球协会梅西分会联合梅西镇中心小学举办 2022 年暑假足球青训班，免费为热爱足球运动的 103 名青少年开展为期 20 天的足球训练，丰富全镇广大农村少年儿童的暑期生活，弘扬足球文化，推动乡村文化振兴。

【教育】 2022 年，梅西镇有中学一所（梅西中学），设教学班 12 个，有学生 373 人，有教职工 45 人。有小学一所（梅西镇中心小学），设教学班 12 个，有学生 363 人，有教职工 35 人。有幼儿园 4 间，在园幼儿 218 人，有教职工 22 人。举办 2022 年黄志平、黄飞绮伉俪奖教奖学扶贫济困活动，颁发奖金近 20 万元。

【农村环境综合治理】 2022 年，梅西镇围绕上级关于人居环境综合整治和美丽圩镇建设的决策部署，扎实推进梅西镇美丽乡村建设。以点连线、以线带面的方式开展“三清三拆三整治”工作。2022 年，全镇“三清三拆三整治”清理整治危旧房、废弃猪牛栏等 442 间，拆除 1.87 万平方米。高标准高质量编制好美丽圩镇和乡村振兴的两个规划。在前期学习调研、广泛听取民意的基础上，聘请专业团队，根据省、市、区住建部门关于美丽圩镇建设和乡村振兴的要求，高标准高质量做好编制有特色、留乡愁、能落地的美丽圩镇总体规划和第一期规划及乡村振兴规划。圩镇总体建安规划估算投资 8536 万元，圩镇提升第一期规划估算投资 1500 万元。做好美丽圩镇试点建设文章，前期计划投入 600 万元，完成美丽圩镇风貌提升、统一店招和三线改造等。完成农贸市场升级改造，美丽圩镇建设项目已立项，进入招投标阶段。

【党的建设】 2022 年，梅西镇有 30 个党支部，有党员 1175 人，其中新发展党员 15 名。深入学习贯彻习近平新时代中国特色社会主义思想、党的二十大精神及习近平总书记系列重要讲话、重要指示批示精神，2022 年党委理论学习中心组学习 12 次；镇党校开展党员干部培训 26 场次，参训人次 1802 人。做实“驻村干部—村两委干部—农村党员—农户”四级联动模式，建立镇村党员干部分片负责制，严格落实党员干部网格化责任，强化基层党组织的领导核心作用，充分发挥党员先锋模范作用。认真落实抓党建促乡村振兴工作，打造白面村、崇化村、丰年盛景党支部为党建促乡村振兴示范点。

2022 年底梅县区梅西镇党委、政府

书　记：洪伟锋

镇　长：李元驹

（供稿：姚伟坚）

石　坑　镇

【概述】 石坑镇地处梅县区西北部，毗邻梅县区的梅西、大坪、南口和兴宁市的石马、合水、黄陂、黄槐等乡镇，距梅城 45 千米。境内周高中低，多为丘陵，辖区面积 88.07 平方千米，其中山地面积 6666.67 公顷，耕地面积 780 公顷。有 17 个行政村和 1 个居委会。石坑镇除出产稻谷外，还有柰李、两茶（食茶、油茶）等传统特产，是广东省名茶单丛茶的重要产地。2022 年，全镇总户数 7334 户，人口 2.7 万人。2022 年，全镇实现限额以上批发零售商品销售额 2329 万元。

【农业】 2022 年，石坑镇党委、政府高度重视撂荒地复耕复种工作，成立领导小组，并出台撂荒地复耕复种工作方案，主要领导亲自到各村指导撂荒地复耕复种工作，镇农业部门每周对各村撂荒耕地复耕复种进度进行通报。4 月底，梅州市农业农村局下发石坑镇疑似撂荒耕地图斑共 359.95 公顷，核实的实际撂荒面积为 226.22 公顷。2022 年，石坑镇粮食播种总任务 1229.07 公顷。

2022年7月9日，石坑奈李开园体验品牌发布会暨乡村振兴产业帮扶对接仪式

【工商企业】 2022年，石坑镇有梅州绿影信息科技有限公司、梅州市万顺殡葬有限公司、梅州光旭信息技术有限公司、梅州市木乐传媒有限公司、梅州市梅县区俊逸石油液化气有限公司石坑镇澄坑村配送点、广东抱恒自来水有限公司、梅州市梅县区华丰园实业发展有限公司、梅州市和满建材有限公司、梅州市梅县区平民药业有限公司、梅州市千源保洁技术服务有限公司、梅州市新一力生态养殖有限公司、梅州市小澄坑家庭农场、梅州市细祥工程机械有限公司、梅州市嘉应一诺建筑工程有限公司、梅州市梅县区锐锋家庭农场、梅州市福顺殡葬用品服务有限公司、梅州市梅县区博天成家庭农场、梅州市梅县区晟唐农业科技有限公司等81家企业。

【圩镇与农村基础设施建设】 2022年，石坑镇全域自然村集中供水项目竣工验收，实现56个自然村全覆盖。完成镇级自来水厂规范化运营，确保群众用水安全。投入280多万元，对黄塘坑水库进行除险加固。完善澄坑村600米污水管网设施，助力水环境优化提升。筹集6万多元，对Y272、Y506线边坡掏空修复、挡土墙护坡，投入340多万元，对Y268线澄坑至均田5.71千米进行道路扩宽及水沟、标线设施完善。在X026、X010沿线15千米种植黄花风铃木，全面提升沿途绿化景观。投入180多万元，对中小学运动场进行提升改造。

【民生】 2022年，石坑镇根据城乡低保应保尽保、应退尽退的原则，通过系统核对和每月下乡入户核查的方式，动态调整纳保家庭和人员，做到能进能出，切实保障好群众利益。民政在册低保户329户、698人，其中农村低保户326户、695人，城镇低保户3户、3人，共发放低保救济金26.36万元/月。民政在册特困供养户102户、102人，其中集中特困供养人员19人、分散特困供养人员83人，每月发放特困供养费用9.73万元。开展低收入家庭排查工作，全镇有最低生活保障边缘家庭9户、33人，最低生活保障边缘家庭中因重病重残纳入低保6人，将179户无劳动能力脱贫户共236人纳入低保和特困人员救助供养范围，其中低保169人、特困67人。2022年，全镇80—99周岁的老人882人，每人发放300元，共发放老年高龄津贴26.46万元。

【扶助贫困】 2022年，石坑镇健全防贫动态监测和帮扶机制。坚持"线上"防返贫监测系统和行业部门系统双监控、"线下"干部核实、部门精准帮扶相结合的监测机制，每月跟踪监测，对全域脱贫人口进行定期检查、动态管理。为切实完成脱贫劳动力稳岗就业和脱贫人口如期实现年度收入增长目标的任务，石坑镇制定《石坑镇关于做好脱贫人口家庭收入和稳岗就业问题排查整改方案》，成立排查小组，对全镇有劳动力脱贫户的收入和就业情况进行入户调查核实，对就业岗位不稳定，收入比往年同比下降的脱贫户，如需纳入监测的及时纳入监测，如需转移就业或者有公益性岗位需求的及时安排。做好过渡期政策衔接工作，加大政策宣传力度。2022年，报防返贫救助责任保险理赔案件14件，理赔金额10.24万元，另有6件案件正在跟进当中。

【综治维稳】 2022年，石坑镇强化反诈宣传，织牢织密全民反诈防护网。石坑镇联合派出所、农商行等单位持续性开展反电信诈骗及打击整治养老诈骗宣传活动。通过在人流密集场所设置宣传咨询台为过往群众宣传讲解防诈反诈知识和警示案例，并结合乡村振兴建设、护林防火入户宣传走访时机，发放反电信诈骗包括反养老诈骗宣传单页5000余张。石坑镇积极组织禁毒办、社工等深入农村、场所、商超、家庭、社区、单位等开展反邪教和禁毒宣传18场次，覆盖群众2000多人。强化重点人员服务管理，石坑镇综治中心联合司法所对7名在册社区矫正对象，实行分类矫正、分类管理，确保社区矫正对象无一人重新违法犯罪。通过对3名社区戒毒康复人员添加微信好友的方式，加强与其思想沟通和督促按时落实常态化管理措施。对在册158名严重精神病障碍患者（含10名三级以上患者）除加强通过电话与监护人取得联系及时了解患者病情、服药情况和日常行为外，还不定期组织民政、残联、卫生部门、社保等走访患者家庭，及时为困难患者家庭提供救助救治。2022年，石坑镇成功调处各类型纠纷121宗，实现矛盾纠纷调处率、防激化率100%。

【环境保护与治理】 2022年，石坑镇加大林木管护力度，加大巡查、疏堵结合，用管、控、防多种措施防止人为毁林案件的发生，确保镇森林覆盖率在75%及活立木蓄积量在1300万立方米基础上稳步提升镇绿化率。全面开展森林火灾隐患排查工作，全镇排查隐患328处。投入资金约288万元,新开设4段防火带24千米。做好2022年度石坑镇生态公益林损失性补偿资金发放工作，补贴资金均发放到位。积极对油茶低产低效林进行改造,面积有33.2公顷,金额23.66万元，补贴资金均发放到位。

【土地保护与利用】 2022年，石坑镇根据《关于规范梅县区农村宅基地审批管理的通知》，认真规范农村建房管理，包括严格控制土地利用、建房审批和监管，对符合规划的房屋积极为群众进行现场勘察。10月，共审批了11宗农村新建自建房。年内制止违法用地近20宗，共拆除1宗违章建筑。根据广东省政府印发《广东省全面推进拆旧复垦促进美丽乡村建设工作方案（试行）》，石坑镇积极推动落实拆旧复垦工作。2022年，全镇核对蓝坑村、七朱村、长埔村、礤梅村、澄上村、澄中村、澄坑村、龙塘村、礤岭村拆旧复垦项目进度，整批项目通过市级验收。根据梅县区政府和梅州市自然资源局梅县分局下达的任务，石坑镇马径村要完成垦造水田项目1.97公顷，马径村实际完成建设规模1.91公顷，新增水田面积1.68公顷，项目通过市级验收。

【人口管理】 2022年，石坑镇户籍人口出生184人，人口出生率6.58‰。

【卫生】 2022年，为做好60周岁以上老年人投保意外伤害综合保险方案工作，石坑镇通过比对多方数据，全镇有80周岁以上老人950人，60周岁至79周岁困难老人340人，60周岁至79周岁非困难老人数3660人，确保名单精准核实、应保尽报、全覆盖无遗漏。精准核实计育对象及其14周岁以内子女人员名单，（共计315人），为他们购买2023年度合作医疗保险。2022年，组织各村（居）1906名65周岁以上老年人免费体检。2022年度，石坑镇免费孕前优生健康检查目标人群73对，完成81对，完成率111%。

【教育】 2022年，石坑镇有独立初中1所，有完全小学1所，有小学教学点1个，有幼儿园2所，有成人文化技术学校1所。石坑中学2022年有在校学生234人，有教师22人；石坑小学2022年有学生473人，有教师39人，其中有省级优秀教师2人、市级优秀教师（含教育工作者）3人、叶剑英优秀教师1人。

【农村环境综合治理】 2022年，石坑镇引导各村因地制宜发展绿色种植，在七朱村种植梅花，在居委、澄江、礤梅、礤岭村种植红千层，在岭村村种植圆柏、梅花、红桂等。加强畜禽污染情况巡查，引导养殖户做好废弃物资源利用，增加养殖效益。积极争取上级资金对圩镇街道进行清理，深入实施美化绿化亮化工程，筹划推进“多线融合、多杆合一”整治工作，卫生强镇通过复审。落实河长责任，要求各河长履行职责。石坑镇共有3名镇级河长，13名村级河长，13名自然村河长，共召开河长会议3次；开展镇级巡河258人次，村级巡河1068人次，处理巡河问题7个，年内清理河道30千米，清理垃圾11吨。

【党的建设】 2022年，石坑镇有党（总）支部26个，有党员1007人，吸收预备党员13名，培养入党积极分子8名，新发展对象2名。石坑镇党校年内开展党员干部培训16场次，参训人次1231人。2022年“七一”走访慰问党员354人，发放慰问金3.54万元；慰问、补助住院党员、困难党员共48人次，发放慰问、补助金共 8.25 万元；通过发放调查问卷、实地走访、召开座谈会等形式，认真调研全镇 17 个村党组织书记自身状态、所在村基本情况及乡村振兴发展状况、各级领导干部和群众的评价等情况，农村党支（总）部书记大致可分为引领型、潜力型和守摊型 3 类，有针对性地在选优配强班子带头人、储备后备力量、发挥优秀“头雁”模范带头作用、强化党组织书记的履职考核评价体系方面精准施策。

2022 年底梅县区石坑镇党委、政府

书　记：殷永华

镇　长：魏南辉

（供稿：镇政府办公室）

大 坪 镇

【概述】　大坪镇位于梅县区西北部，距梅县区人民政府 30.5 千米。南邻南口镇，北接平远县长田镇，东通梅江区城北镇，西靠梅西水库管理局，省道 242 线贯穿全境。全镇总面积 76.7 平方千米，下辖 12 个行政村和 1 个居委会。2022 年，全镇总户数 5773 户；总人口约 2 万人，其中常住人口约 1 万人。2022 年，全镇实现税收收入 162.53万元；实现乡镇净收入 99.25 万元。

【农业】　2022 年，大坪镇立足镇情，纵深推进农业标准化、产业化发展。全镇水稻种植面积 857.8 公顷，年产量 6265 吨；水果种植面积 814.8 公顷，年产量 2.34 万吨；同时，以大坪小龙虾、大坪鸽两大特色产业为重心，大坪小龙虾养殖面积约 13.33 公顷，年产值 300 多万元；大坪鸽年出栏 40 万只，年产值 1500 多万元。此外，大坪镇积极引进景辉生态，带头流转土地进行复耕复种，共复耕复种水稻 31.18 公顷、玉米等其他作物 6.12 公顷，不断加大宣传力度，鼓励村民通过生产托管、代耕代种等形式主动参与复耕复种，2022 年，撂荒耕地复耕 134.57 公顷。

【工商企业】　2022 年，大坪镇聚焦乡村振兴和实体经济，坚持内联外引，不断拓展招商渠道，持续优化营商环境，大坪镇有工商企业 94 家，有农贸市场 1 家，有个体工商户 523 家，有农民专业合作社 17 家。

【圩镇与农村基础设施建设】　2022 年，大坪镇投入约 88.52 万元，对圩镇农贸市场整体环境、检测设施、公共服务设施、消防安全设施等进行升级改造；推进“爱心潭”抽水抗旱工程一期项目，解决约 160 公顷农田的灌溉问题，受益人口 3500 人；推进省道 S242 沿线亮化、美化及周边人居环境整治提升工程和“美丽农村路”建设，完成 5 个村共约 4.4 千米的村道硬底化建设和上和至坪畲道路扩宽修补工程；争取项目资金约 80 万元，实施清径路硬底化建设，解决清连澳洲龙虾养殖基地生产运输和周边群众出行问题。

【民生】　2022 年，大坪镇全面落实低保、五保和医疗救助政策，残疾人生活津贴和护理补贴落实率 100%，困难群众基本生活得到有效保障；城乡居民医疗保险和养老保险工作稳步推进，全镇城乡居民基本医疗保险参保人数 1.46 万人，城乡居民养老保险参保人数 7181 人。

【扶助贫困】　2022 年，大坪镇防止返贫动态监测领导小组依据《关于健全防止返贫动态监测和帮扶机制的工作方案》，积极开展防返贫动态监测帮扶入户排查，将边缘易致贫人口、脱贫不稳定人口纳入防返贫动态监测；为全镇脱贫户和监测户购买“防贫保”综合保险，承担保费 2.27 万元，惠及脱贫户 169 户 368 人，有效织牢防止返贫的“保护网”。

【环境保护与治理】　2022 年，大坪镇坚定践行“绿水青山就是金山银山”的发展理念，把好护林防火、污染防治“两道关”，严格执行干部“网格责任制”“河长制”等制度，坚持从源头防治，着力解决水、大气、农业面源土壤污染等突出环境问题。做好中央环保督察回头看案件跟进工作，坚决防止水土流失的情况发生；强化辖区内企业的监管工作，确保辖区内所有企业生产符合环保要求，严禁废水废气等污染物外排，坚决打击各种污染环境的行为。

【土地保护与利用】　2022 年，大坪镇不断完善耕地保护措施，耕地保有量保持动态平衡；持续做好自然资源巡查工作，保证自然资源在线巡查移动终端每月上线率 100%；做好关闭矿山巡查，防止违法偷采盗采；强化汛期地质灾害防控，全面开展地质灾害隐患治理工作，完成清连、守台、秀湖 3 处地质灾害隐患点工程整治。

【人口管理】 2022年,大坪镇户籍人口出生105人，人口出生率5.33‰，人口自然增长率-1.73‰。

【卫生】 2022年，大坪镇有镇级卫生院1所和村级卫生站12间。大坪镇卫生院有在职职工37人，其中医生18人（主治医师4人，执业医师7人,执业助理医师6人，见习医师1人），护士9人（副主任护师1人，主管护师1人，护师5人，护士1人，见习护士1人），药剂6人（主管药师3人，药师1人，药士2人），会计师1人，其他技术人员3人。设置住院病床20张。主要仪器设备有:全自动生化分析仪、彩色B超、心电图机、尿液检验机、DR机、血球计数仪和产科设备设施等。

【体育】 2022年，大坪镇有标准足球场3个，有篮球场14个，13个村（居）均设有体育锻炼场所和设施设备。

【文化】 2022年，大坪镇综合文化活动中心按照省二级建设标准建成并投入使用，内设图书阅览室、歌舞培训厅、活动室等；全镇12个村完成村级综合文化服务中心建设工作；稳步推进创建全国文明城市、文明镇街、文明村三级联创工作；活化利用“红色”+“特色”文化资源，进一步改造提升卢伟良故居纪念馆。

【教育】 2022年，大坪镇有幼儿园2所（大坪镇中心小学内设幼儿班、广博幼儿园），在园幼儿127人，幼师15人；有小学1所（大坪镇中心小学），学生319人，有教师27人；有中学1所（梅县区程风中学），学生199人。在职教师20人，其中高级教师6人、中级教师13人、初级教师1人。适龄儿童入学率100%，义务教育阶段升学率100%，教师学历达标率100%。

【农村环境综合治理】 2022年，大坪镇深入推进农村人居环境整治，大力开展“三清三拆三整治”“厕所革命”和农村生活垃圾治理工作，全镇共拆除老旧房、旱厕共40座约9400平方米，完成户厕改造24户，清理垃圾杂物100多吨及河道、圳道3000多米，辖区内12个村全部达到干净整洁村标准。

2022年8月，大坪路标

【党的建设】 2022年，大坪镇有基层党组织20个，其中党委1个、党总支2个、党支部17个，有党员909人。领导班子扛起领学带学责任，主动深入学习贯彻中共二十大精神、省第十三次党代会、市第八次党代会和区第二次党代会精神，深刻领悟“两个确立”的决定性意义；严格落实“第一议题”制度，制定党委理论学习中心组学习安排,2022年组织召开中心组学习会14次、讲党课3次；借助“周前学习大讲堂”，组织干部职工学习约40次；领导带头讲党课，支部书记常态化上党课，年内开展专题党课55次。充分发挥卢伟良故居红色教育基地作用，通过“红色讲堂”讲好红色故事、大坪故事，年内卢伟良故居约接待参观学员2500人次；投入11万元，升级改造镇党群服务中心，进一步优化服务环境，不断提高为民服务水平；投入70多万元；运用办公楼一楼现有场所，投入36万元，打造“智慧党建区、红色书吧区、党务政务区、学习宣传区”组成的综合功能区；投入30多万元，改造坪畬村党群服务中心和村两委办公环境条件，推动软弱涣散党组织整顿工作落实落细；设立大坪镇乡村振兴人才驿站，助力培养本土人才，推动人才资源集聚，激发协同创新助力产业发展的强大合力。严格执行党风廉政建设要求，深入落实党风廉政建设党委主体责任、纪委监督责任。专题召开党风廉政建设工作会议，研究制定《2022年大坪镇党风廉政建设工作计划表》，坚定不移推进反腐败斗争，确保党风廉政责任制落到实处。进一步更新完善《大坪镇党委政府民主议事决策制度》等制度，加大纪律监督检查力度，形成作风建设长效机制，营造风清气正发展环境。

2022 年底梅县区大坪镇党委、政府

书　记：肖韵波

镇　长：肖铭浩

（供稿：张施慧　张宇娟）

城东镇

【概述】　城东镇地处梅州城郊，镇政府所在地竹洋，距梅城 8 千米。东邻丙村，西连石扇、城北，南与东郊、西阳交界，北与白渡和蕉岭县新铺接壤。辖区面积 79.3 平方千米，圩镇面积 1.2 平方千米，耕地面积 391.46 公顷，林地面积 5226 公顷，森林面积 5653 公顷。下辖 12 个行政村和 1 个居委会。全镇矿产资源丰富，分布面广，煤、锰、铜、铅、锌、石灰石、建筑石和黏土等较为突出。是广东省（机电）技术创新专业镇、广东省教育强镇。2022 年有 5505 户，在册人口 2.1 万人。2022 年，全镇实现规模以上工业总产值 14.53 亿元；固定资产投资完成 11.68 亿元；全年实现税收收入 1.13 亿元。

【农业】　2022 年，城东镇抓好农业工作。多措并举，全面提高农业质量效益和竞争力。强化农产品质量安全保障，健全长效溯源监督机制，积极宣传惠农政策，做好农业技术指导工作，加强农科人才队伍建设。严格落实耕地保护和粮食安全要求。充分发挥党建引领作用，各村因村施策，采取“镇党委主导、村党支部发力、党员带头、党群合力”等举措，大力推进撂荒耕地复耕复种，通过党员干部认耕认种、动员农户自主耕、种粮大户多耕、引进企业集约耕、村两委代耕代种等方式，因地制宜、多措并举，充分调动广大党员干部群众和企业发展农业生产的积极性和创造性，全镇连片 0.2 公顷以上撂荒耕地面积共 74.23 公顷全面复耕复种。扎实推进“一镇一业、一村一品”项目实施，以玉水、石下村金柚和果蔬示范园区基地为引领，着力打造“一村一品”；结合撂荒地复耕复种工作，加大粮食生产工作力度，稳定粮食种植面积，开展粮食高产创建活动，稳步提高粮食生产水平，进一步增强粮食综合生产能力。

【工商企业】　2022 年，城东镇以“城东白渡工业走廊”为平台，积极参与打造铜箔、高端装备制造、智能家电“2+1”产业体系，聚焦工业做大做强和延链补链强链这一主线，重点保障企业项目用地需求，全力服务实体经济发展。一是重点项目稳步推进。坚持“用户思维”，严格落实党政领导挂点联系服务企业制度，持续优化跟踪服务，全力支持保障重点产业项目建设。投资 81 亿元的嘉元时代年产 10 万吨高性能电解铜箔项目成功落户城东并动工，加快推进场地平整、施工道路、边坡和三、四号厂房等工程建设，两栋厂房部分封顶，设备完成预订购，新建成科华环保项目厂房以及办公楼，昊龙汽车项目正式动工建设，BPW 八期车轴扩产项目完成投产，伟友耐磨项目完成约 9 成厂房建设和设备安装。地收储全力攻坚。坚持突出抓好 205 国道沿线工业走廊用地收储工作，积极整合盘活低效用地，为工业发展提供用地支撑。全面完成嘉元时代 10 万吨铜箔项目红线范围内 54.93 公顷和红线外 12.07 公顷带征土地征收。顺利完成广东供销天业（梅县）冷链物流产业园、嘉兴物流项目约 16 公顷用地征收，庆达三期、瑞梅铁路、炸药仓库周边地块、上坑铜箔产业道路项目、凯鹏物流等项目土地收储工作有序推进。2022 年，城东镇新增设立市场主体 229 户，全镇有各类市场主体 1924 户，其中企业 537 户、个体 1360 户，农民专业合作社及其分支机构 27 户。

2022 年 12 月 15 日，梅州市润龙汽车配件加工制造生产基地项目奠基仪式

【圩镇与农村基础设施建设】 2022年，城东镇抓好圩镇与农村基础设施建设工作。保障农村集中供水，实施自来水扩网修缮工程，投入约40万元，完善汾水、竹洋、书坑、潮塘、莲塘等5个村供水管网配套设备。开展农村公路建设提升行动。投入约400万元，完成Y185线关爷坳至石月道路提升及Y287线谢田至谢屋道路拓宽工程建设约4千米，投资约200万元，推进石下村学院路至广益中学1.2千米道路工程建设。谋划美丽圩镇建设。科学编制美丽圩镇风貌提升概念规划，并召开城东镇乡村振兴和美丽圩镇规划评审会认真研究并审核通过规划方案，完成205国道沿线中国结路灯及路灯提升工程，全力推进总投资952.02万元的项目立项工作。

【民生】 2022年，城东镇抓好卫生工作。落实低保政策，实现应保尽保。全镇有农村、城镇低保户169户，保障人口295人，2022年发放保障金104.8万元；有特困供养人员63人，发放保障金59万元。2022年按失能、半失能、全自理统一社会化发放特困供养照料护理费15.05万元，特困供养人员住院护理补贴3.09万元。实现城镇低保、五保、照料护理费工作制度化、规范化。严格规范低保申请审查程序，确保把真正困难的群众全部纳入低保范围。对现有低保户和新增对象进行严格核查，对已脱贫对象坚决取消，对现生活情况较差的对象实行新增或提标。确保做到应保尽保，应退尽退。

【扶助贫困】 2022年，城东镇抓好扶助贫困工作。落实兜底政策。全镇有脱贫人口207户458人，其中有劳动能力的脱贫人口74户261人、无劳动能力和五保、孤独老人等人员133户197人。有劳动能力脱贫户2022年人均可支配收入均已达到巩固脱贫标准，无劳动能力脱贫户符合条件全部均已纳入社会保障兜底。2022年，全镇207户脱贫户均脱贫稳定，未发现返贫风险。推动产业帮扶。充分发挥玉水“厨师之乡”客家菜师傅培训基地的作用，开展技能培训帮助就业。持续巩固脱贫攻坚成果,结合城东镇拥有“绿色工业小镇”的实际，引导辖区企业和乡贤企业，优先保障贫困家庭就业，优先吸收脱贫户子女就业。城东镇有劳动力脱贫人口118人，有就业意愿且已就业106人，有就业意愿人口实现就业率100%。未就业12人，其中在家务农5人，因身体原因无就业意愿未就业5人，有其余原因无就业意愿2人。

【综治维稳】 2022年，城东镇抓好综治维稳工作。镇、村两级调解委员会共受理各类矛盾纠纷210宗，调处成功206宗，调处成功率98%，年内未发生群体性大规模滋事扰乱等行为。在主要交通路口悬挂横幅30条，发放宣传折页3000份，张贴海报100张，镇机关和镇区域的企事业单位的LED显示屏不间断播放扫黑除恶标语。广泛发动网格员参与日常摸排，设置举报信箱，采用电话、邮箱、微信等方式接收群众举报。定期检查、不定期开展专题督导3次，及时整改台账不规范、摸排不彻底等问题，进一步夯实扫黑除恶斗争工作基础。2022年，全镇悬挂反诈宣传横幅26条，张贴海报100余张，发放宣传折页5000余份，镇派出所受理诈骗案16宗。

【环境保护与治理】 2022年，城东镇抓好环境保护与治理工作。严格落实镇村两级林长巡林制度，开展镇级林长巡林209次、村级林长巡林893次，召开镇级林长会议2次，镇村林长培训1次，坚决抓好护林防火工作，严格落实包山头网格化责任，加强护林巡查和宣传，全面排除火灾隐患，严厉打击违规用火。全面落实河长制，开展镇级河长巡查182次、村级河长巡查489次，巡河发现问题29个，收到公众投诉2条，全面完成整改办结；召开河长会议2次，镇村河长培训1次，共投入河道清漂、清理水浮莲、清淤障工程制止非法搭建1宗，费用9万元，切实做好入河排污口的摸排整治。

【土地保护与利用】 2022年，城东镇持续做好耕地保护、农田垦造、土地征收和削坡建房整治等工作，强化对违规占用耕地建设行为的惩处力度，压实“两违三抢”的网格化监管责任，推动全镇的土地保护与利用工作。优化宅基地用地审批办理流程，规范审批城东镇农村宅基地，推动城乡一体化和美丽乡村建设，年内共审批5户；经巡察发现违法建房、违法搭建20宗，拆除违建面积约240平方米。2022年耕地流出图斑4宗，整改完成3宗，协助办理1宗。完成各季度卫片图斑核查、上报和历年来存量卫片违法行为核查、整治，2022年卫片违法整改任务14宗，完成 5 宗；完成 2022 年削坡建房整治任务 25 宗。

【人口管理】 2022 年，城东镇人口出生 106 人，人口出生率 4.55‰，人口自然增长率–1.07‰。

【卫生】 2022 年，城东镇紧紧围绕梅县区卫生健康局工作指导做好疫苗接种最后一公里工作。根据上级文件指导，为进一步健全城东镇疫情防控应急处置机制，有效防范和积极应对可能出现新冠肺炎疫情后大规模核酸检测，做到快速响应，保障公共健康和公共卫生安全。2022 年，城东镇在广益中学开展了区域核酸检测演练，并不断地完善方案。在梅州“8·18”疫情中能够做到及时反映、快速处置，安置好密接、次密接及相关重点人员，有效做到“外防输入”。城东镇开展送苗入户活动，为行动不便人士送苗上门，打通疫苗接种最后一公里。并为群众送上日常防护用品，让老百姓能够享受优质医疗服务。

【文化】 2022 年，城东镇积极推进精神文明创建活动，完善各项基础建设，管理和维护好公共文化设施、设备，包括展览室、老人少儿活动室、多功能培训室、电子阅览室、图书阅览室、书画室、舞蹈室、器乐室等功能室。镇图书室总藏书量 1.1 万册。完成镇级和 13 个村（居）新时代文明实践所（站）和学雷锋志愿服务所（站）的建设。

【体育】 2022 年，城东镇文体中心和各行政村综合性文化服务中心严格对照建设标准，积极完善各项设施设备，除潮塘村因建设古梅项目暂无场地，其他 11 个村（居）均设置 600 平方米以上的文体活动广场，配备 1 套以上健身路径、篮球场和乒乓球台等设备，丰富群众的体育锻炼活动。

【教育】 2022 年，城东镇有完全中学 1 所、小学 1 所、幼儿园 3 所、托儿所 2 所。全镇有教职工 135 人；有中学生 289 人、小学生 497 人，有在园幼儿 432 人、在托儿所幼儿 115 人。

【城东白渡产业园】 城东镇近年来成功引进多个重点工业项目，总投资约 90 亿元。其中，包括梅州历史上单体投资最大的工业项目——总投资 81 亿元的嘉元时代年产 10 万吨高端锂电铜箔项目，仅用半年时间实现“拿地即开工”，创造“梅州速度”；投资 1.2 亿元的润龙汽配项目正式动工建设；投资 6.8 亿元的庆达科技智能电机项目首期全面建成达产；投资 1 亿元的科华环保技改新建项目全面完成。

【广东省机电专业镇】 2022 年，城东镇依托资源优势和地理优势，聚焦工业做大做强和延链补链强链主线，积极参与打造铜箔、装备制造、智能家电产业体系。以梅县产业集聚地、增城梅县共建产业园等平台为重要载体，以 BPW（梅州）车轴为龙头，示范带动庆达实业、伟友耐磨、钧耀公司等大型装备制造企业形成产业集聚效应。大力发展 205 国道沿线工程机械商贸销售、机械汽车维修等现代服务业，形成下游机电维修个体企业 181 家，不断延伸产业链，推动高端装备制造等主导产业集聚发展，助力梅县打造 300 亿产值工业走廊、全国领先的铜箔生产基地和粤东北高端装备智造基地。

【农村环境综合治理】 2022 年，城东镇抓好农村环境综合治理工作。深入开展“三清三拆三整治”人居环境综合整治工作。以行政村为基础，要求村“两委”积极做好宣传发动工作，做到党员干部带头，群众主动参与，同时发挥村民理事会和乡贤作用。根据上年年底人居环境第三方督查发现的问题和 2022 年 8 月各村工作组交叉督查发现的问题，形成各村人居环境问题整改清单，每周通报各村完成整改进度。2022 年清理垃圾乱堆乱放、卫生死角共 234 处，拆除危旧房、废弃猪牛栏共 30 处，拆除整治旱厕 20 处。推进农村厕所革命工作。推进农村厕所改造，完成 2022 年度厕所革命户厕改造任务，涉及石下、葵下、竹洋 3 个村，共 11 户。

【党的建设】 2022 年，城东镇坚持以习近平新时代中国特色社会主义思想为指导，全面加强党的建设，不断提升基层党组织建设制度化、规范化、科学化水平。持续深入开展学习教育，强化党员干部政治理论武装。坚持把学习贯彻习近平新时代中国特色社会主义思想作为首课，聚焦乡村振兴、发展实体经济、基层治理热点难点问题，突出实干实训，分层次、分领域抓好基层党员干部培训、党组织书记集中轮训，2022 年，村（居）党组织书记、村“两委”干部县级轮训率

100%。加强镇委党校和莲塘村分教点建设和管理，深化基层党组织的“智慧党建”工程，加强智慧党建与基层组织建设有机融合，积极开展党建知识竞赛、朗读红色经典、参观红色基地、开展志愿服务等活动。2022年开展习近平总书记重要讲话和重要指示批示精神集中学习、专题研讨24场次，开展《习近平谈治国理政》第四卷专题学习培训20场次；镇委党校开展党员培训教育各类活动35场次，受训党员全覆盖。强化基层党组织建设，全面提升基层党组织战斗力。积极探索基层党建新模式，推行“支部+合作社”“支部+企业”“机关党支部+农村党支部”“两新党组织+村（居）党组织”的结对共建制度，助力基层党建提质增效。扎实开展“两新”党组织“双同步”，强化摸排、加强指导，全力推进庆达和广东博新等两家企业党组织的筹备建立工作。加强队伍建设，锻造过硬的基层党员干部人才队伍。积极开展“扶上马、送一程”专项帮带行动，每个村（居）配备专门的帮带团队，为村（居）各项事业的发展出谋划策、提供支持。全面完成区级轮训、集中培训任务，组织全体村（居）干部开展政治教育、廉政教育和业务培训等各类培训26次。抓实“党员先锋”工程，鼓励党员“亮身份”、作表率。党员干部冲锋在前，驻守疫情防控、征地拆迁、复耕复种、重点项目等重大一线。在梅江区“8·18”、丰顺“10·23”、梅县区“11·8”、“梅州市11·20”疫情期间，城东镇第一时间组建党员突击队、党员（群）志愿者服务队下沉村组，全力做好疫情防控工作。2022年吸收发展8名预备党员，有20名预备党员按期转为中共正式党员。加强基础保障，切实为基层党组织和党员发挥作用创造有利条件。高标准打造镇级乡村振兴人才驿站，推进广东李金柚农业科技有限公司和玉水村乡村振兴人才驿站建设，为各类人才提供“一站式、保姆式”服务。扎实抓好各类人才培育工作，依托“玉水厨乡”客家菜师傅培训基地、镇级党校和莲塘村分教点，开展常态化系统性技能培训，2022年开设客家菜师傅培训班6期，培训学员近1000人。2022年“七一”期间，全覆盖走访慰问老党员、困难党员、离任村干部共460人次，慰问金额4.45万元。

2022年底梅县区城东镇党委、政府

书　记：刘志刚

镇　长：潘增辉

（供稿：陈思慧　朱　正）

石扇镇

【概述】　石扇镇位于梅县区西北部，处在梅县区与梅江区、平远县、蕉岭县四区（县）交界之处，距梅州市区18千米，辖区面积94.3平方千米，下辖12个行政村和1个居委会。2020年，户籍人口6255户21234人，是全国“一村一品”示范镇（金柚）、广东省金柚技术创新专业镇、广东省森林小镇、广东省卫生镇。2022年，石扇镇实现规模以上工业产值22680万元，比上年减少21.9%；实现限上批零产值3242万元，比上年减少37%；实现税收收入558.38万元。

【农业】　2022年，石扇镇坚持“品质赢市场”，从源头把控品质、拓宽销售渠道、多元延链强链、产业园区建设等方面全力推进石扇柚产业发展，大力推广金柚标准化种植，推动金柚产业提质增效，促进农民增收。2022年，新扩种金柚12.6公顷，金柚总种植面积1833.33公顷，年产金柚6万多吨，年产值3亿多元。2022年，石扇镇实施党支部领办合作社，大力培育家庭农场和农业合作社等新型农业经营主体，新培育2家区级农业龙头企业。垦造中和、松林、西南合计20.51公顷水田，有效增加耕地数量，提升耕地质量。全力开展撂荒耕地复耕复种攻坚行动，确保粮食安全，通过党员干部认领、企业群众承包，共完成62.54公顷撂荒耕地复耕复种，完成进度94.4%，其中完成0.2公顷以上连片撂荒耕地复耕复种面积55.52公顷，完成进度104.6%。在松林村、中和、银钱、新东等村推广种植石扇咸菜，种植面积13.33公顷，年产咸菜15万公斤，梅菜干2.5万公斤，产值约300万元，投资500万元新建标准化厂房，取得食品生产许可（SC）认证，抢抓“省预制菜十条”政策机遇，成立咸菜预制菜研发部，研发推广石扇咸菜包、石扇咸菜速冻饺子、梅菜扣肉等预制菜产品，预制菜产值50万元。

【工商企业】　2022年，石扇镇，采取有力措施招商引资，引进梅州市兰芳源农业旅游发展有限公司，对西南村进行农文旅开发；引进梅州市艾利箱包有限公司，打造石扇金柚产业+农闲灵活用工互补模式。

【圩镇与农村基础设施建设】2022 年，石扇镇投入 400 多万元，完成圩镇至三坑道路 3.9 千米铺设沥青工程及沿路美化亮化提升，全方位推进“四好农村路”建设。投入 1495 万元，进行石扇镇全域自然村集中供水项目建设；投入 45.1 万元，完成圩镇自来水改造；投入 90.14 万元，实施自来水厂水源维护；投入 220 万元，完成石扇农贸市场改造提升；投入 580 万元，完成新东村中将故里风貌整治提升和西南村省定贫困村创建社会主义新农村示范村建设，打造美丽乡村建设示范点，实现“颜值”和“内涵”双提升。同时，有序推进巴庄水生态清洁型小流域综合治理、瑞梅铁路、县县通管网等工程建设。

【民生】 2022 年，石扇镇严格落实“外防输入、内防反弹”常态化疫情防控措施，有序组织应对梅县“8·18”、丰顺“10·23”、梅县“11·8”、梅州“11·20”等阶段性疫情，开展区域核酸检测 12 轮次，全面筑牢疫情防控安全屏障。2022 年，全镇保障农村低保 248 户 438 人，城市低保户 5 户 5 人五保户 102 人；申请区级临时救助 9 份，救助金额 4.54 万元；镇级临时救助 4 份，救助金额 2400 元。强化拥军优属工作，通过节日慰问、会亲活动、叶剑英基金助学金等途径帮扶妇女 2 人、帮扶儿童 23 人；走访慰问退役军人 1050 人次，办理优待证 461 人。积极发挥基层党组织引领作用，以驻镇帮镇扶村工作队为桥梁纽带，盘活外出企业家等人才资源，重点发展光伏发电、租赁产业，年内实现村级集体经济收入 341.6 万元，同比增长 148.3%；全部行政村村级集体经济收入达 5 万元以上，其中 9 个村级集体经济收入达 10 万元以上，占比 75%。

【扶助贫困】 2022 年，石扇镇开展扶贫信息监测交叉检查、“回头看”行动，确保全镇 242 户 506 人建档立卡在册贫困户稳定脱贫、不返贫。通过镇村干部及驻镇帮镇扶村工作队的走访，对全镇 240 户脱贫户进行全覆盖的动态监测。是年识别防返贫监测对象 1 户 4 人，投入 6.7 万元开展防止返贫监测帮扶工作，投入 8.3 万元购买防止返贫救助责任保险和“保尚保”医保补充保险，筑牢防止返贫和新致贫的“防火墙”。

【综治维稳】 2022 年，石扇镇严格落实安全生产“党政同责、一岗双责”，加强应急防控能力，举行综合应急救援演练 2 次，组织检查 200 多次，发现 20 多宗隐患，发出整改指令 18 条，提出整改意见 18 条，完成 25 户削坡建房整治，年内未发生生产安全事故。坚持依法行政，年内 28 名工作人员成功申领执法证，结案 2 宗行政执法案件，审批宅基地建房申请 23 宗，核实、整改落实各类型卫片执法图斑 66 处，查处 9 宗案件，共处罚金 2.46 万元，公开政府信息 40 条。完成 4 宗中央环保督察反馈问题整改任务。以构建“综治中心+全科网格+‘粤平安’云平台”工作体系为抓手，推进基层治理体系和治理能力现代化，石扇镇获得“2021 年广东省乡村治理‘百镇千村’示范镇”称号。深入开展扫黑除恶专项斗争，稳妥推进集约土地延包、防范治理电信网络犯罪等工作，完成原金石水泥厂集资款兑付 800 多户约 24 万元。2022 年接到上级交办信访案件 9 宗，接访群众 21 批共 78 人，共调解民事纠纷 113 件，办结政务服务热线投诉 125 件。持续开展“七五”普法工作，加强宣传法治教育、弘扬法治精神，推进基层民主自治，2022 年法制授课 2 场次，受教育者 900 多人次。及时做好社区矫正和安置帮教工作。

【环境保护与治理】 2022 年，石扇镇全面落实“河长制”工作，持续深化畜禽养殖污染整治、有机肥替代化肥行动、农业面源和工业面源污染治理和推进“三清三拆三整治”及厕所革命攻坚战。投入 2035.17 万元，完成巴庄水生态清洁小流域综合治理工程；投入 249.29 万元，完成直径水库除险加固工程；投入 372.26 万元，完成径尾坪水库除险加固工程；投入 11.5 万元，完成古梅陂水库应急抢险工程，全面提升区域农业综合生产能力。新建无害化卫生户厕 3 座，完成存量旱厕整治 80 座，开展爱国卫生运动 5 次，组织“两美”志愿活动 6 次。

【人口管理】 2022 年，石扇镇出生 114 人，人口出生率 5.12‰，人口自然增长率-2.07‰。

【卫生】 2022 年，石扇镇有镇级卫生院 1 间和村级卫生站 12 个。石扇镇卫生院现职人数 41 人，其中卫生技术人员 37 人（高级职称 1 名，中级职称 13 名，初级职称 23 名），临时聘用人员 4 人。全镇有 10 名乡村医生，有 59 户食品生产经营店铺、48 户餐饮经营单位、7 户集体食堂均持证经营。全镇 0~3 岁儿童应健康管理 347 人，建卡管理 313 人；0~6 岁儿童应健康管理 655 人，建卡管理 623 人；“六苗”应全程接种 1931 人，完成全程接种 1931 人，接种率 100%，免疫接种安全注射率 100%；全镇中小学校健康教育课开课率 100%，群众创卫知晓率 96%以上，群众对卫生满意率 93%。

【体育】 2022 年，石扇镇有足球场 4 个、室内运动场馆 1 个、篮球场 15 个，13 个村（居）均建有文体休闲活动广场。年内先后组织广场舞、篮球赛、足球赛、羽毛球赛等各类文体活动 30 多场次；各村自发组织开展各类文化体育活动 13 场次。

【文化】 2022 年，石扇镇在各级媒体上稿 30 条，其中《走进老区看新貌·广东篇》登上央视 CCTV 3，原创防疫宣传短视频《石扇镇 13 个村书记“土味”客家话说防疫》网络转载点击率 30 万次。萧向荣故居获评广东省文保单位。积极发动参与“美丽庭院”评选活动、区级文明村镇、区级精神文明先进个人等，进一步发挥先进典型的示范引领作用，培育文明乡风、良好家风、淳朴民风。省级卫生乡镇创建工作通过复审，有序推进创文、教育强镇创建复审工作。

【教育】 2022 年，石扇镇投入 23.5 万元助困奖学。全镇有初级中学 1 所，教职工 35 人，学生 379 人；有中心小学 1 所，教师 44 人，学生 703 人；有幼儿园 1 所，幼儿 302 人，幼师 32 人。

【党的建设】 2022 年，石扇镇有党组织 23 个，有党员 954 人，其中新发展党员 13 名，培养入党积极分子 26 名，完成 4 名干部职务职级并行晋升，推荐 3 名干部到区直部门挂职。强化理论学习。全年召开党委会 27 次，组织中心组学习 22 次、专题研讨会 5 次，制定《党员学习计划表》。开展 72 场镇党校培训，参加 4107 人次，各党支部讲授党课 57 场次，专题研讨交流 13 次。积极策划参与 2022 年“梅州市第二届党建工作创新大赛”，作品《群雁反哺乡村振兴》成功入围梅州市第二届党建工作创新大赛决赛。压紧党建责任。深入实施党员分类管理，动态建立管理台账，真正激发各领域党员的先锋模范作用。积极整合阵地资源，全面建成镇级乡村振兴人才驿站，成立乡村振兴人才服务专班，共收集各类本地乡土人才 256 人。建强战斗堡垒。完成投资 80 万元的中村村新党群服务中心升级改造，提升党建服务水平。组建 13 支党员志愿服务队下沉各村（居），组织 254 批次党员干部志愿者下沉一线开展工作，全力发挥战斗堡垒作用。全面从严治党。始终严格落实民主集中制、严肃党内政治生活、狠抓作风建设，组织观看党风廉政教育专题片《正风反腐就在身边之严正家风》。年内开展日常谈话提醒 29 人次，开展警诫谈话 1 人次。2022 年办结区纪委转交案件 3 宗、立案 4 人、处分 4 人、提醒谈话 11 人；日常监督中发现问题立案 2 人、处分 2 人。督促规范党员干部操办婚丧喜庆事宜 1 件。

2022 年底梅县区石扇镇党委、政府

书　记：曾　谋

镇　长：古富强

（供稿：易　标）

丙 村 镇

【概述】 丙村镇位于梅县区东部，距梅县区人民政府 26.8 千米，东南邻三乡，西南连白宫、西阳，东北接雁洋、松南，西北界城东、白渡。旅游快线 S223 线、S224 线、梅大高速公路、嘉应环城高速和梅坎铁路贯通整个丙村。2022 年，全镇总面积 171 平方千米，有耕地面积 1332 公顷、林地面积 1.25 万公顷。辖 21 个行政村和 1 个居委会，全镇户籍人口 4.2 万人。丙村镇素有“梅县文化之乡、华侨之乡、足球之乡”的美誉。2022 年，丙村镇实现规上工业总产值 58.5 亿元；同比增长 5.2%；固定资产投资完成 1.29 亿元。

【农业】 2022 年，丙村镇粮食作物总播种面积 1769.4 公顷，其中水稻 1602.67 公顷，粮食总产量 1.36 万吨，其中水稻 1.16 万吨。2022 年，全镇水果种植面积 1580.27 公顷，总产量 4.17 万吨，主要以种植金柚为主，特色水果有红肉蜜柚、梅花早柚、红肉火龙果、百香果、银二枇杷、四季龙眼、横石沃柑等。2022 年，全镇经济作物种植面积 1713.2 公顷，其中蔬菜 1137.47 公顷，花生 122.4 公顷。2022 年，肉猪出栏1.46万头，家禽出栏201.88万只，肉用牛152头，肉用羊2012只，肉用狗2950只，家兔3650只；水产养殖面积270.4公顷，总产量2839吨。2022年，丙村镇以培育发展优势特色农业为抓手，着力巩固发展农业龙头企业和搞好新优农产品示范基地建设，以“公司+基地+农户”“合作社+基地+农户”等模式，联结农户。强化技术信息服务，做大做强优势产业。全镇培育发展省级农业龙头企业1家、市级农业龙头企业3家、县农业龙头企业8家，有农民专业合作社70家、家庭农场69家，其中大雅红肉蜜柚专业合作社获得国家级示范专业合作社荣誉。

【工商企业】 2022年，丙村镇实现规上工业总产值58.5亿元。规上企业有梅县荷树园电厂、梅县泰山建材有限公司、梅县泰山矿渣粉磨有限公司、梅县铜盘水泥有限公司、梅州市永恒建材有限公司、梅州市佳通电路板有限公司、梅县区锦江电路板有限公司共7家。2022年，全镇有农贸市场1个；有个体工商户2200户，其中商店户1882户、连锁超市2家、酒店2家、餐饮服务314家。

【圩镇与农村基础设施建设】 2022年，丙村镇全力推进小白沙美丽乡村建设。小白沙乡村风貌提升项目计划总投资2100万元，主要是对S224线至白沙自然村沿石窟河南岸6.78千米沿线民房风貌提升，努力把小白沙打造成为美丽乡村示范点。高标准建设丙村农贸市场。丙村农贸市场按照高标准设计、高规格建设，项目总投资约440万元，建筑面积约1500平方米，共有10间商业门店和40个摊档位，优化丙村圩镇格局，有效提升圩镇配套设施水平。启动环镇公路建设，不断完善农村路网，完善公交站候车亭建设。2022年，大雅水治理工程全面完工。大雅水治理工程在区水务局的大力支持指导下，项目总投入2900多万元，主要用于河道治理和改善农村水土流失地区的生产生活条件，将水土流失治理、河道治理、人居环境改善有机结合。

【旅游】 丙村镇是民国时期革命烈士邓仲元、温生才，爱国人士温鸣剑将军，明清秀才李文固，原广东文学院院长、国家一级作家程贤章的故乡，境内有500多年历史、规模宏大、气魄雄伟的中国传统民居建筑客家围龙屋——仁厚温公祠，有省级文物保护单位银场村邓仲元故居，有市级文物保护单位新圩村扬孝石刻，有叶剑英元帅少年时期就读的三堡学堂，有明清秀才李文固墓地等。2022年，丙村镇抓好旅游规划和发展工作。做好旅游线路规划。锦江桥至梅福粗石坑旅游专线公路沿线村为重点的旅游线路，包括：梅福村李文固故居、墓地，梅州市梅县区刘屋家庭农场，梅州天绿农业发展有限公司，黄梅村广利达家庭农场，东溪辉鸿农业发展有限公司；仁厚温公祠、生泰鱼庄、邓仲元故居、银二村枇杷基地、杜陂坑民宿和梅溪山庄民宿；旋风村、芦陵村（举人村）市级生态村；郑均村、咀头村乡村游。利用沿路古民居风貌，在群丰、芦陵、咀头村等村鼓励开发民宿，并利用山水田园风光打造具有丙村特色的乡村旅游项目。结合丙村镇农业特色水果品种多的优势，利用田头红肉火龙果、四季龙眼、银二枇杷、大雅红肉蜜柚基地为游客推出集采摘、品尝、购买于一体的亲子田园旅游项目。

【民生】 2022年，丙村镇城乡居民医疗保险实现全覆盖，农村养老保险，覆盖面不断扩大。落实低保、五保供养政策，为全镇623户重度残疾人发放每月235元的“护理津贴”、357户低保户残疾人每月175元的“生活津贴”。8月底，积极参与香港力行植林慈善基金会举办的“扶贫助学”活动，发放扶贫助学金100多人25万多元。2022年，全镇有居民低保户27户34人，农村低保户366户609人，孤儿2人，享受五保对象145人。

【扶助贫困】 2022年5月，丙村镇开展集中排查工作，排查脱贫户共473户997人。了解脱贫人口家庭收入稳定，在就医、上学、就业、产业等方面均未发现实际困难和潜在风险。为全镇481户脱贫户购买2022年防贫救助责任保险6.55万元，为全镇无劳力户432人购买“保尚保”医疗补充保险7.78万元。同时，丙村镇完善扶贫资产确权登记和扶贫资产项目收益分配工作，对2013年以来实施的扶贫项目进行全面梳理查漏补缺，造册登记，扶贫资产项目共264项，其中经营性11项、公益性241项、资产收益性12项，完成国扶系统录入，确保项目使用规范，监管到位。为巩固脱贫攻坚成果同乡村振兴有效衔接，按照原签订的收益分配方案对有劳力脱贫户发放分红

40 多万元；完善并制订 2022 年丙村镇扶贫资产项目收益分配方案，明确收益分配对象为脱贫户、农村相对困难群众、村集体和公益性事业等，严格执行公示公告制度，确保扶贫资产项目收益全部用于农村扶贫领域。

【综治维稳】 2022 年，丙村镇积极开展普法宣传工作，举办宣传活动 15 次，印发宣传资料 1 万多份，悬挂宣传标语 35 幅，受教育人数 1 万人次，解答法律咨询 1300 人次。2022 年，丙村镇受理各类矛盾纠纷 60 宗，已调处 60 宗，成功调处率 100%。强化社会治安综合治理，严厉打击各类违法犯罪行为，继续推进“一村（居）一律师顾问”法律援助服务和平安村（居）工作；积极创建法治镇，不断强化“中心+网格化+信息化”建设，围绕“排查防控违法犯罪、排查化解矛盾纠纷、排查排除公共安全隐患”三大功能，将全镇划分 97 个网格，每个网格员配备 1 部办公手机，有效预防和遏制各类违法案件的发生。

【环境保护与治理】 2022 年，丙村镇生态公益林补偿面积 5800 公顷，发放补偿金 261.05 万元。完善镇村建房用地管理“网格化”巡查制度，规范管理圩镇和农村建房。年内制止无用地手续的违法建设 10 宗，查处违法用地 2 宗，拆除违章建设 2 宗。

【人口管理】 2022 年，丙村镇人口出生 227 人，人口出生率 5.05‰，人口自然增长率–2.07 ‰。

【教育】 2022 年,丙村镇有 1 所中学、2 所小学、1 家幼儿园。丙村中学校园占地面积 7.2 万平方米，有教师 122 人，有学生 1585 人；丙村镇中心小学校园占地面积 2.34 万平方米，有教师 88 人，有学生 1604 人；丙村镇第二小学校园占地面积 3.43 万平方米，有教师 40 人，有学生 789 人；丙村镇中心幼儿园占地面积 8260 平方米，有幼师 15 人，有幼儿 134 人。

【农村环境综合治理】 2022 年，丙村镇采取“户收集、村转运、镇处理”的模式，21 个行政村均成立环境卫生协会，监督保洁员工作到位情况。全镇配备 800 多个垃圾桶、21 辆垃圾处理运输车，聘请保洁员 70 多名，投入 400 多万元，用于农村生活垃圾处理。

【党的建设】 2022 年，丙村镇全面贯彻新时代党的建设总要求，认真落实党委管党治党政治责任，大力实施加强基层党组织建设三年行动计划。巩固完善党组织标准化规范化建设成果。继续加强党员先进性教育，严格执行民主评议制度、流动党员管理制度。按照“坚持标准，保证质量，改善结构、慎重发展”的方针，针对全镇党员年龄老化、文化结构偏低，各党支部做好党员“入口关”，将有能力有文化的年轻人吸收到党员队伍中来，2022 年新发展党员 14 人。认真做好党费收缴工作，年内缴交党费 20.30 万元。严格落实基层党组织经费保障政策，充分发挥党内关怀帮扶作用，规范用好党员关爱基金和专项慰问经费，2022 年发放党员关爱金和慰问金 31 万元。加强党员教育培训工作。充分发挥镇委党校在加强党的思想建设和教育培训基层党员干部中的主阵地和主渠道作用，不断提升丙村镇委党校建设管理水平，结合疫情防控，综合运用“学习强国”、干部培训网络学院、党员远程教育等载体，分层分类抓好党员干部教育培训。深入实施基层基础保障工程。扎实抓好大雅、旋风、红光 3 个村扶持壮大村集体经济试点工作，增加村集体收入；加强专职党务工作者队伍建设，选优配强党建专职副书记、组织委员和组织干事队伍，确保基层党建和党务日常工作规范高效运作。

2022 年底梅县区丙村镇党委、政府

书　记：古勇科

镇　长：姚妮雅

（供稿：李德林）

雁 洋 镇

【概述】 雁洋镇位于梅县区东北部，辖区面积 188 平方千米，辖有 27 个行政村和 2 个居委会。2022 年，有 8622 户、33862 人。是叶剑英元帅的故乡、国际慢城、全国乡村旅游重点镇、中国特色小城镇、广东特色小镇创建示范点。辖内交通便利，省道 223 线、224 线、梅坎铁路、韩江水运、梅大高速公路穿境而过，在三乡圩镇、丙雁交界处开通有高速路出入口，镇通行政村道路全部实现水泥硬底化。2022 年，雁洋镇实现规上工业企业产值 64.9 亿元，同比增长 18.2%，固定资产投入完成 4 亿多元；实现税收收入 6 亿元。

【农业】 2022年，雁洋镇大力培育农业龙头企业，促进“一村一品、一镇一业”发展，推进农产品精深加工，提高雁洋金柚、茶叶、金线莲等特色农产品的知名度，大力发展农村新型农业经营主体。稳步提高农村经济和村集体经济收入，全镇27个村全部村集体经济收入超过5万元，20个村超过10万元，1个村超过100万元。全镇7000多户2万多人种植金柚2000公顷，产值近4亿元，成为农民主要收入来源。2022年，雁洋镇成立阴那山灵峰茶叶专业合作社，辐射带动农户156户，年产值6900多万元。全镇180多户1000多人种植茶叶533.33公顷，人均增收6000多元。

【工商企业】 2022年，嘉元科技荣获“第七届广东省政府质量奖”“2021上市公司金质量科创板硬核奖”。超华科技投资3.76亿元的年产600万张高端芯板和年产2万吨锂电铜箔项目加快建设。翔龙科技发电量1.4兆瓦光伏项目建成使用，已并网发电，投资9000万元年产3万吨亚微米非金属微粉及年产5万吨功能性母粒项目正式投产。旭泰能源雁洋发电量33.2兆瓦光伏项目投入使用，先进制造产业保持良好发展势头。宝丽华、嘉元科技、超华科技、卡莱（梅州）橡胶4家企业入选梅县区2022年纳税十强。宝新能源、嘉元科技、超华科技3家企业上榜“广东企业500强”。

【圩镇与农村基础设施建设】 2022年，雁洋镇深入推进“1+N”美丽乡村建设这一条主线，高标准、高规格推进雁洋镇乡村风貌示范带提升项目，建设宜居宜业和美乡村。2022年拆除老旧危房489座3.6万平方米，规范房前屋后摆放秩序4255处，打造提升四小园364处，规划停车位430个，“三线”整改1.2万处64万多米。主干道两侧消除红砖房105座约2万平方米，完成加装格栅247处1.4万平方米，完成更换铝瓦80处约1万平方米。圩镇农贸市场成功升级改造。

2022年，长教村民房风貌提升

【旅游】 2022年，“叶帅故里，美丽梅县乡村游”入选全国乡村旅游学习体验线路，长教村获评首批“广东省乡村研学旅行特色村”，三舍入选首批“广东省乡村民宿示范点”，雁洋镇作为梅县区赏花踏春古镇游重要节点，获评全国乡村旅游精品线路。阴那山“千亩茶田万株樱花”和南福七彩农场克服疫情影响，成为新一批的旅游打卡地。三乡片石楼村依托创建丙雁乡村振兴示范带的契机，加快人居环境整治力度，推动乡村旅游基础设施建设，丰富农家乐、民宿、文化展馆等乡村旅游产品。

【民生】 2022年，雁洋镇乡村风貌示范带项目、韩江流域梅县雁洋段治理工程、剑英大道提升工程等“一路一堤一带”重大项目稳步推进，“一路一花一景”新格局逐步显现。S224线（雁上至黄坳段）沥青全覆盖和东部快线第五标段（雁洋环镇路）建成通车，完成示范带11个创建村大部分主干道黑底化，完成竹头、寨下、西坑道路建设2千米。年内办结各类政务服务事项1万多件，办结率、满意率均为100%。落实“全民参保，不漏一人”方针，2022年完成22941人城乡居民医疗保险缴交，实现“应保尽保”。关爱老人，年内发放雅居乐善款共3期167多万元。2022年开展志愿活动119次，参与800多人次。社工服务站开展16场活动，服务高龄困难老人、困难儿童、残疾人等400多人，走访入户900人次。

【扶助贫困】 2022年，雁洋镇帮扶镇干部一月一走访、村党组织书记一年两遍访，开展集中排查工作2次，未发现有脱贫不稳定户、边缘易致贫户和因病因故因灾造成严重困难户。为原建档立卡脱贫户购买救助责任险，为原建档立卡无劳力户投保“保尚保”。驻镇帮镇扶村工作队、农业站、科技特派员对脱贫户中种养大户进行一对一培训，实地到果园、菜地等现场指导，解答脱贫户农业问题并为脱贫户的产品销售提供建议和渠道，促进脱贫群众持续增收。

【综治维稳】 2022年，雁洋镇突出重点防控和中共二十大安全稳定工作，认真做好重要领导接待准备和安保维稳工作，严格实施网格化管理，组建三级全科网格108个，加快构建“综治中心+全科网格+‘粤平安’云平台”工作体系，不断提升基层治理社会效能。严格落实安全生产监管责任，对全镇40多家重点企业和重点领域开展专项检查，年内出动检查人员680人次，发现隐患51处，整改完成率100%，未发生重大安全事故。

【环境保护与治理】 2022年，雁洋镇深入打好污染防治攻坚战，严格落实“河长制”，明确工作职责。组织镇村两级河长用“广东智慧河长”、“平安水库”APP对全镇境内的所属河流、水库进行巡查，共巡河2156人次，巡河过程中发现问题36个，投入约16万元，清理河道6千米，清理水域面积约0.56平方千米，清理水面漂浮物约700吨。强化水库监管、严厉打击污染水库水质行为等工作，水库水质检测结果全部达标。稳步推进剑英大道绿化提升和嘉元科技河堤樱花大道建设，开展沿线山林种花添绿工程，种植山樱花、红千层等树木2000多株，推动全镇绿美建设穿珠成链、连线成片，打造开门见绿、推窗见景、房在林中、村在景中的绿美乡村，全镇森林覆盖率80.36%。严格落实网格化责任，加强日常宣传和巡察管护，严厉惩处破坏生态环境违法问题，年内办结18宗占林毁林案、1宗野外用火案。加强对古树名木的保护和管理，对辖区内现存100棵古树名木纳入森林资源网格化管理，定期巡查和养护。提升镇域污水设施管网覆盖率，推进黑臭水体治理，考核断面水质100%达标，镇级清洁保洁机制运转良好。开展农村乱占耕地建房问题整治，共核查疑似违法图斑55个，整治55宗。

【土地保护与利用】 2022年，雁洋镇加快建设高标准农田，设立梅县区雁洋镇水稻高产创建示范点，出台镇级奖补措施，引导土地有序集约流转，盘活撂荒耕地资源，招商引进建设鹧鸪村绿色境界蔬菜基地、小都村三乡生态农业水稻基地、东洲村丰盈乐农业水稻基地。2022年，全镇完成撂荒耕地复耕94.99公顷，占比93%，新增复种面积83.87公顷，完成率83%。

【人口管理】 2022年，雁洋镇人口出生172人，人口出生率5.08‰，自然增长率-1.83‰，死亡率6.91‰。

【卫生】 2022年，雁洋镇坚持“外防输入，内防反弹”方针，持续做好常态化疫情防控，严格认真落实重点行业一周两检工作和疫情防控常态化测温、扫码、消毒等工作。

【体育】 2022年，雁洋镇有雁山湖7人制足球场1个，有富力足球学校11人制天然草足球场3个、11人制人造草球场2个、沙滩足球场1块、守门员训练场1块，拟新增改建天然草场2块、天然草足球场5块，有雁洋中学11人制足球场1个，有三乡中学11人制足球场1个，有大坪村5人制足球场1个。

【文化】 2022年，雁洋镇国家级文旅公共文化服务机构功能融合点“梅州·雁洋文化旅游服务中心”建成并对外开放。发动志愿者力量，传递社会温情，先后举办“浓情端午，粽情重义”端午节活动、“邻里齐聚做月饼，共享中秋团圆情”活动、“安全守望童年”开学第一讲主题活动、“学雷锋、树新风”——关爱留守儿童主题活动、“多彩一夏，趣味黏土”留守困难儿童手工DIY活动。持续开展“强国复兴有我”系列活动，举办“礼赞新时代奋进新征程”2022年梅县区文化馆总分馆联动活动——群众艺术广场舞培训，各村居广场舞爱好者50多人参与培训。

【教育】 2022年，雁洋镇有初级中学1所（雁洋中学）、九年一贯制学校1所（三乡中学）、完全小学2所（雁洋镇中心小学，又称叶剑英红军小学、友珊小学）、幼儿园2所（雁洋镇中心幼儿园、丹尼阳光幼儿园）、足球学校1所（富力足球学校）。

【全国乡村旅游重点镇】 雁洋镇是叶剑英元帅的故乡，是“全国乡村旅游重点镇”，乡村旅游发展规划上以“生态居先，强化特色”“以人为本，幸福导向”“提升品牌，精品打造”“完善配套，组团开发”等为原则，形成“一心三轴四片区”的乡村旅游发展格局。2022年，雁洋镇积极推行“政府主导、企业运作、村民参与、共建共治共享”的发展模式，全面推动产区变景区、田园变公园、劳作变体验、农房变客房、果园变乐园、农产品变旅游商品，促进沿线12家民宿、120家农家乐集聚发展，为周边村民提供300多个就业岗位，带动村民增收致富。

【党的建设】 2022年，雁洋镇有党支部64个（含所有党总支、党委的下属党支部），有党员2113人，其中预备党员41人。有党代表工作室1个、党代表工作站29个、党代表信箱30个、党员关爱基金1个。年内有121人次党员因病申请党员关爱基金补助，发放13.3万元补助款，其中镇级基金发放6.45万元。2022年，雁洋镇持续强化党建引领，紧扣迎接和学习宣传贯彻中共二十大精神这条主线，号召组织党员干部在抓好乡村振兴示范带建设、实体经济和村级集体经济发展、撂荒耕地治理等发挥先锋模范作用。全面建强基层战斗堡垒，规范化改造提升雁中、高桥、甲坑等党群服务中心建设，高标准打造雁上红色村并通过省级验收，打造雁上、阴那、石楼等党建品牌，整顿软弱涣散村小都村转化提升。

2022年底梅县区雁洋镇党委、政府

书　记：叶铭光

镇　长：李新泉

（供稿：黄　颖）

白　渡　镇

【概述】 白渡镇位于梅州市梅县区东北部。镇政府位于白渡圩，距梅城24千米。全镇总面积187.6平方千米，有山地面积1.47万公顷，耕地面积1358.5公顷，圩镇面积0.43平方千米。辖有24个行政村和1个居委会。2022年，总户数约8076户，户籍人口约2.85万人。是广东省卫生镇、广东省教育强镇、广东省宜居示范镇。2022年，全镇实现固定资产投资13亿元，增速54.8%；规上工业总产值完成3.9亿元。

【农业】 2022年，白渡镇耕地保有量1140公顷，基本农田面积保持不少于982公顷。全镇有6870户农户完成土地确权登记颁证，完成1246公顷的粮食功能区的划定工作。全力推进撂荒耕地复耕复种，年内完成撂荒耕地复耕复种面积226.67公顷。全镇有农业龙头企业7家，其中市级2家、区级5家。全镇合作社和家庭农场总数分别达到73家和249家。农业专业基地有3个，分别为长田金柚标准化种植基地、悦来村水稻种植专业基地和悦一生态农业蔬菜种植基地。创乐村依托撂荒耕地复耕复种契机，建成8.53公顷蔬菜种植基地和10.13公顷毛豆+“广地龙”种养基地，悦来村利用撂荒地扩大水稻种植基地达到26.67公顷；悦一村蔬菜种植基地规模扩大至20公顷。凤岭村以撂荒耕地复耕复种为契机，流转土地20公顷，与农业企业共建三期“稻虾共生”养殖基地，一期工程已建成近6.67公顷。推动实施公珠、蕉南、径口等村光伏产业，猗顿生猪养殖基地已投产，华心食品、臻尚米制品项目建设稳步推进，现代农业产业水平持续提升。全镇种植水稻1326.67公顷，产量9400吨。种植金柚、柑橘、橙、香蕉、龙眼、李子、火龙果等水果，其中柚子种植面积1764公顷，产量3.42万吨，特色农业效益进一步提高。

【工商企业】 2022年，白渡镇有内资私营企业200家，外资私营企业26家、非私营企业24家，有个体工商户1223户。有规模以上工贸企业12家（嘉元科技、航鑫科技股份有限公司、源兴混凝土搅拌有限公司、雄辉实业、福德金属、特变电气、绿园环保、华润毅嘉、明宇新材、铠曼科技、玉塑管道、诚辉化工）。

2022年10月，福德金属厂房

【工业园区】 2022年，梅兴华丰产业集聚带梅县集聚区城东白渡产业园区涵盖城东、白渡两镇，其中白渡控制区内面积约14平方千米，分为汶水、沙坪和梅州坑3个园区。2022年，园区落户企业有24个，其中沙坪工业片区落户企业6个，分别是嘉元科技、中爱医疗、福德金属、华润燃气、雄辉实业、特变电气，华润燃气、雄辉实业、特变电气、嘉元科技二期1.6万吨高性能铜箔项目均建成投产，福德金属二厂项目进入试产阶段。全面完成特变电气二期项目和瓜洲变电站征地工作。汶水工业片区落户企业有10个，分别是佳居门业、家安消防、铠曼科技、锦龙汽配、可嘉木制品、绿园环保、明宇新材、富明玻璃、和安沥青和源兴混凝土。其中铠曼科技、和安沥青、源兴混凝土、可嘉木制品、富明玻璃和明宇新材等项目建成投产，绿园环保项目厂房建设全面完成，锦龙汽车配件项目在推进厂房、办公楼建设。梅州坑工业片区落户企业有2个，分别是航鑫科技和诚辉化工，均建成投产。

2022年，白渡镇重点建设项目有5个。分别是1个省重点项目：梅县区嘉元科技园年产3.1万吨高性能铜箔技术改造项目；2个市重点项目：梅县区广东华心食品有限公司活禽屠宰项目、梅县区中爱医疗器械生产项目；2个区重点项目：梅县区国家现代农业产业园、梅县区中爱医疗厂房屋顶及厂区空地4500千瓦分布式光伏发电项目，以上项目均在加快推进中。

【圩镇与农村基础设施建设】 2022年，白渡镇总体规划和全镇24个的村庄规划全部完成。继续推进“三清三拆三整治”工作，清拆危旧房、废弃猪牛栏、露天茅厕43处7620平方米。完成存量旱厕整治267座，其中实施无害化卫生户厕改造提升40座。完成圩镇主干道和农民街路灯提升建设工程，用中国结标准路灯和园林景观灯替换原老旧路灯，对原工商所后广场和背街巷道进行提升改造，重新铺设柏油路面，规范标示标线，配套照明设施；完成沿河800米道路、白渡大桥和圩镇停车场的绿化工程。投入243万元，完成瓜洲至蕉南路面提升，扩宽并铺设柏油路面，完善全线标志、标线及安防设施。全年新建水泥硬底化路面4.2千米，铺设沥青路面10.5千米，加宽挖补路面5.6千米，农村道路交通条件不断提升。

【民生】 2022年，白渡镇发放低保金294.15万元、分散特困供养金161.62万元，清退低保户22户35人，新增12户33人；分散五保增加19人、清退6人；新增低收入2户7人。切实为辖区群众解决临时性基本生活困难，实施临时救助22人次、金额近11万元。对接慈善基金会，免费为18位残疾人做白内障手术，为3名残疾儿童申报助学金6200元。为8名残疾人申报资助创业金1.6万元。

【扶助贫困】 2022年，白渡镇常态化开展防返贫动态监测、扎实开展驻镇帮镇扶村工作，为脱贫不稳定户以及原建档立卡无劳动能力脱贫户512人购买2023年度保尚保医疗补充保险，为全镇建档立卡脱贫户514户购买防返贫险。防返贫监测户退出9户20人，监测户为7户15人。加强动态监测，及时帮助易返贫户，牢牢守住不发生规模性返贫的底线。建立健全乡村振兴驻镇帮镇扶村工作机制，积极对接驻镇帮镇扶村工作队，科学制定乡村振兴发展规划。

【综治维稳】 2022年，白渡镇积极有效化解稳控各类不稳定因素和矛盾纠纷，组织开展12次排查摸底活动，对不稳定因素和矛盾纠纷做到底子清、情况明，处理各类不稳定因素和矛盾纠纷49宗，调处成功45宗，化解率91%，争取上级资金，标准化改造镇综治中心，增强调处稳控能力。年内受理矛盾纠纷108宗，调解成功104宗；法律顾问参与调解77宗，开展法治宣传7次，提供法律咨询300人次。

2022年，白渡镇接处警情388宗，调解各类矛盾纠纷63起。年内未发生重大刑事、治安案件，未发生重大交通事故，没有发生精神病人肇事肇祸事件。

【土地保护与利用】 2022年，白渡镇完成边坡整治31处，其中风险边坡整治1处、中风险边坡整治16处、低风边坡整治14处。完成全国房屋和市政设施调查工作，有序推进农村房屋安全隐患排查整治，排查辖区内房屋1.05万栋，并按相关要求录入全国房屋和市政设施调查系统。

【人口管理】 2022年，白渡镇人口出生168人，人口出生率5.87‰；死亡人口193人，人口死亡率6.75‰；人口自然增长率-0.87‰。

【卫生】 白渡镇卫生院门诊综合大楼 占地面积720平方米，建筑面积2986平方米，于2018年2月投入使用。卫生院开设诊疗科目有全科医疗科、内科、外科、儿科、妇产科、口腔科、中医科（包含针灸理疗）、医学检验科、医学影像科和预防保健科，主要有彩色B超、DR数字影像仪、多功能生化分析仪、全自动血液分析仪、尿液分析仪、心电监护仪、胎心监护仪等设备。2022年，卫生院有在岗职工49人，卫生技术人员42人，其中具有高级职称2人、中级职称11人、助理级20人、初级9人。设置病床30张，救护车1辆。

【体育】 2022年，白渡镇获评社会体育指导员服务站省A级。全镇各类民间体育活动队伍30支，参加体育运动人数8000余人，占全镇人口近45%。全镇24个村均建成有文体休闲广场，并配有运动器材。

【文化】 2022年，白渡镇优化文化站各功能室布局，建成集文化、体育、健身于一体的群众文化中心。综合文化站以悦来村、公珠村、创乐村镇级分馆为辐射点，带动周边21个行政村，努力实施文化惠民工程，实现100%的覆盖率。全镇有文保单位5个，分别是省级文保单位宋湘故居、市级文保单位凹下山新居、敦尚楼和区级文保单位龙居堂、光远居。投入2905万元，建成“文星桑梓地·河畔云水乡”石窟河（白渡）精品游线，石溪村中国传统村落保护工程基本完成。

【教育】 白渡中学 位于白渡镇中心区，创办于1951年10月，是由原铸人公学、杏村学校、象宿中学三校合并而成，2016年改为五年一贯制学校，设五至九年级。校园占地面积3.66万平方米，建筑面积9512平方米，各项教育教学设备设施齐全。2022年，学校有12个教学班，有学生585人，有教职工37人。

白渡镇中心小学 校园占地面积1.36万平方米，建筑面积5018平方米，设一至四年级。设有25个功能场室（包括兼用），设施设备均按义务教育规范化要求配置。2022年，学校拥有一至四年级10个教学班，有学生396人，有专任教师28人。

2022年，白渡镇幼儿园有白渡镇中心幼儿园、佳佳幼儿园、雅豪幼儿园共3家，2022年，有在园幼儿3339人，有教职工29人。

【农村环境综合治理】 2022年，白渡镇深入推进生态环境治理，成功争取并启动总投资近3000万元的江南溪生态清洁小流域综合治理工程，治理河道全长13.5千米，惠及赋梅、江南、创乐、公珠、蔚彩等5个村。投入4.6万元，清理冷水角水库水浮莲，稳定运行镇村污水处理设施。基本完成总投资300多万元的白渡镇白渡村井面岗黑臭水体综合治理工程，对白渡圩镇黑臭水体和周边水域进行治理。

【党的建设】 2022年，白渡镇党委下设党总支（支部）35个，其中村（居）党总支（支部）25个，有“两新”党组织4个。2022年，全镇新发展党员16人，有党员1289人。2022年收取党费14.34万元，镇级配套关爱基金帮扶及慰问困难党员192人，共14.68万元。2022年，白渡镇按照“五个统一”要求，继续推进村（居）党组织标准化规范化建设，完成公珠村党群服务中心提升改造工程提升基层党组织激励党员、服务群众能力。着力加强党建阵地建设。2022年，增设白渡镇声智慧党建平台和中共二十大主题宣传栏，完成建侨村曹奕云烈士纪念碑及周边环境修缮提升项目，不断提高党员教育、党务工作水平。规范镇党校教学场所和村级党校分教点，2022年，开展党员干部学习宣传活动4880人次。同时依托宋湘故居组织廉政教育活动，开展主题纪律教育学习月活动等30多场次。2022年，白渡镇扎实开展基层正风反腐三年行动，持续开展乡村振兴突出问题整改落实监督。开展主题为“勇于自我革命，永葆先进纯洁”的纪律教育学习月活动，召开学习大会30多场次。加大对基层党员干部违纪查处力度，年内针对问题线索立案3宗，结案2宗，完成2021年遗留未结案件1宗，给予党内警告处分2人，开除党籍处分1人。强化教育预防，不间断开展“抓早抓小”谈话工作，切实提高党员干部廉洁自律意识，不断净化基层政治生态。

2022年底梅县区白渡镇党委、政府

书　记：陈　浩

镇　长：余喜林

（供稿：镇政府办公室）

松 口 镇

【概述】 松口镇地处粤、闽、赣

三省交界处，梅县区东北部。2022年，松口镇总人口约6.3万人，辖41个行政村和5个居委会。总面积约328平方千米，其中耕地面积572.85公顷（其中水田面积548.16公顷），园地面积6368.34公顷。建制早于梅州，是岭南四大古镇之一，客家先民南迁的始居地之一，也是孙中山发动辛亥革命的策源地之一，负“自古松口不认州”盛名，享“文化之乡、华侨之乡、山歌之乡”美誉。2022年，松口镇先后被评为“全国重点镇”“广东省金柚技术创新专业镇”，松口古镇、古街区被公布为“中国历史文化名镇”“中国历史文化名街”。2022年，全镇实现规模以上工业企业总产值8133.3万元。

【农业】 2022年，松口镇农业种植主要以金柚为主，特色水果有红肉蜜柚、三红蜜柚、沙田柚等，特色农产品有“松口下店杨桃”等。经济作物种植主要有甘蔗、花生、木薯、烟草等。2022年，全镇有农业专业合作社171家、家庭农场483家，其中省级农业专业合作社示范社2家、市级农业专业合作社示范社2家、区级农业专业合作社示范社8家、示范家庭农场3家；有省级农业龙头企业4家、市级农业龙头企业2家、区级农业龙头企业10家。

2022年，松口镇是梅县金柚的主产区、核心区和示范区，是中国金柚之乡、梅县区最大的柚果产地和销售集散地，是金柚国家和省级现代农业产业园所在地。2022年，全镇金柚种植面积约4333.33公顷，被评为广东省“一村一品一镇一业”专业镇。松口镇将积极谋划对接区委、区政府培育金柚50亿产业集群、高质量建设金柚国家现代农业产业园、拓展壮大柚苷等项目，依托国家和省级金柚产业园两个平台，借助驻镇帮镇扶村的组团单位仲恺农学院的技术力量，推动金柚产业转型升级，引导残次柚园改造、金柚扩种提质，普及科学管理，进一步擦亮松口金柚品牌。同时推动发展柚果精深加工，延长产业链、增加附加值，减轻因价格波动、气候、市场等不利因素对柚农收入的影响，让金柚真正成为百姓的“致富果”。

【工商企业】 2022年，全镇规模以上工业企业有广东梅州建兴水泥厂1家，实现规模以上工业企业总产值8133.3万元。松口镇有农贸市场1个；有各类经营户2682户，其中，内资企业326户，外资企业33户，农民专业合作社173户，个体工商户2150户。

【圩镇与农村基础设施建设】 2022年，松口镇继续开展美丽圩镇“宜居镇”建设攻坚行动，整治圩镇六乱，加强卫生保洁，严格风貌管控，完成松叶农贸市场和农产品集散中心改造提升。同时进一步完善基础设施建设，全方位助推美丽镇村乡村建设，完成梅县区松口中山公园叶剑英纪念长廊（第二期）建设项目。

2022年，松口镇全力推进出省通道东部快线征拆工作，确保工程无障碍施工；持续推进广福桥引桥、蓬辣大桥建设，投入35万元，实施467线茶源桥危桥改造工程；投入280万元，完成南下村136乡道扩宽、铜琶村主村道升级改造及整体环境提升、到车村河背片村道道路硬底化建设；投入150多万元，修复梅教水毁公路和全镇因强降雨导致的公路水毁70多处；维修安装剑英大桥至横西、Y138线石盘至四社波形钢护栏；投入390万元，规划实施松口镇驻镇帮镇扶村共建街(寺坑大道)改造提升工程；投入120万元规划实施径礤至礤头单改双扩宽工程；投入400万元，规划实施南下至蓬下道路硬底化建设；投入75万元，规划实施中畲、三塔村道亮化工程。

2022年，松口镇农村无害化卫生户厕建设19座，其中新建13座、改造6座，全部通过验收，辖区内农村无害化卫生厕所普及率100%。

2022年，松口镇争取上级补助资金3500万元，完成剩余15个村

2022年5月10日，松口镇召开汛期防范工作会议

52个自然村集中供水全覆盖，解决4882户共2万多人用水问题，实现全镇行政村集中供水覆盖率100%、自然村覆盖率99%。推行河长制，进一步压实镇村两级河长责任，建立健全“五清”专项行动长效管理机制。开展农田水利基本建设，加强各村主排灌渠道清淤整修及水毁水利工程修复工作，提高工程效益，提升防灾减灾能力。投入540万元，实施石泉坝水库除险加固，消除安全隐患。

【旅游】 2022年，松口镇抓好旅游工作。打造美丽古镇。被评为“中国历史文化名街”的松口古街历经1000多年的风雨历程，留下丰富的历史文化遗产。一江两岸、名人名居、店铺骑楼、桥廊亭塔、书院庙坛、渡口码头，处处洋溢着明清古韵、南洋风情、客家风貌，留存大量客家迁徙文化、侨乡商贸文化、近代革命文化的历史印记，是松口千年历史文化的“根”和“魂”。结合美丽圩镇建设，以松口古街区为核心，按照集中连片打造原则，对沿河古街建筑群先行实施危房除险加固、整体修缮改造和风貌提升、管控；对古街及周边空间进行优化利用，增设停车场、公厕、游客服务中心等公共设施；围绕古街实施屋顶铁皮瓦和“三线”改造，避免乱拉乱搭威胁古镇公共安全及风貌景观；按消防要求合理配置消防栓，消除存在的消防隐患问题；因地制宜对部分公产房进行活化利用；在保持原有外观风貌的基础上，用绣花的功夫、织补的方式，大保护、微改造，抢救修缮，修旧如旧，恢复古镇旧时风貌，重拾古街烟火气息，与周边的名人故居穿珠成链，展示松口古镇千年历史文化魅力。擦亮“南洋海丝路·客侨第一镇”文化名片。作为世界客侨“海上丝绸之路”的始发地、粤闽赣客家人下南洋的启航地、客家人“印度洋之路”的第一港，百年梅江海丝路，千年松口古镇情，充分挖掘“海丝”节点文旅资源，打好“侨”牌，讲好“侨”故事，通过举办亮灯仪式点亮松口，传递客家人“心系乡梓，情归故里”的家国情怀，同时打造成为可持续发展的古镇标志性主题活动，补齐古镇夜间休闲经济短板，丰富古街夜游项目，推动松口古镇夜经济，打造更具客侨文化韵味的夜间文化和旅游消费集聚区，更好地满足人民日益增长的美好生活需要。打造梅江水系美丽航道。以水为主线，统筹山水林田湖草各种生态要素，兼顾生态、安全、文化、景观、经济等功能，通过系统思维共建共治，优化生态、生产、生活空间格局，结合万里碧道和防洪堤建设，保护好古镇河岸线、一江两岸生态环境，重现沿河历史人文景点，打造“清水绿岸、鱼游浅底、水草丰美、白鹭成群”的生态廊道，成为老百姓美好生活的好去处、“绿水青山就是金山银山”的好样板、践行习近平生态文明思想的好窗口，重现“日看千帆过，夜观万盏灯”的昔日“小香港”的繁华。

【民生】 2022年，松口镇城乡居民医疗保险参保总人数为43159人，总参保率92.82%，缴费总金额1381.08万元。其中，城镇居民完成3946人，城镇居民参保率89.52%，缴费金额126.46万元；农村居民完成39213人，农村居民参保率93.17%，缴费金额1254.81万元。2022年，全镇最低生活保障家庭620户1176人，其中、城市低保52户92人，农村低保568户1084人；特困供养人员297户297人，其中，分散供养人员255户255人，集中供养人员42户42人；低保边缘家庭60户113人，其中，符合低保边缘家庭条例规定重病重残对象单独纳入低保56人；动态调整方面，特困人员新增40人，取消28人；最低生活保障人员新增24户46人，取消61户114人；低保边缘家庭新增20户42人，取消9户18人。年内为690户困难群众发放物资共计约12.48万元，为39户困难群众申请临时救济金12.69万元，为52人申请特困住院护理补贴7.15万元，为全镇80周岁以上2110位老人申请高龄津贴，共发放63.3万元。推进机关事业单位养老保险制度改革，完成行动不便和外出的已申领城乡居民养老保险待遇人员相片采集约368人。对辖区残疾人进行全面的摸底调查，反映残疾人生活现状和生活需要，落实城镇最低生活保障制度，协助办理残疾证和重残、特困残疾人家庭的定期补助和临时救济工作，开展白内障患者筛查85人，为全镇重度残疾人购买医疗保险648人，残疾人无障碍改造完成70户。2022年为616户困难群众发放物资约14.65万元。为250户困难群众申请临时救济金4万元。为57户患重大疾病的困难家庭提供医疗救助，发放救济金25.41万元。

【扶助贫困】 2022年，松口镇巩固拓展脱贫攻坚成果。通过不断调整优化帮扶政策，补齐短板，消除风险，做到早发现、早干预、早帮扶,对有需要帮扶的监测对象予以优先支持，确保政策不断档、工作不脱节，特别是对因病、因残已脱贫的2户脱贫不稳定户进行重点监测、及时帮扶,持续巩固脱贫成效,实现巩固拓展脱贫攻坚成果同乡村振兴有效衔接。

【综治维稳】 2022 年, 松口镇始终把矛盾纠纷排查调处工作放在重要位置，每月召开全镇矛盾纠纷排查工作会议，并及时向上级综治办上报全镇矛盾纠纷排查调处工作情况，全面提高镇村两级法制水平。2022 年，松口镇组织开展 23 次矛盾纠纷排查会议，排查调处矛盾纠纷 178 宗。在 46 个村（居）委抓好“扫黑除恶”“普法”“防邪教”“禁毒”及“反电信诈骗”的工作，2022 年共开展各类宣传活动近 20场次,发放宣传资料 4 万多份，悬挂横幅 152 条，受教育 3 万多人次；做好社区矫正对象教育和刑释解教人员帮教工作; 46 个村（居）完成综治“中心+网格化+信息化”建设，社会矛盾大化解工作机制稳定运行；开展平安创建工作，全镇 46 个村（居）全部完成摄像头（不少于 6 个）建设，其中接入镇街综治中心的数量为 38 个村，剩余村正在进行签约接入。

【环境保护与治理】 2022 年，松口镇组织开展2022植树造林活动，种植黄花风铃、樱花等大小树苗1000多棵。协助中大南药公司红豆杉和其他树种的种植基地工作，并做全方位的服务工作。协助做好南下村杨桃古树公园开发工作同时完成杨桃古树 119 株调查工作。完成德化村桉树砍伐点的审批相关工作，砍伐面积约 133.33 公顷，协助大涧、铜琶 2 个村完成林地落界工作，同时完善大涧村生态公益林补偿款的发放。协助上级部门反馈 2013—2022 年卫片执法图斑的整改及查处。松口镇在设置固定宣传牌、张贴宣传标语等形式开展宣传的同时深入林区和农户家中开展入户宣传，全镇张贴森林防火标语 8000 多条。

【土地保护与利用】 2022 年，松口镇完成梅县区人民政府 2022 年度耕地保护目标责任制，全镇耕地保有量不少于 2133 公顷，基本农田保护区面积不少于 1660 公顷。全镇基本农田保护区面积 1669.4 公顷（涉及全镇除横东村外 40 个行政村）。2022 年，山口垦造水田项目完成土地丈量、附着物清点造册工作，建设规模 4.34 公顷，进行农田水利建设，加快种植进度。总面积 10.07 公顷。

【人口管理】 2022 年，松口镇扎实推进人口管理工作，推进免费孕前优生健康检查工作。共组织 173 对夫妇参加免费孕前优生健康检查，为广大育龄群众提供优质的服务。2022 年，松口镇户籍人口出生 413 人，人口出生率 5.62‰，自然增长率–0.57‰。

【卫生】 2022 年，松口镇辖区有 41 个行政村和 5 个居委会,有标准化建设村卫生站 38 个，卫生站配备专职医生 17 名。梅县区松口镇中心卫生院地处松口镇寺坑开发区，医院占地面积 3.6 公顷,总建筑面积 1.2 万平方米，副科级建制，医院编制人数 158 人，有在编干部职工 135 人（其中正高 1 人，副高 15 人，中级职称 38 人，初级职称 75 人，其他 6 人），聘用人员 25 人，离退休人员 100 人；有编制床位 110 张，是承担松口及周边 20 多万人民群众医疗救治的综合性医院。医院分设全科、外科、内儿科、妇产科、急诊科、中医科、门诊部、医技科、皮肤科、精神科、老年病科、防疫组、药政科及行政后勤。医院设备有 CT 机、DR、彩超、多功能心电监护仪、心电图、24 小时动态心电图、进口全自动生化分析仪、进口血球计数仪、电解质分析仪、化学发光仪、凝血四项、尿 12A 机、进口电子胃、肠镜、幽门螺杆菌检测仪、肺功能检测仪、腹腔镜、进口泌尿系统内窥镜、多功能腰椎牵引床、电脑中频治疗仪、盆底康复机等设备。2022 年，梅县区松口镇中心卫生院狠抓医疗质量和服务质量，不断提升医疗服务能力，取得二级医院资质，挂牌为“二级综合医院”。

【体育】 2022 年，松口镇完善村级全民健身运动设施。投入 20 万元，建设中江村社区体育公园；投入 90 万元，建设松口体育公园，完善松口全民健身设施与公共服务体系，加强全民健身与乡村振兴融合发展，丰富群众文化体育生活。

【文化】 2022 年，松口镇加强村级综合性文化服务中心建设 ，对文化站进行升级改造，文化站安装 9 台电脑及配套桌凳，购置 3 台书架，区图书馆支持 500 册图书，藏书上架 1.2 万多册，并设有各种功能场室。

【教育】 2022年，松口镇有中学2所（松口中学、松南中学），有小学2所，有幼儿园7所。

2022年度，松口中学获评区级荣誉1项、市级荣誉1项，5名教师获评市级荣誉；松南中学获评区级荣誉2项；新民小学获评省级荣誉2项、市级荣誉1项；松南中心小学获评市级荣誉1项、区级荣誉3项。继续开展古·杨瑞招奖学金奖教奖学活动，营造“重教重学”氛围。

【中国历史文化名镇、名村】 松口镇建制早于梅州，经千年孕育，具有丰富的客家人文资源，有独特的区位优势、丰富的华侨资源、优良的生态环境和港口运输等良好条件，是客家先民南迁的始居地之一，享有“文化之乡”“华侨之乡”“山歌之乡”的美誉。小黄村、大黄村、梅教村、南下村、铜琶村公布为第三批中国传统村落保护名录，圳头村公布为第四批中国传统村落保护名录，桃宝村、富坑村公布为第五批中国传统村落名录。

2022年，松口镇不断创新发展思路，积极推动特色产业建设，挖掘古驿道、古码头“海丝文化”内涵。现代农业（金柚）产业园柚果产业精深加工项目持续推进，现代化管理模式初见成效；完成“元魁塔”“铜琶爱春楼”“张榕轩纪念馆”等景点、古建筑周边改造提升工程；“仁寿庄”客家围龙屋民宿投入运营；中井村广东工农革命军东路第八团革命烈士纪念碑红色革命基地完成修缮；南寿峰南药特色小镇入选广东省第二批特色小镇创建名单。中国美丽乡村示范点——大黄村进一步提升，修缮大黄小学，推进渔港码头建设，提升丘哲纪念馆展藏内容。编制完成富坑村、桃宝村“中国传统村落”保护规划，完成梅教村等6个“中国传统村落”的项目建设与验收，助推梅县区成功申报为2022年传统村落集中连片保护利用示范县。

【农村环境综合治理】 2022年，松口镇抓好农村环境综合治理工作。落实林长制，实现造林更新年均20公顷以上，森林覆盖率76%。开展垃圾卫生整治，投入800多万元，处理生活垃圾，确保村庄干净整洁。按照“区级指导、镇村主导、全民参与”的原则，通过宣传教育、政策激励等形式，引导村民自觉参与“三清三拆三整治”工作，全镇投入49.51万元，开展“三清理”5365处、“三拆除”1.06万平方米，“三整治”1058处。

【党的建设】 2022年，松口镇有党支部65个，有党员2912人，其中新发展党员37人。松口镇巩固深化“不忘初心、牢记使命”主题教育成果，扎实开展党史学习教育，深入开展“我为群众办实事”实践活动。实施“头雁领航”工程。纵深推进基层党建三年行动计划，示范带动、树立党建品牌，充分发挥头雁引领作用，重点打造大黄、南下、镇郊等一批抓党建促乡村振兴示范点，大黄村被评为“中国美丽乡村示范点”，南下村被评为“广东省乡村治理‘百镇千村’示范村”，镇郊村被评为“广东省乡村治理示范村”。开展村党组织书记乡村振兴“打擂台”，在推动撂荒复耕、疫苗接种、美丽乡村建设等重点工作中掀起“比学赶超”热潮。实施党员先锋工程。面对“1108”“1120”疫情，派出党员先锋队奔赴畲江、新城、程江抗疫一线支援，展现松口担当、贡献松口力量；6月龙舟水期间，梅江河松口段超预警水位，迅速组织党员干部1000多人次连续数日奋战在防汛救灾一线，转移受灾群众197户491人，抢修道路112处，及时组织灾后街道清淤消杀和复工复产工作，制作小视频转发量超10万。实施党员激励工程。开展“七一”表彰，评选表彰31个先进基层党组织和526名优秀共产党员。以典型带动全面，进一步激励广大党组织和党员提振精气神、展现新时代新担当新作为。实施党员关爱工程。优化经费保障机制，按时足额下拨46个村（居）791.2万元的村级党组织经费和党员服务群众专项经费；落实党员群众关爱帮扶机制，关心关爱离任村干部，落实600名正常离任村（居）干部生活补助，发放关爱基金补助15.29万元，补助党员144人次，慰问党员2338人次；投入100多万元，实施“五小”场所保障工程，升级改造文体活动室、办公楼公共卫生间，增设微型党建书吧等，完成24间周转房改造；加强党校规范化建设，打造大黄村以党建引领乡村振兴为主题的特色培训阵地，打造4个现场教学点，被评为市星级镇街党校分教点；建成乡村振兴人才驿站，依托镇村党校、新时代文明实践所（站），2022年举办各类培训班21期2989人次。

2022年底梅县区松口镇党委、政府

书　记：宋铁军

镇　长：付国栋

（供稿：黄志峰　彭莹莹）

隆文镇

【概述】 隆文镇地处梅县区东北部，距梅县区人民政府62.5千米。东连桃尧，西邻蕉岭蓝坊，南与松口、白渡交界，北与松源接壤。总面积114.3平方千米。下辖14个行政村和1个居委会，2022年，总户数6535户，总人口2.28万人。2022年，全镇财税入库169.34万元；镇级净收入61.97万元；固定资产投资490.89万元。

【农业】 2022年，隆文镇有耕地面积1052.91公顷，有农民专业合作社51个，合作社成员有486人；有种植大户37户，有家庭农场244个。烟叶种植面积63.33公顷，年产量2660担。

【工商企业】 2022年，隆文镇核准设立个体工商户80户，变更8户，注销24户。2022年，全镇辖区内应年报企业68户，已年报68户，年报率100%。推进审批服务制度化，全年办理各项许可业务28户。

【民生】 2022年，隆文镇农村低保264户439人，共发3159户次5252人次207.62万元；城市低保4户5人，共发48户次60人次4.39万元。特困分散供养人员121人，2022年计发1441人次130.85万元。特困集中供养人员10人，2022年计发113人次10.25万元。临时救助38人9.62万元。

【扶助贫困】 2022年，隆文镇精准扶贫建档立卡脱贫户306户556人（其中，五保户83户86人，低保户154户261人，一般贫困户69户209人），有劳动能力户101户284人，无劳动能力户205户272人。2013—2022年形成的扶贫资产数量211个，涉及金额1910.31万元；确权数量168个，确权率79.62%。

【综治维稳】 2022年，隆文镇摸排调解案件39宗，其中山林土地纠纷9宗、房屋宅基地纠纷3宗、损害赔偿纠纷2宗、邻里纠纷16宗、合同纠纷3宗、婚姻家庭纠纷1宗、其他纠纷5宗。经过调解，25宗纠纷均达成协议，7宗矛盾平息，4宗正在调解，3宗转入诉讼程序。2022年，在册社区矫正对象2个。接收刑事警情8宗、行政警情16宗，刑事立案8宗，其中逮捕2人（诈骗1人，放火1人）；行政受理16宗，其中行政处罚3人；调解86宗；治安消防检查144次。

【环境保护与治理】 2022年，隆文镇村东村、江上村等8村污水处理设施均正式运行并交由第三方运维。全面落实“河长制”，抓好水污染防治，切实改善水环境质量，隆文河断面水质达到Ⅱ类标准。

【土地保护与利用】 2022年，隆文镇镇级耕地保有量保持在1450.4公顷以上，镇基本农田面积保持在866.67公顷以上，不低于区政府下达的耕地保护面积和基本农田保护面积指标。

【人口管理】 2022年，隆文镇人口出生133人，人口出生率11.68‰，人口自然增长率10.02‰。

【卫生】 隆文镇卫生院是一级乙等医院，2022年，有医务工作人员35人（其中在编30人，临工5人），在岗人员中，其中副高1人，中级4人，初级27人，全科医生有6名。有编制床位20张，有开放床位10张。有檀江、横坑、卢溪、苏溪、文普、江上、横庄、岩前、坑美9个村卫生站，由镇卫生院提供技术指导和业务培训。

【文化】 隆文镇文化活动中心按照二级站标准进行升级改造，并于2019年12月重新对外开放。中心楼高四层，建筑面积约800平方米，设有老年活动室、少儿活动室、图书室、公共电子阅览室、书画室、展览室、乐器室、多功能室（舞蹈培训室和辅导室）、文体娱乐室、乒乓球室等10个公共活动室，其中图书室藏书有8300册。2022年，全镇有文保单位2个，分别是市级以祯居（蒲风故居）和县级龙岩寺。

【教育】 2022年，隆文镇有初级中学1所、中心小学1所、幼儿园2所。

隆文中学 占地面积5.03万平方米，建筑面积1.56万平方米。2022年，设有教学班6个，在校学生223人；教职员工20人，其中高级教师7人、一级教师7人、二级教师5人，新招录教师1人。

隆文镇中心小学 占地面积1.36万平方米。2022年，设有教学班15个，在校学生551人；教师38人，其中大专以上学历38人，占100%。

【农村环境综合治理】 2022年，隆文镇持续推进“三清三拆三整治”工作，拆除危旧房、废弃猪牛栏等1009间，面积3.18万平方米；有序推进“厕所革命”，全镇完成农村户厕摸排5252个，完成问题厕所整改43个。

【党的建设】 2022年，隆文镇有党总支2个、党支部19个，有党员986人，党员转正20名，发展预备党员14名，培养入党积极分子42名。隆文镇坚持以习近平新时代中国特色社会主义思想统领工作全局，深入学习贯彻中共二十大精神，贯彻落实省、市、区各级党代会及全会精神，紧紧围绕区委、区政府决策部署，积极推动全镇各级党组织和广大党员进一步增强“四个意识”、坚定“四个自信”、做到“两个维护”，更加深刻领悟“两个确立”的决定性意义。坚持每月专题研究基层党建工作，严格落实“三会一课”“主题党日”活动、组织生活会、意识形态、廉政建设等制度。2022年举办党委理论学习中心组集体学习26次，全镇党员干部学习培训会53次。依托镇委党校，举办党员干部培训班，抓实教育培训，年内举办培训班9期，计532人次。

2022年底梅县区隆文镇党委、政府

书　记：黄文辉

镇　长：白雪丹

（供稿：张　驰）

桃尧镇

【概述】 桃尧镇位于梅县区东北部，镇政府驻桃尧圩，距梅县区人民政府67.5千米，辖区内面积118平方千米，圩镇面积1.5平方千米。有铁、稀土和石灰石等资源，水资源丰富。辖区内有15个行政村和1个居委会。2022年，全镇总户数3948户，总人口17526人，常住人口7227人。2022年，桃尧镇实现工商税收入73.2万元；固定资产投资完成1580万元。

【农业】 金柚产业是桃尧镇的支柱产业。2022年，金柚种植面积约2100公顷，金柚扩种面积约60公顷，总产量6.87万吨，产值3.95亿元。年内完成撂荒复耕复种135.1公顷，其中连片0.2公顷以上115.82公顷。带领组织新型职业农民、科技示范户、基层农技推广人员等培训学习4场270人次；免费发放生物有机肥50吨；全镇水稻种植保险投保涉及15个村，总面积34.47公顷；培育3家区级农业龙头企业、2家县级示范家庭农场；2022年，全镇水稻种植面积1183公顷，总产量8016.2吨；烟叶种植面积15公顷、总产量924担；生猪年末存栏量3854头，生猪出栏量9955头；“三鸟”饲养量24.79万只。

【工商企业】 2022年，桃尧镇无新引进的招商项目。往年引进的华然农林、润土生态旅游开发有限公司等企业发展势头良好，规模不断扩大。计划引进王寿山旅游开发公司对王寿山进行开发。

【圩镇与农村基础设施建设】 2022年，桃尧镇紧扣打造桃尧省际边界示范城镇目标，谋划实施重点项目12个，内容涵盖基础设施建设、美丽乡村节点打造、名人故居修缮、旅游产业开发等乡村振兴建设多个领域。投资800多万元，推动项目落地5个，完成5千米道路升级改造、主要道路路灯提升改造、民居外立面风貌整治提升等。计划投资800多万元，桃尧镇美丽圩镇风貌提升建设项目完成前期准备工作。

【民生】 2022年，桃兆镇城乡低保对象137户249人，发放低保金105.97万元；特困对象88人，其中特困集中供养对象6人，分散供养对象82人，发放金额99.18万元；残疾对象515名，全年为符合条件的残疾人发放护理补贴98.6万元、生活补贴23.7万元；低收入家庭8户18人；临时救助18人，发放临时救助生活补贴4.54万元。全镇新型城乡医疗保险缴费人数1.25万人，年内特殊门诊、普通门诊和住院合计受惠达2.15万人次，受惠金额2093.26万元。

【扶助贫困】 2022年，桃尧镇做好全镇251户555人脱贫户（含边缘户、监测户）的家庭人均可支配收入核算工作，全镇脱贫户人均收入1.61万元，脱贫户新型农村合作医疗参合率100%，无劳动能力脱贫户139户208人全部纳入社保保障兜底。2022年，桃尧镇驻镇帮镇扶村工作队利用帮扶单位筹集的扶贫捐款资金，投入3.71万元，为全镇三类监测对象人员及脱贫户中的无劳力人员共206人购买“保尚保”补充医疗保险；投入帮扶资金3.42万元，为全镇257户脱贫户购买防贫责任保险。采取帮扶资金+村集体自筹+镇级配套相结合的方式筹措资金，积极引导各村和企业利用村委会大楼、学校、广场、老人活动中心、金柚仓库等屋顶建设分布式光伏发电站。2022年，建成桃尧镇显朝村、麻坝村村级光伏电站项目，诰上村、螺江村村级光伏电站项目和粤佳农业发展有限公司光伏发电项目已动工建设。

【综治维稳】 2022年，桃尧镇扎实开展扫黑除恶专项斗争工作，发放宣传册近1500多份。全镇召开15次社会稳定形势分析研判会议，镇、村两级共调处化解涉及土地权属纠纷、山林权属纠纷和邻里纠纷以及道路通行纠纷等各类矛盾纠纷64宗。

【人口管理】 2022年，桃尧镇人口出生110人，人口出生率6.49‰，人口自然增长率-0.47‰。组织65对有生育指标的育龄夫妇进行免费孕前优生健康检查，完成率100%。

【卫生】 2022年，桃尧镇卫生院占地面积1270平方米，总建筑面积2110平方米，业务用房面积1100平方米，有医院在编人员22人，有临时工3人。设有公共卫生科、内科、普通外科、妇产科、全科医疗科、中医科、检验科、预防接种门诊等科室。有村卫生站8个。2022年，桃尧镇组建4个家庭医生签约团队，常住人口签约数6356人，签约率42.73%，重点人群签约率80%以上。儿童计划免疫接种率95%以上；报告丙类传染病2例，无甲乙传染病发生，传染病报告率100%。完成妇女“两癌”筛查50例，完成率100%。

【文化】 2022年，桃尧镇设立1个镇级文化馆，占地面积580平方米，馆内设有办公室、图书室、电子阅览室、培训馆、卡拉OK厅、老人活动室、少儿活动室和器材室等多个场馆；在麻坝村、珠玉村、余坑村设立3个村级文化分馆和图书分馆，站内藏书约2000册；配备文化站运动场馆，场馆室内外面积约2800平方米，馆内设有羽毛球场、乒乓球室、舞台、灯光、音响、健身室等基础设施。2022年，完善丰富充实文化站基础建设，修整和新建民达公园和镇文化中心场馆的一批健身器材，重修镇文体中心场馆的大闸门和舞台、幕布、灯光等设施；辖区内有农家书屋15座，年内农家书屋开展阅读活动总数85次；年内放映电影40场，观看人次1000多人次；桃尧镇充分利用‘两山两物一古村落’（王寿山、鸡冠山、省文物单位张民达故居、市文物单位继述楼、桃源古村落）的文化旅游资源，加大宣传力度，推动旅游文化发展。

【教育】 桃尧中学 校园占地面积7.59万平方米，校舍建造面积7284平方米。2022年，全校有教学班4个，有学生149人，有教师15人。

桃尧镇中心小学 校园占地面积2.8万平方米，建筑面积1.13万平方米。全校有14个班级，有学生231人，有教职工29人；设有15个功能场室(包括兼用)，设施设备均按义务教育规范化要求配置。

桃尧镇中心幼儿园（公办） 建筑面积300平方米，教室4间，设有图书室、体育活动室、音乐活动室、阅览室、美术室等5个功能室，有教职工6人，在园幼儿55人。

【农村环境综合治理】 2022年，桃尧镇以桃源村、桃溪村、螺江村为先行点，共改造50座民居，提高人居环境整治工作水平；投入204多万元，用于农村生活垃圾治理；拆除危旧房、废弃猪牛栏及露天厕所茅房5880平方米；投入13.98万元，完成30座农村卫生户厕建设，全镇农村无害化卫生户厕普及率100%，“厕所革命”任务全面完成。

【党的建设】 2022年，桃尧镇有党支部21个，有党员934人。强化理论武装。聚焦“常、长、态、效、制”五个维度，推动党史学习教育常态化长效化。成立领导小组，制订总体工作方案，带头上党课、作动员，组织开展专题研讨，迅速在全镇掀起学习宣传贯彻中共二十大精神热潮，引导广大党员干部深刻领悟“两个确立”的决定性意义，带头做到“两个维护”。强化支部建设。牢固树立大抓支部鲜明导向，统筹推进农村、“两新”两大领域党建，抓严“三会一课”，抓细“四议两公开”，着力巩固提升党支部标准化、制度化、规范化建设成果。抓实大美村软弱涣散党组织整顿。从强化理论学习着手，在引领担当作为上用功，引导大美村“两委”班子坚定为民初心、发扬实干精神，投入20多万元，实施“民生微实事”项目14件，大美村集体经济收入实现16万元；带头签约助推村内东部快线出省通道征拆工作进度排在全镇前列，切实提升大美村党支部战斗力。激发“头雁领航、群雁奋飞、雏雁丰翼”雁阵效应。深化“头雁工程”，抓好基层党组织书记抓党建述职评议，营造“比学赶超”氛围。建立发展党员后备人选库，加强村级后备干部储备培养，2022 年发展党员 14 名，培养入党积极分子 43 名。指导村级组建志愿者队伍，健全基层党组织“平战转换”工作机制，在防疫防火防汛等工作一线考察识别、锻炼党员和入党积极分子等 169 人，适时补选村（居）党支部书记 1 名、委员 4 名。

2022 年底梅县区桃尧镇党委、政府

书　记：林军新

镇　长：黄树金

（供稿：镇政府办公室）

松 源 镇

【概述】 松源镇位于梅县区东北部，东邻福建永定洪山，西连蕉岭南礤，南与隆文、桃尧交界，北与蕉岭北礤、福建上杭、武平接壤，是两省五县八乡镇的集散地。辖区面积 149.5 平方千米，圩镇面积 3.5 平方千米。镇政府驻地金星，距梅城 93 千米。下辖 22 个行政村和 1 个居委会。2022 年，有 11041 户，在册人口 42025 人。境内矿产资源有锰、铁、铀、煤、金、瓷土和石灰石等资源，宝坑锰矿、杨阁铁坑铁矿储量丰富。2022 年，松源镇实现工商税收 632.13 万元。

2022 年 7 月 10 日，琦盛（梅州）地毯有限公司在松源镇湖维村落地投产

【农业】 2022 年，松源镇围绕农业结构多元化发展思路，集中力量培优传统农业，源源不断发掘新型农业，充分利用生态富硒区位优势，着眼绿色产业提质增量。扩大金柚标准种植园，2022 年，全镇金柚种植面积 1666.67 公顷。发挥松源烟稻轮作种植优势，将富硒生态水稻及优质烤烟完美结合，实现土地效益最大化，全镇烤烟种植面积 439.2 公顷，收获烤烟 1.82 万担；水稻种植面积 800 公顷，产出水稻 5400 吨。同时，探索发展稻鱼共生模式，在案背村开发 3 公顷，预计年产值 15 万元。做好撂荒耕地复耕复种工作，保障粮食种植面积，按照宜粮则粮、宜菜则菜、宜果则果的原则，完成复耕复种工作的撂荒耕地有 166.87 公顷，释放更多土地价值。抓好横坊精品葡萄、案背黄金果、白玉中草药产业培育，与红色文旅相结合，推动农业产业持续健康发展，初步形成松源观光休闲娱乐旅游环线。促进特色农产品深加工产业链形成，将豆干、麦芽糖等特色农产品进行品牌化建设，通过“互联网+”方式进行销售，拓宽全镇优质农产品销售渠道。

【工商企业】 2022 年，松源镇有各类经营户 1102 户，其中个体户 956 户、企业 103 家、农民专业合作社 43 家。松源镇有 2 家非煤矿山：梅州市松源铁坑铁矿有限公司、梅州市华银矿业有限公司梅县宝坑铁锰矿，有 4 家一般企业：梅州市梅县区松源镇益民机制砖厂、梅州市梅县区兴源搅拌有限公司、梅州市梅县区松源鑫驰电子厂、琦盛（梅州）地毯有限公司；有 3 家危化品企业：梅县泰连石油液化气有限公司、梅州市锦华油品有限公司、梅州市梅县区泰连石油液化气有限公司松源供应站。年内实现工商税收 632.13 万元。

【圩镇与农村基础设施建设】 2022 年，松源镇狠抓硬化、净化、亮化、美化、文化“五化”治理模式，推进“四好农村路”高质量发展。加快推动东部快线建设，共涉及土地 72 公顷，全部完成测量，完成签领 67 公顷，签领率 93.1%；涉及征拆房屋 140 宗，全部完成签约，已拆除 135 宗，拆除率 96.4%；主动协调处理快线建设过程中的问题，确保快线无障碍施工。完善农村交通基础设施建设，投资1777万元，对Y324线、Y108线、Y180线、圩镇干道等铺设柏油路共22.91千米。加快推进S227线桃尧到宝坑段道路改造提升项目，完成征地挖补工作。在松源镇彩山村建设MBR膜工艺的水质净化厂，处理松源圩镇约3000人的生活污水，已建配套管网2.8千米，设施服务面积2平方千米。

【民生】 2022年，松源镇清退不符合政策要求的低保对象25户66人，经过入户核查后，纳入符合政策低保户23户。完成全镇160户特困供养对象的生活自理能力评估工作和照料护理费的发放，其中全自理人员有130人，半自理（半失能）人员有21人，全护理（全失能）人员有9人。12月，对全镇特困供养对象发放物资157人。为低保、特困供养、低收入、孤儿、重残等1408名民政特殊群体缴费参加2022年度新农村合作医疗。2022年，松源镇有1196名残疾人，通过走访群众调查核实，为239人办理到期二代残疾人证更换，并及时发放到残疾人手中。认真做好残疾人的两项补贴发放工作，完成868位重度残疾人的护理补贴和307位特困残疾人的生活津贴复核上报，并根据核定后数据完善残疾人两项补贴系统。2022年，为年满80周岁至99周岁的1425位老人的300元高龄补（津）贴进行造册社会化发放；全镇有8位百岁老人，及时发放客家寿星奖和长寿保健金。

【扶助贫困】 2022年，松源镇有在册脱贫户639户1369人，其中无劳动能力371户515人，有劳动能力268户854人。636户建档立卡脱贫户都实现稳定脱贫，全镇有3户5人为易返贫监测对象，均为无劳力户，并按照相关政策对监测对象开展针对性帮扶工作。为全镇建档立卡脱贫户购买防返贫责任保险，脱贫户因医疗、住房、教育、突发事故、自然灾害等造成返贫的，由保险公司按照约定进行救助；为无劳动能力脱贫人口购买“保尚保”医疗补充保险，切实保障脱贫户重大疾病费用风险，确保脱贫户能够稳定脱贫；投资392万元专项资金到梅州市梅县区梅丰产业园建设投资有限公司光伏发电项目，进行收益分红，项目所得收益主要用于对有返贫风险的脱贫不稳定户、边缘易致贫户、严重困难户开展帮扶，消除其返贫致贫风险，进一步巩固脱贫攻坚成果。做好稳岗就业和产业帮扶项目的落实。通过向环卫公司等用人单位推荐引导增加一些公益性岗位，帮助一些有劳力的脱贫户就近就业并增加务工收入；充分利用松源传统优势产业，大力发展“特色种养”等产业发展项目，拓宽贫困户增收门路。做好防止返贫监测系统动态管理工作，全镇建档立卡脱贫户家庭成员自然增加和自然减少都及时在省防止返贫监测信息平台进行动态调整。

【综治维稳】 2022年，松源镇以创建“平安松源”为载体，以治安管理为中心，加大综治工作力度，及时排查调处矛盾纠纷，消除不稳定因素，全力维护社会稳定。加快推进“中心+网格化+信息化”建设工作。在辖区内积极开展扫黑除恶、普法、防邪教、禁毒及反电信诈骗等工作。切实增强做好严重精神障碍患者救治管理工作的责任感和紧迫感,全镇精神障碍患者人数有168人，其中重度（3级以上）精神障碍患者9名。2022年，全镇调解各类民事纠纷139宗，调解成功139宗。由镇、村级综治维稳站受理矛盾纠纷24宗，成功调处24宗。

【环境保护与治理】 2022年，松源镇牢固树立创建生态文明乡镇的目标，筑牢生态屏障，建设生态家园，提升生态文明。明确北部生态功能区定位，深入开展“绿满梅州”大行动，全面推行林长制，进一步巩固生态护林成果，生态林面积调整至6703公顷。持续开展河长制及松源河治理，巩固河道清理成果，对松源河及其支流开展“五清”、专项行动和“清四乱”工作。推进生活污水处理设施及配套管网建设，补齐镇村生活污水治理短板，确保完成生活污水治理任务。实现节能减排和经济发展“双提升”，能耗双降多措落地，镇机关实行绿色办公，创建节约机关；对宝坑村与杨阁村两家能耗较大企业落实分类施策，构建节能企业；充分发挥各村新时代文明实践站宣传阵地作用，加大宣传力度，构建节能村居。分期分重点细化治理空气污染任务，开展大气污染防治攻坚行动，在节假日期间抓好禁止燃放烟花爆竹工作，同时加强稻秆综合利用，利用新兴科技药水堆沤发酵代替焚烧稻秆，在青塘村、金星村开展试点工作，争取稻秆绿色无害化处理工作全面铺展。持续保持畜禽养殖污染专项整治高压态势，针对较为突出的牛蛙养殖污染问题，多部门联合行动，关停取缔违养牛蛙养殖场。

【土地保护与利用】 2022年，松源镇加大耕地保护力度，推进土地卫片执法及农村乱占耕地建房集中整治工作。年内整改土地卫片及耕地流出图斑23宗，总面积11.13公顷，坚决守住耕地保护红线，保障粮食安全。年内制止违法用地7宗，拆除违建2宗，在对新南村一违建户反复做工作无效后，依法强制拆除违法面积148平方米，切实保障了耕地红线。推进垦造水田工作，推动金星村集约19公顷多土地用于垦造水田，督促整治耕地“非农化”，盘活乡村土地资源。

【人口管理】 2022年，松源镇人口出生171人，人口出生率4.06‰。享受农村部分计生家庭扶助（伤残死亡）6人，城镇独生子女父母奖励24人。

【卫生】 2022年，松源镇宜康医院占地面积2001平方米，总建筑面积5218平方米，是镇中心卫生院建制。2022年，全院有职工62人（编制60人，临聘2人）；编制床位50张，有开放床位30张；设内科、儿科、中医科、骨伤理疗科、妇产科、治疗室、预防接种门诊等，拥有彩超、CR、全自动生化分析仪、全自动尿液分析仪、全自动血细胞分析仪及心电图等先进设备。2022年，松源镇有公建民营卫生站22个，有卫生站医生22人，由镇卫生院提供技术指导和业务培训。

【文化】 松源镇历史悠久，是著名老苏区，拥有丰富和浓厚的红色底蕴。2022年，松源镇贯彻落实“用好红色资源、赓续红色血脉”思想，积极抢抓中央、省、市、区高度重视老区苏区振兴发展的政策红利，大力推动以红色资源为核心的文旅产业发展，擦亮“红色松源”名片。为更好地保护和挖掘松源镇丰富的红色资源，根据红色革命历史脉络，不断挖掘红色革命文化，已挖掘红色旧址186处，并分革命时段、分村（居）有效整理归类，红色旧址大部分挂牌实现初步保护。修缮布展完成的中共闽西南潮梅特委第六次扩大会旧址——蛟花堂、红四军前委机关和军部驻地旧址——同怀别墅、中央九月来信传达贯彻历史陈列室、松源镇革命历史展览馆免费对外开放。2022年，同怀别墅成功申报为省级文保单位。

【体育】 2022年，松源镇全民健身器材实现23个村（居）全覆盖，全镇公共体育场地有6个足球场、19个篮球场和23个全民健身广场。结合群众喜爱的广场舞活动，抓好广场文体活动，径口、青塘、金星、东王等村组建广场文艺队伍。2022年，争取上级资金20万元，为镇文化广场和彩山、金星、桥背等10个村新安装一批健身器材。

【教育】 松源中学 占地面积7.71万平方米，建筑面积2.55万平方米。2022年，初中部有12个班级，高中部有9个班级，有教职工72人，在校学生903人。

松源镇中心小学 占地面积2万平方米，建筑面积7486平方米。2022年，有22个班级，有教职工65人，在校学生887人。

松源镇中心幼儿园（公办） 占地面积2751平方米，建筑面积1481平方米。有教室8间，设有幼儿多功能活动室、厨房、寝室、户外体育活动场、种植园地、玩水池、玩沙池、饲养角等。2022年，有教职工21人，在园幼儿198人。

【农村环境综合治理】 2022年，松源镇抓好农村环境综合治理工作。抓好美丽乡村建设。重点关注基础设施、一河两岸景观、美丽圩镇等建设等方面内容，规划编制松源镇乡村振兴帮扶项目库。完成松源镇三个省定贫困村创建社会主义新农村示范村建设项目，松源镇文康市场修缮工程和松源镇省扶贫基金支持革命老区高质量发展项目正在推进中，民生实事项目农村村内道路建设于2022年底前完工。推进“三清三拆三整治”工作。松源镇充分利用好上级政策和资金支持，推广“地票证”管理实施办法，规范“三清三拆机械费”的使用，压实网格化责任制，明确任务，加大力度开展村庄环境整治专项行动，动员群众广泛参与，共同整治，共建美丽家园。经前期摸底调查，全镇存量危旧房、废弃猪牛栏和残垣断壁有415处、4.45万平方米，清拆各类危旧房11处、3530平方米。开展农村厕所问题摸排整改，年内改造建设农村无害化卫生户厕22座。探索发展新兴产业。成功打造横坊村休闲观光新型农业、白玉村生态科技农业、案背村黄金果种植基地、白玉村草药木耳种植园地等项目。推进文化资源转化为文旅资产。实施横江村传统村落建设项目，一批宗祠文化、农耕文化体验项目相继落成。

【党的建设】 2022 年，松源镇有 3 个党委、5 个党总支，有 39 个党支部，有党员 1457 人，其中新发展党员 20 人。严格落实“第一议题”制度，在习近平新时代中国特色社会主义思想、中共二十大精神等内容的学习上迅速行动，抓出实效。严肃党内政治生活，落实“三会一课”、民主生活会、民主评议党员、双重组织生活等制度。松源镇党校制定镇村学习计划，充分发挥镇村党校红色教学点作用，年内组织召开各类培训班 184 期，培训 2478 人次。全面落实党的基层组织建设三年行动计划，抓实“头雁引领”“党员先锋”“基层保障”“队伍建设”工程。及时补选豪秀等 4 个村“两委”干部；配备 14 个村级党建指导员和 2 个乡村振兴指导员。从严从优发展党员，通过层层筛选，严把“入口关”，杜绝“带病入党”，做到程序严控、公开透明、责任可查，稳妥推进发展新党员工作。吸收预备党员 20 名，其中 35 岁以下 13 名，占 65%；大专以上学历 14 名，占 70%。做好党员关爱工作，发挥好“梅县区党员关爱基金”作用，慰问党员 1370 人次，发放关爱补助 11.75 万元、慰问金 20.22 万元。表彰先进建新功。表彰先进基层党组织 15 个、优秀共产党员和优秀党务工作者 174 人。以监督执纪为抓手，锤炼严实作风。对疫情防控、乡村振兴、污染防治、惠民补贴、撂荒耕地等领域问题开展监督检查，发现问题数 17 个，立行立改数 17 个；开展日常谈话 159 人，提醒谈话 13 人次，诫勉处理 2 人。接办区纪委移交线索，联动司法、综治办、派出所等部门积极摸排违法违纪共 13 条，对问题线索及时进行梳理，分析研判、及时分类处置，其中进行初步核实 4 条，予以了结 9 条；立案 3 人，党纪处分 3 人。

2022 年底梅县区松源镇党委、政府

书　记：卢剑平

镇　长：韩晓晖

（供稿：曾婷珍）

责任编辑：黎志康

国民经济主要指标

综　合

地区生产总值（按当年价计算）一览表

表 10

项　目	计算单位	2022 年
一、地区生产总值	万元	2382554
农林牧渔业	万元	605093
#农、林、牧、渔服务业	万元	5492
工业	万元	679957
#开采辅助活动	万元	11
#金属制品、机械和设备修理业	万元	415
建筑业	万元	106641
批发和零售业	万元	147988
批发业	万元	46759
零售业	万元	101228
交通运输、仓储和邮政业	万元	99071
住宿和餐饮业	万元	44864
住宿业	万元	6451
餐饮业	万元	38413
金融业	万元	167125
房地产业	万元	141705
房地产业（K 门类）	万元	41310
居民自有住房服务	万元	100395

续表 10

项　目	计算单位	2022 年
其他服务业	万元	390111
营利性服务业	万元	172140
非营利性服务业	万元	217971
第一产业	万元	599602
第二产业	万元	786172
第三产业	万元	996780
二、人均地区生产总值	元	42844

人　口

人口状况一览表

表 11

指　标	单　位	2022 年	指　标	单　位	2022 年
一、全区年末户籍人口	人	616725	城镇人口	人	285351
其中，男	人	311730	**二、全区年平均户籍人口**	人	617369
女	人	304995	**三、年末常住人口**	万人	55.51
性别比	—	102.21	城镇化率	%	54.16
其中，乡村人口	人	331374	—	—	—

生育情况表

表 12

指　标	单位	2022 年	指　标	单位	2022 年
一、出生人数	人	4158	**二、全年死亡人口**	人	4299
其中，男	人	2189	死亡率	‰	6.60
女	人	1969	**三、全年自然增长人数**	人	-141
出生人口性别比	—	111.17	自然增长率	‰	-0.22
出生率	‰	6.39	**四、政策生育率**	%	97.93

农　业

全区基本情况表

表 13

指　标	计算单位	2022 年	指　标	计算单位	2022 年
1. 统计单位	个	20	其中，农林牧渔业	人	
2. 村（居）委会	个	389	6. 土地面积	平方公里	2483
其中，居委会	个	34	7. 年末耕地面积	亩	
3. 总户数	户	178516	其中，水田	亩	
4. 总人口	人	616725	8. 水田占耕地比例	%	
其中，乡村人口	人	331374	9. 按乡村人口人均耕地	亩/人	
5. 乡村从业人员	人		10. 农业机械总动力	万千瓦特	18.41

注：统计单位包括 17 个镇，1 个高管会，1 个办事处、1 个水库。

2022 年各镇基本情况表

表 14

镇　别	土地面积（平方千米）	村委会（个）	居委（个）	村（居）民小组（个）	总户数（户）	总人口（人）
城　东	79.43	12	1	157	5505	21064
程　江	59.7	14	3	176	17309	50647
石　扇	91.06	12	1	147	6255	21235
梅　西	93.56	17	2	173	8295	30857
石　坑	87.25	17	1	179	7295	27279
大　坪	91.53	12	1	170	5564	21368
南　口	262.21	46	3	645	194963	70263
畲　江	175.61	23	2	318	13404	49209
水　车	121.9	18	1	198	6301	22777
梅　南	126.75	16	1	142	4524	16247
丙　村	170.86	21	1	265	12132	42004
雁　洋	183.01	27	2	282	8620	33864
松　源	144.88	22	1	324	12073	41460
隆　文	113.38	14	1	236	6535	22819
桃　尧	119.17	15	1	158	5047	17027
白　渡	187.24	24	1	230	8066	28578
扶　大	18.54	4	1	58	6489	17210
松　口	327.93	41	5	481	16703	60917
新　城	3.66	0	5	66	8903	21900

农业总产值及其构成一览表

表 15

项　目	2022 年		项　目	2022 年	
	现价产值（万元）	构 成（%）		现价产值（万元）	构 成（%）
农林牧渔业总产值合计	947985	100	2. 林业	10194	1.1
1. 农业	731576	77.2	3. 牧业	140361	14.8
其中，谷物及其他作物	86861	12.8	其中，生猪	82317	58.6
蔬菜	200080	27.3	4. 渔业	49163	5.2
水果	427593	58.4	5. 农林牧渔服务业	16691	1.7

主要农作物面积、产量一览表

表 16

项　目	2022 年			项　目	2022 年		
	面积（亩）	亩产（公斤）	总产量（吨）		面积（亩）	亩产（公斤）	总产量（吨）
一、粮食作物	361360	448	161811	二、花生	37238	231	8613
其中，1. 稻谷	316780	475	150524	三、木薯	18330	1222	22405
（1）早稻	156232	463	72316	四、蔬菜	170243	3054	519971
（2）晚稻	160548	487	78208	五、瓜类	18996	2363	44892
2. 大豆	13109	183	2405	六、黄烤烟	13143	134	1761

水果面积、产量一览表

表 17

项　目	2022 年		项　目	2022 年	
	面积（亩）	总产量（吨）		面积（亩）	总产量（吨）
合　计	392599	836594	4. 柿子	5399	10836
1. 柑橘橙	33961	68707	5. 李子	24120	42069
2. 香（大）蕉	13461	24913	6. 柚子	271944	618583
3. 龙眼	6308	6897	7. 其他水果	37406	64589

畜牧业生产情况表

表 18

项　目		计算单位	2022 年
一、生猪	全年饲养量	头	512328
	1. 年末存栏量	头	202826
	其中，能繁殖母猪	头	16026
	2. 全年出栏肉猪头数	头	309502
	猪肉产量	吨	24871
二、大牲畜	年末存栏头数	头	8043
	全年出栏头数	头	2697
	肉产量	吨	329
三、羊	年末存栏量	只	18093
	年末出栏量	只	28779
四、家禽	全年饲养量	只	10489614
	其中，出栏量	只	8155748
	禽肉产量	吨	12095

各镇水稻面积、产量一览表

表 19

镇　别	2022 年			镇　别	2022 年		
	面积（亩）	亩产（公斤）	总产量（吨）		面积（亩）	亩产（公斤）	总产量（吨）
城　东	11010	487	5363	梅　南	10706	479	5129
程　江	9704	458	4449	丙　村	24040	481	11564
石　扇	8825	491	4330	雁　洋	9700	482	4677
梅　西	28464	481	13690	松　源	21584	472	10178
石　坑	17294	479	8291	隆　文	9773	476	4654
大　坪	12867	487	6265	桃　尧	9919	477	4734
南　口	51498	460	23678	白　渡	19994	474	9477
畲　江	30202	476	14366	扶　大	690	493	340
水　车	20145	472	9506	松　口	19997	483	9659

各镇蔬菜面积、产量一览表

表20

镇别	2022年			镇别	2022年		
	面积（亩）	亩产（公斤）	总产量（吨）		面积（亩）	亩产（公斤）	总产量（吨）
城东	12190	3920	47784	梅南	10824	2465	26680
程江	3836	4276	16403	丙村	17962	3759	67526
石扇	9011	2653	23910	雁洋	4975	2611	12988
梅西	8410	2659	22364	松源	4702	2712	12752
石坑	6546	2181	14276	隆文	7544	2214	16704
大坪	6592	2333	15376	桃尧	4120	2590	10670
南口	23222	2822	65534	白渡	10006	3652	36537
畲江	13483	3600	48535	扶大	1073	2753	2954
水车	9533	2430	23166	松口	13241	2758	36513

各镇水果面积、产量一览表

表21

镇别	2022年		镇别	2022年	
	年末面积（亩）	总产量（吨）		年末面积（亩）	总产量（吨）
城东	17140	38405	梅南	5174	7226
程江	1943	3505	丙村	23704	41664
石扇	28407	72561	雁洋	19788	42076
梅西	14873	26532	松源	29362	53555
石坑	12327	22824	隆文	21961	39687
大坪	12222	23391	桃尧	29473	62170
南口	41178	91544	白渡	36678	54016
畲江	13942	26995	扶大	732	1669
水车	11064	18763	松口	70598	207779

各镇生猪饲养量一览表

表22

镇别	2022年（头）	镇别	2022年（头）	镇别	2022年（头）
城东	10035	南口	74729	松源	34762
程江	7015	畲江	27234	隆文	13707
石扇	22238	水车	13512	桃尧	13809
梅西	42876	梅南	8783	白渡	48763
石坑	17679	丙村	18817	扶大	0
大坪	36691	雁洋	17661	松口	103029

各镇“三鸟”饲养量一览表

表 23

镇　别	2022 年（只）	镇　别	2022 年（只）	镇　别	2022 年（只）
城　东	795401	南　口	685935	松　源	243820
程　江	229495	畲　江	601869	隆　文	418551
石　扇	384484	水　车	346012	桃　尧	239921
梅　西	194219	梅　南	997356	白　渡	735442
石　坑	245967	丙　村	2322789	扶　大	85214
大　坪	910152	雁　洋	284691	松　口	742769

工业、能源

工业企业单位个数一览表

表 24

项　目	2022 年（个）	项　目	2022 年（个）
规模以上工业企业	110	4. 股份制企业	97
1. 国有企业	1	5. 外商及港澳台投资企业	6
2. 集体企业	1	6. 其他经济类型企业	4
3. 股份合作企业	1	—	—

注：1. 从 2011 年规模以上工业统计范围改为年主营业务收入达 2000 万元及以上的工业企业；

2. 2022 年和 2021 年数据均为年报数。

规模以上工业总产值一览表

表 25

项　目	2022 年（万元）	项　目	2022 年（万元）
规模以上工业企业	1932497	4. 股份制企业	1669422
1. 国有企业	12754	5. 外商及港澳台投资企业	222651
2. 集体企业	5586	6. 其他经济类型企业	12448
3. 股份合作企业	9636	—	—

注：1. 从 2011 年规模以上工业统计范围改为年主营业务收入达 2000 万元及以上的工业企业；

2. 增长速度按 2022 年同口径的可比价格计算；2022 年和 2021 年数据均为年报数。

规模以上工业主要产品产量一览表

表 26

产品名称	计算单位	2022 年
1. 服装	万件	12.5
2. 发电量	万千瓦小时	721170.26
（1）水电	万千瓦小时	21750.75
（2）火电	万千瓦小时	699419.51
3. 电路板	平方米	1438954
4. 水泥	万吨	241.8
5. 橡胶轮胎外胎	万条	925.5

注：1. 从 2011 年规模以上工业统计范围改为年主营业务收入达 2000 万元及以上的工业企业；
2. 增长速度按 2022 年同口径计算；2022 年和 2021 年数据均为年报数。

规模以上工业实现利润总额一览表

表 27

项　目	2022 年（万元）	项　目	2022 年（万元）
利润总额总计	68718	4. 股份制企业	36152
1. 国有企业	1243	5. 外商及港澳台投资企业	28777
2. 集体企业	-94	6. 其他经济类型企业	102
3. 股份合作企业	2538	—	—

注：1. 从 2011 年规模以上工业统计范围改为年主营业务收入达 2000 万元及以上的工业企业；
2. 增长速度按 2022 年同口径计算；2022 年和 2021 年数据均为年报数。

规模以上工业增加值（现行价）一览表

表 28

项　目	2022 年（万元）	项　目	2022 年（万元）
合　计	442255	4. 股份制企业	360025
1. 国有企业	10973	5. 外商及港澳台投资企业	64144
2. 集体企业	327	6. 其他经济类型企业	2640
3. 股份合作企业	4146	—	—

注：1. 从 2011 年规模以上工业统计范围改为年主营业务收入达 2000 万元及以上的工业企业；
2. 增长速度按 2022 年同口径计算；2022 年和 2021 年数据均为年报数。

规模以上工业资产合计一览表

表 29

项　目	2022 年（万元）	项　目	2022 年（万元）
合　计	3582923	4. 股份制企业	3215153
1. 国有企业	60054	5. 外商及港澳台投资企业	269612
2. 集体企业	2163	6. 其他经济类型企业	21927
3. 股份合作企业	14014	—	—

注：1. 从 2011 年规模以上工业统计范围改为年主营业务收入达 2000 万元及以上的工业企业；
2. 增长速度按 2022 年同口径计算；2022 年和 2021 年数据均为年报数。

规模以上工业主营业务收入一览表

表 30

项　目	2022 年（万元）	项　目	2022 年（万元）
合　计	2200607	4. 股份制企业	1929582
1. 国有企业	15386	5. 外商及港澳台投资企业	228215
2. 集体企业	5586	6. 其他经济类型企业	12636
3. 股份合作企业	9202	—	—

注：1. 从 2011 年规模以上工业统计范围改为年主营业务收入达 2000 万元及以上的工业企业；
2. 增长速度按 2022 年同口径计算；2022 年和 2021 年数据均为年报数。

能源单耗指标一览表

表 31

主要指标	计量单位	2022 年
能源消费总量	万吨标准煤，等价值	127.72
电力消费量	万千瓦时	259137.68
#其中，工业消费量	万千瓦时	152643.76
规上工业综合能源消费量	万吨标准煤，当量值	46.42
单位 GDP 能耗（等价值，2010 可比价）	吨标准煤 / 万元	0.5429
单位 GDP 电耗（2010 可比价）	千瓦小时 / 万元	1105.5641
工业增加值能耗（规模以上，当量值）	吨标准煤 / 万元	0.8742

规模以上工业企业水消费总量一览表

表 32

指标名称	取水量（万立方米）	指标名称	取水量（万立方米）
	2022 年		2022 年
一、取水量	2009	5. 雨水	0
1. 地表淡水	1749	6. 其他水	0.24
2. 地下淡水	58	**二、外排水量**	126
3. 自来水	201	**三、重复用水量**	1317
4. 矿井水	0	—	—

规模以上工业企业主要能源购进、消费与库存一览表

表 33

能源名称	计量单位	购进实物量	工业生产消费量	年末库存量
		2022 年	2022 年	2022 年
一、原煤	吨	3542049.0	3572088.28	362540.52
二、天然气	万立方米	641.4	639.37	0.03
三、液化天然气	吨	0	0	0
四、汽油	吨	313.99	0	0
五、柴油	吨	3165.9	3200.86	799.96
六、燃料油	吨	230	230	0
七、液化石油气	吨	13.26	0	0
八、润滑油	吨	8.82	5.12	0
九、其他石油制品	吨	0	0	0
十、热力	百万千焦	70991.89	489703.89	0
十一、电力	万千瓦时	87350.23	126997.82	0
十二、煤矸石	吨	0	0	0
十三、生物燃料	吨标准煤	2638.16	2636	364.16
能源合计	吨标准煤	—	2485128.46	—

建筑业

资质等级以上建筑业基本情况表

表 34

项 目	计算单位	2022 年	项 目	计算单位	2022 年
一、建筑业个数	个	60	3. 其他产值	万元	21394
二、资产总计	万元	503638	**四、营业收入**	万元	308185
三、建筑总产值	万元	284577	**五、营业利润**	万元	9296
1. 建筑工程	万元	257230	**六、利润总额**	万元	9951
2. 安装工程	万元	5952	—	—	—

交通运输

交通运输线路长度及机动车辆水上运输船舶拥有量一览表

表 35

项 目	计算单位	2022 年
一、公路通车里程	公里	3578
二、汽车合计	辆	6137
其中，货车	辆	6039
客车	辆	98

交通运输部门、旅客运输量、周转量一览表

表 36

项 目	计算单位	2022 年
一、货物运输量	万吨	2958.68
二、货物周转量	万吨/公里	310660.89
三、旅客运输量	万人	34.6962
四、旅客周转量	万人/公里	7948.965

固定资产投资一览表

表 37

主要指标	计量单位	2022 年	主要指标	计量单位	2022 年
固定资产投资总额	万元	—	2. 第二产业	万元	—
其中，项目投资	万元	—	其中，工业投资	万元	—
房地产开发投资	万元	—	#技改投资	万元	—
按产业分	—	—	3. 第三产业	万元	—
1. 第一产业	万元	—	—	—	—

房 地 产

房地产基本情况表

表 38

主要指标	计量单位	2022 年	主要指标	计量单位	2022 年
房屋施工面积	万平方米	467.13	商品房销售面积	万平方米	44.9
其中，住宅	万平方米	312.31	商品房销售额	亿元	23.56
房屋竣工面积	万平方米	142.23	商品房销售套数	套	3264
其中，住宅	万平方米	103.58	待售面积	万平方米	192.77

贸易业、物价

贸易业限额以上单位数量一览表

表 39

项　目	2022 年（个）	项　目	2022 年（个）
总数	83	2. 个体经营户	0
1. 企业	83	批发业	0
批发业	33	零售业	0
零售业	36	住宿业	0
住宿业	12	餐饮业	0
餐饮业	2	—	—

社会消费品零售总额一览表

表 40

项目	计算单位	2022 年	项目	计算单位	2022 年
1. 社会消费品零售总额	万元	1450515	2. 销售总额	万元	1516542
其中，限额以上社会消费品零售总额	万元	317045	其中，批发业销售总额	万元	604735
按行业分，商品零售	万元	1321414	零售业销售总额	万元	814270
餐饮收入	万元	129101	住宿业营业额	万元	26582
按城乡分，城镇	万元	1089304	餐饮业营业额	万元	70954
乡村	万元	361211	—	—	—

服务业

规模以上服务业基本情况一览表

表 41

项目	计算单位	2022 年	项目	计算单位	2022 年
一、服务业个数	个	25	四、营业利润	万元	1164
二、资产总计	万元	475722	五、利润总额	万元	2290
三、营业收入	万元	99013	—	—	—

居民生活

2022 年梅县区全体居民住户调查资料一览表

表 42

主要指标	计量单位	2022 年		
		全体居民	城镇居民	农村居民
一、人均可支配收入	元	33972	41256	25468
1. 工资性收入	元	16083	20963	10386
2. 经营性收入	元	10253	9694	10907
3. 财产性收入	元	1696	3021	149
4. 转移性收入	元	5940	7578	4027
二、人均消费支出	元	20944	21618	20158
（一）食品烟酒	元	8399	8651	8106

续表 42

主要指标	计量单位	2022 年		
		全体居民	城镇居民	农村居民
（二）衣着	元	640	707	563
（三）居住	元	5210	4894	5579
（四）生活用品及服务	元	1067	1213	897
（五）交通通信	元	2499	2699	2265
（六）教育文化娱乐	元	1470	1706	1195
（七）医疗保健	元	1277	1274	1281
（八）其他用品和服务	元	382	475	273

财政、金融、保险及对外经济

地方财政收支情况表

表 43

项　目	计算单位	2022 年	项　目	计算单位	2022 年
一、财政收入	万元	132291	2．公共安全支出	万元	30400
其中，各项税收	万元	64668	3．教育支出	万元	150725
1．增值税	万元	14399	4．科学技术支出	万元	2939
2．营业税	万元	–	5．社会保障和就业支出	万元	76210
3．个人所得税	万元	3038	6．医疗卫生与计划生育支出	万元	70279
4．城市维护建设税	万元	5669	7．节能环保支出	万元	757
二、财政支出	万元	640055	8．城乡社区支出	万元	27897
其中，1．一般公共服务支出	万元	97207	—	—	—

税收收入一览表

表 44

指　标	计算单位	2022 年
税收收入	万元	170714

银行信贷及储蓄一览表

表 44

指　标	计算单位	2022 年
一、金融机构本外币存款余额	亿元	471.15
其中：城乡居民储蓄存款余额	亿元	309.02
二、金融机构本外币贷款余额	亿元	314.68

对外经济和外贸一览表

表 45

指　标	计算单位	2022 年
		签订合同协议意向总数（已批准）
一、新签合同协议意向总数	宗	5
二、协议规定利用外资源	万美元	768
三、实际利用外资	万美元	168
四、外贸进出口总额	万美元	40477
其中：进口总额	万美元	15229
出口总额	万美元	25248

教育、卫生、体育

教育事业发展情况一览表

表 46

项　目	学校数（所）	班　数（班）	在校学生数（人）	招生数（人）	毕业学生数（人）	教职员工（人）	在教职工中专任教师（人）
1．普通中学	29	642	29847	10610	8537	2821	2519
其中，初中	20	467	21508	7776	5758	955	853
高中	9	175	8339	2834	2779	1866	1666
2．职业学校	2	73	3127	1189	854	178	165
3．小学	35	1266	51425	7871	8120	2755	2355
4．幼儿园	133	781	22836	5365	8154	2953	1719
5．特殊教育学校	1	9	50	3	8	23	21

卫生机构、床位、人员数一览表

表 46

指　标	计算单位	2022 年	指　标	计算单位	2022 年
一、医疗卫生机构数	个	387	**二、病床位数**	张	3579
1. 医院	个	9	**三、卫生工作人员**	人	4474
县及县以上医院	个	9	1. 卫生技术人员	人	3800
乡镇卫生院	个	18	其中：医生	人	1488
2. 妇幼保健院	个	1	护师（士）	人	1617
3. 疾病控制中心	个	1	药剂人员	人	293
4. 卫生监督所	个	1	2. 管理人员	人	401
5. 慢性病防治院	个	1	3. 工勤人员	人	263
6. 其他卫生事业机构	个	2	—	—	—

体育事业发展情况表

表 47

指　标	计算单位	2022 年	指　标	计算单位	2022 年
一、体育系统职工人数	人	40	**四、举办运动会（含单项）**	场	4
其中：教练员	人	21	**五、体育设施**	个	651
二、业余体校	所	1	1. 足球场	个	142
班级数	班	–	2. 篮球场	个	495
在校学生	人	198	3. 游泳池	个	14
三、输送省以上优秀运动员	人	25	**六、获得省以上比赛奖项**	项	–

内设机构

2022年底梅县区区直和各部门内设机构

中共梅州市梅县区委：机要局、保密局、秘书股、人事股、督查室、接待股、新闻秘书室、会务股、文电法规股、保密档案股、档案发展和管理股

梅州市梅县区人大常委会：办公室、专门委员会、法制委员会、常委会工作机构、监察和司法工作委员会、财政经济工作委员会、农村农业工作委员会、选举联络人事任免工作委员会、城乡建设环境与资源保护工作委员会、教育科学文化卫生华侨工作委员会、社会建设工作委员会

梅州市梅县区人民政府：办公室、秘书股、政务股、会务股、人事股、综合股、行政股、督办室、金融股、外事股、保密股、职能转变协调股、打击走私综合治理办公室、直属机关武装部、信访一室、信访二室、信访三室、信访四室

政协梅州市梅县区委员会：办公室、文史科、联络科、人秘科、学习文史委员会、提案委员会、农业和农村工作委员会、社会法制委员会、经济科技委员会、民营经济委员会、文教卫体委员会、港澳台侨委员会

中共梅州市梅县区纪律检查委员会：办公室、组织宣传室、党风政风监督室、信访室（举报中心）、案件监督管理室、案件审理室、第一纪检监察室、第二纪检监察室、第三纪检监察室、第四纪检监察室、第五纪检监察室、第六纪检监察室、第七纪检监察室；派驻机构：区纪委监委驻区委办公室纪检监察组、区纪委监委驻区政府办公室纪检监察组、区纪委监委驻区委宣传部纪检监察组、区纪委监委驻区委政法委纪检监察组、区纪委监委驻区农业农村局纪检监察组、区纪委监委驻区住房和城乡建设局纪检监察组、区纪委监委驻区交通运输局纪检监察组、区纪委监委驻区发展和改革局纪检监察组、区纪委监委驻区财政局纪检监察组、区纪委监委驻区教育局纪检监察组、区纪委监委驻区卫生健康局纪检监察组、区纪委监委驻梅州市公安局梅县区分局纪检监察组

中共梅州市梅县区委组织部：办公室、组织一室、组织二室、组织三室、组织四室、干部室、干部监督室、公务员管理室、干部培训室、人才管理室、调研室、老干部管理室、关心下一代工作室、组织人事档案管理中心、老干部服务中心、基层党建工作指导中心

中共梅州市梅县区委机构编制委员会办公室：综合股、行政机构编制股、事业机构编制股、监督检查股、事业单位登记管理股（加挂梅州市梅县区事业单位登记管理局牌子）；下属事业单位：梅州市梅县区机构编制电子政务中心

中共梅州市梅县区委统战部：办公室、干部股、党派股、民族宗教工作股、侨务股、台港澳工作股、非公有制经济工作股（加挂新的社会阶层人士统战工作股牌子）；下设一类事业单位：梅县区统战工作联络交流中心

中共梅州市梅县区委政策研究室：人秘股、政教文股、农村股

中共梅州市梅县区委巡查办公室：办公室

梅州市梅县区工商业联合会：办公室

梅州市梅县区归国华侨联合会：办公室、联络股

梅州市梅县区各民主党派：民革、民盟、农工党、致公党、九三学社

中共梅州市梅县区委党校：办公室、教研室、行政股、外培股

中共梅州市梅县区委党史研究室：人秘股、征研出版股、党史宣教中心

梅州市梅县区档案馆：办公室、档案管理室、声像技术室

梅州市梅县区总工会：办公室、组织宣传教育部、生产生活女工部、财务部

共青团梅州市梅县区委员会：联络部、团务部、办公室、学少部

梅州市梅县区妇女联合会：办公室、权益发展部、儿童工作部

广州增城市（梅县区）产业转移工业园管理委员会：办公室、招商与经济发展部、规划建设部、资产管理部、环保与安全生产部

梅州综合保税区管理委员会：办公室、规划建设部、口岸事务部、经济发展部、资产管理部、社会事务部

梅州市梅县区审计局：办公室、财政金融债务审计股、经济责任与农业农村审计股、行政事业与社会保障审计股、法规审理股、整改监督与投资企业审计股

梅州市梅县区应急管理局：办公室、综合协调股、人事法规股、执法大队、应急指挥股、地震和地质灾害救援股、安全生产基础股、科技和信息化股（行政审批股）、风险监测和综合减灾股；下设两个事业单位：梅县区应急中心、梅县区应急宣传教育中心

梅州市梅县区政务服务数据管理局：办公室、标准建设与审批协调股、数据资源与安全管理股、政府热线和效能监督股；下属事业：政务大数据中心、政务服务中心、智慧梅县政务指挥中心

梅州市梅县区退役军人事务局：办公室、移交安置与军休服务管理股、拥军优抚与褒扬纪念股、烈士纪念设施保护中心

梅州市梅县区体育局：人秘股、群众体育股、训练竞赛股、体育产业股（加挂行政审批股）；下属事业单位：梅县区业余体校

梅州市梅县区人民政府地方志办公室：人秘股、编审指导股。

梅州市梅县区科学技术协会：办公室

梅州市梅县区残疾人联合会：办公室（梅县人民政府残疾人工作协调委员会秘书处）、康复股、教育就业股；下属事业单位：残疾人劳动就业服务所、残疾人辅助器具服务站、残疾人康复托养服务中心

梅州市自然资源局梅县分局：办公室、耕地保护监督与生态修复股、国土空间与村镇规划股、自然资源所有者权益与开发利用股、国土空间用途管制股、自然资源调查监测股、自然资源确权登记股、测绘地理信息管理股、执法股、地质与矿产资源管理股

广东电网有限责任公司梅州梅县供电局：办公室、党建人事部、生产计划部、工程建设部、安全监管部供电服务中心；1 个二级机构（综合服务中心），下设

18个供电所：程江、城东、扶大、南口、大坪、石坑、梅西、雁洋、白渡、石扇、松口、隆文、桃尧、松源、梅南、丙村、水车、畲江供电所

中共梅州市梅县区委宣传部：
梅县区委宣传部加挂：办公室、理论股、宣传文艺股、精神文明建设股、版权股、网络安全和信息化股；梅县区委宣传部加挂单位：梅州市梅县区委网络安全和信息化委员会办公室、梅州市梅县区互联网信息办公室、梅州市梅县区精神文明建设委员会办公室
下属事业单位：梅州市梅县区互联网新闻信息中心、梅州市梅县区社会科学界联合会办公室、梅州市梅县区新时代精神文明建设服务中心

梅州市梅县区文化广电旅游局：办公室、市场法规股、公共服务股、资源产业股、文化遗产股、艺术推广股、执法股

梅州市梅县区文学艺术界联合会：办公室、联络股；下属事业单位：文学院（加挂梅县区书画院牌子）

梅州市梅县区融媒体中心：办公室、财务室、总编室、新闻中心、专题部、广播节目部、电视节目部、广告部、新媒体部、技术部、播控部；下设发射中心（正股级事业单位）

中共梅州市梅县区委政法委员会：办公室、干部室、调研宣传与网络舆情室、执法监督室、维稳指导协调室、政治安全与反邪教工作室、综治指导协调室、扫黑除恶工作室

梅州市公安局梅县区分局：指挥中心、国保大队、刑侦大队、交警大队、治安大队、政工室、监督室、法制大队、警务保障室、巡警大队、经侦大队、出入境管理大队、网监大队、森林大队、梅县区拘留所、梅县区看守所；20个派出所：城东派出所、松源派出所、松口派出所、雁洋派出所、丙村派出所、畲江派出所、南口派出所、宝华派出所、程江派出所、水车派出所、梅南派出所、扶大派出所、石扇派出所、白渡派出所、隆文派出所、桃尧派出所、大坪派出所、梅西派出所、石坑派出所、站前派出所

梅州市梅县区消防救援大队：

梅州市梅县区人民法院：立案庭（诉讼服务中心）、刑事审判庭、民事审判一庭、民事审判二庭、执行局、政治部（督察室）、综合办公室（司法警察大队）、审判管理办公室（研究室）、畲江人民法庭、大坪人民法庭、丙村人民法庭、松口人民法庭

梅州市梅县区人民检察院：第一检察部、第二检察部、第三检察部、第四检察部、综合业务部、政治部、办公室（加挂司法警察大队牌子）、检务保障部；派出机构：派驻程江检察室、派驻畲江检察室

梅州市梅县区司法局：政治工作办公室（副科级建制）、办公室、法治调研督察股、法制股、社区矫正管理股、行政复议与应诉股、政府法律顾问工作股、行政执法协调监督股、普法与依法治理股、人民参与和促进法治股、公共法律服务管理股、律师工作管理股、区委依法治区办秘书股；下设19个基层司法所；管辖直属单位：梅县公证处、梅县区公职律师事务所、梅县区法律援助处

梅州市梅县区农业农村局：办公室、政策法规与改革股（加挂行政审批股牌子）、乡村产业发展股、乡村振兴股、农产品质量安全监管与市场信息股、种植业管理股、农业机械化管理办公室、农田建设管理股、科技教育股（加挂农业转基因生物安全管理办公室牌子）、执法大队、畜牧与饲料股、兽医与屠宰管理股、渔业发展股、扶贫开发与老区建设股、生态保护修复股、森林资源管理股、自然保护股、人事股、森林火灾预防股

广东梅县阴那山省级自然保护区管理处：综合科

梅州市梅县区水务局：办公室、计划财务股、水政水资源股（加挂区节约用水办公室、行政审批股牌子）、建设与管理股、水土保持股、水库移民办公室、农村水利水电股、水旱灾害防御调度股

梅州市梅县区气象局：办公室、地方气象机构有梅县区突发事件预警信息发布中心、梅县区生态气象服务中心

梅州市梅县区住房和城乡建设局： 办公室、人事股、财务审计股、政策法规和行政审批股、住房保障股、城市建设股、公用事业股、房地产市场管理股、建筑监管和科技节能股、人防股、执法股、消防审验股、工程质量安全监管股和村镇建设股

梅州市生态环境局梅县区分局： 办公室、政策法规股、综合股、污染防治股、执法股（加挂生态环境应急办公室牌子）

梅州市梅县区交通运输局： 办公室、安全技术股、综合规划股、基建管理股、工程质量管理股、财务股、运输管理股、交通战备股、行政审批股、党务工作股、法规审计股、执法一股、执法二股、执法三股、执法四股、执法五股、人事股。下属副科级公益一类事业单位：梅县区地方公路总站；下属正股级公益一类事业单位：梅县区交通运输服务中心

梅县区公路事务中心： 办公室、计划工程部、养护管理部、应急管理部、科技信息部、路政服务部、财务资产部、人力资源部；下属事业单位：公路养护中心（设养护组 15 个，绿化设施班 1 个）

梅州市梅县区发展和改革局： 办公室、人事股、规划综合股、产业综合股、投资与重点项目股、法规与信用股、能源管理股、粮食和物资储备股、价格与国防协调管理股；下属事业单位：铁路建设服务中心、价格认定成本调查监测中心、节能中心、产业服务中心

梅州市梅县区民政和人力资源社会保障局： 办公室、财务股、社会事务与福利股、社会救助股、执法大队、人力资源与专业技术管理股（行政审批股）、社会保险管理股、工资与事业单位管理股、就业与培训教育股（职业能力建设股，区劳动力转移办公室）、基层政权与区划地名股、婚姻登记股。

梅州市梅县区物资总公司： 办公室

梅州市梅县区医疗保障局： 办公室、医疗保障管理股、医药服务管理股、基金监管和规划财务股

梅州市梅县区统计局： 办公室、综合法规股、农业和服务业股、工业和能源股、社会和固定资产投资股；下属事业单位：梅州市梅县区人口调查队、梅州市梅县区统计信息中心、梅州市梅县区统计普查中心

中国人寿保险股份有限公司梅州市梅县支公司： 营销发展部、收展发展部、团体业务部、综合部。下设石坑、程江、松口、松南、白渡、畲江、扶大、瑶上、雁洋、梅南、隆文、荷泗、水车、丙村、大坪、城东、石扇、松源、梅西、桃尧、白宫、南口、西阳 23 个乡镇营销服务部

中国人民财产保险股份有限公司梅州梅县支公司： 中国人民财产保险股份有限公司梅县支公司经理室下分别由综合部、农险团队、业务管理部、修理厂团队、个代直营销团队、V 盟团队、商非团队等部门组成

梅州市梅县区科工商务局： 办公室、法规和行政审批股、经济运行监测股、技术改造与创新股、信息产业股、电子商务股、贸易市场股、生产服务与行业管理股、高新技术股、科技规划股、外资和对外贸易发展股、招商股、投资促进股、人事股和军民融合发展工作股；下设事业单位：梅州市梅县区企业服务中心（事业单位）

梅州市梅县区财政局： 办公室、法规税政股、预算股、国库股、综合股、行政政法股、科教和文化股、经济建设股、工贸发展股、农业农村股、资源环境股、社会保障股、会计股、金融与政府债务管理股、监督检查股、绩效管理股、国有资产管理股、人事股

梅州市梅县区市场监督管理局： 办公室、政策法规股、登记注册与行政许可股、协调应急与新闻宣传股、信用风险监管股、价格监督检查与反不正当竞争股、标准化股、市场规范管理股、广告监督管理股、知识产权管理股、质量发展监管股、食品生产安全监督管理股、食品流通安全监督管理股、食品餐饮安全监督管理股、特殊食品安全监督管理股、药品化妆品监督管理股、医疗器械监督管理股、特种设备安全监察股、计量股、科技与信息化股、人事股、执法一、二、三、四大队、信息服务中心（机关服务中心）、消费者权益保护中心、安全保障中心

梅州市梅县区商业企业集团公司：办公室

梅州市梅县区供销合作联社：人事股、业务股、财会股、办公室

梅州市梅县区二轻工业联社：办公室、生产技术股、资产财务股。

梅州市梅县区税务局：办公室（党委办公室）、法制股、税政一股、税政二股、社会保险费和非税收收入股、收入核算股、纳税服务股、征收管理股、风险管理股、财务管理股、组织人事股；内设事业单位2个：信息中心、规费服务中心。8个派出机构，其中税务分局7个：第一税务分局（办税服务厅）、第二税务分局、程江税务分局、大坪税务分局、雁洋税务分局、松口税务分局、梅南税务分局。税务所1个：城东税务所

梅州市梅县区烟草专卖局：综合管理部、党建监察部、营销部、财务部、烟叶管理部（烟基办）、专卖监督管理办公室(内管派驻组、稽查大队)；下设1个烟叶工作站、3个烟叶工作点、4个稽查中队和4个卷烟营销片区

中国邮政集团公司梅州市梅县区分公司：综合部。

中国电信股份有限公司梅州市梅县分公司：综合部、销售部、客响维护部、政企客户部；七个营销服务中心：大新城营销服务中心、山水城营销服务中心、华侨城营销服务中心、东部区营销服务中心、南部区营销服务中心、西部区营销服务中心、北部区营销服务中心

中国移动通信集团广东有限公司梅县分公司：综合部。

中国联合网络通有限公司梅县分公司：综合部

梅州客商银行股份有限公司：一级职能部门：党群工作部、综合办公室、计划财务部、合规风险部、信贷管理部、资产保全部、信息科技部、运营管理部、普惠金融部、绿色发展部、营业部；县级支行：丰顺县支行、蕉岭县支行、平远县支行、大埔县支行；支行：梅松支行、雁洋支行、海吉星支行、科技支行、华南支行、仲元支行、畲江支行、分理处28家

中国建设银行股份有限公司梅州梅县支行：综合部

中国农业银行股份有限公司梅州梅县支行：公司业务部、三农对公业务部、个人金融部、农户金融部、运营财会部、综合管理部、风险管理部；下设11家营业机构和1个金融服务站

梅州农村商业银行股份有限公司：内设15个部门、3个办公室、3个专营中心，下设营业网点60个

中国工商银行股份有限公司梅县支行：综合部、营业网点

中国银行梅州分行梅县支行：综合部

中国农业发展银行梅州市梅县支行：综合部、客户部

中国邮政储蓄银行股份有限公司梅县支行：自营网点3家，代理网点21家

梅县客家村镇银行股份公司：综合部

交通银行梅州梅县区支行：综合部

广东省盐业集团梅州有限公司梅县分公司：盐政法规股、专营部、财务部

梅州市梅县区教育局：人事股、督导室、教育股、教仪站、内审室、德育股、体卫股、职成股、党委办、保健所、幼儿教育中心、行政审批股、信息中心、办公室、计财股、师生服务中心、招生办、资助中心

梅州市梅县区卫生健康局：办公室、规划与信息化股、法规监督股（加挂行政审批股牌子）、老龄健康与家庭发展股、疾病预防控制股、妇幼健康股、医政医管股、中医药管理股、内审股、人事股。

2022 年底梅县区各镇（办事处、高管会）内设机构

梅州高新技术产业开发区梅县（扶大）园区管理委员会：综合部、招商与经济发展部、规划建设部、资产管理部、环保与安全生产部。

梅县区新城工委、办事处：党政办公室、经济事务办公室、社会事务办公室、公共事务办公室、人口和计划生育办公室、社会治安综合治理信访维稳办公室、城乡规划建设管理办公室、人大工委办公室；下设财政结算服务中心、社会保障服务中心、文教体育服务中心，退役军人服务站。

梅县区程江镇党委、政府：党政综合办公室、人大办公室、党建工作办公室、纪检监察办公室、公共服务办公室、综合治理办公室、综合行政执法办公室、规划建设办公室、农业农村办公室；下设农业农村服务中心、经济发展和财政服务中心、文旅教体服务中心、公用事业社会保障服务中心、退伍军人服务站。

梅县区丙村镇党委、政府：党政综合办公室、人大办公室、党建工作办公室（组织人事办公室）、纪检监察办公室（与区监委派出监察组合署办公）、公共服务办公室（党群服务中心）、综合治理办公室（应急管理办公室）、农业农村办公室（经济发展办公室、生态环境保护办公室）、规划建设办公室（城市管理办公室）、综合行政执法办公室（综合行政执法队），副科级；下设农业农村服务中心、经济发展和财政服务中心、文旅教体服务中心、公用事业社会保障服务中心、退役军人服务站。

梅县区雁洋镇党委、政府：党政综合办公室、人大办公室、党建工作办公室（组织人事办公室）、纪检监察办公室（与区监委派出检察组合署办公）、公共服务办公室（党群服务中心）、综合治理办公室（应急管理办公室）、综合行政执法办公室（综合行政执法队）、经济发展办公室、规划建设办公室（城市管理办公室）、农业农村办公室（生态环境保护办公室）；下设农业农村服务中心（农产品质量安全监管服务中心、水务服务所）、经济发展和财政服务中心、公用事业社会保障服务中心、文旅教体服务中心、卫生院（卫生健康服务中心、疾病预防控制中心）、退役军人服务部。

梅县区松口镇党委、政府：党政综合办公室、人大办公室、党建工作办公室（组织人事办公室）、纪检监察办公室（与区监委派出监察组合署办公）、公共服务办公室（党群服务中心）、综合治理办公室（应急管理办公室）、综合行政执法办公室（综合行政执法队）、农业农村办公室（生态环境保护办公室）、规划建设办公室、经济发展办公室。

梅县区松源镇党委、政府：党政综合办公室、人大办公室、党建工作办公室（组织人事办公室）、纪检监察办公室（与区监委派出监察组合署办公）、公共服务办公室（党群服务中心）、综合治理办公室（应急管理办公室）、综合行政执法办公室（综合行政执法队），规划建设办公室（城市管理办公室）、农业农村办公室（经济发展办公室、生态环境保护办公室）。

梅县区隆文镇党委、政府：党政综合办公室、人大办公室、党建工作办公室（组织人事办公室）、纪检监察办公室（与区监委派出监察组合署办公）、公共服务办公室（党群服务中心）、综合治理办公室（应急管理办公室）、综合行政执法办公室（综合行政执法队、规划建设办公室）、农业农村办公室（经济发展办公室、生态环境保护办公室）；下设隆文镇农业农村服务中心（农产品质量安全监管服务中心、水务服务所）、经济发展和财政服务中心、公用事业社会保障服务中心、文旅教体服务中心、退役军人服务站。

梅县区桃尧镇党委、政府：党政综合办公室、人大办公室、党建工作办公室（组织人事办公室）、纪检监察办公室、公共服务办公室（党群服务中心）、综合治理办公室（应急管理办公室）、综合行政执法办公室（综合行政执法队、规划建设办公室）、农业农村

办公室（经济发展办公室、生态环境保护办公室）、农业农村服务中心（农产品质量安全监管服务中心、水务服务所）、经济发展和财政服务中心、公用事业社会保障服务中心、文旅教体服务中心、退役军人服务站。

梅县区畲江镇党委、政府：党政综合办公室、农业农村办公室（经济发展办公室、生态环境保护办公室）、人大办公室、党建工作办公室（组织人事办公室）、纪检监察办公室、公共服务办公室（党群服务中心）、综合治理办公室（应急管理办公室）、综合行政执法办公室（综合行政执法队）、规划建设办公室（城市管理办公室）；下设农业农村服务中心、经济发展和财政服务中心、公用事业社会保障服务中心、文旅教体服务中心、退役军人服务站。

梅县区南口镇党委、政府：党政综合办公室、人大办公室、党建工作办公室、纪检监察办公室、公共服务办公室、综合治理办公室、规划建设办公室、农业农村办公室、综合行政执法办公室、经济发展办公室；下设农业农村服务中心、财政结算服务中心、文旅教体服务中心、公用事业社会保障服务中心。

梅县区梅西镇党委、政府：党政综合办公室、人大办公室、党建工作办公室（组织人事办公室）、纪检监察办公室、公共服务办公室（党群服务中心）、综合治理办公室（应急管理办公室）、综合行政执法办公室（综合行政执法队）、规划建设办公室、农业农村办公室（经济发展办公室、生态环境保护办公室）。

梅县区城东镇党委、政府：党政综合办公室、人大办公室、党建工作办公室、公共服务办公室、综合治理办公室、综合行政执法办公室、农业农村办公室、规划建设办公室；下设农业农村服务中心、经济发展和财政服务中心、公用事业社会保障服务中心、文旅教体服务中心、退役军人服务站、卫生院。

梅县区梅南镇党委、政府：党政综合办公室、农业农村办公室（经济发展办公室、生态环境保护办公室）、公共服务办公室（党群服务中心）、综合治理办公室（应急管理办公室）、规划建设办公室、党建工作办公室（组织人事办公室）、纪检监察办公室、人大办公室、综合行政执法办公室（综合行政执法队）；下设农业农村服务中心（农产品质量安全监管服务中心、水务服务所）、经济发展和财政服务中心、公用事业社会保障服务中心、文旅教体育服务中心。

梅县区水车镇党委、政府：党政综合办公室、农业农村办公室（经济发展办公室、生态环境保护办公室）、人大办公室、党建工作办公室（组织人事办公室）、纪检监察办公室、公共服务办公室（党群服务中心）、综合治理办公室（应急管理办公室）、综合行政执法办公室（综合行政执法队）、规划建设办公室；下设农业农村服务中心、经济发展和财政服务中心、公用事业社会保障服务中心、文旅教体服务中心、退役军人服务站。

梅县区大坪镇党委、政府：党政综合办公室、人大办公室、党建工作办公室（组织人事办公室）、纪检监察办公室（与区监委派出监察组合署办公）、公共服务办公室（党群服务中心）、农业农村办公室（经济发展办公室、生态环境保护办公室）、综合治理办公室（应急管理办公室）、综合行政执法办公室（综合行政执法队、规划建设办公室）。

梅县区石坑镇党委、政府：党政综合办公室、人大办公室、党建工作办公室（组织人事办公室）、纪检监察办公室、公共服务办公室（党群服务中心）、综合治理办公室（应急管理办公室）、综合行政执法办公室（综合行政执法队、规划建设办公室）、农业农村办公室（经济发展办公室、生态环境保护办公室）；下设农业农村服务中心、经济发展和财政服务中心、文旅教体服务中心、公用事业社会保障服务中心、退役军人服务站。

梅县区石扇镇党委、政府：党政综合办公室、人大办公室、党建工作办公室（组织人事办公室）、纪检监察办公室、公共服务办公室（党群服务中心）、综合治理办公室（应急管理办公室）、综合行政执法办公室（综合行政执法队）、规划建设办公室、农业农村办公室。

梅县区白渡镇党委、政府：党政综合办公室、人大办公室、党建工作办公室、纪检监察办公室、公共服务办公室、综合治理办公室、综合行政执法办公室、规划建设办公室、农业农村办公室；下设农业农村服务中心、经济发展和财政服务中心、公用事业社会保障服务中心、文旅教体服务中心、退役军人服务站。

名　录

领导干部名录

2022 年底梅州市梅县区领导班子成员名单

中共梅州市梅县区委

书　记：温助民

副书记：王　锋

张小兰（女）

常　委：李瑞金

赖启忠

骆小锐

张贤亮

宋碧峰（挂职）

吕瑜泉

赖宇坚

曾万灵

葛建明

梅州市梅县区人民政府

党组书记、区长：王　锋

副区长：张贤亮

宋碧峰（挂职）

吕瑜泉

王宏基

刘演政

陈海晗

陈春妮（女）

彭　华

梅州市梅县区人大常委会

党组书记、主任：曾庆辉

副主任：涂戈峰

谢　芳（女）

王英豪

梁新强

叶世振

张炳荣

政协梅州市梅县区委员会

党组书记、主席：罗时亮

副主席：郭龙元

余洪昌

李　刚

徐婉玲（女）

林作鹏

凌宏志

中共梅州市梅县区纪律检查委员会

书　记：曾万灵

副书记：徐　涛

冯　青

先进名录

先进单位

国家级先进单位一览表

表 50

单位	授予单位	荣誉称号	表彰时间
梅州市梅县区烟草专卖局	国家烟草专卖局	QC 课题发布（便携式烟叶初分扎捆装置的研制）获 2022 年烟草行业优秀质量管理小组成果引进应用奖	2022 年 12 月
梅州市自然资源局梅县分局	中国地理信息产业协会	第三次全国土地调查工作 2022 地理信息产业优秀工程银奖	2022 年 9 月

省级先进单位一览表

表 51

单位	授予单位	荣誉称号	表彰时间
民盟梅州市梅县区委员会	中国民主同盟广东省委员会	庆祝广东民盟组织成立 80 周年先进集体	2022 年 10 月
广东嘉元科技股份有限公司	广东省总工会	广东省五一劳动奖状	2022 年 5 月
广东嘉元科技股份有限公司	广东省人民政府	第七届广东省政府质量奖	2022 年 8 月 23 日
梅州市梅县区工商联梅南商会	广东省工商联	广东省工商联系统“四好”商会	2022 年
梅州市公安局梅县分局松口派出所	广东省公安厅	集体二等功	2022 年 3 月 25 日
梅州市公安局梅县分局刑事侦查大队	广东省公安厅	集体三等功	2022 年 9 月 15 日
梅州市梅县区人民检察院	广东省人民检察院	全省新时代“五好”基层检察院	2022 年 11 月
梅州市梅县区农业农村局国家现代农业产业园	广东省农业农村厅	梅县区国家现代农业产业园通过农业农村部考核认定	2022 年 2 月 14 日
梅州市梅县区农业农村局	广东省农业农村厅、广东省文化和旅游厅	梅县区获评 2021 年度省级休闲农业与乡村旅游重点县	2022 年 3 月 16 日
梅州市梅县区农业农村局梅县区茶叶产业园	广东省农业农村厅	梅县区茶叶产业园入选 2022 年茶叶省级现代农业产业园建设名单	2022 年 5 月 31 日
梅州市梅县区烟草专卖局	广东省烟草专卖局（公司）	QC 课题发布（便携式烟叶初分扎捆装置的研制）获全省烟草商业系统 2022 年度优秀质量管理小组成果引进应用奖	2022 年 5 月

续表 51

单位	授予单位	荣誉称号	表彰时间
中国农业银行梅州梅县支行	农行广东省分行	县域存款组织先进支行	2022 年 5 月
国家税务总局梅州市梅县区税务局	中共广东省委员会	广东省依法治省工作先进单位	2022 年 9 月 15 日
国家税务总局梅州市梅县区税务局（第一税务分局）	广东省妇女委员会	广东省“巾帼文明岗”	2022 年 2 月 14 日
梅州市梅县区文化广电旅游局梅州市梅县区图书馆	广东省文化和旅游厅	2022 年世界阅读日粤港澳创作比赛优秀组织奖	2022 年 4 月
梅州市梅县区文化广电旅游局梅州市梅县区图书馆	广东图书馆学会	“书香童年　美声传悦”——2022 年广东青少年美文朗诵“优秀组织单位”	2022 年 5 月
梅州市梅县区文化广电旅游局梅州市梅县区图书馆	广东图书馆学会、广东省立中山图书馆	“行走粤读”线上阅读挑战赛优秀组织奖	2022 年 7 月
梅州市梅县区文化广电旅游局梅州市梅县区图书馆	安徽省非物质遗产文化遗产保护中心	表演唱《转妹家》荣获安徽省 2022“界首杯”优秀曲艺作品网络展演优秀作品奖	2022 年 9 月
梅州市梅县区文化广电旅游局梅州市梅县区客家山歌传承保护中心	广东省普法办公室、广东省司法厅	山歌对唱《七五普法系万家》广东省第三届法治文化节系列活动“法润人心”法治文艺作品评选，荣获“优秀奖”	2022 年 1 月 4 日
梅州市梅县区消防救援大队	广东省总消防总队	集体三等功	2022 年 6 月 1 日
梅州市梅县区应急管理局	中共广东省委宣传部、广东省应急管理厅	2021 广东最美应急集体	2022 年 1 月
梅州市梅县区石扇镇人民政府	广东省乡村振兴局	2021 年广东省乡村治理“百镇千村”示范镇	2022 年 1 月 17 日
梅州市梅县区松口镇人民政府（南下村民委员会）	广东省委农村工作、广东省委组织部	乡村治理示范村	2022 年
梅州市梅县区雁洋镇人民政府（长教村民委员会）	广东省研学旅行协会	首批“广东省乡村研学旅行特色村”	2022 年 7 月 5 日

先进个人

国家级先进个人一览表

表 52

单　位	姓　名	授予单位	荣誉称号	授称时间
梅县区总工会	钟孟捷	中华全国总工会	全国五一劳动奖章	2022 年 5 月
梅县区公安分局	廖英隆	公安部	全国优秀人民警察	2022 年 5 月 8 日
梅县区公安分局	叶梅东	公安部	政治工作成绩突出个人	2022 年 6 月 25 日
梅县区农业农村局	林国升	农业农村部农业机械化总站	首届“最美农机推广员”	2022 年 9 月 13 日
梅州市自然资源局梅县分局	刘燕明	中央档案馆、国家档案局	“从事档案工作三十年”荣誉证书	2022 年 9 月
梅州市梅县区程江镇人民政府	廖英隆	公安部	全国优秀人民警察	2022 年 5 月 25 日
梅州市梅县区雁洋镇人民政府	侯　冰	共青团中央	全国优秀共青团员	2022 年 4 月 18 日
梅州市梅县区雁洋镇人民政府	陈仕贤（塘心村）	全国妇联	2022 全国最美家庭	2022 年 8 月 23 日

省级先进个人一览表

表 53

单　位	姓　名	授予单位	荣誉称号	授称时间
梅县区纪律检查委员会	包雅欢	广东省委党史研究室	精品宣讲（作品：心中存信仰，使命显担当）	2022 年 9 月
梅县区纪律检查委员会	包雅欢	广东省委宣传部	优秀理论宣讲微视频（作品：在刀尖上行走的老红军——卢伟良）	2022 年 12 月
梅县区纪律检查委员会	钟广青	广东省纪委监委	表现突出嘉奖	2022 年 11 月
梅县区信访局	黄庆玲	广东省信访工作联席会议办公室	2022 第二季度被评为争当“广东信访铁军标兵”活动表现突出个人	2022 年 7 月
民革梅县区委员会	李朝晖	民革广东省委员会	2017–2022 年度广东民革优秀党务工作者	
民革梅县区委员会	赵严君	民革广东省委员会	2017–2022 年度广东民革优秀党员	
民盟梅州市梅县区委员会	叶柳华	广东省体育局	广东省“十三五”时期群众体育工作先进个人	2022 月 10 日
农工党梅县区委员会	宋宏中	广东省医学会、广东省医师协会	第六届“南粤好医生”	2022 年 12 月 20 日
九三学社梅州市梅县区支社	肖秋兰	九三学社广东省委员会	九三学社广东省组织工作先进个人	2022 年 6 月
梅县区工商联	林　诞	广东省工商联	全省工商联 2022 年度民营企业调查点工作先进个人	2022 年
梅县区公安分局	余　军	广东省公安厅	个人二等功	2022 年 3 月 25 日

续表 53

单　位	姓　名	授予单位	荣誉称号	授称时间
梅县区公安分局	陈　正	广东省公安厅	个人三等功	2022 年 9 月 15 日
梅县区公安分局	吴春新	广东省公安厅	个人三等功	2022 年 9 月 15 日
梅州市梅县区人民检察院	曾　悦	广东省人民检察院	政法队伍教育整顿中获“个人三等功”	2022 年 4 月 18 日
梅州市梅县区人民检察院	张丽如	广东省人民检察院	2021 年度全省优秀调研人员	2022 年 3 月 30 日
梅县区农业农村局	罗杏良	广东省农业农村厅	获评 2022 年广东“先进最美农安卫士”	2022 年 7 月 14 日
梅县区农业农村局	温康林	广东省农业农村厅	获评 2022 年“广东农技推广能手”	2022 年 9 月 6 日
梅州市生态环境局梅县分局	肖艳蕾	广东省生态环境厅、广东省人社厅、广东省总工会、共青团广东省委员会、广东省妇联	广东省第三届生态环境监测专业技术人员练兵比武活动个人总分三等奖	2022 年 10 月
梅县区烟草专卖局（分公司）	何伟仙	广东省局教育培训中心	2022 年度广东烟草商业系统管理人员综合能力培训班（两期）“优秀学员”	2022 年 6 月
中国农业银行梅州梅县支行	朱晓茹	农行广东省分行	青年岗位能手	2022 年 8 月日
梅县区文化广电旅游局	宋雯妮	广东省文化和旅游厅	创作小品《被偷走的时光》获广东省群众文艺创作评比二等奖	2022 年 10 月
梅县区文化广电旅游局	宋雯妮	广东省文化和旅游厅	创作小品《一条狗的外卖》获广东省群众文艺创作评比三等奖	2022 年 10 月
梅县区文化广电旅游局	巫启胜	广东省木偶皮影艺术学会	木偶提线节目《县官升堂》参加喜迎党的二十大胜利召开广东省优秀木偶皮影剧（节）目展演获评优秀展演节目	2022 年 7 月
梅县区文化广电旅游局	张彦创	广东省木偶皮影艺术学会	木偶提线节目《猴趣》参加喜迎党的二十大胜利召开广东省优秀木偶皮影剧（节）目展演获评优秀展演节目	2022 年 7 月
梅县区文化广电旅游局	黄锦涛	广东省木偶皮影艺术学会	木偶提线节目《蓝继子选段：探监》参加喜迎党的二十大胜利召开广东省优秀木偶皮影剧（节）目展演获评优秀展演节目	2022 年 7 月
梅县区应急管理局	陈国和	广东省防汛防旱防风指挥部、广东省应急管理厅	2022 年三防工作表现突出个人	2022 年 12 月
松口镇人民政府	徐盛华	广东省农业农村厅	广东省农村乡土专家	2022 年 9 月
松口镇人民政府	赖志南	广东省农业农村厅	广东省农村乡土专家	2022 年 9 月
粤东医院	麦海燕	中共广东省委宣传部	第八批广东省岗位学雷锋标兵	2022 年 3 月

坚定信心抓发展　乘势而上开新局
全力推动梅县老区苏区加快振兴共同富裕

——在区委二届三次全会第一次全体会议上的报告

温助民

（2023 年 1 月 11 日）

这次全会的主要任务是，以习近平新时代中国特色社会主义思想为指导，全面贯彻党的二十大精神，传达贯彻中央经济工作会议、中央农村工作会议以及省委十三届二次全会、省委经济工作会议和市委八届五次、六次全会精神，认真落实省委黄坤明书记来梅调研指示要求，总结 2022 年工作，部署 2023 年工作，动员全区上下坚定信心、踔厉奋发、攻坚克难、竞标争先，以高质量发展为牵引，全面参与赣闽粤原中央苏区对接融入粤港澳大湾区振兴发展先行区建设，全力推动梅县老区苏区加快振兴、共同富裕，奋力谱写中国式现代化梅县发展新篇章。

现在，我受区委常委会委托，向全会作工作报告，请予审议。

一、坚持“三个全面”，学深悟透笃行党的二十大精神

党的二十大是在全党全国各族人民迈上全面建设社会主义现代化国家新征程、向第二个百年奋斗目标进军的关键时刻召开的一次十分重要的大会，是一次高举旗帜、凝聚力量、团结奋进的大会。这次大会最重要的政治成果是选举产生了以习近平同志为核心的新一届中央领导集体，最重要的理论成果是开辟了马克思主义中国化时代化新境界，最重要的实践成果是描绘了全面建设社会主义现代化国家、以中国式现代化全面推进中华民族伟大复兴的宏伟蓝图，最重要的制度成果是通过了党章修正案。党的二十大精神内涵丰富、博大精深，为新时代新征程党和国家事业发展、实现第二个百年奋斗目标指明了前进方向、确立了行动指南。我们要深入贯彻习近平总书记“全面学习、全面把握、全面落实”的重要指示精神，在深学笃行上持续下功夫，牢牢把握党的二十大思想精髓、核心要义，紧跟总书记、奋进新征程、建功新时代。

（一）深刻领会“两个确立”的决定性意义。“两个确立”是在新时代伟大斗争实践中形成的，是创造新时代中国特色社会主义伟大成就的根本所在。党的二十届一中全会选举产生了以习近平同志为核心的新一届中央领导集体，充分体现了全党共同意志，充分反映了亿万人民共同心愿。党的二十大要求全党深

刻领悟“两个确立”的决定性意义，全面贯彻习近平新时代中国特色社会主义思想，把这一思想贯彻落实到党和国家工作各方面、全过程。我们要深刻领悟“两个确立”是党应对一切不确定性的最大确定性、最大底气、最大保证，把坚决维护核心作为首要的“国之大者”，自觉捍卫核心地位、维护核心权威、紧跟核心奋斗，始终在政治立场、政治方向、政治原则、政治道路上，同以习近平同志为核心的党中央保持高度一致。

（二）深刻领会习近平新时代中国特色社会主义思想的世界观和方法论。党的十九大、十九届六中全会提出的“十个明确”“十四个坚持”“十三个方面成就”，概括了习近平新时代中国特色社会主义思想的主要内容。在此基础上，党的二十大用“六个坚持”系统阐明了习近平新时代中国特色社会主义思想的世界观和方法论，开辟了马克思主义中国化时代化新境界，是新时代中国共产党人理论创造、实践探索、政治品格的集中体现。新时代新征程，必须坚持不懈用习近平新时代中国特色社会主义思想凝心铸魂，坚持好、运用好贯穿其中的立场观点方法，学用结合、知行合一，始终用党的创新理论武装头脑、指导实践、推动工作。

（三）深刻领会新时代新征程党的使命任务。党的二十大描绘了以中国式现代化全面推进中华民族伟大复兴的宏伟蓝图，阐述了中国式现代化的中国特色、本质要求和必须牢牢把握的重大原则，这是新时代新征程全党的使命任务。学习贯彻党的二十大精神，要深刻把握全面建成社会主义现代化强国总的战略安排和未来五年的主要目标任务，完整、准确、全面贯彻新发展理念，主动服务融入新发展格局，牢牢把握苏区融湾振兴发展机遇，推动梅县老区苏区加快振兴、共同富裕，在推进中国式现代化中，展现梅县作为、体现梅县担当、作出梅县贡献。

（四）深刻领会“三个务必”的伟大号召。习近平总书记在党的二十大报告中，首次提出了“三个务必”的重要论断，强调务必不忘初心、牢记使命，务必谦虚谨慎、艰苦奋斗，务必敢于斗争、善于斗争。这是对党百年奋斗历程宝贵经验的深刻总结，是对全党同志走好新的“赶考”之路、担负新时代使命任务的政治警醒，体现了强烈的政治担当、忧患意识和斗争精神。我们要深刻学习领会“三个务必”的丰富内涵，始终保持“赶考”的清醒和坚定，传承发扬“孺子牛、拓荒牛、老黄牛”精神，以抓铁有痕、踏石留印的干劲与韧劲，一年接着一年干、一锤接着一锤敲、一棒接着一棒跑，团结奋斗、攻坚克难、爬坡过坎、勇毅前行，不断开创红色苏区绿色发展新局面，闯出梅县现代化建设的新天地。

二、坚持两个统筹，经济社会发展实现稳中向好

过去一年，我们以迎接、宣传、贯彻党的二十大为主线，认真落实“疫情要防住、经济要稳住、发展要安全”的重要要求，狠抓发展第一要务，全面激发内生动力，统筹疫情防控和经济社会发展，统筹发展和安全，各项事业稳中有进、稳中向好。预计全年实现地区生产总值 241.3 亿元，实现扭负为正。入选国家农业现代化示范区、全国传统村落集中连片保护利用示范区创建名单，获评 2022 中国最美县域、全国基层中医药工作先进单位、省制造业发展较好县、省级休闲农业与乡村旅游重点县。

一年来，面对全面从严治党的时代课题，我们对标对表、抓实党建，营造比学赶超浓厚氛围。始终把党的政治建设摆在首位，严格执行省委坚决落实“两个维护”十项制度机制，持续巩固深化肃清李嘉、万庆良恶劣影响成果。严格落实第一议题制度，扎实开展学习宣传贯彻党的二十大精神系列活动，学懂弄通习近平总书记重要讲话和重要指示批示精神，忠诚拥护“两个确立”、坚决做到“两个维护”。坚持党管宣传、党管媒体、党管意识形态，凝聚团结奋进、共促发展的强大合力。深入实施加强党的基层组织建设三年行动计划，出台村级党组织书记抓党建促乡村振兴绩效考核办法，强力整顿软弱涣散村党组织，打造 71 个党建工作典型示范点。持续完善街道“大工委”、社区“大党委”工作机制，新建小区党支部 29 个、网格党支部 38 个、两新组织党支部 11 个，基层党建体系更加健全。创新开展“奋进新征程·建功新时代”比学赶超活动，各级各部门比实干、比发展、比贡献，你追我赶、竞标争先、奋发有为，126 个“自选项目”相继落地见效。深入推进党风廉政建设，坚定不移深化政治巡察，严查违规违纪问题，持之以恒纠治“四风”，完成 7 个镇、16 个区直单位、153 个村巡察，查处违反中央八项规定精神案件 82 件、党纪政务处分 82 人，政治生态持续净化优化。

一年来，面对疫情防控的严峻形势，我们因时因势、科学施策，全力守护人民群众生命健康。始终坚持人民至上、生命至上，准确把握疫情防控形势，因

时因势调整应对举措。快速高效处置“0818”“1108”和“1120”输入疫情。严格落实国家二十条、新十条优化措施，制定具体落实举措，健全应急指挥体系，优化核酸检测、调整隔离方式、加快疫苗接种、强化个人防护、保障医疗资源，精准开展分级分类救治，以科学有效的手段最大程度守护人民群众生命安全和身体健康，实现平稳转段，最大限度减少了疫情对经济社会发展的影响。

一年来，面对经济爬坡过坎的发展重任，我们大抓工业、延链补链，实体经济稳中有进。坚持制造业当家，走实走好工业强区、产业兴区发展道路，大力实施延链补链强链工程，一手抓招商引资、一手抓增资扩产，铜箔、装备制造、智能家电“2+1”现代产业成为经济增长的主要动力。工业投资完成总量、增速稳居全市前列，宝新能源、嘉元科技、超华科技上榜“2022广东民营企业500强”。铜箔产业发展一枝独秀，全市历史上单体投资最大的工业项目——投资81亿元的嘉元时代年产10万吨高性能电解铜箔项目动工建设，嘉元科技年产3.1万吨锂电铜箔项目全部投产，超华科技年产600万张高端芯板、年产1万吨锂电铜箔项目顺利开工。全区铜箔年实际产能达到9.6万吨、约占全国产能的10.6%，在建产能11万吨，成为全国重要铜箔生产基地。坚定实施创新驱动发展战略，广东高性能电解铜箔区域创新中心加快建设，9家企业通过高新技术企业专家评审，32家企业通过国家科技型中小企业认定，11家企业上榜全省“专精特新”企业，全区产业核心竞争力、企业自主创新力明显提高。

一年来，面对改革发展的叠加机遇，我们积极争取、主动把握，发展势能后劲不断积蓄。积极参与赣闽粤原中央苏区对接融入粤港澳大湾区振兴发展先行区建设，全力争取省“1+N”政策支持，主动对接省发改委、省旅游控股集团、国家开发银行广东分行对口支援和广州增城对口帮扶，梅县高铁新城、九龙嶂抽水蓄能电站等重点基础设施、重点产业项目纳入“梅州方案”。清单式推进重点改革，共青团综合改革国家试点全面完成，畲江城乡融合发展省级试点稳步推进，国企改革成效初显，三宜集团实现良性运营。健全完善先进制造业招商引资政策措施，对重大招商项目实行“一企一策”“一事一议”，积极兑现1.3亿元奖补资金，激发企业内生动力，增强企业发展信心。深入实施领导挂点服务企业制度，深化“放管服”改革，优化政务服务“一网通办”，行政审批事项100%网上受理、100%网上办结。大力推广“容缺受理＋并联审批＋以函代证”机制，最大限度压减项目审批时限，嘉元时代年产10万吨铜箔项目从签约到动工仅用半年时间，刷新了“梅县速度”，创造了“梅州纪录”。52项重点项目完成投资58.74亿元，超额完成年度投资计划。梅县产业集聚地完成工业产值65.82亿元，位居全市前列，成功创建省级新一代电子信息技术（电子专用材料）特色产业园。梅州综合保税区首期实现封关运营，二期正式动工建设，进出口总额突破8亿元。梅州国际无水港如期建成。梅龙高铁、瑞梅铁路、东西部快线建设提速，汕梅高速改扩建项目正式动工，国省道路面年度改造任务全面完成，“内畅外联”现代交通体系加快构建。

一年来，面对乡村振兴的使命任务，我们突出特色、强农兴农，乡村质态业态持续提升。坚持“三级书记”抓乡村振兴，努力推动农业全面升级、农村全面进步、农民全面发展。落实“长牙齿”措施，大力推进撂荒耕地复耕复种，全面完成省、市下达目标任务。持续培育壮大金柚、茶叶等优势产业，国内首条柚苗生产线建成投产，高标准高质量建成国家金柚现代农业产业园，入选省级茶叶现代农业产业园建设名单。加快建设松口大黄、南口侨乡产业社区试点，示范引领打造一批经济强村，全区76%的行政村集体经济收入达到10万元以上。制定农房风貌改造提升、老屋拯救行动等奖补政策，扎实推进美丽乡村示范“1+N”工程建设，加快打造“三色同辉、三产融合、三线同美”的“叶帅故里·大美梅县”丙雁乡村振兴示范带。坚持“一河一路一树一花一景”理念，持续推进“三江四线”生态景观廊道建设，全年造林抚育4.5万亩、建设水源林2.4万亩，省道S223线、梅畲快线沿线林分改造成为全市示范项目。深入打好蓝天碧水净土保卫战，实施3宗水生态清洁小流域治理工程，完成34个自然村农村生活污水治理任务， 6个地表水考核断面平均水质优良率100%，城区空气质量优良率达99.4%，水土保持目标责任考核获全市唯一优秀等次。

一年来，面对人民群众美好生活的目标追求，我们量力而行、尽力而为，稳步增进民生福祉。聚焦群众所需、所盼、所想，用心用情用功办好民生实事。深入推进“粤菜师傅”“广东技工”“南粤家政”工程，发放困难企业援企稳岗补贴2.1亿元，新增城镇就业 2662 人。落实“双减”政策，实现义务教育课后服务全覆盖。新增中小学学位 800 个、普惠性学前学位 900 个。粤东医院高水平医院建设扎实推进，医联体建设成果显著，基层医疗服务能力明显提升。积极创建全国文明城市，大力推进交通、市场、管线、铁皮瓦、背街小巷、门前三包等“六大专项整治”，有序实施“十个一批”城建民生项目，48 个老旧小区、17 家农贸市场完成改造提升，传承“梅县记忆”的档案馆落成启用，宪梓公园基本建成，人民公园启动规划建设。全力加快文旅名城建设，松口古镇开始“亮灯”，松口爱春楼、畲江作庐入选第十批省文物保护单位。

一年来，面对完善社会治理体系的创新要求，我们坚守底线、筑牢防线，保持社会大局安全稳定。以“时时放心不下”的责任感，统筹发展和安全。抓好“喜迎二十大·忠诚保平安”五大专项行动，常态化开展扫黑除恶斗争，稳妥化解海晟集团非法集资风险，有效防范政治、意识形态等十大风险隐患。扎实推进市域社会治理现代化工作，成功打造新城办全科网格市级试点。深入排查整治危化品、非煤矿山、自建房、地质灾害等安全隐患，做好防汛防台风防灭火等工作，切实保障人民群众生命财产安全。

一年来，区委常委会坚持总揽全局、协调各方。支持人大、政协依法依章程履行职责，加强法治政府建设，保证司法机关依法独立公正行使职权。支持各民主党派、工商联、无党派人士参政议政，加强民族、宗教、港澳台侨等工作，构建大统战工作格局。充分发挥工青妇等群团组织联系群众、服务群众的作用。加强党管武装工作，促进军民融合发展。全区上下处处呈现心齐、气顺、劲足的发展局面。这是坚定贯彻习近平新时代中国特色社会主义思想的结果，是严格落实中央、省委、市委决策部署的结果，是全区广大党员干部团结拼搏的结果。在此，我代表区委，表示衷心的感谢并致以崇高的敬意！

三、坚持发展第一要务，奋力推动梅县老区苏区高质量发展

党的二十大报告指出，高质量发展是全面建设社会主义现代化国家的首要任务，是中国式现代化的本质要求。中央经济工作会议强调，要着力推动高质量发展，为全面建设社会主义现代化国家开好局、起好步。省委十三届二次全会、省委经济工作会议提出，以高质量发展为牵引，紧紧抓住产业项目、工业投资、产业平台，实施“大产业”“大平台”“大项目”“大企业”“大环境”五大提升行动，奋发有为做好全年经济工作。

省委坤明书记对老区苏区人民特别关爱、特别牵挂，在省委全会后第一时间就来到梅州调研指导，主要行程都在梅县。调研期间，坤明书记深入我区农村、企业、革命纪念地、自然保护区，一路走一路看一路听，对实体经济发展、乡村全面振兴、红色文化传承、生态保护建设等工作给予充分肯定、悉心指导，要求我们切实把思想和行动统一到党的二十大精神上来，对照省委全会部署，找准新起点上现代化建设的着力点、突破口，抓住用好建设苏区融湾先行区等机遇，以时不我待的精神加快振兴发展步伐，在新征程上展现锐意进取、奋发有为的新面貌新气象。一要坚持以制造业当家夯实发展根基，不断吸聚大项目好项目，推动电子信息、机电制造等支柱产业转型升级、提质增效，扶持新能源、新材料等新兴产业加快发展、聚能成势。二要大力推进强县促镇带村，抓住实施“百县千镇万村高质量发展工程”重大机遇，持续壮大县域经济，强化乡镇联城带村功能，建设富有特色的和美乡村。三要努力在生态建设上走在前列，着力在扩大绿量、提高绿质、增强绿效上下功夫，打好蓝天碧水净土保卫战，发展林下经济、生态旅游等产业，不断巩固提升绿色生态优势。四要用心用情保护好历史文化资源，深入挖掘丰富内涵和时代价值，为推进现代化建设提供更持久更深厚的精神力量。五要更好统筹疫情防控和经济社会发展，最大程度保护人民生命安全和身体健康，最大限度减少疫情对经济社会发展的影响。

近期召开的市委八届五次、六次全会，按照党的二十大战略部署、省委工作安排和坤明书记调研指示要求，紧密联系梅州实际，强调要把高质量发展作为梅州现代化建设的首要任务，牢牢扭住实体经济、乡村振兴两大重点，在新征程上加快实现全面振兴发展。

2023 年是全面贯彻党的二十大精神的开局之年。今年工作的总体要求是：坚持以习近平新时代中国特色社会主义思想为指导，深入贯彻习近平总书记对广东系列重要讲话和重要指示批示精神，认真落实中央经济工作会议决策部署，按照省委全会、坤明书记来梅调研指示要求和市委全会工作安排，坚持稳中求进工作总基调，完整、准确、全面贯彻新发展理念，构

建新发展格局，推动高质量发展，大抓实体经济、乡村振兴，奋起直追、迎头赶上，奋力打造“绿水青山就是金山银山”广东样本，全力推动梅县老区苏区加快振兴共同富裕，为梅县全面建设社会主义现代化开好局、起好步。

今年全区的发展目标是：地区生产总值增长5.5%，一般公共预算收入增长5%，全体居民人均可支配收入增速与经济增速基本同步。这些指标经区委常委会研究，符合中央和省委、市委经济工作会议精神，符合梅县实际，有利于引导预期。我们要坚定信心、鼓足干劲、确保完成，重点抓好九方面工作。

*（一）着力推进苏区融湾先行区建设。*加快老区苏区振兴发展，推动老区苏区人民与全国全省一道迈向共同富裕，是我们必须扛紧扛牢的政治责任和使命担当。近段时间以来，党中央国务院、省委省政府接连出台支持老区苏区振兴发展的政策文件。国家发改委、财政部印发《支持梅州对接融入粤港澳大湾区加快振兴发展总体方案》。省第十三次党代会明确支持梅州建设赣闽粤原中央苏区对接融入粤港澳大湾区振兴发展先行区。省委省政府正在制定“1+N”落实政策，并同步出台《省直机关及有关单位对口支援重点老区苏区工作方案》，明确由省发改委、省旅游控股集团、国家开发银行广东分行对口支援我区。这些政策措施是梅县全面振兴千载难逢的大好机遇、强大引擎。全区上下必须把先行区建设作为“一把手”工程，准确识变、科学应变、主动求变，全面谋划重大项目、重大产业、重大平台，切实把政策机遇转为发展实效，努力做优产业、做大规模、做大总量、做大蛋糕，推动经济实现质的有效提升和量的合理增长，争当县域经济发展排头兵。要抓紧制定方案、列出清单、细化措施，主动跟进省、市“1+N”政策出台，争取更多打基础、利长远的政策、措施、项目列入国家、省“盘子”，推动国家、省、市确定的任务清单一一落实到位。

*（二）着力推进实体经济高质量发展。*党的二十大报告指出，要坚持把发展经济的着力点放在实体经济上。省委坤明书记来梅调研时强调，要坚持以制造业当家夯实发展根基。区第二次党代会提出聚力发展实体经济，打造高质量发展新引擎，力争用5年时间打造1个百亿产值产业集群、1个300亿产值工业走廊、1家千亿市值上市企业。这一思路举措符合中央部署和省、市要求，是老区苏区加快振兴、共同富裕的有力抓手。全区上下必须坚定信心决心，坚定不移走好工业强区、产业兴区之路，做强做大实体经济、总部经济、城市经济，为全面振兴发展奠定坚实基础。

一要全力培育产业集群。坚持一手抓招商引资、一手抓增资扩产，持续推进稳链补链延链强链。要把招商引资作为“一把手”工程，四套班子齐上阵、全区上下总动员，坚持以商引商、以链招商、以侨引商、联合招商，探索“以投代引”资本招商模式，力争每年签约一批、动工一批、投产一批重大产业项目。要全力加快嘉元时代、嘉元科技、超华科技、BPW车轴、盛富金属等18个增资扩产项目建设，力促石墨、铝箔等产业链上下游项目落地建设，久久为功、全力加快构建铜箔、装备制造、智能家电“2+1”现代产业体系，开辟梅县发展新领域、新赛道。二要全力构筑产业平台。加快推进梅州综合保税区二期建设，确保年底封关验收，积极争取广铁集团合作运营梅州国际无水港，推动铁海联运、区港联动发展。高标准建好梅县产业集聚地，实施省级新一代电子信息技术（电子专用材料制造）特色产业园提质增效工程，积极谋划布局大湾区“飞地园区”建设，努力打造全省首批区域产业转移主平台，更好融入新发展格局。三要全力支持创新发展。强化企业科技创新主体地位，充分发挥嘉元科技国家企业技术中心引领作用，大力支持广东电解铜箔区域创新中心建设。落实“人才振兴16条”，实施“青梅”“金谷”等五大人才计划，做好人才“引育留用”文章，全面激发创新创造活力，着力打造嘉元科技百亿企业，带动培育更多“专精特新”企业，努力构建大企业顶天立地、小企业铺天盖地的发展格局。四要全力完善基础设施。抢抓国家适度超前加快基础设施建设的机遇，积极谋划一批交通、水利、能源、环保、新基建项目，加快推进梅龙高铁、瑞梅铁路、东西部快线、汕梅高速改扩建等项目建设，力争长深高速白渡出口、汕昆高速畲江出口早日动工，构建“内畅外联”现代综合交通体系。五要全力优化营商环境。坚持“用户思维”，树立“人人都是营商环境”的理念，以“母亲式”服务打造亲商、爱商、富商的创业福地。深入实施领导挂点联系服务企业制度，积极推进“极简审批”改革，健全完善项目服务专班机制，大力推广“容缺受理＋并联审批＋以函代证”，加快探索“部门代办”模式，推动更多资金、土地、用能、金融等要素硬指标向“打粮食”项目倾斜，以强有力的举措为实体经济“保驾护航”，努力营造国企敢干、民企敢闯、外企敢投的良好氛围。

（三）着力推进乡村全面振兴。坚持农业农村优先发展，深入落实“百县千镇万村高质量发展工程”，大力推进强县促镇带村，让农业强起来、农村美起来、农民富起来，全力建设富强绿美新县域，争当广东乡村振兴新典范。一要坚决树牢责任意识。坚持“三级书记”抓乡村振兴，严格落实《乡村振兴责任制实施办法》，构建职责清晰、各负其责、合力推进的乡村振兴责任体系，守牢粮食安全和不发生规模性返贫两条底线。二要全力建设和美乡村。坚持多镇多村联动，建立“区委统筹、政府落实、乡镇推动、部门联合、群众参与”工作机制，全力创建丙雁松省级乡村振兴示范带，构建“1+N”美丽乡村建设新格局。深入实施农村人居环境综合整治，持续推进厕所革命，完善农村基础设施长效管护机制，加大农房风貌管控提升力度，让乡村各美其美、美美与共。统筹中心镇、专业镇、特色镇建设，深化镇街体制改革，加快建设畲江、雁洋、梅西等美丽圩镇示范点，把乡镇打造成为乡村治理中心、农村服务中心、乡村经济中心。三要大力发展现代农业。实施农业“两园一轴四片区”发展规划，在特色化、标准化、规模化、品牌化上下功夫，努力建好国家农业现代化示范区。做大做强金柚、绿茶等优势产业，做优做精小龙虾、肉鸽等特色产业，加快建设乡村产业社区，培育一批产业强村、经济强村。用好省“预制菜十条”政策，着力打造客家盐焗食品、石扇咸菜等特色品牌，努力招引一批头部食品加工、供应链企业落户梅县，以农业工业化理念加快推动一二三产业融合发展。

（四）着力推进绿美梅县行动。统筹推进山水林田湖草沙一体化保护修复，积极参与绿美广东生态建设，高质量建好“绿水青山就是金山银山”实践创新基地，在高质量发展中实现高水平保护，打造美丽中国实践“梅县样板”。一要抓提升。坚持乔灌结合、错落有致，有序推进林分改造、林相提升，高效实施国储工程，着力扩大绿量、提高绿质、增强绿效，让梅县青山常在、秀水长清、四季有花、处处皆景。坚持“一河一路一树一花一景”理念，高标准建设“三江四线”生态景观廊道，着力将东部快线建成樱花大道，西部快线建成梅花大道，打造开门见绿、推窗见景、城在林中、村在景中的森林城市、绿美乡村，争当绿美广东示范县。二要抓治污。落实“三线一单”分区管控，持续深入打好蓝天碧水净土保卫战，补齐城乡环保设施短板，抓好中央环保督察反馈问题整改，完善环保设施管护机制，巩固提升绿色生态优势，筑牢粤北生态屏障。三要抓“双碳”。积极稳妥推进碳达峰碳中和，发展绿色低碳产业，加快推进九龙嶂抽水蓄能电站、宝丽华荷树园电厂四期项目落地，主动参与碳排放权交易、林业碳汇试点，探索建立生态产品价值实现机制，努力完成碳排放“双控”目标任务。

（五）着力推进城市提质扩容。坚持“大提质、小扩容”，尊重规律、因地制宜，创建国家新型城镇化建设示范区。一要优化城市规划布局。围绕构建“一中心四片区”城市发展格局，科学规划建设槐岗片区、高铁片区、丙雁片区、畲江片区，着力打造高铁新城、畲江产城融合发展先导区，推动城市经济、总部经济、高铁经济加快发展。二要提升城市品位。坚持每年提升一条主干道、改善一个片区。加快推进梅县人民公园、全民健身中心、程江滨水公园建设，持续改造提升老旧小区，完善充电桩、停车场等基础设施，让市民生活更舒心。三要加强精细管理。坚持以“绣花功夫”精细化、智慧化管理城市，优化提升“智慧梅县”综合管理平台，健全完善城市管理机制，深入开展“两美”行动和“六大专项整治”，积极创建全国文明城市，努力实现城市让生活更美好。

（六）着力推进文旅名城建设。坚持文化引领、文旅融合，举旗帜、聚民心、育新人、兴文化、展形象，为梅县现代化建设提供更加持久深厚的精神力量。一要繁荣客家文化。保护好古村落、名人故居，传承好梅县客家竹板歌等特色非遗文化，建设好客家文化云平台，实施非遗传承人和客家山歌名家培养工程，扎实推进围龙屋申遗，努力建好客家文化生态保护实验区，助力梅州打造全球客家文化传播推广中心。二要擦亮红色品牌。活化利用叶剑英故居、九龙嶂革命根据地旧址群、同怀别墅等红色资源，高质量创作一批红色文艺作品，讲好梅县革命故事，铭记光辉历史，传承红色基因，赓续红色血脉，打响叶帅故里、红色苏区品牌。三要壮大文旅产业。发挥雁南飞头部企业辐射带动作用，创新提升雁山湖、灵光寺、客都人家等景区文化内涵、业态内容。学习借鉴浙江乌镇的经验做法，加快推进松口古镇保护开发，激活“海丝”节点文旅资源，串珠成链打造丙雁松旅游集聚区，高质量建好国家全域旅游示范区。抓住疫情防控措施优化和国家提振消费的机遇，加大文旅产业推介力度，适时举办“相约梅县”等系列宣传活动，鼓励发展红色游、生态游、乡村游，争取梅县文旅产业在今年春节“红火”起来。

（七）着力推进平安梅县建设。坚持统筹发展和安全，贯彻落实总体国家安全观，打造全国最安全稳定、最公平公正、法治环境最好的地区之一，以新安全格局保障新发展格局。一要维护社会安全稳定。全力防范化解政治、经济、意识形态、公共安全等十大风险隐患，常态化开展扫黑除恶斗争，扎实推动房地产市场平稳发展，加强食品药品安全监管，做好安全生产、应急管理工作，健全重大风险应急处置机制，以平时平安确保长治久安。二要强化基层治理。用好新时代“枫桥经验”，扎实做好信访维稳和矛盾纠纷排查化解工作，全面推进城乡全科网格服务管理体系建设，加快完善“综合网格＋综治中心＋平安云平台”工作机制，努力营造共建共治共享社会治理格局。三要建设“法治梅县”。实施法治建设“一规划两纲要”，扎实推进依法治区、依法行政，深化镇街综合行政执法改革，全面推进严格规范公正文明执法，以法治建设新成效为梅县高质量发展保驾护航。

（八）着力推进全过程人民民主。坚持人民主体地位，保证人民依法行使民主权利，巩固发展安定团结的政治局面。一要加强人民当家作主制度保障。支持人大依法行使监督权、决定权、任免权，更好发挥人大代表作用，提升人大监督实效，促进决策科学化民主化法治化。二要畅通群众利益表达渠道。积极发展基层民主，健全基层党组织领导的基层群众自治机制，及时回应广大群众关切。三要坚持政治协商制度。支持政协履行政治协商、民主监督、参政议政职能，发挥协商民主在推动经济发展、环境保护、民生改善等方面的重要作用，广泛凝聚共识，围绕中心、服务大局。四要巩固发展爱国统一战线。加强同民主党派和无党派人士的团结合作，做好民族、宗教、新社会阶层和港澳台侨工作，完善大统战工作格局。深化工青妇等群团组织改革建设，有效发挥桥梁纽带作用，汇聚共促振兴发展的强大合力。

（九）着力推进民生福祉改善。江山就是人民，人民就是江山。坚持以人民为中心的发展思想，量力而行、尽力而为，在发展中保障和改善民生，不断实现人民对美好生活的向往。一要突出就业优先。深入实施“粤菜师傅”“广东技工”“南粤家政”“乡村工匠”培育工程，完善重点群体就业支持体系，促进充分就业、稳定增收。二要建设“教育强区”。落实立德树人根本任务，持续实施名教师名校长工程，支持梅县外国语学校创建国家示范性高中，推动优质教学资源共享，不断提升教育整体水平。合理配置基础教育资源，优化城乡学校布局，扩大学前教育、中小学优质学位供给，努力实现“应读尽读”。三要建设“健康梅县”。聚焦“保健康、防重症”目标，落实新冠病毒感染“乙类乙管”政策措施，加快推进老年人疫苗接种，不断完善疾病预防控制体系，做好新阶段疫情防控工作。支持粤东医院建设高水平医院，打造国家级区域性医疗中心。支持中医医院、妇保院发展特色专科，力促畲江镇中心卫生院升级二甲。扎实推进医联体建设，不断提升基层医疗服务质量水平。四要筑牢社会保障体系。落实生育支持政策，积极应对人口老龄化问题。完善城乡居民养老、医疗等保险制度，全面落实困难群众救助帮扶措施，全力构建覆盖全民的高质量社会保障体系，让群众获得感、幸福感、安全感成色更足、更可持续、更有保障。

四、坚持从严管党治党，全面加强党的领导和党的建设

党的二十大强调，全面从严治党永远在路上，党的自我革命永远在路上，决不能有松劲歇脚、疲劳厌战的情绪，必须持之以恒推进全面从严治党，以党的自我革命引领社会革命。我们要全面落实新时代党的建设总要求，深入推进新时代党的建设新的伟大工程，努力把各级党组织锻造得更加坚强有力，以高质量党建引领高质量发展，在新的赶考之路上交出新的优异答卷。

（一）强化政治引领。坚持把学懂弄通做实习近平新时代中国特色社会主义思想作为首要政治任务，严格执行省委坚决落实“两个维护”十项制度机制，严格落实第一议题、常设议题制度，深入实施习近平新时代中国特色社会主义思想传播工程，扎实开展“大学习、深调研、真落实”行动，不断提高政治判断力、政治领悟力、政治执行力，忠诚拥护“两个确立”，坚决做到“两个维护”。

（二）强化队伍建设。坚持新时代好干部标准，树立正确选人用人导向，统筹选、育、管、用各个环节，注重在一线识别、培养干部，持续选优配强各级领导班子，着力打造堪当苏区振兴发展重任的过硬队伍。坚持激励和约束并重、严管和厚爱结合，认真落实“能上能下”“三个区分开来”制度机制，营造“干

部为事业担当、组织为干部担当”的良好氛围。结合全市“竞标争先”活动，深入开展“奋进新征程·建功新时代”比学赶超活动，亮诺亮绩亮牌，互看互学互比，激励广大干部担当作为、真抓实干、建功立业。

（三）强化基层党建。深入实施新一轮加强基层党建三年行动计划，筑牢上下贯通、执行有力的严密组织体系，一体推进各层级各领域党组织建设，不断增强党组织的政治功能和组织功能。坚持大抓基层鲜明导向，抓实“头雁引领”“党员先锋”“基层保障”工程，深化实施“双报到、双服务”、领导干部直接联系群众等机制，把基层党组织建设成为引领经济社会高质量发展的坚强战斗堡垒。

（四）强化正风肃纪。坚持以“严”的主基调，推进党风廉政建设，加固中央八项规定堤坝，持续纠“四风”树新风，力戒形式主义、官僚主义。发挥政治巡察利剑作用，推进政治监督具体化、精准化、常态化，增强对“一把手”和领导班子的监督实效，持续压实全面从严治党政治责任。大力加强作风建设，成立专门领导小组，出台专项工作意见，全面提升机关效能，让敢担当、善作为、勇创新蔚然成风。坚持党性党风党纪一起抓，强化监督执纪问责，大力整治腐败问题和不正之风，一体推进不敢腐、不能腐、不想腐，不断巩固风清气正的良好政治生态。

同志们，空谈误国、实干兴邦。新征程时不我待，新使命催人奋进。让我们更加紧密团结在以习近平同志为核心的党中央周围，坚定信心、同心同德，永葆“闯”的精神、“创”的劲头、“干”的作风，狠抓发展第一要务，全面激发内生动力，奋力打造“绿水青山就是金山银山”广东样本，推动梅县老区苏区加快振兴、共同富裕，为广东在新征程中走在全国前列、创造新的辉煌，为全面建设社会主义现代化国家、全面推进中华民族伟大复兴作出新的更大贡献！

政府工作报告

——2023 年 3 月 8 日在梅州市梅县区第二届人民代表大会第三次会议上

梅州市梅县区人民政府区长　王　锋

一、2022 年工作回顾

一年来，我们坚持以习近平新时代中国特色社会主义思想为指导，深入学习宣传贯彻党的二十大精神，全面落实“疫情要防住、经济要稳住、发展要安全”重要要求，认真落实省委主要领导来梅调研指示要求和省市工作部署，在区委的领导下，在区人大及其常委会和区政协的监督支持下，积极应对新冠疫情反复、经济下行压力加大的复杂形势，统筹疫情防控和经济社会发展，统筹发展和安全，推动梅县苏区加快振兴、共同富裕，各项工作取得积极成效，经济社会大局保持稳定。全区地区生产总值完成 238.26 亿元。

过去一年，我们主要做了以下工作：

（一）坚持以人为本、攻坚克难，社会大局和谐稳定

面对疫情防控的严峻形势，广大党员干部、公安干警、医务人员、基层工作者、志愿者等冲锋在前、勇毅坚守，稳妥快速打赢“8·18”“11·8”“11·20”疫情防控攻坚战。按照疫情防控新部署、新要求，更加突出保健康、防重症，以最实举措最全覆盖，做到有序转段，平稳渡峰，守护人民群众健康安全。面对春夏之交的特大暴雨灾害，采取有力有效措施，短期内全面恢复城乡生产生活秩序。强化非法集资风险源头管控，稳妥处置“绿环生物”“海晟投资”等涉农、涉众金融案件。有效化解梅汕高铁安置区、扶大所里村供电矛盾等维稳积案，圆满完成党的二十大等重大安保维稳任务。深化平安梅县、法治梅县建设，严厉打击电信网络诈骗等违法犯罪，打掉恶势力犯罪集团 2 个、团伙 4 个，群众安全感和公安工作满意度居全省前列。扎实开展自建房、城镇燃气安全专项整治，安全生产、消防救援、森林防灭火、食品药品监督等工作扎实有效。

（二）坚持壮大实体、扩量提质，经济发展企稳向好

落实一揽子稳增长政策和加快实体经济振兴发展若干措施，全力稳住经济基本盘。致力打造“2+1”产业集群，梅县产业集聚地成功创建省级新一代电子信息技术（电子专用材料）特色产业园。成功举办促进实体经济高质量发展大会暨“五个一批”活动，投资 81 亿元的嘉元时代年产 10 万吨高性能电解铜箔项目成为全市历史上单体投资最大工业项目。嘉元科技年产 3.1 万吨高性能铜箔技改项目全部投产，盛富金属三期、福德金属二厂等一批项目投产，超华科技 600 万张芯板、润龙汽车、庆达科技二期等项目有序推进。以铜箔为主的电子信息产业实现产值 61.59 亿元、比增 12.9%，打造百亿产业迈出坚实步伐。完成工业投资 24.68 亿元，比增 18.19%，其中技改投资 14.74 亿元。新增规上工业企业 15 家、总数达 105 家，实现规上工业总产值 190.46 亿元、规上工业增加值 53.1 亿元。获评省制造业发展较好区，宝丽华、嘉元科技、超华科技入选“2022 广东企业 500 强”，嘉元科技入选“国家知识产权示范企业”、获“第七届广东省政府质量奖”。梅州综保区一期封关运行、二期动工建设，引进项目 19 个，进出口总值 8.15 亿元，国际无水港基本建成。有效发挥企业创新主体作用，认定国家科技型中小企业 32 家、高新技术企业 8 家，新增专精特新企业 11 家、省工程技术研究中心 1 家。巩固提升国家全域旅游示范区创建成果，旅游接待 107.42 万人次、旅游收入 8.34 亿元。着力促消费稳外贸，完成社会消费品零售总额 145.05 亿元，进出口总额 26.2 亿元。

（三）坚持项目为王、扩大投资，基础设施日趋

完善

固定资产投资完成92.57亿元、比增7.5%；重点项目投资完成年度计划103.4%。获得债券资金15.79亿元、政策性开发性金融工具3.5亿元。梅龙高铁加快建设，瑞梅铁路、汕梅高速改扩建项目开工建设，东部快线雁洋镇环镇路建成通车，西部快线全面动工，G205线、S224线等路面改造年度任务全面完成。动工建设韬奋纪念大桥、蓬辣大桥等乡镇重点基础设施，完成158千米农村公路和5座危桥改造。入选全国第二批城乡交通运输一体化示范创建县。推进程江、南口等6宗碧道项目建设，实施大雅水、巴庄水等3宗水生态清洁小流域治理工程，完成汶水水库、磨板坑水库除险加固工程。加快实施山水林田湖草沙一体化治理，南口崩岗治理工程等示范项目扎实开展。建成粤东天然气主干管网揭阳—梅州支干线（梅县段）、梅州市天然气接收门站，完成22条10千伏线路馈线自动化改造提升，新增5G基站376座。

（四）坚持建管并举、统筹兼顾，城乡发展持续提升

滚动实施城建“十个一批”重点民生项目，程江、大沙安置区竣工验收，三丰安置区、宪梓公园基本完工，梅汕高铁安置区建设有序推进，梅花山脚地块征拆工作全面完成，天虹购物中心、48个老旧小区改造等项目稳步推进。新改建城区20.9千米污水管网，改造完成10个老旧小区供水管网。深化创文巩卫，大力开展六大专项整治行动，市容市貌不断提升，入选中国最美县域和全国传统村落集中连片保护利用示范区。深入实施美丽圩镇建设攻坚行动，高质完成城乡17家农贸市场升级改造，17个圩镇达到宜居圩镇标准，畲江、雁洋成为示范圩镇。畲江镇域乡村振兴规划获评全省一等奖。围绕“三色同辉、三产融合、三线同美”，创建丙雁乡村振兴示范带，引领美丽乡村“1+N”建设。丙村镇红光村获评中国美丽休闲乡村。制定农房风貌改造提升、老屋拯救行动等奖补政策，完成民房改造1520座，打造“四小园”5852个，建成美丽庭院5957户。完成农村问题户厕无害化卫生改造322户、自然村内干路硬底化16.3千米，建成镇级污水处理设施23座、村级污水处理设施218座。全区金柚种植面积达27.1万亩，产量56万吨，产值43.5亿元，人均金柚收入9600元。茶叶省级现代农业产业园获批。打造43个“一村一品”专业村、2个乡村产业社区，石坑奈李、石扇咸菜、大坪小龙虾等特色农业产业持续发展。全区农民人均可支配收入达25468元，高于全省、全国平均水平，76%的村集体年收入达到10万元。完成撂荒地复耕复种5.54万亩，建成高标准农田1500亩，新增垦造水田850亩，种植粮食35.68万亩，完成上级下达任务。驻镇帮镇扶村各组团单位筹集资金1000多万元支持乡村振兴。

（五）坚持尽力而为、量力而行，民生福祉稳步增进

兜牢民生保障底线，十件民生实事全面完成，城乡低保、特困供养、残疾人等保障水平持续提标，军休所升级改造完成，光荣院、综合福利院改造有序推进。深入实施“粤菜师傅”“广东技工”“南粤家政”工程，新增城镇就业、失业人员再就业4253人。持续提升教育教学质量，高考高分尖子生数量、两线上线率实现较大突破。新增义务教育学位800个，普惠性学前学位900个。粤东医院感染性疾病救治中心大楼、中医医院综合大楼二期等项目扎实推进。新增石扇镇萧向荣故居等4个省级文物保护单位。顺利承办2022赛季梅州赛区中超联赛。深入开展污染防治攻坚战，中央环保督察交办的群众信访举报案件全部办结，39个自然村生活污水治理任务全面完成，6个地表水考核断面水质优良率达100%，城区空气质量优良率达99.4%。完成交通干道沿线生态廊道提升工程2538亩、营造水源林1.36万亩、造林抚育4.5万亩，森林覆盖率达75.54%。

（六）坚持从严从实、比学赶超，自身建设全面加强

把学习宣传贯彻党的二十大精神作为首要政治任务，深刻领会丰富内涵、精神实质和实践要求，努力做到学思用贯通、知信行合一。严格执行省委坚决落实“两个维护”十项制度机制，严明政治纪律和政治规矩。严格落实中央八项规定及其实施细则精神。扎实开展“奋进新征程 建功新时代”比学赶超活动。坚持向区委、区人大及其常委会报告工作，向区政协通报情况，人大建议、政协提案办复率和满意率均为100%。扎实开展“八五”普法，推动行政执法规范化建设和法治政府建设。严控“三公”经费和一般性支出，加强审计监督，努力实现强管理、防风险。深化“放管服”改革，实现行政审批事项100%网上受理、100%网上办结，营商环境不断优化。国防动员、人防、双拥共建和退役军人服务保障工作持续加强，民族宗教、外事侨务、妇女儿童、档案、地方志等工作取得

新成效。

各位代表，成绩来之不易。这些成绩的取得，得益于习近平新时代中国特色社会主义思想的科学指引，得益于省委省政府、市委市政府和区委的坚强领导，得益于区人大、区政协的监督支持，得益于全区干部群众、社会各界齐心协力、团结奋斗。在此，我代表区人民政府，向全区人民，向各位人大代表、政协委员，向离退休老同志和各民主党派、工商联、无党派人士、各人民团体，向驻梅部队官兵，向所有关心支持梅县经济社会发展的港澳台同胞、海外侨胞和社会各界人士，表示衷心的感谢并致以崇高的敬意！

看到成绩的同时，我们也清醒认识到，当前我区经济社会发展还存在不少困难和问题：一是县域经济总量不大。经济总量在全省 122 个县（市、区）中仅排在 78 位，与毗邻的同属原中央苏区的龙岩市永定区相差近 100 亿元，人均地区生产总值更是不到全省的一半。二是三次产业结构不优。三次产业结构比为 25.2：33.0：41.8，二产低于全省 7.9 个百分点，工业产业规模小、龙头企业少、产业链条短，保障工业发展的用地储备有限。三是财政收支矛盾突出。受经济下行、减税降费力度加大、房地产市场持续低迷等因素影响，一般公共预算收入 13.23 亿元，比降 19.2%；与此同时，一般公共预算支出 64.01 亿元，比增 13.9%，财政收入增速放缓和政府刚性支出增加矛盾日益凸显。四是公共服务供给不足。优质教育医疗资源、文体娱乐设施等与人民群众的期盼还有一定差距，农村公路等级整体水平相对较低，城乡供水、污水处理等基础设施还存在一些短板。五是作风建设仍需加强。一些干部存在小成即满和“躺平”倾向，缺乏比学赶超、赛龙夺锦的精气神。对此，我们将采取有力措施，切实加以解决。

二、2023 年工作安排

2023 年是全面贯彻落实党的二十大精神的开局之年，做好今年政府工作意义重大。省委、市委、区委全会为高质量发展描绘了奋进蓝图，吹响了比学赶超、竞标争先的冲锋号。我们要顺势而为、乘势而上、蓄势而发，聚精会神搞建设、一心一意谋发展，以高质量发展的新成效，建设强富绿美新县域，争当全市高质量发展排头兵。

今年工作的总体思路是：坚持以习近平新时代中国特色社会主义思想为指导，全面贯彻落实党的二十大精神，深入贯彻习近平总书记对广东系列重要讲话和重要指示批示精神，按照省委主要领导来梅调研指示要求和省委、市委、区委全会工作安排，坚持稳中求进工作总基调，完整、准确、全面贯彻新发展理念，服务和融入新发展格局，锚定高质量发展首要任务，更好统筹疫情防控和经济社会发展，更好统筹发展和安全，抓住用好建设融湾先行区、实施“百县千镇万村高质量发展工程”等重大机遇，牢牢扭住实体经济、乡村振兴两大重点，全面深化改革创新，巩固提升生态优势，持续改善民生福祉，保持社会大局稳定，力促经济实现质的有效提升和量的合理增长，推动梅县苏区加快振兴、共同富裕，为梅县全面建设社会主义现代化开好局起好步。

今年全区经济社会发展的主要预期目标是：地区生产总值增长 6%，固定资产投资增长 11%，规模以上工业增加值增长 11%，一般公共预算收入增长 6%，社会消费品零售总额增长 7%，进出口总额增长 6%；全体居民人均可支配收入增速与经济增速基本同步。这些目标有利于引导预期，要鼓足干劲、确保完成，力争完成得更好。重点要抓好以下九个方面工作：

（一）主动融湾鼓实劲，阔步强富绿美新征程

抢抓融湾政策机遇。结合国家支持梅州建设赣闽粤原中央苏区对接融入粤港澳大湾区振兴发展先行区，主动对接《梅州方案》、省“1+N”配套政策措施、市实施方案，借助省发展改革委、国家开发银行广东分行、广东省旅控集团组团对口支援和广州增城、荔湾对口帮扶机遇，制订具体工作方案，明确时间表、路线图，力促一批重大政策、重要工作、重点项目在梅县落地。

融入湾区产业体系。大力宣传推介《梅州方案》相关优惠政策，围绕铜箔、装备制造、智能家电等产业，着力引进一批延链补链强链项目，推动形成与湾区梯度转移、分工合理、优势互补的产业协作体系。研究制定总部经济激励措施，鼓励支持本土企业、乡贤企业和央企、国企、大型民企在梅县设立区域性总部、功能性总部，全力支持总部在梅县的三家地方法人银行做大做强，促进总部经济与制造业当家协同发展。

打造融湾承接平台。加快推进城东炸药仓库及周边、梅畲快线沿线等相关产业用地收储，谋划建设智能家电、高端制造产业园中园。努力盘活城东上坑闲置用地、南口扶大工业走廊低效用地，确保今年产业用地储备新增 1000 亩以上。用好用足省支持建设产业有序转移主平台的政策机遇，集中资源要素，加快

推进产业集聚地标准厂房、道路、环保、供水供电等配套设施建设，力争升级为省产业园。严把项目准入关，逐步提高亩均税收和投资强度标准，有效提升园区整体效益。健全机制、多方联动，加强入园企业闲置厂房、土地等综合利用管理。依托新一轮产业对口帮扶协作机制，推动在广州、深圳等大湾区城市设立产业、科创等“反向飞地”。有序推进梅州综保区二期建设，确保年底封关验收，加快梅州国际无水港合作运营，努力打造对接融入粤港澳大湾区振兴发展先行区高水平开放新平台和开放型经济示范区。

夯实融湾基础设施。按照“资金跟着项目走、要素围绕项目转”的要求，继续安排项目前期工作经费2000万元，谋划储备一批交通、能源、水利、环保、民生、新基建等项目，做实项目前期工作，确保项目随时拿得出、可申报、能推进，以重点项目构筑发展硬支撑。积极争取中央预算内投资、政府债券、政策性开发性金融工具、银行贷款等，加快推进总投资338.4亿元、年度投资74亿元的59项重点项目建设，力争超额完成全年固定资产投资目标。服务保障梅龙高铁、瑞梅铁路、汕梅高速改扩建等项目建设，力促长深高速白渡出口、汕昆高速畲江出口早日动工，西部快线年底基本建成，东部快线全线动工建设。实施5宗中小河流域治理工程、23宗病险水库除险加固工程、韩江（梅县段）治理工程、梅县区产业集聚地供水工程（城东、白渡片区）、梅县区崩岗治理工程（南口镇荷泗片）等水利项目。推进帅乡输变电工程配套电线管沟、瓜洲110千伏输变电站和综保区、产业集聚地储能项目，持续跟进荷树园电厂四期项目，加快九龙嶂抽水蓄能电站项目前期工作，力争早日开工建设。加强布局5G基站、新能源汽车充电桩等新型基础设施。

（二）狠抓实体兴实业，壮大县域经济新引擎

坚持制造业当家。加快嘉元时代、嘉元科技、超华科技等7个总投资124.8亿元的铜箔等电子信息新材料产业项目建设，确保嘉元时代年产10万吨铜箔项目今年8月逐步投产，力争超华科技年产600万张高端芯板项目年底投产，力促石墨、铝箔、镁锭、光纤元器件等项目落地建设，力争以铜箔为主的电子信息产业产值突破100亿元。支持BPW车轴开拓新市场，带动相关产业进一步集聚发展，力推特变电气二期、盛富金属四期、庆达科技二期、欣桐科技二期“拿地即开工”。推进16家以上工业企业技改升级，争取新增规上企业12家以上，确保完成工业投资23亿元以上、技改投资7亿元以上。

全力招大商招好商。把招商引资作为发展实体经济的第一抓手，实施招商引资“一把手”工程，配强配齐招商工作队伍，聚焦重点领域、重点企业、重点区域，开展精准招商、以商引商、产业链招商，不断提升招商引资实效，确保完成新签合同项目计划投资总额77亿元以上，当年实际投资额达15.5亿元以上。加大综保区招商引资力度，大力发展保税物流、保税加工、保税服务产业，力争年度引进项目40个以上，进出口贸易额70亿以上。推动成立广州、佛山梅县商会，健全政府和客属商会的招商协调机制，推动乡贤回乡投资兴业。深入实施暖企行动，鼓励本土企业增资扩产。

促进消费持续复苏。采取有效措施，引导商家开展促销活动，扩大家电、零售、餐饮、住宿等消费。巩固提升国家全域旅游示范区创建成果，加大文旅产业推介力度，推动雁南飞、雁山湖、客都人家等文旅企业快速复苏，支持松口古镇、王寿山、松源红色旅游、梅南九龙嶂、南口侨乡村等开发建设。继续承办好梅州马拉松、足球联赛等体育赛事，促进体育消费。推进俊诚、华璟新能源汽车销售等项目，着力打造粤北新能源汽车交易服务基地。完善农副产品冷链、农村电子商务和快递物流配送体系，开拓农村消费市场。落实房地产“金融16条”、公积金贷款比例调整等系列措施，推动房地产市场健康发展，促进刚性和改善性住房需求恢复和有效释放。

（三）振兴乡村出实绩，开创“三农”工作新局面

坚决守住“三条底线”。守住耕地红线，严格落实耕地保护硬措施，坚决遏制耕地“非农化”和防止耕地“非粮化”。建立健全撂荒耕地整治长效机制，完成上级下达复耕复种任务。加强农田水利基础设施建设，改造提升高标准农田6600亩。抓好粮食生产和重要农产品稳产保供，确保粮食播种面积完成上级下达任务，坚决守住粮食安全底线。深入推进驻镇帮镇扶村工作，加强易返贫致贫人口、低收入人口常态化监测和帮扶，坚决守住不发生规模性返贫底线。深入实施“千企帮千镇、万企兴万村”行动，确保年内全区所有村级集体经济年收入达到10万元以上。

狠抓乡村产业振兴。深入推进金柚国家现代农业产业园、茶叶省级现代农业产业园、国家农业现代

化示范区、国家级水产健康养殖和生态养殖示范区“两园两区”建设，持续做大做强金柚、绿茶等优势产业。鼓励扶持龙头企业优品种、提品质、强品牌，着力把梅县金柚打造成为全国知名品牌，争取新认定全国名优特新农产品2个，新建省级“菜篮子”基地5个。加快发展农业社会化服务，实施供销社联农扩面工程。支持丝苗米、金线莲、鸡枞菌、小龙虾、肉鸽、油茶、葡萄等乡村特色产业做精做优，发挥大黄村、侨乡村产业社区辐射带动作用，提升联农带农效益。用好省“预制菜十条”政策，大力发展客家盐焗食品、腊味、梅菜、咸菜等预制菜。做好“土特产”文章，抓住“粮头食尾”“农头工尾”布局发展特色农产品加工业，向一、二、三产业融合发展要效益。实施新型农业经营主体提升行动，培育一批乡村振兴产业带头人。

大力建设和美乡村。深入实施农村人居环境整治提升五年行动，深化村庄规划编制和执行，打好“三清三拆”攻坚战，每个行政村确保完成1000平方米以上的清拆任务。强化农房建设管控和乡村风貌提升，规范农村建房，坚决遏制新增农村占用耕地建房行为。推进“四好农村路”单改双、农村供水“三同五化”改造提升等项目，巩固厕所革命、垃圾处理、污水治理、供水水质提升等成果，不断增强农村基础设施的均衡性和可及性。加强试点示范引领，推进丙（村）雁（洋）松（口）乡村振兴示范带建设，确保3月底前丙雁乡村振兴示范带提升工程全面完成，实现“点上精致、线上出彩、面上美丽”。鼓励各镇集中资源、集中力量打造1至2个美丽乡村示范村，深化美丽庭院创建，串点连线成面打造宜居宜业美丽乡村。保护传统村落和特色民居，盘活乡村闲置资源，鼓励发展农旅新业态。完善乡村治理体系，深化农村精神文明建设，合理规划布局村级便民服务设施。

强化乡镇联城带村功能。因地制宜、分类施策，统筹推进中心镇、专业镇、特色镇建设，培育一批名镇名村，推动构建产城互动、镇村联动、错位发展、城乡协调的新格局。学习借鉴浙江乌镇经验做法，深入挖掘松口古镇丰富内涵和时代价值，坚持政府投入和社会资本相结合，积极争取省旅控集团、海外华人华侨支持，科学专业保护修复历史街区，加快推进松口渔港建设，规划建设防洪堤坝，总体规划、分期推进文旅开发，合力打造“南洋海丝路•客侨第一镇”，让松口古镇成为展示客家文化深厚底蕴的新平台、对外文化交流传播的新窗口、广东文旅产业融合发展的新标杆。对照“五网五体系”要求，突出改善基础设施、提升人居环境、开展“三线”治理等，推动畲江、丙村、松源等小城镇（圩镇）品质提升，增强要素集聚能力、人口承载能力，把乡镇打造成为乡村治理中心、农村服务中心、乡村经济中心。

（四）建管并举求实效，致力城市品质新提升

优化城市发展格局。力争6月底前完成中心城区国土空间总体规划（2021—2035）编制，严格遵循控制性详细规划，确保按照规划干到底、管到位、建设好。高质量完成高铁经济产业园规划编制工作，加大土地收储力度，分步推进市政基础设施和公共服务设施建设，引进有实力的企业参与片区综合开发，发展高端制造业、高新技术产业和总部经济，打造布局合理、功能完善、业态多元的城市新区。

提升城市功能品质。系统推进城区有机更新，继续实施“十个一批”城建民生项目，启动体育公园和全民健身中心规划建设，推进程江滨水公园建设、64个老旧小区改造，新（改、扩）建一批市政道路、人行天桥、停车场等市政基础设施。新建改造一批城镇污水处理设施、污水管网、雨污分流区域排水系统。推进天虹购物中心、艺展缤纷城等城市综合体项目建设，创建特色商业街区、商贸功能示范区，培植夜间经济等消费业态。加快粤东医院感染性疾病救治中心、中医医院综合大楼二期、华业外国语学校（高中部）、培英东山高级中学建设，实施槐岗小学改扩建工程，提升城区公共服务和产业配套设施能级。

推进城市精细治理。协同推进全国文明城市创建，狠抓交通、管线、铁皮瓦、背街小巷、广告牌等“六大”专项整治。深化“两美”行动，巩固提升城区生活垃圾分类成效，着力提升人居环境和城市风貌。推进智慧梅县二期、智慧城市综合管理平台、智慧停车场等项目建设，不断提升精细化、智慧化管理水平。加强城市绿化亮化美化管理，保护古树名木，优化绿色空间，建设园林城市。

（五）绿色低碳亮实招，建设生态宜居新家园

实施绿美梅县行动。探索鼓励社会资本、企业捐赠、乡贤回赠等模式，动员全社会参与绿美梅县生态建设行动，建设一批绿美村庄、绿美庭院、绿美小区，争当绿美广东示范区。大力开展林分改造，实现林相有效提升，力争年内完成6万亩林分优化，建设绿美广东森林质量精准提升现场示范点。围绕“一河一路

一树一花一景一廊道”，持续提升“三江四线”生态景观，打造开门见绿、推窗见景、城在林中、村在景中森林城市。着力提升城乡及国省道沿线绿化美化，致力打造东部快线樱花大道，西部快线梅花大道。健全完善自然保护地体系建设，抓好森林灾害防控，保护生物多样性。推动生态资源资产化价值化转变，推进碳排放权市场化交易，大力发展林下经济、森林旅游、森林康养，推动全国“绿水青山就是金山银山”实践创新基地成果转化。

深入推进污染防治攻坚。强化“三线一单”生态环境分区管控，打好蓝天、碧水、净土保卫战，统筹山水林田湖草一体化保护和系统治理。严格落实“河长制”，推进各类污染源治理和治污工程建设，强化饮用水水源地保护和监管，确保考核断面水质稳定达标。加强大气污染防治，持续推进挥发性有机物综合治理，深化城市扬尘管控，改善城乡空气质量。加强建设用地和农用地土壤污染风险管控和整治修复，强化土壤污染源头监管。开展矿山地质环境恢复治理和生态修复，确保年内持证矿山建成绿色矿山。统筹推动中央和省级生态环境保护督察反馈问题整改，确保完成年度整改任务。

加快绿色低碳发展。严格落实能源消耗总量和强度“双控”要求，完成省市下达节能减排降碳约束性指标任务。强化产业准入清单管理，大力发展绿色制造、低碳园区，坚决遏制高耗能、高排放项目发展。编制实施新能源发展专项规划，推动新能源在工业领域应用，提高新能源消费比重，促进全区能源结构调整优化和公共机构节能降耗。倡导绿色消费、绿色出行、绿色公益，加快形成绿色低碳生产生活方式。

（六）改革创新施实策，激活内生发展新动能

深化重点领域改革。统筹推进农村承包地“三权分置”、农村集体经营性建设用地入市、城乡融合发展省级试点、农村宅基地改革等。深化简政放权，加强下放镇职权动态调整。推进国资国企改革，加快国有资产盘活利用，支持三宜集团发展壮大，更好服务经济社会发展。深化投融资改革，鼓励社会资本参与基础设施、社会事业等领域建设。统筹推进司法体制综合配套改革，财税金融改革等。

扩大对外开放水平。深化与粤港澳大湾区中心城市的合作，加强与汕潮揭、赣南、闽西及周边地区的交流，促进交通互联、产业共建和生态共保。谋划打好“五外联动”组合拳，力促宝丽华电力、BPW 车轴、卡莱橡胶等企业扩大进出口规模，全力稳住外贸基本盘。引导企业用好区域全面经济伙伴关系协定优惠政策，鼓励重点外贸企业开拓市场、抢抓订单、促进出口。做好新时代“侨”文章，办好第六届世界客商大会梅县系列活动，吸引更多外出乡贤、华侨华人回乡投资兴业。

优化提升营商环境。把企业满意作为优化营商环境的第一标尺，建好县（区）级标杆政务服务中心，深化“放管服”改革，探索“极简审批”改革，全面推行告知承诺制、政务服务“一网通办”，巩固行政审批事项 100%网上受理、100%网上办结。深入开展暖企稳企行动，用好并联审批、政银企对接、“一起益企”等工作机制，为企业实打实精准解决问题。坚持“两个毫不动摇”，完善产业扶持政策、惠企政策、招商政策，稳定企业在梅县发展的预期和信心，打造国企敢干、民企敢闯、外企敢投的良好环境。

强化创新驱动发展。用好嘉元科技国家企业技术中心，支持广东省高性能电解铜箔区域创新中心等创新平台建设，推动关键技术突破，提升重点产业的核心竞争力。落实创新普惠政策，引导企业建设省级以上重点实验室、工程研究中心，创建省级以上创新创业孵化平台。推动创新标杆企业实现新突破，新培育认定高新技术企业 2 家以上、科技型中小企业 30 家以上、“专精特新”企业 5 家以上。落实市“1+N”人才政策，扎实做好人才“引育留用”工作，促成更多优秀人才来梅就业创业。

（七）社会治理重实际，构建稳定和谐新格局

防范化解重大风险。全面落实总体国家安全观，坚决维护国家政权安全、制度安全、意识形态安全。坚决防止新增政府隐性债务，增强财政可持续能力。强化对本土金融机构、上市公司的监管，防范和处置非法集资。坚持“房住不炒”，依法依规做好受困房地产企业风险处置，全力保交楼、保民生、保稳定。严防新技术新应用带来的风险，维护网络安全、信息安全、数据安全等非传统安全。

守牢安全发展底线。落实安全生产责任制，抓好道路交通、消防、自建房、建筑工地、危化品、城镇燃气、特种设备等重点领域、重点行业安全监管，有效遏制各类安全事故。落实“四个最严”要求，强化食品药品安全监管，探索推进“智慧监管”，守护“舌尖上的安全”。扎实推进地质灾害隐患点工程治理、避险搬迁等工作，深入排查整治农村削坡建房。完善

全区“一盘棋”应急响应和重大突发事件“四个一”应急处置等机制，加强风险监测预警、应急救援、全灾种保障等能力建设，做好三防、地质灾害、森林防灭火等工作。

提升社会治理水平。推进市域治理体系和治理能力现代化，构建“综治中心+全科网格+粤平安云平台”工作体系。健全矛盾纠纷多元化解机制，着力化解一批信访积案。加强社会治安综合治理，完善立体化信息化社会治安防控体系，常态化开展扫黑除恶斗争，严厉打击电信网络诈骗、养老诈骗等涉众违法犯罪活动。深化法治建设“三级同创”，贯彻“一规划两纲要”，深入推进“八五”普法，统筹推进公正司法、严格执法、全民守法。

（八）尽职尽责办实事，满足人民群众新期盼

健全社会保障体系。坚持就业优先，实施就业帮扶行动，切实抓好高校毕业生、农民工、退役军人等重点群体就业，力争全年技能培训1000人次以上，新增城镇就业2600人以上，城镇登记失业率控制在3%以内。严厉打击恶意欠薪等违法行为，保障劳动者合法权益。深化社保领域改革，落实养老保险全国统筹和失业保险省级统筹政策，健全分层分类的社会救助体系，扩大社保、医保覆盖面，全面落实社会救助、残疾人补贴、大病保险、职工医疗互助等托底政策，大力发展慈善等社会公益事业。完善“一老一小”服务体系，落实三孩生育政策及配套措施，推动区养老服务中心项目建设。

办好教育卫生事业。深化教育领域改革，巩固提升“双减”工作成效，完善一线教师考评激励机制。加强教师发展中心建设，深化名师名校长培养工程，支持梅县外国语学校等普通高中提质促优，提高教育教学质量。严格落实“三同步”政策，积极推进小区配建教育设施。扩大公办幼儿园和普惠性民办幼儿园覆盖面，巩固提升“5080”攻坚成果。办好职业教育、技工教育、开放教育、特殊教育，促进教育均衡发展。持续实施学生营养改善计划，抓好学生饮用奶、营养餐等，提升学生身体素质。加强校园安全管理，抓好防溺水、防校园欺凌、心理健康教育等工作。贯彻落实积极应对人口老龄化国家战略，促进中医药传承创新发展。加强公共卫生体系建设，健全传染病等疾病预防控制体系。落实新冠病毒感染“乙类乙管”政策措施，推进新冠疫苗应接尽接，着力保健康、防重症。争取粤东医院成功纳入国家区域医疗中心布局，支持专科医院、基层卫生机构提升医疗卫生服务能力。深入开展爱国卫生运动，做好巩卫复审迎检准备工作，加强健康知识科普宣传。

推动社会事业发展。保护利用好客家文化和红色文化资源，推动叶剑英纪念园升级改造，深入实施文艺“双精”工程、非遗传承人工程和文化惠民工程，努力建好客家文化生态保护实验区。用好中央专项资金，打造客家传统村落集中连片保护利用示范样板。扎实开展第五次全国经济普查。深化国防动员体制改革，做好兵役征集、退役军人事务等工作。支持工会、共青团、妇联、残联等群团组织更好发挥桥梁纽带作用，做好外侨、民族、宗教、统计、档案、地方志等工作。

办好十件民生实事。根据省、市十件民生实事安排，结合梅县实际，我们拟定了2023年区十件民生实事候选项目，今年继续实行人大代表票决制，请大家审议。我们将坚持量力而行、尽力而为，把更多财力用于保障民生和基本公共服务，努力做到以小切口推动大变化。

（九）提升效能行实政，展现政府担当新形象

坚定政治忠诚。把坚持和加强党的全面领导落实到政府工作各领域各方面，坚定不移做“两个确立”忠诚拥护者、“两个维护”忠实践行者，把忠诚注入血液里、融进事业中、写在梅县大地上。坚持不懈用习近平新时代中国特色社会主义思想凝心铸魂，深入学习贯彻党的二十大精神，不断提高政治判断力、政治领悟力、政治执行力。胸怀“两个大局”、牢记“国之大者”，以钉钉子精神贯彻落实中央、省委、市委和区委决策部署，坚决做到政令畅通、落地见效。

全面推进依法行政。深入贯彻落实习近平法治思想，加强政府法治体系建设，提升尊法学法守法用法意识，严格依照法定权限和程序履行职责。深入钻研政策业务，全面提升专业素养，增强推动高质量发展本领、服务群众本领、防范化解风险本领。践行全过程人民民主，自觉接受区人大依法监督、区政协民主监督，高质量办理建议提案，把各方面“金点子”转化为推动发展的“真招数”。

优化作风效能。认真落实市委关于加强作风建设的意见要求，厚植政治严明、学习研究、真抓实干、亲民为民等新风气，大力弘扬听指挥敢担当、敢亮剑善斗争、办实事求实效、懂团结会团结等行为，深入开展破题攻坚、规范化标准化、模范机关创建、密切

联系群众等六大行动，努力做到有责必担、有言必行、有求必应、有访必接、有难必破、有先必争。发扬苏区革命精神和客家人吃苦耐劳、敢闯敢拼精神，坚持实干为民抓落实，大力推行一线工作法，走出“舒适圈”，少点“官气”、多接“地气”，始终为群众留一把椅子，不断解决群众“急难愁盼”问题。深入开展亮诺亮绩亮牌行动，锚定目标，铆足干劲，全面提振赛龙夺锦、比学赶超的精气神。

建设廉洁政府。坚持严的基调不动摇，始终把政治纪律和政治规矩挺在前，严格落实中央八项规定及其实施细则精神，深化纠治“四风”，重点纠治形式主义、官僚主义。强化审计监督和统计监督。加大重点领域的监督管理和风险防控力度，坚决整治不正之风和腐败问题。发扬艰苦奋斗优良传统，严控“三公”经费和一般性支出，把更多财力用到保民生、补短板、促发展上，以政府的“紧日子”“苦日子”换取群众的好日子、企业的宽日子。

各位代表！征程万里风正劲，重任千钧再扬鞭！让我们更加紧密地团结在以习近平同志为核心的党中央周围，在省委省政府、市委市政府和区委的坚强领导下，以更加饱满的热情、更加昂扬的斗志、更加务实的作风，勇毅前行、竞标争先，全力参与苏区融湾先行区建设，着力建设强富绿美新县域，争当全市高质量发展排头兵，推动梅县苏区加快振兴、共同富裕！

名词解释

1.“2+1”产业：铜箔、装备制造、智能家电。

2.“专精特新”企业：具有“专业化、精细化、特色化、新颖化”特征的工业中小企业。

3.《梅州方案》：《支持梅州对接融入粤港澳大湾区加快振兴发展总体方案》。

4. 三色同辉、三产融合、三线同美：“三色同辉”即古色、红色、绿色；“三产融合”即一、二、三产业融合；“三线同美”即“天际线”“地平线”“水岸线”。

5.“两美”行动：指“美丽梅州·美好家园”三年行动，主要包括市容环境秩序整治、城乡基础设施建设、公共服务水平提高、生态环境质量提升、美丽经济健康发展等30多项工作内容，新一轮“两美”行动从2022年起至2024年。

6.“五网五体系”：建设一张清洁完善的垃圾分类收运处置网，一张高效健全的污水收集处理网，一张规范有序的线缆网，一张内外畅通的交通网，一张串珠成链的休闲游憩廊道网，一个优质有序的公共文体服务体系，一个功能完善的商贸服务体系，一个覆盖城乡的基本医疗卫生和养老服务体系，一个优质均衡的教育体系，一个现代完善的社会治理体系。

7.“三江四线”：梅江、程江、石窟河，雁洋—松口—松源线、梅南—畲江线、程江—南口线、城东—白渡—丙村线。

8. 两线上线率：上优先投档线、上本科线。

9.“五外联动”：外贸、外资、外包、外经、外智。

10.“1+N”人才政策：“1”指主文件《中共梅州市委、梅州市人民政府关于加快新时代人才振兴发展的实施意见》，简称“人才振兴16条”；“N”指配套子政策，包括青梅计划、金谷计划、鸿雁计划、宗匠计划、桂竹计划等五大人才发展计划。

11. 农村供水“三同五化”：指城乡供水同标准、同质量、同服务和规模化发展、标准化建设、一体化管理、专业化运作、智慧化服务。

12.“三线一单”：生态保护红线、环境质量底线、资源利用上线和生态环境准入清单。

13.“四个最严”要求：最严谨的标准、最严格的监管、最严厉的处罚、最严肃的问责。

14.“综治中心+全科网格+粤平安云平台”工作体系：指加强镇（街道）综治中心规范化建设，促进形成各部门“多网合一”综合网格工作格局，依托“一网统管”建设体系推动各平安建设成员单位信息共享和业务联动，建立集矛盾纠纷多元化解、立体化治安防控、综合网格服务管理，安全风险研判防控、综合指挥调度于一体的工作机制和信息化支撑平台。

索　引

说明：

一、本索引采用主题分析方法，款目按汉语拼音字母（同音字按声调）顺序排列。

二、文中的类目题、分目题用黑体排版，其余用宋体排版。表格在其款目后注明“表”。

三、索引款目后的数字表示内容所在的页码，数字后面的拉丁字母（a、b、c）表示栏别（即版面的左右栏）。

四、同一主题的内容在文中多次出现的，在其款目后用不同的页码标明。

五、本索引对“大事记”“名录”“内设机构”“文献辑存”等篇不做内容主题分析。

☆☆☆

D

E

F

T

Y

Z